TRAITÉ

DE LA

LÉGISLATION

RURALE ET FORESTIÈRE.

On trouvera à la fin du troisième volume l'analyse ou le développement des Lois ou Décisions remarquables qui interviendront pendant l'impression de cet Ouvrage.

TRAITÉ

DE LA

LÉGISLATION

RURALE ET FORESTIÈRE,

Par M. CAPPEAU,

CHEVALIER DE L'ORDRE ROYAL DE LA LÉGION-D'HONNEUR,
PRÉSIDENT A LA COUR ROYALE D'AIX,
(Département des Bouches-du-Rhône).

TOME PREMIER.

MARSEILLE,
DE L'IMPRIMERIE D'ANTOINE RICARD,
IMPRIMEUR DU ROI, DE LA VILLE ET DE LA PRÉFECTURE,
RUE CANNEBIÈRE, N° 19.

M. D. CCC. XXIV.

TABLE

DES CHAPITRES, SECTIONS ET PARAGRAPHES

CONTENUS DANS CE VOLUME.

TABLE. VII

TABLE. IX

TABLE. XI

FIN DE LA TABLE DES CHAPITRES.

INTRODUCTION.

Lorsqu'en 1817 nous publiâmes, sous le titre de *Code Rural*, un recueil alphabétique et sommaire des dispositions légales ou réglémentaires relatives aux biens ruraux et aux bois, nous déclarâmes n'entendre offrir au public que la table analytique et raisonnée d'un traité sur les matières rurales et forestières.

L'accueil qu'on a bien voulu lui faire, l'utilité journalière dont cette table est aux juges de paix, aux gens d'affaires, aux administrateurs et aux propriétaires, nous engagent à donner aujourd'hui le Traité dont elle a présenté la substance. C'est une dette que nous acquittons d'autant plus volontiers, qu'un nouvel examen nous a fait apercevoir dans notre

Code Rural des omissions assez importantes et quelques erreurs qu'il est de notre devoir de réparer.

La Législation Rurale est la portion de la législation générale la plus intéressante et la plus étendue.

Elle règle des intérêts de tous les jours, de tous les momens, de tous les individus.

Elle protège la base fondamentale de l'État, la source-mère de son existence et de sa stabilité.

L'Industrie manufacturière fait l'aisance de la population ; le Commerce utilise et transporte ce que l'Agriculture et l'Industrie ont de surabondant ; mais l'Agriculture seule fournit l'aliment, la matière première, aux deux autres. Ils ne peuvent que modifier et transporter ce qu'elle produit.

Le manufacturier, le commerçant sont les habitans du Monde plus que d'aucun État en particulier ; ils transfèrent, au gré de leur intérêt, leur industrie partout où des bénéfices les appellent. Le propriétaire seul est membre inamovible de l'État qui le voit naître. Les fonds peuvent changer de maître ; mais , dans quelques mains qu'ils passent , ils sont toujours les mêmes pour l'État , toujours supportant les mêmes charges , toujours contribuant également à la prospérité publique.

Il est dans la législation générale peu de parties qui n'intéressent les fonds ruraux et leurs propriétaires. Les règles des transmissions des biens , celles qui régissent les contrats en général, les ventes , les échanges , les hypothèques , les expropriations , les contributions publiques , les impôts indirects, etc. , s'appliquent , sans comparaison, plus souvent aux biens ruraux qu'à toute autre espèce de biens , et ont plus d'influence sur les fortunes agricoles que sur toute autre : par ce double motif, elles rentreraient dans le domaine de la Législation Rurale, si l'on voulait y comprendre tout ce qui affecte ces fonds et intéresse la prospérité de l'Agriculture , la tranquillité ou la fortune de leurs propriétaires.

Mais, présentée dans un sens aussi large ,

la Législation Rurale se trouverait, en quelque manière, noyée dans des dispositions générales qui empêcheraient d'en saisir l'ensemble et rendraient difficile le rapprochement de ses parties constitutives et spéciales.

Un Traité dont l'objet est de les rassembler est, par cela même, naturellement borné aux dispositions légales ou réglémentaires spécialement portées pour les campagnes, aux actions qui en naissent, aux peines attachées à leur transgression.

Nous diviserons celui-ci en quatre parties :

La première traitera des Biens Ruraux, de leurs droits et de leurs charges.

Nous nous occuperons dans la seconde des Agens de l'Agriculture.

La troisième exposera les Règles des Actions relatives aux Biens Ruraux.

La Police Rurale fera la matière de la quatrième.

TRAITÉ

DE LA

LÉGISLATION

RURALE ET FORESTIÈRE.

●••

LIVRE PREMIER.

DES BIENS RURAUX, DE LEURS DROITS ET DE LEURS CHARGES.

———

CHAPITRE PRÉLIMINAIRE.

1. LA propriété est le droit de jouir et de disposer des choses de la manière la plus absolue (Cod. Civ., art. 544) : c'est ce qui la distingue des droits de jouissance, d'usages et autres services qu'on peut avoir sur des biens dont on n'est pas propriétaire.

Ces *choses* sur lesquelles le droit de propriété

s'exerce, sont appelées *biens;* dénomination générale qui embrasse tout ce qui est susceptible de préhension et de possession, depuis les immeubles réels jusqu'aux actions et aux droits incorporels, tels que les servitudes, les droits d'usage ou d'usufruit.

2. La propriété des biens ruraux ne diffère pas de celle des autres biens ; elle suppose aussi le droit de varier à son gré la culture et l'exploitation de ses terres, d'en faire la récolte avec tout instrument et au moment qui convient à chacun, de la conserver à son gré, et de disposer de toutes leurs productions (Code Rural de 1791 , sect. 1. art. 2. et sect. 5. art. 2).

3. Mais cette liberté , qui fait la richesse de l'État et de ses membres , en serait le fléau , si elle allait jusqu'à l'indépendance. L'intérêt du corps social et des individus a exigé qu'elle fût restreinte et modifiée de manière que chacun pût en jouir également, et qu'aucun n'abusât de la supériorité de ses forces morales ou physiques , ou même des ressources que sa position ou sa fortune pourraient lui offrir, pour nuire aux autres.

La Loi Romaine , qui avait porté la liberté du droit de propriété jusqu'à permettre l'abus de sa chose , défendait cependant d'outre-passer les bornes de la raison et de la justice : *Quatenùs juris ratio patitur.* La Loi Française , aussi sage, défend au propriétaire de faire de sa chose un usage prohibé par les lois ou par les règlemens , de préjudicier aux droits d'autrui , et de causer aucun dommage aux propriétaires voisins.

4. Le droit de propriété n'est point borné au terrain qu'on exploite ; il donne droit à ses productions , à ce qui s'y incorpore ou s'y unit naturellement ou artificiellement ; il peut même s'étendre, jusqu'à un certain point , sur la propriété d'autrui, qui s'affaiblit et diminue de tout ce dont l'autre s'accroît.

5. Les lois qui règlent l'exercice du droit de propriété sur les biens ruraux, et en préviennent ou répriment l'abus, se rapportent ou à leur qualité, qu'elle soit l'ouvrage de la nature ou de l'art, ou à leurs accessoires , ou à leurs charges. Ces trois rapports embrassent toute la législation rurale sur les choses ; ils font la matière des trois titres dont se compose ce livre.

TITRE PREMIER.

DES DIVERS BIENS RURAUX.

6. Les biens ruraux sont la propriété de l'É-
tat, des communes ou des particuliers ; ils sont
incultes ou cultivés ; ils doivent l'existence à la
nature ou à l'art, quelquefois à l'une et à l'autre.

CHAPITRE PREMIER.

*Des Biens ruraux, dans leurs rapports avec
ceux qui les possèdent.*

SECTION PREMIÈRE.

Biens de l'État.

7. Il est des choses qui sont restées dans la
communauté universelle, que les jurisconsultes
appellent *la communauté négative*, qui a précédé
la formation des sociétés.

Ce sont, d'abord, celles qui, ne tenant point
encore au sol, ne peuvent être réputées accessoires ou portions d'aucune propriété particulière.

Telle est l'eau qui tombe du ciel, tant qu'elle
n'est point arrivée sur la terre. « Un homme,
« dit M. Pardessus, *des Servitudes*, nº 76, qui
« recevrait la pluie dans un vase placé au-des-
« sus du terrain sur lequel cette eau aurait dû
« tomber, ne pourrait être poursuivi comme
« voleur par le propriétaire de ce terrain »,
pas plus que celui qui tue une pièce de gibier
sur le champ d'autrui. Il encourt bien la peine
du délit de chasse sur le fonds d'autrui, mais il
fait sienne la pièce de gibier.

Lorsqu'un vent impétueux emporte ou amon-
cèle sur le champ voisin la neige qui, sans lui,
se serait reposée sur le mien, ou même qui y
était déjà reposée, je n'ai point droit de suite
sur les tas qu'elle y forme.

Les choses communes sont encore celles qui
sont insusceptibles de propriété et d'usages particuliers et exclusifs, pas même de la part des
nations ; et dont tout le monde peut user (1),
sans que cette occupation momentanée acquière
à celui qui s'en sert d'autre droit que celui de
ne pas en être dépossédé tant que dure son
usage.

---

(1) *Perezius, Inst. de rer. divis.*, p. 102.

Tels sont l'air, l'eau courante, la mer et ses rivages (§ Ier. *Inst. de rer. divis.*).

Mais ceux-ci n'étant communs que comme accessoires à la mer, n'avaient pas, chez les Romains, le même caractère de publicité que ce qui était la propriété du peuple romain : *Non ità publica sunt ut ea quæ in patrimonio sunt populi romani* (L. 14 ff. *de acq. rer. domin.*). Les Romains les comparaient à ces dons de la nature qui, n'appartenant ni à l'État, ni aux particuliers, *cedunt primo occupanti*, et cessent de lui appartenir du moment qu'il en perd la possession actuelle (*Même loi.* § 5. *Inst. de rer. divis.*).

8. Cette législation ne nous est pas étrangère.

L'art. 538 du Code Civil ne met pas la mer au nombre des dépendances du domaine public ; elle est à nos yeux ce qu'elle était à ceux des Romains, insusceptible de propriété, mais ouverte aux usages de tous.

Ses lais et relais sont compris dans le domaine public, mais ils ne sont point assimilés aux autres propriétés domaniales : les portions de ces dernières propriétés, qui sont dans le commerce, ne peuvent être aliénées qu'en vertu d'une loi et avec les formalités prescrites (L. du 22 novembre — 1er décembre 1790, art. 8), tandis que les lais et relais de la mer peuvent être vendus sans l'intervention du corps législatif.

9. L'art. 714 reconnaît « qu'il est des choses
« qui n'appartiennent à personne et dont l'usage
« est commun à tous. Des lois de police rè-
« glent la manière d'en jouir. »

Il faut pour l'application de cet article la réunion de deux circonstances : 1° que les choses
n'aient point de propriétaire ; 2° qu'elles servent
aux usages de tous.

Si, ayant un propriétaire, elles servaient aux
usages du public, elles seraient des choses particulières, domaniales ou privées, soumises, asservies aux usages publics.

Si, ne servant point à ces usages, elles n'a-
vaient point de maître, elles feraient partie du
domaine public (art. 713 du Code).

L'article 714, en posant l'exception de l'article qui le précède, renvoie à une législation
particulière le mode de jouissance de ces choses
sans maître et communes à tous, parce que le
Code s'occupe principalement des choses susceptibles d'une propriété publique ou privée.

On trouve cette législation dans les ordonnances sur la navigation et dans les lois de police qui règlent la manière de jouir des choses
dont on n'a jamais que le droit d'empêcher qu'un
autre ne s'empare, tant qu'on les détient ou
qu'on en use soi-même.

Ainsi, le marinier dont le navire occupe une place dans un havre ou dans un port, ou qui décharge ses marchandises sur un quai, le pêcheur qui fait sécher ou raccommode ses filets sur la côte, le particulier qui abreuve ou fait baigner ses bestiaux, celui qui a rempli sa cruche d'eau de mer ou même d'une eau publique, aucun de ces particuliers n'acquiert une propriété permanente dont il puisse disposer à son gré ; ils n'acquièrent chacun que le droit d'empêcher qu'un autre n'exerce les mêmes facultés dans le même temps, dans les locaux ou sur la portion d'eau qu'ils occupent, et pour cela ils sont eux-mêmes obligés de se conformer aux lois de l'État sur le territoire duquel ils les exercent, et qui déterminent la manière dont chacun doit jouir, pour que les jouissances individuelles ne se nuisent pas réciproquement.

En faisant ces règlemens, l'Etat n'agit point comme propriétaire ; il règle les usages pour l'intérêt individuel de tous, en vertu du domaine éminent, c'est-à-dire, de ce droit ou devoir inhérent à la puissance publique d'assurer à chacun la jouissance de ses droits naturels, et de régler l'usage des facultés de chacun, pour que personne ne soit privé d'en jouir.

Il n'entre point dans le plan de cet ouvrage d'y compiler ces diverses lois ; il doit, comme

le Code Civil, être borné aux choses susceptibles de propriété publique ou privée.

Mais il nous a paru intéressant de caractériser ces choses sans maître et communes à
tous, ces *res nullius* du droit romain, ne fût-ce
que pour empêcher qu'on ne les confonde avec
les choses qui constituent les propriétés publiques ou particulières.

I O. La Loi Romaine ne réputait public que
ce qui appartenait au peuple romain ; tout le
reste n'était que propriété privée. (L. 15. ff.
de verb. signif.)

*Res communes nullius sunt, usu autem omni-
bus patent.*

*Publicæ, proprietate sunt alicujus populi,
usu verò omnium* (1).

La Loi Française ne reconnaît également pour
publique que la propriété de l'État : il n'y a effectivement de public à son égard que ce qu'il
possède et entretient pour tous et qui est ouvert au service de chacun de ses membres.

Toute propriété de l'État n'est pas publique,
en ce sens que toute propriété domaniale n'est
pas au service de chacun ; tels sont les remparts,
les fortifications, les bois et autres objets de
cette nature. Mais toute propriété publique,

_____

(1) *Perezius, Institut. de rer. divis.*, p. 102 et 103.

c'est-à-dire, à l'usage de tous, est propriété de l'État : les chemins, les rivières navigables, les ponts, etc., sont, ainsi que nous allons le voir, des propriétés publiques, et, par conséquent, des propriétés de l'État ;

I I. Toutes les autres propriétés ou affectations ne sont que particulières, soit aux individus, soit à la portion de la société qu'elles concernent ; mais puisqu'une portion du tout, quelque considérable qu'elle soit, ne peut jamais être le tout, ce qui n'appartient en propriété ou en jouissance qu'à une portion du public, ne peut jamais être public. Or, n'y ayant pas d'intermédiaire entre la propriété publique et la propriété privée (1), il suit que toute propriété qui n'a pas le premier caractère, a nécessairement le dernier.

I 2. Le Code définit exactement les biens qui font partie du domaine public.

Ce sont d'abord, selon l'art. 538, les chemins, routes et rues à la charge de l'État ;

Les fleuves et rivières navigables et flottables ;

(1) Voy. l'art. 41 de la Loi du 16 septembre 1807 ; les art. 538 et 713 du Cod. Civ ; M. *Pardessus, des Servit.*, 6e édit., p. 103. n° 77 ; l'Arrêté du 19 ventose an 6, art. 11 ; le Décret du 7 octobre 1807, et l'Ordonnance du 6 décembre 1820.

Les rivages, lais et relais de la mer;

Les ports, les havres, les rades;

Et généralement toutes les portions du territoire français qui ne sont pas susceptibles d'une propriété privée.

Ce sont ensuite les ports, murs, fossés, remparts des places de guerre et des forteresses (art. 540);

Les terrains des fortifications et remparts des places qui ne sont plus places de guerre, à moins qu'ils n'aient été aliénés, ou que la propriété n'en ait été prescrite contre l'État (art. 541).

Ce sont, enfin, tous les biens vacans et sans maître (art. 539 et 713), et ceux des personnes qui décèdent sans héritiers, ou dont les successions sont abandonnées.

Il ne peut pas y avoir du doute sur la propriété domaniale. D'abord, au Gouvernement seul appartient le droit de la déclarer (1). D'ailleurs, l'État entretient tout ce qu'il possède, mais il ne possède que ce qu'il entretient (2) : à son égard, surtout, l'entretien est le titre de propriété le plus naturel et le moins équivoque.

---

(1) Arrêté du 2 nivose an 6 (22 décembre 1797). — M. *Pardessus*, *loc. cit.*, p. 101. — *Sirey*, tom. 17, Supp^t., p. 792; tom. 16. part. 2. p. 309; tom. 21. part. 2. p. 46 et 119; tom. 22. part. 2. p. 113. — *Garnier*, *Régime des Eaux*, p. 12 et 22.

(2) Conf. du Cod. Civ., tom. 3. p. 160.

Demander si une chose quelconque est domaniale, c'est donc demander si elle a été déclarée telle, ou si elle est entretenue par le domaine public. Puisqu'il n'y a de propriété publique que celle qui fait partie du domaine de l'État, toute propriété qui n'est pas déclarée en faire partie n'est pas publique, et par conséquent est propriété particulière ou privée.

Tous les biens qui sont une dépendance du domaine public sont administrés et ne peuvent être aliénés que dans les formes et suivant les règles qui leur sont particulières (art. 537).

Régis par une administration spéciale, ils sont dans les mains du Gouvernement, qui ne remplit pas à leur égard un devoir de surveillance et de protection, mais qui exerce un droit de propriété comme administrateur légal et suprême de l'État.

Les lois qui règlent leur administration, appartenant plus à la législation domaniale qu'à la législation rurale, sont étrangères à cet ouvrage : nous nous dispensons de nous en occuper.

13. Qu'il suffise d'observer, en terminant cette section, que tous les biens de l'État ne sont pas de même nature ; qu'il en est qui sont susceptibles de possession particulière, et par conséquent exposés à être emportés par la pres-

cription, comme les biens des particuliers. Il en est d'autres qui, insusceptibles de propriété privée par leur nature, ou parce qu'ils font partie de la dotation de la Couronne, sont, par cela même, imprescriptibles, inaliénables et exempts des contributions publiques (1) : c'est dans ce sens qu'on doit entendre les art. 560 et 2227 du Code Civil.

Nous aurons occasion de faire remarquer, dans le cours de cet ouvrage, ceux qui sont exposés à la prescription.

SECTION DEUXIÈME.

Biens des Communes.

14. Les propriétés communales ne sont pas toutes de même nature.

Il en est qui sont hors du commerce par leur destination à des usages publics, incompatibles avec une propriété privée.

Dans cette catégorie sont les édifices publics, les églises, les temples, les cimetières, les chemins vicinaux ou communaux, les rues qui ne font point partie des grandes routes, et les places publiques : c'est ce qu'on appelle *le domaine municipal.*

_____

(1) Loi du 8 mars 1814.

Il en est qui sont dans le commerce ; et parmi celles-ci on trouve des biens qui sont à l'usage commun de tous les habitans et de chacun d'eux en particulier, sans qu'aucun puisse s'en attribuer la jouissance exclusive.

Ce sont ces biens que la Loi Romaine appelait *bona universitatis* ou *bona publica*, parce que *in publico civium usu habentur*. Nous les appelons *communaux* ou *biens communaux*, ou *domaine communal*.

Dans cette seconde catégorie doivent être placés les pâturages nécessaires à la dépaissance des bestiaux, et que, par cette raison, les communes ne peuvent clore ; les fontaines, les lavoirs, les abreuvoirs publics, et généralement tous les biens dont la jouissance individuelle est nécessaire à l'habitation et n'est point communicable, à titre de droit, à ceux qui ne sont point habitans.

Enfin, il est une troisième espèce de propriété communale : c'est celle que les Romains appelaient *bona civitatis*.

Elle se compose des biens de la commune qui, comme les précédens, sont dans le commerce, mais qui ne sont point d'un usage commun à tous ses habitans : la commune les afferme ou les fait exploiter à son profit.

Nous les appelons *biens des communes*, ou
biens patrimoniaux (1).

15. Le Code a embrassé toutes les espèces de
biens des communes, en les définissant (art 542),
« des biens à la propriété ou au produit des-
« quels les habitans d'une ou plusieurs commu-
« nes ont un droit acquis. »

Tous ces biens appartiennent également à la
généralité des habitans, c'est-à-dire, à ce corps
moral que nous appelons *commune* (L. du 10
juin 1793 , art. 1). Ils ne sont la propriété
d'aucun habitant considéré comme individu :
seulement chacun a le droit de jouissance indivise sur la totalité des biens des deux premières catégories concurremment avec les autres habitans , et profite , comme membre du
corps, des revenus que la commune retire des
biens de la troisième (2).

16. Selon quelques auteurs (3), ils n'appartiennent ni aux habitans, ni à la commune; ils

---

(1) § 6, *Instit. de rer. divis.* ; *Vinnius,* ibid. ; *Heinnecius* , ibid.
— L. du 10 juin 1793 , art. 3 et suiv.

(2) *Schneidewin* , § 6 , *Instit. de rer. divis.* — L. 6 , § 1 *ff. de
divis. rer.* — *Denisart,* V° *Communauté d'habitans.*

(3) *Nouveau Denisart* , V° Communauté d'habitans. — *Loiseau,*
des Seigneuries , ch. 8. n° 80. et ch. 12. n° 118. — *Boutaric,*
sur les Inst., liv. 2. tit. 1. p. 131.

sont la propriété de l'État : la commune n'en a que l'usufruit ; elle en jouit par l'usage de ses habitans, quand elle n'en a pas disposé autrement.

Cette opinion n'est plus soutenable depuis la Loi de 1793 et le Code, qui reconnaissent et consacrent la propriété des communes. Il est vrai que, dans toutes les crises, on a vu l'État vendre ou faire vendre les biens communaux de la troisième espèce, pour acquitter ses dettes ; mais cette disposition a été un acte de souveraineté, plutôt que de propriété : elle n'est, à l'égard des communes, rien de plus que ce que sont, à l'égard des particuliers, les taxes, les emprunts forcés, et généralement toutes les impositions par lesquelles on fait contribuer chacun au support des charges de l'État.

17. Quoi qu'il en soit, il n'est pas permis de confondre *la chose publique* avec *la chose communale*. Il y a cette différence entre elles, que la chose publique est commune à tout le monde, du moins pour ses usages principaux ; au lieu que l'usage de la chose communale n'est acquis à titre de droit qu'aux membres de la commune ; et si les étrangers participent à certains usages, ce n'est jamais que par la tolérance ou la permission tacite de la commune,

qui leur est accordée en considération de la réciprocité dont jouissent ailleurs ses habitans (1).

18. Les biens des communes ne sont que des propriétés privées (2), puisque les communes ne sont elles-mêmes que des sociétés de citoyens unis par des relations locales (Loi du 10 juin 1793, art. 2).

Ce principe est de toute évidence pour les biens de la troisième catégorie ; mais il n'est pas, à nos yeux, de la même évidence pour ceux de la seconde.

A l'égard des étrangers, la commune n'est qu'un particulier ; ses biens et ses droits ne sont que les biens et les droits d'un individu.

Mais à l'égard de ses habitans, la commune est le public ; elle est ce qu'était le peuple romain pour tous les sujets de l'empire : ses biens doivent être à leur égard ce qu'étaient les biens du peuple romain, ce que sont aujourd'hui les biens de l'État pour tous ses membres.

---

(1) *Schneidewin, Vinnius, Perezius, Fabrot*, ad § 6. Instit. de rer. divis. — *Freminville*, Pratique des Terriers, tom. 4. p. 504.

(2) *L.* 15. *ff. de Verb. signif.* — *Cod. Civ.*, art. 542. — *Arrêté du* 19 *ventose an* 6, art. 12. — *Sirey*, tom. 6. p. 30. — M. *Henryon*, p. 318 et suiv. — M. *Pardessus*, des Servitudes, p. 66 et 138.

2

19. Ce n'est pas que, même à leur égard, tous les biens de la commune puissent être considérés comme ceux qui font partie du domaine public. Le Code place bien (art. 650) l'utilité communale et l'utilité publique sur deux lignes à peu près parallèles. Déjà, et par l'art. 643, il avait défendu au propriétaire de la source d'en changer le cours, lorsqu'il fournit aux habitans d'une commune, village ou hameau, l'eau qui leur est nécessaire.

Mais ce serait tirer de ces articles une conséquence outrée, que d'en conclure que généralement l'utilité communale a les mêmes droits, les mêmes prérogatives que l'utilité publique. Le Conseil d'État a tracé la ligne de démarcation qui les sépare, quand il a décidé que l'article 545, qui autorise l'expropriation des citoyens pour cause d'utilité publique, ne peut être invoqué par les communes pour leur utilité, qu'autant que l'intérêt communal rentre dans l'intérêt général. Cette décision a été rendue le 27 septembre 1820 (1), dans l'espèce d'une commune qui voulait acquérir forcément un terrain pour y emplacer ses foires. Le Conseil a considéré « que la Loi du 8 mars 1810 n'a

_____

(1) *Sirey*, tom. 21. part. 2. p. 104.

« pu avoir pour but que de lever l'opposition
« apportée à des terrains indispensables pour
« l'ouverture de chemin public ou pour l'agran-
« dissement de construction dont l'utilité entre
« dans l'intérêt général. »

C'est donc par le degré d'importance et d'u-
tilité pour l'habitation et par leurs relations
avec l'intérêt général, qu'il faut juger de la nature des biens ou droits communaux.

Quand il s'agit d'objets nécessaires à l'habitation, par exemple, de percer une rue, de
construire ou de conserver des édifices publics,
une église, un cimetière, une eau qui fournit
aux besoins de la commune, des pâturages nécessaires à la dépaissance des bestiaux, des chemins vicinaux, des bois, l'utilité communale,
rentrant dans l'intérêt général, jouit de tous
les droits attachés à l'utilité publique, et l'intérêt de la commune est, pour toutes ces choses,
l'intérêt public.

Mais quand il ne s'agit que d'améliorations,
de plus ou moins d'avantages pour la commune, tels que canaux d'irrigation communaux
plus ou moins étendus, locaux pour des foires
ou marchés, on ne doit voir, dans l'intérêt
communal, qu'un intérêt particulier, et dans
les propriétés communales, que des propriétés
privées.

On aura occasion de se convaincre, dans
le cours de cet ouvrage, que la classification
des biens des communes n'est point indifférente ;
elle influe sur l'étendue des droits de la commune à l'égard des particuliers, des sacrifices
qu'ils sont tenus de lui faire, et de la part que le
Gouvernement et l'autorité administrative doivent prendre dans la disposition et l'administration de ces biens.

20. Les biens des communes sont prescriptibles comme toute autre propriété privée (Cod.
Civ., art. 2227), mais pour ceux qui sont en
jouissance commune, la prescription ne commence à courir que du jour où l'on s'en est
attribué la jouissance exclusive par la clôture,
le changement d'état ou de culture, ou de
toute autre manière qui les a retranchés des
usages publics.

21. Tous les biens communaux ne sont pas
généraux, c'est-à-dire, n'appartiennent pas à
l'universalité de la commune ; il en est de particuliers qui sont la propriété des sections dont
la commune se compose, ou des agrégations
de propriétaires de certaines portions ou quartiers du territoire communal.

Ces biens communaux particuliers sont exac-

tement soumis au même régime que les biens
appartenant à la commune en corps, avec
cette seule différence qu'ils ne sont la propriété
que de la section ou quartier, et que ses habitans seuls ont le droit d'en jouir et de les
administrer, à l'exclusion des autres habitans
de la commune. Aussi, la Loi du 10 juin 1793,
en autorisant le partage des biens communaux,
n'y faisait-elle concourir que les habitans de la
section qui jouissait du bien communal.

22. Par la même raison, lorsque deux communes sont réunies pour n'en former qu'une
seule, cette réunion ne produit que l'effet de
les soumettre à une seule et même administ-
tration; elle n'établit pas entre elles une communauté de biens : chacune conserve ceux qu'elle
possédait avant la réunion, et les habitans
de l'une n'acquièrent aucun droit ni à la propriété, ni à la jouissance des terres vaines et
vagues et autres biens qui se trouvent exister
dans le territoire de l'autre. C'est ce qui fut
solennellement jugé par Arrêt de la Cour de
Montpellier, en faveur de la dame de Sabran,
contre la commune de Roquefort, dont le pourvoi en cassation fut rejeté le 18 avril 1815 (1).

(1) *Sirey*, tom. 15. p. 273.

23. Généraux ou particuliers, les biens communaux ne sont, comme on l'a dit, la propriété de personne en particulier ; ils appartiennent au corps moral de la commune ou à ses sections, en telle sorte que, pour avoir droit d'en jouir, il suffit de devenir membre de ce corps moral, et que le nouvel habitant y acquiert, par le seul fait de son domicile dans la commune ou le quartier, un droit égal aux anciens.

Cet avantage, qui paraît d'abord injuste, est compensé par la soumission aux charges anciennes qu'est obligé de supporter le nouvel habitant comme les anciens.

24. Une commune a quelquefois des biens indivis avec la commune voisine. L'indivision n'est pas plus obligée pour elle que pour les particuliers ; chacun peut en demander le partage, qui doit être fait par feux, suivant les Décrets des 20 *juillet* 1807 et 26 *avril* 1808.

Mais cela ne s'entend que lorsque des titres ou de la possession, il ne résulte pas des droits inégaux pour chaque commune ; car, dans ce dernier cas, le partage doit être fait dans la proportion des droits de chacun (1).

———————————

(1) Arr. de la Cour de Cass. du 19 juillet 1820, *Sirey*, tom. 21. p. 145.

Dans le silence des titres et de la possession, il paraîtrait plus juste de régler la portion de chaque commune sur ses contributions.
La population varie et passe ; le sol reste : un
droit foncier doit toujours être réparti sur les
fonds, à moins de titre qui suppose une convention contraire. (Voy. le chap. suivant et le
chap. 2 du tit. 3.)

25. De la définition des biens des communes
dérivent deux conséquences, qui sont tout autant de maximes.

La première est, que les fonds qui sont
seulement assujettis envers une commune à
quelques droits d'usages, quelque étendus qu'ils
soient, ne sont pas des biens communaux ;
on ne juge tels que ceux dont la commune
ou sa section a la pleine propriété (1).

La deuxième conséquence est, que chaque
habitant a le droit de jouir des biens communaux, quand la commune n'en a pas disposé
autrement.

Cette jouissance doit-elle être illimitée ? Peut-
elle être restreinte à ce que chacun apporte
dans la société, ou plutôt à la part des charges
communes que chacun supporte ? C'est une ques-

---

(1) *Nouv. Denisart*, V° Communaux, n° 2.

tion que nous examinerons en traitant des Pâturages.

26. Les droits que les habitans exercent sur les biens communaux, ne sont pas des *usages;* car, suivant la règle *res nemini sua servit,* on ne peut donner ce nom qu'au droit qu'on exerce sur le fonds d'autrui : ce sont des droits de propriété; c'est le fruit de sa chose propre que chacun recueille comme membre du corps qui possède pour tous et au nom de tous (1).

Chaque habitant a un droit personnel à la jouissance du bien reconnu communal, et peut intenter, en son nom, les actions même possessoires relatives à la jouissance de ce droit (2).

Mais il faut, pour cela, que le bien soit reconnu communal; s'il ne l'était pas, s'il fallait le faire déclarer tel, l'action appartiendrait exclusivement à la commune en corps; et tant qu'elle ne se montrerait pas, le particulier ne serait pas recevable à faire valoir ses droits et à en exciper. La raison en est que les actions des communes n'appartiennent pas aux particuliers; elles résident exclusivement sur la

---

(1) *Denisart*, Vo Usage. — M. *Pardessus*, des Servit, p. 62. no 46.

(2) *Arrêt du Conseil* du 27 novembre 1814. — *Garnier*, Régime des Eaux, p. 148.

tête de leurs administrateurs , qui seuls peuvent revendiquer leurs droits (1). Sirey (2) rapporte un arrêt qui le jugea de même , dans l'hypothèse d'un particulier dont le voisin avait bouché une issue et des jours , en clôturant un terrain qu'il prétendait être public. Il fut débouté de sa demande , par la raison que la prétendue publicité du terrain n'étant pas avouée par son adversaire , il n'y avait que la commune qui eût action pour la faire déclarer.

Nous aurons occasion de revenir sur ce point en traitant des Servitudes, tit. 3. chap. 3. sect. 1. n⁰ˢ 7 et 8.

27. Anciennement , on attachait beaucoup d'importance à l'inaliénabilité des biens communaux ; on en est revenu aujourd'hui , et l'on a eu raison. Les biens des communes, surtout ceux dont les habitans jouissent en commun , sont partout les moins soignés et les moins productifs du terroir ; ils sont , de fait , livrés au bras séculier ; et , quelque bonne volonté qu'aient les supérieurs , l'incurie , les complaisances , et souvent l'intérêt personnel des subalternes , rendent leur prévoyance et leurs soins

---

(1) *Arrêt du Conseil* du 27 novembre 1814.
(2) Tom. 15. part. 2. p. 63.

infructueux. Dans les pâturages, surtout, l'u-
sage ressemble plus à une dévastation qu'à l'exercice d'un droit légitime ; rien n'est jamais mis
en réserve ; point de division, point d'assiette :
tout est foulé sous les pieds du premier troupeau
qui entre, et ce qu'il gâte est plus que décuple
de ce qu'il consomme. Aussi les pâturages ser-
vent-ils plus à promener les bestiaux qu'à les
nourrir. Sans doute, il est intéressant de les
conserver ; mais on n'y parviendra qu'en ré-
gularisant leur jouissance, et pour cela il n'est
d'autre moyen que l'assujettissement au troupeau commun, dont nous parlerons au chapitre
suivant.

28. Quoi qu'il en soit, le partage de tous
les terrains et usages communaux avait été ordonné par la Loi du 14 août 1792 ; il fut ré-
gularisé par celle du 10 juin 1793.

Elle n'impose pas aux communes l'obligation
de diviser leurs biens entre leurs habitans ; elle
leur donne seulement le droit, la faculté, de
faire ce partage, de vendre ou d'affermer les
biens communaux, ou de continuer à en jouir
en commun.

Tous les biens des communes, communaux
ou patrimoniaux, furent exposés au partage ;
il n'y eut d'exceptés que les bois communs

dont les produits étaient suffisans pour rester en cette nature , les places , les promenades , voies publiques et édifices à l'usage des communes.

Vint ensuite la Loi du 9 ventose an 12 (29 février 1804), qui valide tous les partages faits en exécution de celle du 10 juin, et dont l'article 3 confirme jusqu'aux partages verbaux , et consolide ainsi toutes les usurpations antérieures , à la charge de déclarer le terrain qu'on occupe , et d'acquitter à la commune une redevance annuelle de la moitié du produit annuel du bien , au moment de l'occupation , et perpétuellement rachetable sur le pied du denier-vingt.

Le Décret du 4ᵐᵉ complém. an 3 (20 septembre 1795), étendit les dispositions de cette loi aux partages faits avant celle du 10 juin , en vertu d'arrêts du Conseil, d'ordonnances des États et autres actes émanés des autorités compétentes , conformément aux usages établis.

29. Le Gouvernement sentit enfin la nécessité de mettre un frein à l'indépendance dans laquelle ces lois avaient placé les communes et leurs habitans, et de les diriger.

Par un Décret du 9 brumaire an 13 (31 octobre 1804), il fut établi que les communes qui n'avaient pas profité du bénéfice de la loi

du 10 juin, ne pourraient plus changer le mode
de jouissance de leurs biens que par un décret
rendu sur leur demande, d'après l'avis du sous-
préfet et du préfet.

Que si, en vertu de l'art. 12 de la Loi du
10 juin, un nouveau mode de jouissance avait
été établi, il serait provisoirement exécuté;
mais qu'il pourrait en être établi un nouveau
qui pourrait être approuvé, rejeté ou modifié
par le préfet en conseil de préfecture, sauf
le recours en Conseil d'État.

L'exécution de ce décret éprouva des difficultés : pour les lever, le Conseil d'État, considérant qu'un acte quelconque sur le changement
du mode de jouissance des biens communaux,
quoique plus ou moins irrégulier, quand il
avait reçu une exécution paisible et de bonne
foi, établissait suffisamment le changement du
mode de jouissance, puisqu'un partage irrégulier dans la forme en validait le partage, fut
d'avis que, lorsqu'en vertu de la Loi du 10 juin
1793 il s'est opéré un changement qui a été
exécuté, les demandes d'un nouveau mode de
jouissance doivent être présentées au conseil
de préfecture et soumises au Conseil d'État.
Cet avis est du 29 mai 1808.

Ainsi, quelque changement qui ait été fait
dans le mode de jouissance des biens commu-

naux jusqu'au 29 mai 1808, quelque irrégularité qu'on y rencontre, il doit être exécuté. Le Conseil d'État a passé l'éponge sur tous ces défauts et les a couverts. C'est ce qui a été formellement reconnu par l'Ordonnance du 3 juin 1818 (1).

Mais depuis cette époque, il n'a plus été permis de changer le mode de jouissance autrement que sur une demande présentée au conseil de préfecture et soumise au Conseil d'État.

30. Telle était sur ce point notre législation, lorsqu'a paru l'Ordonnance du 7 octobre 1818.

L'article 1er défend aux communes de clore, c'est-à-dire, de mettre en ferme leurs biens communaux, ou même d'exiger de chaque habitant un droit d'accensement ou une rétribution par tête d'animaux dans la partie des communaux qui est nécessaire à la dépaissance des troupeaux des habitans.

Les biens jusqu'à présent restés en jouissance commune, que les Conseils municipaux ne jugent pas nécessaires à la dépaissance des troupeaux des habitans, peuvent être affermés pour neuf ans et plus, *sans recourir à l'autorisation du Conseil d'État.*

_____

(1) *Sirey*, tom. 18. part. 2. pag. 311.

La mise à ferme doit être délibérée par le
conseil municipal, sur un cahier des charges
homologué par le préfet.

L'adjudication en est faite par le maire, en
présence des adjoints et d'un membre du conseil municipal désigné par le préfet.

Elle n'est définitive qu'avec son approbation.

Les habitans peuvent s'opposer au changement de jouissance, et cette opposition, dont
l'effet est de suspendre l'approbation de l'adjudication, est déférée par le préfet au Ministre
de l'intérieur, sur le rapport de qui le Roi statue.

Les baux dont la durée doit excéder neuf
années, sont soumis, par l'ordonnance précitée,
aux règles prescrites par le Décret du 7 germinal
an 9 (28 mars 1801), c'est-à-dire, qu'ils ne
peuvent être concédés qu'avec l'autorisation du
Gouvernement, qui ne l'accorde que sur une
délibération du conseil municipal, après une
information de *commodo* et *incommodo*, en
vertu d'ordres du sous-préfet, son avis, celui
du préfet, et le rapport du Ministre de l'intérieur au Conseil d'État.

31. Les actes de partage des biens communaux sont des actes administratifs, sans doute ;
mais ils n'ont ni la stabilité, ni l'irréfragabilité
des ventes nationales.

Après celles-ci , toute réclamation est interdite , lors même qu'elle est faite à titre de propriété , sauf l'indemnité à répéter du trésor
public ; et cette réclamation ne peut être portée aux tribunaux que quand il y a eu opposition
antérieure à la vente administrative (1).

Il en est autrement des partages des biens communaux. Ils ne font aucun obstacle aux réclamations des tiers qui s'en prétendent propriétaires : après, comme avant le partage , elles
doivent être portées aux tribunaux (2).

32. La Loi du 20 mars 1813 ordonna la cession à la caisse d'amortissement et la vente des
biens ruraux, maisons et usines possédés par les
communes.

Elle excepta les bois, les biens communaux
proprement dits, dont les habitans jouissaient
en commun, ainsi que quelques autres possessions qui sont les mêmes que celles qui avaient
été exceptées du partage.

Elle ordonna, qu'en cas de difficultés entre
les municipalités et la régie des domaines, il
serait sursis par elle à la prise de possession

---

(1) *Sirey* , tom. 1. p. 320.

(2) L. du 9 ventose an 12 (29 février 1804). — Décret dans *Sirey* ,
tom. 16. part. 2. p. 303.

des articles réclamés, et statué par le préfet, sauf le pourvoi au Conseil.

Pour prévenir les retards nuisibles à la célérité des ventes, il fut établi que le recours des décisions du préfet, qui étaient purement administratives, ne serait point porté à la commission du contentieux, mais qu'il serait adressé au Ministre des finances pour, sur son rapport, être statué en Conseil d'État (1).

Toutes ces dispositions furent confirmées et le mode de leur exécution déterminé par l'Ordonnance royale du 6 juin 1814.

La vente de ces biens fut arrêtée ensuite, et les biens qui n'avaient pas été vendus furent remis à la disposition des communes par l'*article* 15 *de la Loi du* 28 *avril* 1816.

33. Il ne faut pas assimiler les usurpations des biens communaux aux partages irréguliers faits pendant la révolution.

Ceux-ci ont été confirmés, ainsi que nous l'avons dit plus haut; mais celles-là ne l'ont jamais été.

Les administrations locales sont chargées, par l'Ordonnance du 23 juin 1819, de la recherche de tous les biens d'origine communale, dont

------

(1) *Avis du Cons. d'État* du 7 juillet 1813.

l'occupation ne résulte d'aucun acte de concession ou de partage, écrit ou verbal, qui ait dessaisi la commune envers les détenteurs. Ils sont tenus d'en faire la déclaration dans les trois mois de la publication de l'ordonnance ; et sur la déclaration du conseil municipal, avec l'avis du sous-préfet et du préfet, ils peuvent être maintenus par le Gouvernement en possession définitive, s'ils s'engagent, dans le même délai, par soumission écrite, à payer à la commune les quatre cinquièmes de la valeur actuelle des biens, déduction faite des améliorations, ou une redevance annuelle égale au vingtième du prix du fonds, ainsi évalué et réduit à dire d'experts.

Faute de remplir ces obligations, le détenteur est poursuivi en restitution du terrain usurpé et des fruits ; et si, par l'effet des poursuites, il demande à se rendre acquéreur, il n'y est admis, du consentement de la commune, qu'en payant la valeur intégrale du fonds, sans remise ni modération (art. 4 de l'Ordonn. précitée).

34. Les contestations sur le fait et l'étendue de l'usurpation entre la commune et l'usurpateur, sont de la compétence du conseil de préfecture, suivant l'art. 6 de cette même Ordonnance, conforme, en ce point, à la Loi du 9

ventose an 12 (29 février 1804) et à l'Avis du Conseil d'État du 18 juin 1809.

Mais lorsque la qualité communale du terrain prétendu usurpé n'est pas reconnue, et qu'il faut, pour la déterminer, apprécier des titres ou la possession ;

Ou lorsque le détenteur, niant l'usurpation, se prétend propriétaire à tout autre titre qu'en vertu d'un partage, et élève des questions de propriété ;

Ou oppose la prescription ;

La contestation est de la compétence exclusive des tribunaux, à qui seuls appartient le droit de prononcer sur les questions de propriété (Ordonn. du 10 février 1816 (1) ; art. 6 de celle du 23 juin 1819).

Il en est de même, à plus forte raison, des usurpations d'un copartageant vis-à-vis d'un autre (2).

SECTION TROISIÈME.

Biens des Particuliers.

35. Les particuliers ont la libre disposition des biens qui leur appartiennent (Cod. Civ.,

---

(1) *Sirey*, tom. 18. part. 2. p. 87.

(2) Avis du Conseil d'État du 18 juin 1809.

art. 53₇) : c'est dans cette liberté que consiste essentiellement le droit de propriété.

La propriété particulière est plus intéressante encore pour un État que les propriétés publiques ou communales, en ce sens qu'elle est le vrai fondement de la société civile, le seul garant des engagemens des citoyens.

Les biens de la campagne sont un gage de la fidélité (1). Celui qui les possède craint les révolutions et les repousse ; celui qui n'a qu'une industrie qu'il peut porter et exercer partout, les voit avec indifférence ; il les seconde même, pour peu qu'elles favorisent son ambition. Celui qui n'a rien, a tout à gagner par elles ; il les fait.

Le commerce, l'industrie, sont aussi, sans doute, des élémens de la prospérité publique ; mais ce ne sont que des canaux qui modifient les richesses dont la terre est la source : ce sont des branches dont l'agriculture est la racine et le tronc.

Le négociant, le manufacturier, sont des citoyens utiles, précieux dans tous les pays : ils n'ont point de patrie pour en trouver partout.

Le propriétaire foncier ne peut en avoir qu'une ; il attend tout de l'État auquel ses possessions l'attachent ; l'État ne peut se reposer avec confiance que sur lui.

---

(1) *Esprit des Lois*, liv. 18. ch. 2.

Les villes sont les ornemens de l'édifice social ; les campagnes en sont la pierre angulaire :
de leur prospérité dépend celle des États ; c'est
d'elles, et d'elles seules, que les peuples tirent
leur force, leur indépendance, leur grandeur.
Nul État n'a été appauvri par la désertion des
villes ; aucun ne résisterait à la désertion des
campagnes.

C'est donc sur les campagnes que, par politique et par justice, doit se porter la plus
grande sollicitude du législateur. Il ne saurait
les entourer de trop de garanties, de trop de
protection. Les besoins des campagnes sont les
premiers besoins de la société ; ce sont les
seuls peut-être qui intéressent à la fois le corps
social en masse, et chacun de ses membres en
particulier.

Cette protection consiste moins à permettre
ou à prescrire, qu'à être sobre de prohibitions.
Chaque homme a les lumières nécessaires pour
se bien conduire et administrer sa chose. Si la
loi ne le supposait pas, elle ne punirait point
celui qui se conduit mal, et ne sanctionnerait
point les engagemens des citoyens.

Tous n'ont ni la justice de respecter la propriété d'autrui en faisant valoir la leur, ni la
modération de ne pas envier à leur voisin la
jouissance de leur superflu, ni les moyens de

tirer de leur propriété les avantages qu'elle offre, et dont la société a besoin. Il a fallu que la loi prévînt ces inconvéniens, réprimât ces abus : de là ces modifications de l'usage que chacun peut faire de sa propriété. En les portant, la loi n'attente pas à la liberté des campagnes ; elle la consolide. Le pouvoir illimité des propriétaires serait plutôt la servitude des propriétés que leur liberté. Là où chacun peut ne consulter que son intérêt et sa volonté, personne ne jouit de la plénitude de ses droits.

Il y a donc autant de justice que de sagesse à ne laisser aux particuliers la libre disposition de leurs biens, que sous les modifications établies par la loi.

Ce sont ces modifications qui constituent principalement la législation rurale sur les propriétés particulières, puisque ici, plus qu'en toute autre matière, tout ce qui n'est pas interdit au propriétaire lui est permis. En la parcourant, on se convaincra qu'il n'en est aucune qui ne soit commandée par la nature des propriétés ou par l'intérêt général de la société, ou par l'intérêt bien entendu des propriétaires eux-mêmes.

CHAPITRE II.

Des Pâturages.

1. On appelle *pâturages* non-seulement les terrains qui produisent d'eux - mêmes et sans cultures ni semences les plantes dont les bestiaux se nourrissent, mais encore le droit ou la faculté qu'on a de faire paître ses bestiaux sur certains fonds.

Ces terrains et ce droit ou faculté sont diversement dénommés dans les lois, les coutumes et les provinces. On les appelle *pacages, pâtures, panages, paissons, vaine pâture, compascuité, coussous, herbages*, etc. Sous chacun de ces noms, ils désignent des immeubles réels ou des droits incorporels, et quelquefois les uns et les autres. C'est surtout comme désignant des droits incorporels que les emploient et l'Ordonnance de 1669, et le Code Civil, et le Code Rural de 1791.

2. Si, prenant ce mot dans la première acception, nous ne considérions les pâturages que dans leur rapport avec leur propriétaire, nous n'aurions qu'une observation à présenter : c'est que celui qui est maître du fonds qui produit le pâturage, en dispose et l'utilise comme il veut : *Unusquisque est rei suæ moderator et arbiter.* La qualité, la quantité et l'époque de l'introduction des bestiaux dans ces pâturages, sont de droit au libéral arbitre du propriétaire, qui peut à son gré les conserver en nature, ou les convertir en terres cultivées, sauf les droits qui peuvent être acquis à autrui.

Mais, considérés comme droit incorporel dont l'exercice porte sur les biens d'autrui ou sur ceux des communes, les pâturages ont été l'objet d'une législation spéciale, dont l'exposition intéresse trop les propriétaires des biens ruraux et la société, pour ne pas obtenir l'attention des jurisconsultes.

3. Il ne s'agit pas ici de la dépaissance qu'un voisin peut posséder sur les fonds de ses voisins, à titre de copropriété, de servitude ou de réciprocité ; ce droit particulier est régi par les principes généraux qui règlent les servitudes, les usages ou les sociétés, et par quelques dispositions particulières que nous aurons soin de ne pas omettre.

Il ne s'agit ici que du droit de dépaissance

appartenant, à titre de faculté ou de servitude ;
à une généralité d'habitans ; et, sous ce rapport, il convient, d'abord, d'en connaître la
nature, et de voir comment on peut en jouir,
le modifier ou le perdre : c'est ce qui fera la
matière des paragraphes suivans.

§ Ier.

Nature du droit de dépaissance.

4. Les pays coutumiers n'avaient pas sur les
pâturages une législation uniforme. Dans quelques coutumes, la dépaissance sur le terrain
d'autrui était une servitude générale établie par
la coutume, avec plus ou moins de moyens
au propriétaire d'y soustraire son terrain. Dans
d'autres, elle n'était qu'un assujettissement temporaire, en ce sens qu'elle n'obligeait le propriétaire que jusqu'au moment où il lui plaisait
de la faire cesser par la clôture ou par tout
autre moyen admis par la coutume. Dans des
troisièmes, elle ne pouvait être exercée que du
consentement du propriétaire, que la coutume
induisait de ce qu'il laissait son champ ouvert.
Enfin, dans des quatrièmes, elle était moins
encore : ce n'était qu'une simple faculté qui ne
pouvait jamais se convertir en droit ou en ser-

vitude ; on disait d'elle : *Fas est*, *jus non est*, quelque ancien qu'en soit l'usage (1).

Cette dépaissance ne s'exerce pas indistinctement sur tous les fonds ; elle ne porte que sur ceux qui ne sont pas *en défends*, c'est-à-dire, dont le propriétaire ne peut se réserver les pâturages à lui seul : et de là vient le nom de *vaine pâture* que les coutumes lui ont donné, non qu'ils fussent d'aucune valeur, car il n'est aucune production, quelle qu'elle soit, qui ne puisse profiter au propriétaire, ou par la vente qu'il en fait, ou par la consommation qu'il en fait faire à ses propres bestiaux; mais parce que leur production est *vaine*, c'est-à-dire, inutile au propriétaire et sans profit pour lui, puisqu'il n'en a pas la jouissance exclusive.

5. Il y a ainsi, dans les pays coutumiers, deux espèces de droit de pâturages, l'un désigné par le nom de *vaine pâture*, l'autre par celui de *pâture grasse ou vive*.

La *pâture grasse* s'exerce, en général, sur les terrains portant des fruits susceptibles d'être récoltés, conservés et vendus (2). Les marais,

---

(1) *Coquille*, Cout. du Nivernois, ch. 10. art. 26. — *Legrand*, sur la Cout. de Troyes, tit. 10. art. 170. gloss. 1.

(2) M. *Henryon*, de la Comp. des Justices de paix, p. 417.

les pâtis, les bruyères, sont de vives pâtures (1);
il en est de même des landes appartenant à
des communautés d'habitans, ou qui sont asservis envers elles à un droit d'usage tel qu'elles
seules peuvent y faire paître leurs bestiaux (2).

Les vaines pâtures se prennent sur les grands
chemins, les terres en friche, les jachères, les
prairies ouvertes après fauchaison, et généralement sur tous les terrains où il n'y a ni semence, ni fruits, et qui, par l'usage des lieux,
ne sont pas en défends (3).

C'est surtout ce dernier trait qui caractérise
la *vaine pâture* et la distingue de la *pâture
vive ou grasse*; car le même terrain qui, dans
le langage des coutumes, est *pâture vaine* tant
qu'il est soumis à la dépaissance commune,
devient *pâture grasse* du moment qu'il y est
soustrait. C'est pour cela que Coquille (4) définit la vaine pâture, le pacage en héritage d'autrui *pour le temps qu'il n'est de défense*; et
que Legrand (5) dit « qui ne clôt pas, *son héri-*

---

(1) *Loisel*, Instit. Cout., liv. 2. tit. 2. n° 20. — *Sirey*, tom. 9.
p. 72.—*Fournel*, L. rural, tom. 1. p. 262.

(2) *Fournel*, L. rural, tom. 1. p. 262.

(3) *Cout. du Nivern.*, ch. 3 des Droits de Blairie, art. 5. — *Coquille*, ibid., ch. 10. art. 16.—*Legrand*, Cout. de Troyes, tit. 10.
art. 170.—*Loisel*, Instit. Cout. liv. 2. tit. 2. n° 20.—*Sirey*, loco cit.

(4) *Loc. cit.*

(5) Ibid., gloss. 3. n°ˢ 4 et 9.

« *tage est de vaine pâture ; qui n'a pas servi-
« tude, n'a pas faculté de faire paître, *comme*
« *en vaine pâture.* »

La classification est donc moins une distinction des choses que du droit. L'héritage est-il
ou peut-il être *en défends*, c'est-à-dire, le propriétaire peut-il disposer des pâturages ? C'est
grasse pâture. Ne l'est-il pas ? la coutume, les
titres ou l'usage, le soumettent-ils à la dépaissance commune ? C'est une *vaine pâture* que,
dans les pays de droit écrit, et surtout en Provence, on appelle dépaissance commune ou
compascuité.

C'est aussi comme désignation du droit et
non des choses, que les lois nouvelles emploient
le mot de *vaine pâture* (1), quoiqu'à tous égards
moins propre à donner une idée du droit que
celui de *compascuité*, qui n'est guère usité qu'en
pays de droit écrit.

6. Dans ces pays, les droits de dépaissance,
quels qu'ils soient, c'est-à-dire, sur quelques
terrains qu'ils s'exercent, dès que ces terrains
appartiennent à autrui, ne sont que des servi-

---

(1) *Cod. Civ.*, art. 648. — *L. du 28 septembre*, 6 *octobre* 1791,
sur les Biens et Usages ruraux, tit. 1. sect. 4. — M. *Pardessus*,
des Servit., part. 2. ch. 1. sect. 3. n° 132, l'emploie aussi comme
désignant le droit, la faculté, et non la chose.

tudes, et des servitudes réelles qu'on ne peut
acquérir et posséder que quand on a des immeubles (1).

7. Ces servitudes n'y sont pas légales. La
Loi Romaine ne les admet point, et le Statut
de Provence porte expressément que toutes
possessions des particuliers doivent être à leurs
propres commodités, *et peuvent être défendues
toute l'année* (2) : *Quod ex solo alicujus superest,
suum est*, dit Antiboul (3): *ergò et herba prati
vel alterius prœdii est illius cujus solum est.*

La dépaissance sur le fonds d'autrui, quel
qu'il soit, ne peut donc être acquise que par
titre ou par possession, ainsi que toutes les autres servitudes qui ne sont pas établies par la
loi ; autrement, elle n'est que simple faculté
qui ne confère aucun droit.

8. La possession même immémoriale ne suffit pas pour l'acquérir. La chose est sans difficulté aujourd'hui que le Code, après avoir
déclaré, art. 688, que les droits de pacage ne

---

(1) Instit. *de Servit. Prœd.*, § 2 et 3.

(2) *Mourgues*, sur le Statut, p. 291. — *Julien*, ibid., tom. 1.
p. 572, 574 et 575.

(3) *De Muneribus*, § 4. n° 192.

sont que des servitudes discontinues, dispose, art. 691 , que les servitudes discontinues ne peuvent s'établir que par titres.

Même avant le Code, on tenait que la possession immémoriale ne suffisait pas pour acquérir droit de pâturages sur les terres vaines et vagues d'autrui, si elle n'était accompagnée de quelques actes prouvant qu'elle a eu lieu *pro suo et opinione domini*, à titre de droit et au vu et su du propriétaire du fonds , tels que contestation, etc. (1). Sans ce principe, il aurait été trop facile de s'approprier ou d'asservir les pâturages d'autrui , et d'en dépouiller le propriétaire qui ne peut les garder, ni dénoncer et faire cesser des introductions fugitives qui ne laissent aucune trace après elles.

Les lois nouvelles ont préféré le principe des pays de droit écrit à celui des pays coutumiers. Loin de regarder, comme ceux-ci, le droit de dépaissance comme une servitude légale , ou même comme une faculté naturelle

_____

(1) *Coquille*, Cout. du Nivern., ch. 10. art. 26. — *Legrand*, Cout. de Troyes, art. 170. — *Nouveau Denisart*, Vº Communes , § 2. nº 1 et 2.—*Dunod*, des Prescript., part. 1. ch. 12. p. 81. et part. 2. ch. 6. p. 156. — Quest. de Droit , tom. 9. p. 424. — M. *Henryon*, p. 456 et 450, et dans son Traité du Pouvoir Municipal, p. 225. *infrà* tit. 3. ch. 2. nº 22.

que le propriétaire ne pouvait faire cesser à volonté, le Code (1) l'a rangé au nombre des
servitudes discontinues, c'est-à-dire, de ces
droits que la possession immémoriale n'a plus
la force d'établir.

Déjà, et avant le Code, la Loi de 1791 *sur
les biens et usages ruraux*, avait proclamé (art. 1,
sect. 4) que chacun est maître de faire pâturer
exclusivement ses troupeaux sur ses terres, et
proscrit la dépaissance sur le fonds d'autrui
comme simple faculté, en déclarant (art. 3)
qu'il ne pourra exister que celle qui est fondée
sur un titre particulier, ou sur la loi, ou sur
un usage local immémorial (art. 2). Aussi n'est-
ce que sous ce rapport, et comme servitude acquise, que la loi la considère, notamment dans
les art. 3, 4 et 5 de la sect. 4.

9. De cette maxime fondamentale, que la dépaissance sur le fonds d'autrui n'était qu'une
servitude conventionnelle, maxime qui est aujourd'hui générale dans toute la France, découle
cette autre règle, qui est aussi une maxime, que
tout ce qui concerne la dépaissance, son étendue,
la qualité du terrain et le temps où elle s'exer-
çait, le nombre de bêtes qui doivent en pro-

---

(1) Art. 688.

fiter, tout est réglé par le titre et, à défaut de titre, par les usages qui ont force de loi (1).

C'est ce que prescrit expressément l'art. 3 de la Loi de 1791, avec cette restriction cependant que l'usage local ne contrariera pas les réserves qu'elle porte.

10. Sur ce dernier point, la loi nouvelle s'est écartée des maximes reçues dans les pays de droit écrit. On y tenait généralement que le droit de dépaissance ou de compascuité n'avait rien de personnel, ni même de mixte, à la différence de certaines provinces où il était à la fois réel et personnel, en ce sens que, pour en jouir, il n'était pas nécessaire de posséder des biens-fonds dans la commune ; il suffisait d'être habitant : c'est ainsi qu'on le considérait en Bourgogne, en Auvergne, etc. (2)

Tandis qu'en Provence, pour en jouir, il n'a jamais suffi d'être habitant de la commune ; le droit de compascuité n'a jamais été communiqué qu'à celui qui possédait des biens cultivés, soit à titre de propriétaire, soit à celui de fermier. C'est aux fonds que cette servitude a été

---

(1) *Mourgues*, sur le Stat. de Prov., p. 300. — *Julien*, ibid., tom. 1. p. 574. — *Répert. de Jurispr.*, V° Parcours.

(2) *Lamarre*, Trait. de la Police, tom. 2. liv. 5. tit. 17. ch. 1. § 2.

accordée ; c'est par eux seulement que le droit
et l'exercice en sont réglés. Aussi les rapports
qui déterminent la quantité de bestiaux que
chacun peut envoyer dans les pâturages , eu
égard à la possibilité du terrain qui doit les
fournir , sont-ils appelés rapports *pro modo ju-*
gerum et possessionum , rapports dans la proportion des charrues et des possessions.

Il n'y avait pas jusqu'aux pâturages qui appartenaient aux seigneurs, que la loi frappait
d'une servitude légale en faveur des habitans,
qui ne fussent distribués à proportion des possessions cultivées de chacun , et dont, par conséquent, ne fût exclu l'habitant qui n'était ni
propriétaire , ni fermier ; parce que , dit Latouloubre (1), ils ne sont accordés que pour
la culture et l'engrais des fonds.

L'on ne peut disconvenir que ce caractère de
la dépaissance ne fût parfaitement concordant
avec sa nature. Dès qu'elle était servitude , elle
ne pouvait être que réelle dans un pays où
l'on ne reconnaissait point de servitude personnelle.

Nous verrons, dans le § 3 de ce chapitre ,
jusqu'à quel point il a été dérogé à ces maximes.

_____

(1) Des Droits Seigneuriaux , tom. 2. p. 327.

11. Sur les biens communaux, les pâturages
dont les habitans jouissent ne constituent aucune servitude. Leur jouissance n'est qu'un acte
de propriété. Quand la Loi Romaine ne nous
aurait pas appris que *res nemini sua servit*, la
raison l'aurait elle-même suggéré. La commune,
propriétaire de ces biens, en jouit par l'usage
qu'en font ses habitans, comme un père de
famille jouit par l'usage de ses enfans (1).

Les habitans ont même sur ces pâturages un
droit bien plus direct que sur les autres biens
de la commune. Sur ceux-ci ils n'ont de droit
que *ut universi*, c'est-à-dire, qu'ils ne profitent que par le canal de la commune dont les
revenus éteignent des charges qu'ils seraient
obligés d'éteindre de leurs propres deniers : au
lieu que les pâturages leur appartiennent *ut
singuli*, et à chacun d'eux en particulier (2),
pour en jouir, sans que la commune puisse y
mettre obstacle, ni les vendre ou les donner
à ferme pour s'en former un revenu qui diminuerait la jouissance individuelle nécessaire
à eux tous (3). C'est pour cela, sans doute,

---

(1) M. *Henrion de Pensey*, du Pouvoir Municipal, p. 219.

(2) *Licet pascua sint universitatis quoad honores et nomen,
tamen sunt singulorum quoad commodum. Bertrand*, en ses
Conseils, tom. 1. pars. 1. cons. 34.

(3) *Legrand*, Coutumes de Troyes, tit. 10. art. 168. glos. 2. —
Ordonnance du 7 octobre 1818, citée au chap. précédent, sect. 2.

que les landes, qui ne sont autre chose qu'une
étendue de terre qui ne peut être cultivée et
dans laquelle il ne croît que des bruyères,
genêts et autres herbages qui ne peuvent servir
qu'à faire paître des bestiaux (1), sont *pâture
vive*, lorsqu'ils appartiennent à une commune
ou qu'ils lui sont asservis exclusivement, quoiqu'on ne puisse ni les clore, ni récolter et
conserver leur production.

§ II.

Du Parcours.

12. Nous venons de considérer la vaine pâture ou compascuité dans ses relations avec
les individus qui en jouissent et la souffrent,
c'est-à-dire, comme un droit de servitude ou
de propriété : avant de faire connaître comment
elle s'exerce et se perd, il convient de parler
d'un droit qui l'accompagne souvent et qui lui
fait franchir les bornes du territoire dans lequel,
de droit commun, elle est renfermée, ainsi
que nous le dirons au paragraphe suivant. C'est
le parcours, c'est-à-dire, le droit qu'ont des communes voisines de faire réciproquement passer

---

(1) *Jousse*, sur l'Ordonnance de 1669, tit. I. art. 2.

leurs bestiaux sur les terres les unes des autres pour y pacager.

13. La compascuité peut bien exister dans une commune sans parcours ; car les bestiaux peuvent vaguer dans son terroir sans faire des excursions sur les terroirs voisins. Mais le parcours ne pouvant s'exercer que sur les vaines pâtures, et jamais sur les pâtures grasses ou vives (1), ne peut être là où il n'y a pas compascuité ; car des animaux qui ne marchent que pour manger, ne sauraient être introduits sur des terrains dont la dépaissance leur serait interdite.

14. On voit par là que le parcours tient moins de la servitude de vaine pâture, qu'il suppose établie, que du contrat de société. Aussi forme-t-il une relation de communes plus que d'individus, et la réciprocité est-elle de son essence. Toute commune qui jouit du parcours chez ses voisins, doit le souffrir dans son terroir, et la prétention de ne pas le devoir serait une reconnaissance de ne pas le posséder (2).

---

(1) *Loisel*, Instit. Cout. liv. 2. tit. 2. des Seigneuries, n° 20. — *Répertoire de Jurisp.*, V° Parcours, p. 554.

(2) *Ducange*, gloss. *Fournel*, du Voisinage, tom. 2. p. 68 et 76. — *Avis du Conseil d'État* des 23 et 30 frimaire an 12 (14 et 22 décembre 1803). — *Sirey*, tom. 4. part. 2. p. 222.

La fin du parcours étant la compascuité, il a plusieurs règles communes avec elle. Nous les exposerons dans les paragraphes suivans. Dans celui-ci nous ne nous occupons que de celles qui lui sont particulières.

15. Le parcours n'est pas à beaucoup près aussi favorable que la vaine pâture ; les raisons de convenance et d'humanité qui militent en faveur de celle-ci, appliquées au parcours, perdent leur force en très-grande partie. « Autrement, dit M. Pardessus (1), on pourrait, « par analogie, aller jusqu'à la communauté « universelle de toutes les propriétés ». Il n'est conservé que *provisoirement* par la Loi du 6 octobre 1791, la première et jusqu'à présent la seule qui offre quelques règles générales sur cette matière.

Ainsi, lorsque, dans les paragraphes suivans, nous ferons remarquer les restrictions apportées à l'exercice du droit de compascuité, il faudra ne pas oublier qu'elles s'appliquent au parcours avec plus de force encore.

16. La conservation provisoire du parcours n'est point générale. Elle est bornée au parcours

(1) Des Servitudes, p. 197.

fondé sur un titre ou sur une possession autorisée par les lois et les coutumes. *A tous autres égards le parcours est aboli.*

Cette abolition est aujourd'hui le principe général de la matière ; la conservation provisoire de certains parcours en est l'exception, qui ne peut être appliquée qu'à celui qui est fondé sur un titre ou sur une possession autorisée.

17. Quelques auteurs ont pris cette possession pour la possession immémoriale, qui avait parmi nous force de titre et le formait. C'est à nos yeux une erreur.

L'article 2 de la loi, qui ne dispose que sur le parcours de paroisse à paroisse, ne s'exprime pas comme l'article 3, qui statue sur la vaine pâture.

L'article 2 ne conserve provisoirement que le parcours fondé sur *une possession autorisée par les lois et les coutumes.*

L'article 3 conserve le droit de vaine pâture dans une paroisse, autorisé par la loi ou *par un usage local immémorial.*

La différence des dispositions produit une différence dans les résultats. L'usage local immémorial suffit à la vaine pâture ; mais c'est toute autre chose pour le parcours. Il lui faut, non une possession immémoriale, mais une

possession autorisée par la coutume ou par la loi,
c'est-à-dire, que la possession ne remplace le
titre particulier que dans les pays où, soit la
coutume, soit la loi, ont autorisé le parcours par
une disposition générale dont la possession détermine l'application particulière à telles et telles
communes, comme l'article 682 du Code Civil
est un titre suffisant pour acquérir par la possession trentenaire une servitude de passage qui
de sa nature est imprescriptible.

Le parcours est une servitude discontinue,
ou plutôt, comme le dit Legrand (1), une tacite
société et communication de pâtures.

De droit commun, comme servitude discontinue, il ne peut être acquis que par la possession immémoriale, si même il peut l'être ; ce
dont il est permis de douter, d'après ce qui
a été dit au paragraphe précédent, n° 8.

Comme société entre communes, il ne peut
être établi que par titre, seule manière de prouver que, d'un accord mutuel, elles ont dérogé
au droit commun, selon lequel la vaine pâture
des bestiaux est renfermée dans le territoire
de chaque commune, sans pouvoir s'étendre
sur les territoires voisins (2).

---

(1) Sur les Cout. de Troyes, tit. 10. art. 169. glos. n° 4.
(2) *Denisart*, V° Parcours, cite diverses coutumes et plusieurs
arrêts qui le décident de même.—*Fournel*, Lois rurales, tom. 1. p. 265.

Mais il est des coutumes qui autorisent le parcours de paroisse à paroisse. Telles sont les coutumes de Troyes, de Bourgogne, d'Auvergne, et autres.

C'est pour ces coutumes seulement que la loi permet que la possession remplace le titre, et lui donne la force d'une convention écrite, sans exiger qu'elle soit aussi longue que celle qui était requise pour établir la servitude de vaine pâture, bien moins défavorable que celle de parcours.

En cela, la Loi de 1791 est restée bien en arrière de la sagesse de nos Rois, qui depuis long-temps méditaient l'extinction du parcours dans les provinces du royaume où il était établi soit par les dispositions générales de la coutume, soit par l'usage ou même par des titres particuliers ; témoin l'Édit de mars 1769, pour la Champagne, dont l'article 5 porte : « Les troupeaux de chaque communauté ne pourront plus à l'avenir être conduits sur le territoire des communautés voisines et adjacentes, « sous prétexte du droit réciproque de parcours, « lequel sera et demeurera aboli, comme nous « l'abolissons par notre présent édit. »

18. Pour qu'il puisse y avoir parcours entre deux communes, il ne suffit pas que leurs ter-

roirs soient rapprochés ou en contact sur un
point , il faut qu'ils soient *adjacens* et contigus
par un côté tout entier (1).

19. Dans les communes qui ont mis leur
vaine pâture en commun , cette association ne
s'étend pas sur tout le territoire , elle ne dé-
passe pas le clocher de chaque commune , et
dans celles où il n'y en a pas, le milieu de
la commune (2). Cette limitation est nécessaire
pour qu'une commune puisse être en association avec celles qui l'avoisinent des autres côtés.

20. On doutait autrefois si le parcours empêchait une des communes de clore une portion
de ses pacages. La chose n'est plus douteuse
depuis la Loi de 1791, qui autorise expressément
la clôture , et qui n'a conservé *provisoirement*
le parcours conventionnel que sous les réserves
qu'elle a établies , ainsi que nous le verrons
dans le § 4.

21. Mais on n'a jamais douté que les restrictions qu'une commune mettrait à l'exercice

----

(1) *Legrand*, Cout. de Troyes, *loco cit.*—*Fournel* , Lois Rurales,
tom. 1. page 265 et 266. Il cite la Coutume de Thionville et un Arrêt
du Parlement de Paris du 6 octobre 1717.

(2) *Loisel* , Inst. Cout. , liv. 2. tit. 2. des Seigneuries , n° 20.

du parcours, qui ne peuvent donner lieu à des demandes d'indemnité (1), n'autorisent cependant l'autre à le faire cesser entièrement. Tout engagement réciproque est annulé d'un côté, quand il est violé de l'autre ; et personne ne peut être obligé de demeurer en société malgré soi. La loi de 1791 a consacré ce principe pour le parcours comme pour la vaine pâture, ainsi que nous le dirons dans le § 4.

22. Les contestations que le droit de parcours peut faire naître, doivent être portées à l'autorité judiciaire ou à l'autorité administrative, suivant leur nature.

S'agit-il d'appliquer des règlemens anciens, de faire cesser des atteintes portées à l'exercice du parcours, ou des abus commis par les usagers ? il faut s'adresser aux tribunaux ordinaires.

S'agit-il des modifications ou changemens dont le droit de parcours a pu devenir susceptible ? il faut s'adresser au Gouvernement, qui, seul, peut permettre des changemens dans le mode de jouissance des biens communaux, suivant le Décret du 9 brumaire an 13 (31 octobre 1804), et l'Avis du Conseil d'État du 26 avril 1808.

Lors même que ces changemens seraient le

---

(1) *Cod. Rur.* de 1791, sect. 4. tit. 1. art. 17.

résultat d'une transaction entre les communes,
par la raison que, suivant l'article 2045 du
Code Civil, les communes ne peuvent transiger
qu'avec l'autorisation du Gouvernement.

Ainsi les préfets ne peuvent en connaître que
pour donner leur avis, conformément au décret
de brumaire.

Cette distinction est littéralement écrite dans
l'Ordonnance du 22 juillet 1818, qu'on trouve
dans Sirey, tom 18. part. 2. p. 303.

Elle fortifie ce que nous dirons, dans les § 3
et 5 de ce chapitre ; nous réservant d'exposer
en détail les principes de la compétence administrative dans les matières rurales, au livre 4,
où nous traiterons de la Police rurale administrative et judiciaire.

§ III.

Exercice de la vaine Pâture et du Parcours.

23. La vaine pâture et le parcours n'étant
conservés que comme servitudes conventionnelles, leur exercice doit être réglé par les
titres constitutifs ou par l'usage qui les explique (1), ce qui n'empêche pas qu'il n'y ait

---

(1) *Mourgues*, sur les Stat. de Provence, pag. 300. — *Julien*,
ibid., tom. 1. p. 574. — *Répert. de Jurispr.*, V° Parcours.

des règles générales auxquelles, dans le silence des titres, on doit se conformer. Il en est même qui l'emportent sur les titres, et qui les ont modifiés dans des vues d'intérêt général, auquel les intérêts privés sont toujours subordonnés (1).

24. Que la vaine pâture et le parcours s'exercent sur les biens de la commune, ou sur ceux qui lui sont asservis, le temps pendant lequel ils peuvent être exercés est réglé par les titres. A défaut, il doit l'être par le droit commun, selon lequel l'hiver se proroge et se termine à un mois après Pâques, et l'été, qui commence à cette époque, finit à la St-Michel (2).

Ainsi celui qui, par bail ou autre titre, a droit de faire hiverner son bétail dans une terre, peut l'y faire paître depuis St - Michel jusques à un mois après Pâques, et celui qui ne peut l'y introduire que pendant l'été, ne doit l'y laisser que depuis un mois après Pâques jusqu'à la St-Michel.

Il faut, toutefois, excepter de cette règle les prairies où l'on ne peut introduire des bestiaux

---

(1) *Code Rural* de 1791, tit. 1. sect. 4. art. 3.

(2) *Julien*, Stat. de Prov., tom. 1. p. 571. — Dans quelques communes autour de la Crau d'Arles, l'hiver est plus court; il finit à la mi-carême.

après le premier mars, suivant l'Arrêt du Parlement de Paris du 30 novembre 1785.

25. La vaine pâture et le parcours doivent, comme toutes les servitudes, être restreints à ce qui excède les besoins du propriétaire, et être réglés de manière que pour lui *commoditas rei non amittatur* (1).

De même que les fonds cultivés ne deviennent communs que quand ils sont entièrement dépouillés de leur récolte (2), et deux jours seulement après la récolte enlevée (3); de même les terrains incultes ne sont assujettis à la compascuité que pendant une partie de l'année, c'est-à-dire, pendant l'été. S'ils l'étaient encore pendant l'hiver, leur propriété serait absolument illusoire, et les usagers seraient les véritables propriétaires; ce qui ne peut pas être (4). Aussi l'art. 10 du Code Rural de 1791, en maintenant provisoirement la vaine pâture ou le parcours sur les prairies naturelles qui y sont sujettes, déclare-t-il qu'elles n'auront jamais lieu tant que la première herbe ne sera pas récoltée.

---

(1) *Infrà*, tit. 3. ch. 3.
(2) *Cod. Rur.* de 1791, tit. 1. sect. 4. art. 9.
(3) *Ibid.*, tit. 2. art. 22. — *Sirey*, tom. 1. p. 260.
(4) *Infrà*, tit. 3. ch. 2. n° 16.

26. Il en est autrement de la vaine pâture sur les communaux. Les habitans en sont propriétaires ; ils en supportent les contributions. Ils peuvent y envoyer leurs bestiaux pendant toute l'année, parce que tout leur appartient ; ce qu'on ne peut pas dire du parcours, qui n'est jamais qu'une servitude d'une commune sur les biens d'une autre.

26 (*bis*). Toutes les espèces de biens ne sont pas soumises à la vaine pâture. Il en est que l'intérêt public exige d'en affranchir ; ainsi, quelque usage, quelque titre qu'on invoque, « il est « défendu de mener sur le terrain d'autrui des « bestiaux d'aucune espèce, et en aucun temps, « dans les prairies artificielles (1), dans les « vignes, oseraies, dans les plants de câpriers, « dans ceux d'oliviers, de mûriers, de grena- « diers, d'orangers et arbres du même genre, « dans tous les plants ou pépinières d'arbres frui- « tiers ou autres faits de main d'homme (2). »

27. Un motif d'intérêt public avait porté le Parlement de Paris à interdire l'exercice du

---

(1) On entend par *prairies artificielles* les trèfles, sainfoins, luzernes, etc., et en général toutes celles qui doivent l'existence à l'art et à l'industrie de l'homme.

(2) *Cod. Rur.* de 1791, tit. 2. art. 24.

parcours pendant la nuit. Il est malheureux que
cet exemple ne puisse pas être suivi dans les
pays méridionaux où les bêtes à laine ne peuvent pacager dans la journée ; c'est, à notre sens,
une raison de plus d'y établir l'usage du troupeau commun dont nous allons bientôt parler.

28. Si les usagers ne peuvent point conduire
leurs bestiaux toute l'année sur les terrains soumis à la vaine pâture, ils peuvent bien moins
encore s'y établir à poste fixe, même dans le
temps où la vaine pâture est ouverte.

Lalaure, dans son Traité des Servitudes (1),
décide d'après la *L. veluti* 6. § *item longè* 1. *ff.
de Servit. præd. rustic.*, que celui qui a droit de
pâturage sur un fonds a, par cela même la faculté d'y avoir une cabane mobile ou fixe. Mais
quoiqu'il donne à ce paragraphe le même sens
que Godefroi, nous ne pouvons nous ranger
de leur avis.

La loi ne nous paraît pas dire que la faculté
d'avoir une cabane soit l'accessoire ou la suite
du droit de pâturage ; elle dit seulement qu'on
peut acquérir la faculté de cabane, si l'on a
d'ailleurs la servitude de pâturage ou d'abreuvoir, et qu'alors cette faculté est une véritable
servitude : ce qui est bien différent.

_____

(1) Ch. 8. p. 42.

Pour saisir l'esprit et le sens de ce paragraphe, il ne faut le séparer ni de celui dont il est la suite, ni même de la loi qui le précède.

Dans celle-ci, le législateur caractérise les servitudes réelles : il dit que les droits de puisage, d'abreuvoir, de tirer des pierres, de faire de la chaux, ne peuvent appartenir qu'au propriétaire d'un héritage voisin, et que les deux derniers droits surtout sont rigoureusement restreints aux besoins de l'héritage auquel cette servitude est due.

Dans la Loi 6, il cite encore d'autres droits, tels que celui d'avoir sur le fonds d'autrui des fourneaux à faire cuire des vases pour renfermer le produit du fonds dominant, ou des tuiles pour couvrir l'édifice qu'on veut y construire, et il décide que ces droits, renfermés dans le cercle des besoins du fonds, sont de vraies servitudes réelles. Mais que si les vases ou les tuiles étaient destinés à être vendus, et, comme nous disons, à en faire commerce, ce ne serait plus une servitude, mais un usufruit qui, par essence, finit avec la vie de l'usufruitier (1).

Ainsi, dit la Loi dans le 1er paragraphe, il y a loin d'un usufruit au droit de faire de la chaux, d'extraire des pierres, de fouiller du

---

(1) *Infrà*, tit. 3. ch. 3. nº 2.

sable pour l'utilité d'un bâtiment situé ou à
construire dans le fonds dominant, ou de prendre du bois pour garnir sa vigne d'échalas : si
tous ces droits tendent à améliorer un fonds,
il n'est pas douteux que ce sont des servitudes,
et *Mucianus* est de cet avis. Seulement, *in tan-*
tum, il pense qu'on peut établir la servitude
d'avoir sur le fonds d'autrui une cabane, pour
s'y mettre à l'abri de l'orage, lorsque, *scilicet*,
on a d'ailleurs sur ce fonds une servitude de
pacage ou d'abreuvoir (1); c'est-à-dire, que quoique *Mucianus* pense aussi qu'il n'y a de servitude que celle qui tend à améliorer un fonds,
il se relâche de la rigueur de la règle en faveur
seulement de celui qui a déjà une servitude de
pacage ou d'abreuvoir ; il croit qu'il *peut* alors
obtenir, à titre de servitude, le droit d'avoir
aussi une cabane, quoiqu'elle ne profite qu'à la
personne et non au fonds dominant, auquel,
dans ce cas, la première servitude est assimilée.

Tout ce qui nous paraît résulter de cette loi
est que le droit de cabane peut être acquis *à*
titre de servitude, si on a d'ailleurs un droit

_____

(1) Voici le texte de la Loi : *Et hoc, et Mucianus probat, in*
tantum ut et talem servitutem constitui posse putet, ut tugu-
rium mihi habere liceret intuo, scilicet, si habeam pascui ser-
vitutem aut pecoris appellendi : ut si hyems ingruerit, habeam
quò me recipiam.

de pacage ou d'abreuvoir, ou toute autre servitude dont la cabane facilite l'exercice ; au lieu que si on ne l'a pas, il ne peut l'être qu'*à titre d'usufruit.*

La Glose va même plus loin, car, suivant elle, on peut stipuler le droit de cabane pour mettre à couvert les cultivateurs de son champ. Elle ne regarde donc pas ce droit comme l'accessoire de la dépaissance ou de l'abreuvoir, et nous ne pensons pas qu'on pût le permettre à celui qui n'en aurait pas la stipulation.

D'un côté, la cabane fait plus que d'aggraver la servitude, elle en change la nature, puisqu'elle ajoute une servitude continue à une servitude discontinue.

De l'autre, elle donne à l'usager un avantage injuste sur tous les co-usagers qui n'auraient pas le même droit.

Il en est de la cabane sur le fonds soumis au pâturage, comme du port d'abordage qu'on voudrait faire sur la rive d'un fleuve : le même motif qui fait prohiber le port (1), s'oppose à l'établissement de la cabane.

29. De ce que les pâturages sont communs, il ne suit pas qu'on puisse y introduire toute

----

(1) *Infrà*, ch. 4. n° 51.

espèce d'animaux qui y trouveraient leur nourriture, ni les surcharger arbitrairement. Sans des précautions, l'abus anéantirait bientôt le droit, et la jouissance illimitée serait immédiatement remplacée par une privation absolue.

30. La qualité des bestiaux qui peuvent être introduits dans les pâturages, est nécessairement relative à leur nature, et ne peut pas être la même partout.

Les porcs sont exclus du parcours des prairies dans la plupart des coutumes ; les oies, dans d'autres ; les chèvres, dans des troisièmes ; les bêtes à laine, dans des quatrièmes, et notamment à Amiens et dans la coutume de Paris. On peut voir, dans de Lamarre (1), l'indication de ces coutumes, dont la variété prouve toujours mieux qu'il ne peut pas y avoir sur ce point de règle générale.

31. Il en est de même pour la quantité. D'abord, sur les communaux ni ailleurs, le droit de pâturage ne peut excéder la possibilité du terrain, c'est-à-dire, que les habitans ne peuvent à eux tous y envoyer une quantité de bétail qui excède celle que le terrain peut nourrir (2).

---

(1) *Traité de la Police*, tom. 2. liv. 5. tit. 17. ch. 1. § 5.
(2) Ordonn. de 1669, tit. 19. art. 5.

Sur les fonds d'autrui, ces bestiaux ne peuvent même pas être en assez grande quantité pour absorber la totalité des pâturages, sans en rien laisser au propriétaire; car, comme toutes les autres servitudes, ces usages ne peuvent rendre vain et illusoire le droit de propriété; et, par une présomption *juris et de jure*, ils sont réputés n'avoir été concédés que sur ce qui reste, les besoins du propriétaire remplis (1).

32. La possibilité du terrain détermine la masse de bestiaux qui peuvent y être envoyés; mais la portion de cette masse que chacun peut fournir, c'est-à-dire, la quantité qu'il peut envoyer à la vaine pâture ou au parcours, est proportionnée à l'étendue du terrain qu'il possède dans la commune ou qu'il y tient à ferme (2).

D'après les Arrêts rendus par le Parlement de Paris le 7 août 1638, 26 mai 1647, 13 août et 9 septembre 1661 (3) et celui du 9 mai 1777, chacun ne peut avoir qu'une bête à laine et son suivant par arpent de terre labourable (4).

_____

(1) *Infrà*, tit. 3. ch. 3.

(2) L. du 28 sept. — 6 oct. 1791, tit. 1. sect. 4. nos 13 et 15.

(3) *Lamarre*, Traité de la Police, tom. 2. liv. 5. tit. 17. ch. 1. § 6. p. 1137.

(4) *Guyot*, Répert. de Jurispr., V° Pâturages, p. 6 et 7.

Julien, sur le Statut de Provence, tom. 1.
p. 685, rapporte un Arrêt du Parlement d'Aix
du 12 janvier 1759, qui homologua une délibération de la commune de Lançon, portant
que l'habitant qui ne serait pas cotisé une livre
cadastrale ne pourrait envoyer aucune bête à
laine à la compascuité, et que, pour chaque
livre cadastrale, on ne pourrait y verser que
trente bêtes.

Ce qu'ici on a réglé sur la valeur des possessions, là on l'a réglé sur leur contenance.

Mais toujours en ressort-il cette règle, que
chaque habitant ne peut envoyer dans les pa-
turages communs, qu'ils soient tels par la propriété de la commune ou par ses droits d'u-
sage, qu'un nombre de bestiaux proportionné
à ses possessions (1), ou même proportionné
à ce qu'il peut nourrir en hiver par les foins
et les pailles provenant de ses héritages (2).

Le Parlement de Paris exige, en outre, dans
les arrêts que nous venons de citer, que l'habitant laisse annuellement le tiers de ses terres
en jachères, pour s'assurer de sa contribution

---

(1) *Fréminville*, Pratique des Terriers, tom. 3. sect. 1. quest. 18.
p. 420.

(2) *Cout. d'Auvergne*, ch. 28. n° 11. — *Legrand*, sur la Cout.
de Troyes, tit. 10. art. 168. n° 28.

au pâturage commun : tant est juste et respectable le principe qui veut que, dans une société bien ordonnée, la participation aux jouissances soit relative à la mise de fonds de chacun.

33. La Loi de 1791 s'en est écartée, lorsque, dans l'art. 14, elle a voulu que tout chef de famille domicilié qui n'est ni propriétaire, ni fermier d'aucun des terrains sujets à la compascuité, puisse envoyer au parcours ou à la vaine pâture jusqu'à six bêtes à laine, une vache et son veau.

On ne peut douter que la volonté du législateur n'ait été de déroger sur ce point aux lois et usages contraires, puisque l'article ajoute qu'il n'entend rien innover aux lois, coutumes ou usages locaux et de temps immémorial *qui leur accorderaient un plus grand avantage;* d'où la conséquence qu'il a entendu déroger aux usages qui, tels que ceux de la Provence, leur accordaient moins ou rien du tout.

Mais cette volonté du législateur, qui doit être exécutée jusqu'à révocation, est-elle juste ? L'Assemblée Constituante, car il faut la nommer, ne s'est-elle pas laissée entraîner trop loin par le désir ou même le besoin que lui imposaient les circonstances de la date de sa loi, de plaire à la multitude ? C'est ce qu'il est permis de demander.

34. Ce n'est pas qu'on puisse contester à la loi le droit, non-seulement de réduire, mais encore d'éteindre les servitudes même conventionnelles, lorsque cette extinction est réclamée par l'utilité publique, et surtout par l'avantage de l'agriculture. La législation ancienne fournit autant d'exemples de ces dérogations que la législation moderne (1); et l'on conviendra facilement qu'il faudrait renoncer à toute amélioration en agriculture, si la législation ne pouvait en suivre les progrès.

Mais autre chose est restreindre ou abolir une servitude, autre chose est l'aggraver, ou même la créer là où elle n'a jamais existé. L'intérêt de l'agriculture est bien que chacun ait la liberté de disposer de sa chose, sans nuire à autrui; mais il ne peut jamais se trouver à ce que celui dont l'héritage n'était asservi à des tiers qu'en échange de ce que leurs héritages lui étaient asservis à lui-même, soit grevé d'une servitude en faveur de gens qui, n'ayant point de fonds, ne lui offrent aucun dédommagement.

Que, sur les biens appartenant aux communes, la loi accorde des droits personnels à ceux

---

(1) Nous en avons cité dans les précédens paragraphes, et l'on en trouvera plusieurs autres dans le cours de cet ouvrage.

qui n'en avaient point, c'est beaucoup ; mais
on l'excuse par l'obligation où sont les communes de nourrir leurs pauvres, et par les avantages qu'elles retirent de l'aisance qu'elles leur
procurent.

Mais le particulier qui, en consentant à l'assujettissement de son terrain, a calculé la charge
d'après l'étendue invariable du terroir, et d'a-
près le droit qu'il acquerrait d'envoyer ses propres bestiaux sur les héritages de tous ceux qui
enverraient les leurs sur le sien, le particulier
qui a contracté sous la foi de la loi municipale, qui lui garantissait qu'il ne s'obligeait
qu'en faveur des autres fonds, ne peut pas
légitimement être forcé d'étendre à tout habitant ce qu'il n'a concédé qu'au propriétaire. On
conseille la charité, on ne la commande pas.
Quand la loi l'ordonne, elle la dénature, elle
en fait un impôt.

Le législateur de septembre 1791 était trop
éclairé pour ne pas apercevoir la contradiction
qu'il y avait à ne reconnaître et ne laisser sub-
sister que la servitude de vaine pâture ou de
parcours établie par titre ou par possession
autorisée, et à donner le droit d'en jouir à
ceux qui jusqu'alors en avaient été exclus, à
rendre ainsi personnelle une servitude qui,
par essence, n'était que réelle. Mais il fallait

plaire à la multitude , et on ne trouva pas un
grave inconvénient à lui accorder la jouissance
d'un droit qui n'était maintenu que *provisoirement*. Espérons que , lorsqu'on prononcera
sur son existence définitive , si on se détermine à le conserver, malgré les réclamations
de toutes les parties du Royaume (1), on res-
pectera la foi des contrats et la pureté des
principes (2), en ne laissant participer à la
servitude de vaine pâture ou de parcours, que
ceux qui , lors de son établissement , étaient
appelés à y participer par la loi locale. Ce qui
nous reste à dire dans ce paragraphe en fera
sentir toujours plus la nécessité.

35. Il serait impossible de proportionner le
nombre des bestiaux à l'étendue des pâturages ,
et la participation de chacun à ses possessions,
ou même à la faculté accordée par la loi de
1791 aux non possédans biens , si ceux qui
n'habitent pas dans une commune , et qui n'y
possèdent rien , pouvaient verser leurs bestiaux
dans son terroir , ou si ceux qui ont ces qua-

---

(1) Voy. le Recueil des Observations des Commissions consultatives sur le projet de Code Rural et les divers projets qui l'ont
suivi.

(2) *Infrà* , tit. 3. ch. 3. n°s 7 et 19.

lités pouvaient y introduire d'autres bestiaux que
les leurs. Aussi verrons-nous (1) que partout
l'usage des pâturages communs est borné aux
bestiaux de la nourriture des habitans, c'est-à-
dire qui sont nécessaires à la culture et à l'engrais du fonds de leurs maîtres, qu'on en exclut les bestiaux dont ils font trafic et commerce,
qu'ils louent ou qu'ils élèvent et nourrissent
sans en être propriétaires, et qu'on inflige des
peines à l'usager qui prête son nom à l'étranger
ou lui loue ses bergeries.

36. Tant qu'il n'y a pas de règlement qui
fixe la quantité de bétail qu'on peut verser
dans les pâturages soumis à la compascuité,
chacun peut y envoyer tout le bétail qui lui appartient (2).

Il est de l'intérêt et du devoir des communes
d'y pourvoir : c'est le premier pas qu'elles ont
à faire pour conserver leur pâturage ; la jouissance illimitée les ruine, comme la licence tue
la liberté.

Plus on attache d'importance à ce que les
communes aient les pâturages nécessaires à l'habitation, plus elles doivent être attentives à

---

(1) *Infrà*, tit. 3. ch. 2. n° 4.

(2) *Statut de Provence*, *Julien*, tom. 1. p. 572 et 579. —
Boniface, tom. 4. liv. 10. tit. 3. ch. 9.

en régler l'exercice : c'est le vœu de la raison, c'est celui de la loi. L'article 13 du Code Rural de 1791 dispose que « la quantité de bétail pro-« portionnellement à l'étendue du terrain sera « fixée, dans chaque paroisse, à tant de bêtes « par arpent, d'après les règlemens et usages « locaux ; et à défaut de documens positifs, « il y sera pourvu par le conseil général de « la commune. »

Sous l'ancien régime, les communes étaient gênées par cette disposition des lois féodales, qui, dans les règlemens des pâturages, donnait au seigneur, indépendamment de la quotité proportionnée à ses possessions, une part égale à celle qui était assignée aux deux plus fort imposés, et les places vacantes ; ce qui diminuait considérablement la portion de chacun. Elles évitaient, tant qu'elles pouvaient, de recourir au rapport *pro modo jugerum*, qui amenait ce résultat, et elles s'étaient bornées, pour obvier aux fraudes et aux abus, à faire des règlemens qui, sans entrer dans des détails de répartition, proportionnaient d'une manière générale le nombre de bêtes au montant de l'allivrement. Nous avons cité l'exemple de la commune de Lançon ; nous pourrions, comme le commentateur des Statuts de Provence, y en joindre plusieurs autres ; mais il est inutile d'appuyer par des exemples un usage qui a été consacré par l'article 13 que nous venons de rapporter.

37. L'usage ainsi que la Loi de 1791 donnent donc aux communes le droit de fixer la quantité de bétail à envoyer aux pâturages communs ; mais les communes peuvent ne pas user de leurs droits, et la loi ni l'usage n'autorisent les particuliers à les y forcer.

Cependant tout propriétaire, tout usager a intérêt et, par conséquent, droit à empêcher que ses propriétés soient surchargées, ou que ses co-usagers prennent sur lui des avantages injustes : de là le droit à chacun d'obliger la commune à faire procéder au rapport *pro modo jugerum et possessionum* (1),

38. La première chose qu'ont à faire les experts qui procèdent à ce rapport, est d'examiner la possibilité du terrain, c'est-à-dire, d'évaluer les pâturages que peuvent produire les terrains soumis à la compascuité et les com-

---

(1) L. 7. § 10. et L. 10. § 1. ff. *Comm. divid.* — *Perezius*, Cod. de Pasc. public. et privat. — *Chassanée*, Cout. de Bourgogne, rubrique 13. § 3 et 5. — *Mourgues*, sur le Stat. de Prov. p. 294 et 297. — *Julien*, ibid. tom. 1. p. 579 et 581. — *Jurispr. Féod.*, part. 2. tit. 18. n° 9.

munaux, et de déterminer la quantité de bestiaux qui peuvent y prendre leur nourriture.

Ils assignent ensuite à chaque possédant bien, d'après son allivrement, la quantité de bêtes qu'il a droit d'avoir *pour la culture et l'engrais de ses fonds seulement* (1).

Quand la production du terrain excède les besoins des habitans, on ne fait pas la répartition de la totalité des pâturages ; on s'arrête à leurs besoins (2).

Quand elle leur est inférieure, on retranche sur les besoins ; et, au lieu de donner, par exemple, une bête à laine par arpent, comme à Paris, on ne l'accorde que pour deux arpens, ou même que pour trois, suivant la disproportion entre la portée des pâturages et les besoins des habitans.

Les facultés acquises ailleurs à ceux-ci entrent nécessairement dans le calcul, puisqu'elles servent à remplir leurs besoins (3).

Il en est de même des facultés qu'ils avaient et qu'ils ont aliénées ou laissé perdre (4).

(1) *Julien*, sur le Statut de Prov., p. 580. — *Jurispr. Féod.*, part. 2. tit. 18. n° 10.

(2) *Jurispr. Féod.*, loc. cit.

(3) *Jurispr. Féod.*, ibid., n° 11. — *Julien*, loc. cit. p. 580.

(4) *Infrà*, § 5.

Lorsque le rapport porte sur des fonds particuliers asservis à des facultés de dépaissance en faveur des habitans ou d'une commune, les experts doivent moins se régler sur les besoins présens des fonds que sur leurs besoins et leurs ressources au moment de l'établissement de la servitude, par les raisons que nous déduirons tit. 3. ch. 2. n° 7.

39. Les co-usagers n'ont pas entre eux le droit d'accroître (même ch., n° 6, et ch. 3. n° 97). Ainsi les places vacantes et le résidu des herbages, c'est-à-dire, ce qui excède les besoins des usagers, appartiennent au propriétaire (1).

40. Le rapport *pro modo jugerum* était autrefois demandé à la chambre des Eaux et Forêts (2) : c'était une suite de la jurisdiction des maîtrises qui avait été réunie à celle du Parlement, et qui était exercée par la Chambre des Enquêtes.

---

(1) *Antibolus*, de Muner., § 4. p. 192. — *Mourgues*, Stat. de Prov., p. 295. — *Julien*, ibid., tom. 1. p. 580 et 581. — *Arrêt*, dans *Boniface*, tom. 4. p. 145.

(2) *Ordonnance des Eaux et Forêts*, tit. 25. art. 19 et 20. — Arrêt du 7 février 1740, entre le seigneur et la commune de Tavernes.

Aujourd'hui, et par les mêmes raisons qui font que les actions en cantonnement sont portées aux tribunaux ordinaires, les demandes en règlement *pro modo jugerum* doivent leur être portées, et c'est de leur autorité qu'il doit y être procédé.

Cette résolution paraît être sans difficulté, quand le rapport a pour objet des pâturages appartenant à des particuliers, et seulement soumis à des usages envers les communes.

Mais quand il n'est fait que sur des biens communaux, ne s'agissant alors que de répartir, entre les habitans, la chose commune, l'affaire pourrait être considérée comme purement administrative (1), par la raison que je déduirai en traitant des usages.

4 I. Il ne suffit pas de répartir justement les pâturages entre ceux qui doivent en jouir, il importe encore de mettre dans leur jouissance cette sage économie sans laquelle, quelque abondans qu'ils soient, ils ne sauraient suffire à leurs besoins.

Beaucoup de communes ne permettaient l'usage de leurs pâturages qu'en troupeau commun, c'est-à-dire réuni sous la conduite et la garde d'un pâtre nommé par la commune.

---

(1) Voy. ci-après, tit. 3. ch. 2. n° 10.

Mais beaucoup n'ont pas suivi cet exemple,
et laissent encore dévaster leurs pâturages et
leurs champs par autant de petits troupeaux
qu'il y a d'habitans désireux d'en tenir.

Cet usage, qui ressemble plus à la licence
qu'à la liberté, est la perte des pâturages et
la source des abus les plus nuisibles.

Dans les pâturages ainsi jouis, les bestiaux
vaguent plus qu'ils ne paissent ; et, tel est l'esprit de jalousie qui, communément, dirige les
bergers, qu'ils se consolent de voir leurs bestiaux fouler et dégrader la pâture, par l'idée
que celui qui vient après n'y trouvera rien ;
et que, s'ils contenaient leurs bestiaux dans de
justes bornes, ils prendraient de la peine pour
les autres.

Ces petits troupeaux ne peuvent être surveillés ;
aussi sont-ils les fléaux de l'agriculture. Il est
évident, par les dégâts qu'ils causent, que le
droit de vaine pâture n'est pour eux que le
moyen de dévaster impunément les biens cultivés, surtout dans les pays méridionaux, où
la chaleur du climat force de permettre le pâturage pendant la nuit. L'obligation de mettre
des clochettes au cou des bestiaux, la loi de
la plus prochaine bergerie (1), et toutes les

_____

(1) Nous en parlerons au liv. 4. tit. 3. ch, 1.

précautions qu'a fait imaginer le besoin de la conservation des récoltes, sont venus échouer contre l'indolence de certains bergers, l'avidité et même la malice de certains autres.

Il n'est qu'un moyen d'arrêter ce torrent dévastateur : c'est l'établissement du troupeau commun. Il empêche qu'on ne surcharge les pâturages, qu'aucun n'y envoie plus de bêtes qu'il ne doit y envoyer, que des bêtes étrangères ne s'introduisent dans le terroir. Loin d'avoir des rivalités à craindre, le berger qui est seul a l'assurance de trouver demain la pâture qu'il économise aujourd'hui ; il n'est que plus intéressé à la ménager. Sans espoir d'échapper à la réparation du dommage, il est plus attentif à ne pas en causer. Les frais de garde sont presque réduits à rien pour chaque individu ; car s'il faut un homme pour conduire et garder quinze bêtes, il n'en faut pas davantage pour en garder trois cents ; et nul n'est privé du produit de ses bestiaux, qui tous les jours rentrent dans l'étable de leur propriétaire, au moment qu'ils retournent du pâturage.

Le troupeau commun réunit ainsi l'économie de l'individu, la conservation des pâturages communs et la garantie des propriétés particulières. Sans imposer de sacrifice à personne, il protège à la fois l'intérêt de l'individu, des bestiaux, des pâturages, des communes et des récoltes.

Avec ces avantages, on s'étonnerait que le législateur de 1791, à qui certes on ne reprochera jamais d'avoir manqué d'instructions et de lumières, n'ait pas répandu sur toutes les communes le bienfait du troupeau commun, en le rendant obligatoire dans tous les pâturages soumis à la compascuité, comme l'Ordonnance de 1669 l'a rendu obligatoire dans les bois. Mais, nous l'avons dit, l'Assemblée Constituante était alors trop pressée par les circonstances ; ce n'est que par la position dans laquelle elle se trouvait qu'on peut s'expliquer comment cette même Assemblée, qui, deux ans auparavant, avait d'une main trop hardie démoli l'entier édifice social, recula devant l'usage particulier des troupeaux séparés, et ne s'occupa du troupeau commun que pour en atténuer le bienfait, puisque dans les pays où il était établi, elle autorisa tout propriétaire ou fermier à renoncer à cette communauté et à faire garder par troupeau séparé un nombre de têtes de bétail proportionné à l'étendue des terres qu'il exploitera dans la paroisse (art. 12).

Elle fit plus : elle voulut (art. 14) que tout habitant chef de famille qui ne serait ni propriétaire, ni fermier d'aucun des terrains su-

jets au parcours ou à la vaine pâture, pût
garder par troupeau séparé jusqu'à six bêtes à
laine et une vache avec son veau.

La faculté de faire garder par troupeau séparé est évidemment destructive de l'usage du
troupeau commun ; elle en neutralise les avantages ; car elle fait renaître la rivalité des bergers, leur insouciance pour l'aménagement des
pâturages, l'impossibilité de découvrir celui qui
a endommagé les récoltes particulières, et généralement tous les abus que le troupeau commun prévient.

42. En attendant que la Loi de 1791 soit
remaniée, il est de la sagesse de l'administration d'engager les communes à profiter de la
portion de liberté qu'elle leur laisse pour introduire chez elles l'usage du troupeau en commun, tel qu'il était anciennement dans plusieurs
communes, et qu'on continue à l'exercer dans
les bois, où l'intérêt de leur conservation et
le droit de surveillance qu'a tout propriétaire
de bois soumis à des usages, ont fait établir
que le droit de pâturage ne pourrait être exercé
qu'en troupeau commun.

Il est défendu d'y mener les bestiaux *à garde
séparée*, à peine de dix francs d'amende pour
la première fois, de confiscation pour la se-

conde , et de priivation de tout usage pour la troisième (1).

Cette défense (de mener dans les bois les bestiaux à garde séparée, n'a été ni abrogée, ni modifiée par le Code Rural de 1791, qui, dans les articles que nous venons de citer, ne considère que les fonds ruraux, les droits de parcours et de vaine pâture en général, et ne s'occupe pas des bois ; ils ont toujours été l'objet de lois spéciales, auxquelles il n'est dérogé que par des dispositions particulières : ce Code en fournit lui-même des exemples. Dans les articles où il a voulu modifier les lois forestières, il s'en est expliqué en disposant expressément sur les bois.

43. Le nombre de bêtes que tout propriétaire ou fermier peut envoyer au troupeau commun, est déterminé par l'étendue de ses possessions, ainsi qu'il a été dit ci-dessus, et cette règle n'a d'autre exception que celle que lui ont faite les art. 12 et suivans de la Loi de 1791 qui viennent d'être rapportés.

44. Quand le propriétaire dont l'habitation

(1) Ordonnance de 1669, tit. 19. art. 6 et 8. — *Infrà*, tit. 3. ch. 2. n° 36.

est éloignée du village , ne veut pas lui-même conduire son troupeau au village où est le rendez-vous de toutes les bêtes pour le départ, il peut exiger que le pâtre vienne le chercher, en payant le double des habitans du lieu (1).

Mais il est des habitations si éloignées du village , qu'il serait impossible d'exiger que le pâtre fût chaque jour chercher ou ramener le troupeau particulier , ou que le propriétaire le fît conduire sur le troupeau commun ; dans ce cas , comme dans tous les terroirs fort étendus , il est convenable de faire plusieurs troupeaux communs qu'on distribue par sections ou par quartiers , entre lesquels on répartit les pâturages dans une proportion équitable.

45. Les dégâts commis par les animaux confiés à la garde du pâtre commun, sont à la charge de ce pâtre ; leur propriétaire n'en répond pas (2).

La commune qui a choisi le pâtre en est civilement responsable (3).

_____

(1) *Guyot*, dans son Répert. de Jurispr. , en rapporte plusieurs Arrêts, Vº *Troupeau*.

(2) M. *Henrion*, de la Compétence des Juges de paix, p. 186.

(3) *Arrêt de Cassat.* , ibid. p. 187, et dans *Sirey*, tom. 17. p. 90.

Sauf à être fait *administrativement* et conformément à la Loi du 11 frimaire an 7, une
répartition ultérieure entre les propriétaires des
bestiaux trouvés en délit (1).

46. L'art 6 défend effectivement de comprendre dans les dépenses communales celles
relatives au pâtre et au troupeau commun ; il
veut qu'elles soient supportées proportionnel-
lement *par ceux qui en profitent*, conformément au règlement que les administrations mu-
nicipales doivent faire.

D'où il suit que celui qui est autorisé à avoir
un pâtre particulier, est par suite dispensé de
concourir au paiement du pâtre communal (2),
ce qui doit rendre ces autorisations plus rares ;
car elles retombent sur ceux qui ne les obtien-
nent pas, en augmentant leur contribution à
la dépense du pâtre.

§ IV.

Extinction de la Compascuité et du Parcours.

47. Le parcours n'est qu'un mode de jouissance de la compascuité ; il ne peut s'exercer

---

(1) *Arrêt de Cass.*, ibid., p. 187, et dans *Sirey*, tom. 17. p. 90.
(2) *Sirey*, tom. 21. p. 432.

que dans les terroirs où elle est établie : tout
ce qui fait cesser celle-ci, fait donc également
cesser celui-là. Le mode d'exercice ne peut pas
survivre au droit à exercer ; ainsi, tout ce que
nous allons dire des moyens d'éteindre le droit
de compascuité s'applique à plus forte raison
au parcours.

48. Le droit de clore son héritage tient
essentiellement à celui de propriété (1). Quels
sont les effets de la clôture , tant à l'égard
de la compascuité fondée sur un titre , qu'à
l'égard de celle qui n'est appuyée que sur la
possession ? C'est ce que nous examinerons
ailleurs (2) ; ici, nous nous bornons à remarquer
qu'en général la clôture fait cesser et la compascuité et le parcours , et diminue d'autant la
participation du propriétaire à la compascuité (3).

49. Il en est de même du changement de
culture, quand il n'est pas prohibé par le titre :
nous en parlerons en traitant des défrichemens.

---

(1) Art. 4. sect. 4. tit. 1 de la Loi de 1791.

(2) Tit. 2. ch. 1. sect. 2. § 2.

(3) *Code Rural* de 1791 , tit. 1. sect 4. art. 16. — *Code Civil*,
art. 648.

5o. Il en est de même encore des abus des usagers , quand ils sont réitérés (1).

Il en est de même, enfin, de toutes les causes qui font cesser les servitudes en général et les droits d'usage en particulier (2).

51. Le rachat fait aussi cesser le droit de vaine pâture ; et la faculté de se délivrer de cette servitude par cette voie a été consacrée entre particuliers par l'art. 8 de la section 4 du Code Rural de 1791. Quand elle est réciproque entre des particuliers dont un veut l'éteindre , elle est évaluée suivant le désavantage qu'a un d'eux à perdre la réciprocité.

Si elle ne l'est pas , elle est évaluée sur l'avantage que peut en retirer celui à qui elle est due.

Mais cette faculté de rachat n'est exclusive ni des moyens de réduction communs à tous les usages en général , ni des divers cantonnemens , qui seront la matière du paragraphe suivant.

52. Le rachat ne peut pas être proposé vis-à-vis d'une commune ; l'art. 8 le restreint entre particuliers (3).

---

(1) *Infrà* , tit. 3. ch. 2. n° 11.

(2) Voy. ci-après , tit. 3. ch. 2 et 3 , de l'Usage et des Servit.

(3) Ainsi jugé *in terminis* , par Arrêt de la Cour d'Aix du 17 juin 1823 , en faveur de la commune d'Evenos contre le sieur d'Etienne.

On s'étonnerait que la Loi ne l'eût pas permis pour la servitude la plus onéreuse, quand elle l'a permis pour celle qui l'est moins, si, à l'égard des communes, comme envers les particuliers, elle n'avait établi qu'en renonçant à la vaine pâture chez les autres, chacun en affranchit son propre héritage.

Cette faculté, qui n'est que l'application au pâturage de la règle *Nulla societas in æternum* (1), a été accordée par Arrêt de la Cour d'Aix, du 16 août 1808, à un particulier contre une commune : c'était le sieur Fortoul, de la commune de Saint-Laurent ; qui fut admis à soustraire ses pâturages à la compascuité, en renonçant à l'exercer dans le reste du terroir.

53. Il est dans quelques provinces, et notamment en Provence, un autre moyen légal de s'affranchir de la vaine pâture : c'est la destination du propriétaire qui peut distraire une partie de ses fonds de la compascuité par des marques visibles et apparentes, que nous appelons *Montjoye* ou *Défendues* (2). Ce moyen est

---

(1) *Julien*, Statut de Prov., tom. 1. p. 579. — *Code Rural* de 1791, tit. 1. sect. 1. art. 1. sect. 4. art. 1, 8 et 7.

(2) *Julien*, ibid. p. 564.

la conséquence directe de la nature de la compascuité en Provence. De ce qu'elle n'était que
simple faculté, il suit qu'elle ne pouvait se
convertir en droit et empêcher le propriétaire
d'y soustraire la partie de ses fonds qu'il ju-
geait convenable, et de restreindre la tolérance,
qu'il pouvait faire cesser entièrement.

54. La question de savoir si le droit de dépaissance se perd par le simple non - usage,
ou s'il faut une contradiction quelconque pour
donner cours à la prescription, ne pouvait manquer d'être controversée dans un temps où les
auteurs et la jurisprudence n'étaient pas unifor-
mes sur la prescription des servitudes en général.

Ce qui augmentait encore la difficulté, c'est
que le droit de dépaissance n'était pas considéré sous le même point de vue partout. Nous
avons vu que, dans certains pays, ce n'était
qu'une simple faculté, *fas est, jus non est;* dans
d'autres, un simple assujettissement temporaire;
dans celui-ci, une servitude légale; ailleurs, une
servitude conventionnelle.

Il est tout simple que la législation sur la
prescription suivit les mêmes variations. Là où
la dépaissance était une faculté ou un assujettissement temporaire, la prescription ne devait commencer que du jour de la contradic-

tion (1). Il en était de même dans les pays où elle était une servitude légale, parce que les facultés accordées par la loi ne deviennent prescriptibles que par la contradiction.

Mais dans les lieux où, comme en Provence, la dépaissance n'était qu'une servitude conventionnelle, lorsqu'il constait de son établissement à ce titre, elle était soumise pour la prescription aux mêmes règles que toutes les servitudes discontinues.

Pour celles-ci, on faisait une première distinction entre les servitudes urbaines et rustiques, dont le résultat était de faire perdre celles-ci par la simple non-jouissance pendant dix ans entre présens, et vingt ans entre absens (2); puis une seconde entre les servitudes établies par le titre, qui les soumettait à la prescription de dix et vingt ans, lorsque l'exercice en avait commencé (3), et ne les faisait perdre que par

(1) *Fréminville*, Pratique des Terriers, tom. 3. quest. 13 et 14.

(2) *Loi sicut* 13. Cod. de Servit. et Aq. — *Perezius*, ibid. n° 30, et sur les Instit., liv. 2. tit. 3. p. 141. — *Buisson*, Cod. Cod. — *Dupérier*, tom. 3. p. 261 et suiv., et dans ses Arrs. Litt. 5. n° 13. —*Decormis*, tom. 1. col. 1443. et tom. 2. col. 1527.—*Mourgues*, sur le Stat. de Prov., p. 298. — *Julien*, ibid. tom. 2. p. 554 et 556.

(3) *Decormis*, loco cit. — *Julien*, loco cit. — *L.* 7, 10 et 11 *ff. quem ad servit amitt.* — *Buisson* et *Dupérier*, loco cit. — *D'Argentré*, Cout. de Bretag., art. 271, in V° *Sans Titre*, n°s 20, 21 et 22. — *Cujas*, ad tit. de Usu cap. et ad Leg. Servitutes. — Cod. de Servit.

trente ans de non-usage, lorsque la servitude n'avait été que promise ou réservée sans avoir été établie, parce que, disait-on, elle était alors restée aux termes d'une simple faculté dérivant d'un contrat d'où naissait une action personnelle qui ne se prescrit que par trente ans (1).

Le Parlement de Toulouse, rejetant ces distinctions, n'admettait que la prescription trentenaire (2) dans tous les cas ; mais il l'admettait indistinctement, sans exiger qu'elle eût été précédée de contradiction.

Les lois nouvelles ont donné la préférence à la jurisprudence du Languedoc.

L'art. 617 du Code Civil fait éteindre l'usufruit par le simple non-usage pendant trente ans.

L'art. 625 soumet les droits d'usage à la même prescription.

Enfin, l'art. 706 veut que toute servitude soit éteinte par le non-usage pendant trente ans ; et l'art. 707, que, lorsqu'il s'agit de servitudes discontinues, les trente ans commencent à courir *du jour où l'on a cessé d'en jouir.*

---

(1) *Dumoulin*, ad L. 19. ff. Si Servit. Vindic., nos 41 et 42. — *Decormis*, tom. 1. col. 1443. et tom. 2. col. 1528. — *Julien*, Stat. tom. 2. p. 554.

(2) *Boutarie*, Instit., liv. 2. tit. 3. pag. 173. — *Serres*, ibid. — *Latouloubre*, sur Dupérier, tom. 3. p. 265.

On ne peut nier que les droits de dépaissance sur le terrain d'autrui ne soient des servitudes discontinues (1), ni moins encore qu'ils
ne soient de simples droits d'usage ; sous l'un
et l'autre rapport, il est évident qu'ils sont
éteints par trente ans de non-jouissance, quoiqu'il n'ait pas été fait d'actes contraires.

Cette conséquence est sans réplique à l'égard
de celui qui possédait un droit de dépaissance
particulier sur le fonds de son voisin.

Elle l'est tout autant à l'égard d'une commune
qui ne serait pas en état de prouver que, depuis
moins de trente ans, elle a joui par elle-même
ou par ses habitans de la compascuité sur les
fonds qu'elle montre y avoir été asservis.

Mais la commune ne pourrait l'opposer à
celui de ses habitans qui, depuis plus de trente
ans, n'aurait envoyé aucuns bestiaux sur les
communaux ou dans les pâturages soumis à la
compascuité. Elle ne pourrait, sous ce prétexte, lui refuser sa participation à la répartition des pâturages ou à la jouissance commune :
la raison en est que de la commune à l'habitant
le droit de pâturage n'est pas une servitude,
mais la jouissance de sa chose (2), un droit

(1) *Suprà*, n° 8.
(2) *Suprà*, n° 11.

qu'il est dans le libéral arbitre de chacun d'exercer ou de n'exercer pas, et qu'on ne peut, par conséquent, perdre que par la contradiction.

Il en est de même du propriétaire de l'héritage asservi à une commune : inutilement prouverait-il que, depuis trente ans et plus, tel ou tel habitant n'a pas envoyé paître ses bestiaux sur son héritage, s'il ne justifiait qu'auparavant il y a eu contradiction de sa part, par exemple, déchéance du droit de compascuité demandée ou prononcée pour en avoir abusé ; parce que la jouissance des autres communiers a conservé le droit individuel de tous. Car, en chose indivisible, comme une servitude, la jouissance d'un des copropriétaires empêche la prescription à l'égard de tous (Cod. Civ., art. 709).

55. Nous venons de dire que le non-usage pendant trente ans fait perdre à la commune le droit de dépaissance que ses titres lui donnaient sur les héritages des particuliers ; mais comment fera la commune pour prouver qu'elle a conservé son droit par l'usage qu'elle en a fait ?

Il n'y aura point de difficultés, dans tous les cas où cet exercice a dû être accompagné de certains préalables dont il ne peut pas manquer de conster, quand ils ont été remplis ;

par exemple, quand il s'agit de pâturages dans
les bois, comme il est de règle qu'il ne peut
y en être exercé qu'en troupeau commun, et
après la délivrance et l'assiette de l'administration forestière et du propriétaire, la commune
qui a établi le troupeau commun et qui montre
ces verbaux, prouve par cela même son exercice ; et celle qui ne montre ni l'un ni l'autre,
constate avec autant d'évidence qu'elle n'a pas
usé de son droit.

Inutilement alléguerait-elle que les troupeaux
de ses habitans ont été dans le bois ; sans ces
préalables, on ne pourrait pas l'en croire. Si
elle disait vrai, elle s'avouerait coupable de
délits que la loi punit sévèrement, et dont la
répétition entraîne la perte du droit de dépaissance.

Or, des faits qui font perdre le droit ne peuvent pas le conserver ; ils sont eux-mêmes la
preuve qu'il n'y a pas eu de jouissance légitime,
et à titre de droit, mais des usurpations, des
voies de fait, des actes de violence ou de
fraude, et toujours clandestins et précaires (1).

56. Mais, dans les pâturages ordinaires dont

---

(1) *Nouv. Répert. de Jurispr.*, V° Usage, sect. 2. § 5. — *Infrà*,
tit. 3. ch. 2. n° 26.

on jouit sans préalable ni formalité, il y aura beaucoup plus de difficultés, surtout dans les communes où l'usage du troupeau commun n'est pas établi, où il n'y a ni règlement, ni répartition des pâturages, ni même fixation de la quantité de bêtes que chacun peut y envoyer. Dans ce cas, il n'y a que la preuve testimoniale d'une jouissance récente de moins de trente ans.

Mais, s'agissant d'un droit qui appartient aux habitans, *non ut universi, sed ut singuli* (1), les habitans et possédans biens ne seraient pas reçus à témoigner, parce que *Nemo idoneus testis in re propriâ* (2). Comment donc prouver, dans ce cas, cette jouissance sans laquelle le droit sera perdu ?

Il semble, au premier coup d'œil, bien rigoureux de déclarer prescrit un droit clairement établi par un titre, et que la commune allègue avoir conservé par des actes posses-

---

(1) *Suprà*, n° 11.

(2) *Guypape*, Décis. 193.—*Depeisses*, tom. 2. p. 486. n° 14.— *Decormis*, tom. 2. col. 971. — *Boniface*, tom. 4. page 804. — *Mornac*, ad *L.* 6. § 1. *ff. de Rer. divis.* — M. *De Clapiers*, Caus. 35. quest. 1. n° 6. — *Arr. du Parl. d'Aix* du 13 janv. 1781; dans *Janety*, même année, p. 177. Il s'agissait d'un droit de dîme sur les agneaux et les chevreaux. Les dépositions des habitans furent rejetées de l'enquête de la commune. — M. *Pardessus*, des Servit., p. 332. n° 216, dit que la suspicion s'étend jusques aux habitans des communes voisines, quand elles ont intérêt à la contestation,

soires récens, dont elle offre d'administrer la preuve par ceux même qui les ont faits.

Mais, en réfléchissant, cette rigueur disparaît entièrement.

D'abord, c'est la faute de la commune d'avoir laissé ses pâturages dans un tel état d'abandon, qu'elle ne puisse pas montrer un seul acte de possession légitime. Si cet abandon lui faisait perdre injustement un droit qu'elle aurait entretenu, elle ne devrait l'imputer qu'à son incurie.

Le plus grand effet que puisse produire l'allégation de sa jouissance, est le doute ; mais dans le doute *pro libertate respondendum*, la cause de la commune qui veut tenir dans l'asservissement l'héritage d'un particulier, est, à tous égards, infiniment moins favorable que celle du propriétaire qui en réclame la liberté.

Celui-ci, à qui la loi offre tant de moyens de restreindre ou d'abolir la compascuité, a la présomption pour lui, lorsqu'au lieu d'en user, il excipe de la non-possession pendant le temps nécessaire pour prescrire.

En excluant le témoignage des habitans quand la cause de leur commune les intéresse individuellement, la loi a bien su qu'elle privait les communes du témoignage le plus commode ; que, par cette exclusion, elle exposait souvent les communes à ne pouvoir pas remplir la preuve qu'elle exigeait d'elles. Cet inconvénient ne pouvant être mis en parallèle avec l'inconvénient plus grave de constituer les habitans juges dans leur propre cause, n'a pas arrêté le législateur; il ne doit pas arrêter les tribunaux, qui ne peuvent avoir la prétention d'être plus sages et plus justes que la loi.

57. Il est encore un moyen d'éteindre la servitude de dépaissance : c'est le cantonnement. Il n'est pas spécial aux pâturages; il éteint aussi les droits de bûcherage et autres usages dont les bois sont grevés. Par ce motif, et pour éviter des répétitions quand nous traiterons de la législation forestière, nous allons lui affecter un paragraphe distinct, où nous examinerons le droit et l'exécution des cantonnemens ancien et moderne, tant dans leur rapport avec les pâturages que dans leur rapport avec les bois.

57 (*bis*). Nous devons, auparavant, réparer une omission essentielle. Nous avons dit, n° 32, que chacun ne pouvait envoyer dans les pâturages communs qu'un nombre de bêtes proportionné à ses possessions. Nous devons ajouter que cette règle est inapplicable aux marais. Les pâturages n'y sont pas répartis à raison des possessions, mais par feux ; ce qui donne à

7

chaque chef de famille un droit égal indépendant de la quantité de terrain qu'il possède (1).

§ V.

Cantonnement.

58. Le cantonnement, tel qu'il est aujour-
d'hui, n'est autre chose qu'un partage entre
le propriétaire et les usagers.

Son objet est de faire cesser l'indivision dans
laquelle nul n'est obligé de demeurer éternel-
lement, et de régler et restreindre au lieu le
moins dommageable la servitude dont le fonds
est affecté dans toutes ses parties.

Son avantage pour le propriétaire du fonds
est de tirer sa propriété de l'inertie dans laquelle la tiennent les usages et les abus dont
ils sont l'occasion.

Pour les usagers, cet avantage est aujourd'hui
d'intervertir le titre primitif, et de convertir
leurs droits sur la totalité du fonds en une propriété déterminée. En sorte qu'ils gagnent en
solidité ce qu'ils perdent en étendue, et qu'ils ne
sont plus soumis aux gênes et aux restrictions auxquelles leur qualité d'usagers les assujettissait(2).

---

(1) Déc. du 20 juin 1806. — Autre du 2 février 1808.

(2) On a vu dans ce chapitre en quoi consistent ces gênes,
quant aux pâturages; on verra dans le chapitre suivant celles qui
entourent les usages dans les bois, et dans le tit. 3. ch. 2 et 3,
celles qui accompagnent les usages en particulier et les servitudes
en général.

59. Autrefois, et jusqu'au commencement du dix-huitième siècle, le cantonnement n'était qu'un règlement, une restriction des usages qu'on resserrait dans une portion déterminée, pour que le droit de propriété ne fût pas vain et illusoire : on l'appelait aussi *aménagement*.

Tout ce qui était hors de la circonscription devenait libre de tout asservissement, et le propriétaire conservait la nue propriété sur la portion affectée aux usagers qui la possédaient seulement en toute jouissance (1). Dans les deux arrêts que rapporte M. Bouhier (2), il est dit expressément que le propriétaire n'aura sur la portion assignée aux habitans *en plein usage*, que *la propriété nue*, et que les habitans en jouiront, *sans pouvoir y prétendre aucun droit de propriété*.

60. Ce ne fut qu'au commencement du dix-huitième siècle que s'introduisit l'usage de remplacer la servitude acquise aux habitans par la désemparation d'une portion en propriété (3).

61. Avant la loi de 1790, nous ne connaissions point en Provence le cantonnement en fait

___

(1) Voy. les Arrêts que rapportent *Papon*, liv. 4. tit. 3. n°⁸ 1 et 2. — *Saloaing*, de l'Usage des Fiefs, part. 2. ch. 96. p. 219. — *Fréminville*, Pratiq. des Terriers, tom. 3. p. 382.

(2) Observations sur la Cout. de Bourgogne, ch. 62. n°⁸ 86 et 88.

(3) *Sirey*, tom. 7. suppl. p. 812.

de pâturages ; nous remplissions les intérêts du propriétaire et des usagers par le rapport *pro modo jugerum et possessionum* (1).

En matière de bûcherage, le cantonnement avait été ordonné par Arrêt du 29 février 1732, dans la forêt de Palaison, et par autre Arrêt du 26 août 1757, dans celle de Sylveréal ; mais il ne faut que lire ces arrêts (2) pour se convaincre que ce n'est point le cantonnement d'aujourd'hui qui rend les habitans propriétaires de la portion qui leur est assignée, mais le cantonnement ancien, ou le simple règlement de leurs usages, qui ne leur transporte aucun droit de propriété, mais une simple jouissance bornée à la portion assignée.

Avant comme après ces arrêts, on ne tenait pas moins pour maxime, en Provence, que le cantonnement ne pouvait être demandé relativement à un droit de pâturage, qu'il n'y avait que le partage *pro modo jugerum*, par cette raison que remarque Mourgues sur le Statut, p. 295, qu'en Provence, les facultés ou usages sont prédiaux et proportionnés à la compétence du terroir cultivé ou labourable (3).

---

(1) Ci-devant, § 3.
(2) Ils sont dans le Recueil de *Regibaud*, p. 65, et dans *Julien*, sur le Statut de Provence, tom. 1. p. 582.
(3) Cahier de l'Assemblée des Communautés de Provence, 1778, p. 128. (Voy. le titre 3. ch. 2.)

62. Quelque titre qu'aient les usagers, le propriétaire a toujours le droit de les obliger à se cantonner ; car sa propriété ne peut pas être un titre vain et illusoire, et il ne peut pas être forcé de vivre en perpétuelle communion avec des gens qui absorberaient tout son produit (1).

63. Le cantonnement n'a pas seulement lieu dans les bois soumis à des usages ; il embrasse les prés, pâtis, grasses pâtures, marais et terrains vains et vagues, les eaux, et généralement toute propriété assujettie à des usages envers une universalité d'habitans (2).

A la différence du triage, qui, quand il existait, ne pouvait être demandé que pour les bois, suivant l'art. 4 du titre précité de l'Ordonnance de 1669.

64. Autrefois le cantonnement ne pouvait être demandé que par le propriétaire du fonds asservi. Ce n'est qu'à lui que les usages sont onéreux ; ce n'est que pour lui que le droit

---

(1) *Legrand,* Cout. de Troyes, tit. 10. art. 68. n° 29. — *Julien,* Statut de Prov., tom. 1. p. 581 et 582. — *Denisart,* V° Usages, n° 15.—*Jurispr. Féod.,* part. 2. tit. 18. n° 8.—*Décret* du 19 septembre 1790, art. 8. — *Code Rural* de 1791, tit. 1. sect. 4. art. 8.

(2) *Ordonnance* de 1669, tit. 25. art. 20.— Loi du 19 septembre 1790, art. 8. — *Code Rural* de 1791, loc. cit.

de propriété peut être vain et illusoire. Aussi l'art. 8 de la L. du 19 septembre 1790 ne les conserva-t-il que pour les *propriétaires contre les usagers.*

L'art. 8 du Code Rural de 1791 s'exprima d'une manière moins claire. Après avoir établi le rachat du droit de vaine pâture entre particuliers, il ajouta : « Le tout sans préjudice « au droit de cantonnement, tant pour les par-« ticuliers que pour les communautés, confirmé « par l'art. 8 du Décret du 19 septembre 1790. » C'est celui que nous venons de citer, qui, n'ayant conservé ce droit qu'à l'égard des *propriétaires,* permet de douter que la Loi de 1791, en parlant des communautés, les ait considérées autrement que comme *propriétaires,* à moins qu'on n'aime mieux dire que le législateur, qui venait de restreindre la faculté de rachat *entre particuliers,* a craint que lui assimilant le cantonnement, on ne le restreignît aussi entre particuliers, et a cru devoir expliquer qu'il aurait lieu pour les communes comme pour les particuliers.

Mais la Loi du 25 août 1792 déclare expressément, art. 5, que le cantonnement pourra être demandé *tant par les usagers, que par les propriétaires.*

Cette innovation restreinte au cantonnement ancien, c'est-à-dire, à cette mesure qui, res-

serrant les usages et les circonscrivant sur une
portion de terrain, la leur donnait en toute
jouissance et dégagée de toute gêne et même
de toute participation de la part du propriétaire,
est juste, parce qu'elle est réciproque, qu'elle
n'intervertit point le titre, qu'au contraire elle
en facilite l'exécution, et qu'elle se rattache
au principe général qui veut que toute servitude
soit réglée et restreinte au lieu le moins dommageable (1).

Mais si on l'applique au cantonnement nouveau, en lui faisant produire l'effet de transporter aux usagers la propriété foncière de la
portion sur laquelle on circonscrit leur usage,
elle est opposée à tous les principes, selon lesquels nul ne peut être forcé de renoncer à
ses propriétés, et l'usager ne peut jamais empiéter sur le propriétaire, qui toujours et partout lui est préférable.

65. Il est cependant dans les lois anciennes
un exemple de cet empiétement de l'usage sur
la propriété, c'est le droit de triage introduit
par l'art. 4 du tit. 25 de l'Ordonnance de 1669,
en faveur du seigneur qui avait concédé gra-
tuitement à sa commune des bois sur lesquels

---

(1) *Infrà*, tit. 3. ch. 3.

il n'avait plus que des usages comme principal habitant. La loi lui accordait la faculté d'en distraire le tiers à son profit, et en toute propriété ; mais ce droit a été aboli par l'art. 30 du tit. 2 du Décret du 15 mars 1790.

Le triage supposait la propriété dans les mains des habitans qui la tenaient de *la concession gratuite du seigneur.*

Le cantonnement suppose que les habitans ne sont qu'usagers, qu'ils le soient à titre gratuit ou onéreux.

Le droit de triage pouvait être légitimé par la gratuité de la concession.

Le droit de cantonnement ne suppose et n'exige aucune condition. Même dans la supposition la plus favorable, celle où il serait prouvé que les habitans ont vendu le fonds, avec réserve de leurs usages, cette réserve ne serait jamais un titre suffisant pour le dénaturer et le convertir en un droit de propriété.

66. Pour réduire la Loi de 1792 aux termes de l'équité, il conviendrait peut-être de déterminer l'effet du cantonnement par la qualité de la partie qui le demande.

Cette partie est-elle le propriétaire ? le cantonnement pourrait, sans une extrême injustice, produire l'effet que la jurisprudence moderne

lui avait attribué, celui de transporter à l'usager
la portion qui lui est assignée en toute propriété.

Cette partie est-elle l'usager? le cantonnement ne devrait plus produire que l'effet ancien, celui de transporter à l'usager la portion
assignée en toute jouissance seulement, et de
laisser au propriétaire la nue propriété de cette
portion ; et l'usager n'y perdrait rien : car,
dans la fixation de sa portion, on lui tient
compte de ce droit de propriété que le cantonnement moderne lui transfère.

67. Quelle portion doit-on assigner aux usagers dans le cantonnement?

Il n'y a pas sur ce point de règle fixe, et il ne
peut pas y en avoir.

Dans le triage, l'Ordonnance de 1669 donnait
le tiers au seigneur, qui n'était plus qu'usager,
et les deux tiers aux habitans propriétaires.

Mais le seigneur était donateur de la totalité,
et cette qualité avait sans doute fait élever sa
portion au tiers.

Les arrêts anciens, c'est-à-dire, intervenus
dans le temps où le cantonnement ne donnait
aux usagers qu'une jouissance sans propriété,
leur accordaient du tiers au quart (1).

_____

(1) *Coquille*, Quest. 303. — *Legrand*, art. 168 de la Cout. de
Troyes.

Les arrêts plus récens ont beaucoup varié :
un Arrêt du 16 décembre 1727 donna au duc de
Nivernois les deux tiers du bois de Belle-Faye, et
le tiers restant à la commune de Douzy.

L'Arrêt du 10 février 1778 réduisit les habitans de Fontaine-aux-Bois au cinquième de
la forêt, qu'il leur donna pour en jouir en toute
propriété.

Le 20 juillet 1799, le Parlement de Flandres
n'accorda que le neuvième à des habitans qui
n'avaient qu'un usage de dépaissance.

Nous avons vu un rapport de cantonnement
fait d'autorité du tribunal de Tarascon, le 18
pluviose an 5 (6 février 1797), entre l'administration centrale du département des Bouches-
du-Rhône , comme représentant la commune
d'Eyguières, et le sieur Sylvestre, qui accorda
à cette commune le huitième , pour indemnité
d'un droit de compascuité pendant les six mois
d'été , accompagné de la clause prohibitive de
défricher (1).

_____

(1) Voici comment raisonnèrent les experts dans leur rapport :
L'acte de vente du pâturage qu'on nomme *coussou* dans la Crau
d'Arles , avait été consenti , en 1641 , par la commune d'Eyguières ;
il portait que l'acquéreur jouirait exclusivement des herbages pendant les six mois d'hiver , et que , dans les six mois d'été , les
herbages dudit *coussou* seraient communs à tous les habitans ,
sans que l'acquéreur pût jamais le défricher : c'était , comme

C'est aux circonstances à déterminer la portion que chaque partie doit recevoir.

Il est évident qu'une commune qui a sur un terrain le droit de dépaître et celui de bûcherer, doit obtenir davantage que celle qui n'a qu'un des deux droits.

Il ne l'est pas moins qu'une commune populeuse, et dont le terroir cultivé est très-étendu, aura une portion plus forte que la commune dont la population et le terroir sont moindres.

Celle qui, soit en propriété, soit en usage,

---

l'on voit, moins une imposition de servitude qu'une réserve de la copropriété.

Les experts estimèrent la compascuité d'été à la moitié du *coussou*. Ils la réduisirent ensuite au quart, à raison de ce que, dans la basse Provence, les bêtes à laine étant obligées de transhumer dès le milieu de mai, les pâturages d'été ne valent pas autant que ceux d'hiver. Ils prirent enfin la moitié de ce quart, parce que, dirent-ils, la commune devait jouir sur sa portion des pâturages d'été et d'hiver, à l'exclusion de l'acquéreur.

Ils arrivèrent ainsi à un résultat à peu près raisonnable par un faux raisonnement ; car, après avoir évalué au quart le pâturage d'été que la commune n'avait pas vendu et qu'il s'agissait de lui rendre, il ne fallait plus le réduire de moitié, sous prétexte qu'elle en jouirait toute l'année ; mais, après cette évaluation faite en général et *in abstracto*, il fallait considérer les pâturages que la commune avait ailleurs, et réduire l'évaluation dans la même proportion qu'on aurait trouvée entre les pâturages et le *coussou* sur lequel on opérait : car, s'il n'était que le sixième de la totalité, la réserve ne pesait sur lui que pour un sixième de sa valeur intrinsèque.

a plusieurs fonds affectés à ses besoins, doit
obtenir moins que celle dont tous les besoins
doivent être remplis par le fonds à partager.

Celle qni a prohibé les défrichemens, doit
recevoir plus que celle qui n'a stipulé qu'une
faculté de dépaissance dont la durée est précaire, puisque le propriétaire peut la faire cesser
en défrichant.

68. Essayons de poser quelques bases.

L'usufruit, qui est beaucoup plus étendu
que l'usage, même dans les bois (1), n'a jamais
été évalué qu'au tiers de la propriété, tellement
que les coutumes qui ne permettaient de disposer que du tiers des propres, déféraient à
l'héritier l'option de réduire le legs d'usufruit
de tous les propres au tiers en propriété, et
celui du tiers en propriété à l'usufruit de tous les
propres.

D'où suit cette première conséquence que,
quelque étendus, quelque multipliés que soient
les droits d'usage, le cantonnement ne peut leur
donner le tiers en propriété.

Il ne doit même jamais leur donner ce tiers,
précisément par la raison que, dans le triage,
la loi ne donnait pas davantage au seigneur

_____

(1) On en trouvera la démonstration, tit. 3. ch. 2. n° 21.

usager, quoiqu'elle n'oubliât pas qu'il n'était réduit à cette qualité que par sa propre libéralité.

L'usager ne doit pas autant recevoir, parce qu'il n'a pas autant donné. Fût-il vendeur du fonds avec réserve de l'usage, il n'aurait jamais donné qu'une portion du fonds ; ce qui ne peut lui valoir une récompense aussi étendue que celle du propriétaire qui a donné la totalité de son fonds.

Ainsi la portion des usagers ne peut jamais être portée au tiers.

De combien doit-elle lui être inférieure ?

C'est ce qu'il n'est point aussi facile de déterminer.

La première chose que doivent faire les experts, est de se fixer sur la nature des usages.

Y en a-t-il plusieurs ou un seul ?

Quel nombre d'habitans y a droit, et, en Provence, quelle étendue de fonds cultivés y participe ?

Les besoins de ces habitans doivent-ils être remplis par le fonds à partager seulement, ou ce fonds n'est-il qu'une partie de ceux qui sont affectés aux usages des habitans, soit à titre de propriété, soit à titre d'usage ?

Telles sont les questions qu'il faut commencer par se faire et par résoudre, en procédant à un cantonnement.

La qualité et l'étendue de la servitude dont le fonds est grevé ainsi fixées, les experts doivent en faire l'évaluation.

Les lois anciennes leur offrent, quant à ce, des bases approximatives.

L'usager ne pouvant prendre que pour ses besoins personnels, quand l'usufruitier peut vendre et trafiquer de son usufruit, on peut dire que l'usage est à l'usufruit comme l'usufruit est à la propriété; et puisque l'usufruit n'est, ainsi que nous venons de le dire, que le tiers de la propriété, l'usage n'est rien de plus que le tiers de l'usufruit, et, par conséquent, le neuvième de la propriété.

Cette évaluation que donne le rapport de l'usage à l'usufruit, concorde assez avec l'esprit de l'Ordonnance de 1669.

Par le triage, le seigneur reprenait le tiers de ce qu'il avait donné. Dans une vente avec réserve d'usage (c'est l'hypothèse la plus favorable aux communes), il n'y a de non payé ou donné que leur valeur : ce n'est donc que le tiers de cette valeur que l'usager peut reprendre. Or, on ne trouverait aucune vente dont on ait réduit le prix du tiers pour la réserve des usages. On peut même dire que, dans ces temps reculés où ces stipulations ont été faites, les pâturages et les bois étaient si abondans, que ces usages n'étaient d'aucune valeur ; et l'on trouverait aisément des réserves d'usages *proposées* seulement après estimation des fonds par experts, et *acceptées* sans difficulté par les acquéreurs, sans qu'il ait été déduit sur l'estimation antérieure une obole pour cette réserve imprévue.

L'évaluation de la servitude ainsi faite, il ne reste plus qu'à évaluer le fonds à partager, et à assigner à la commune une portion égale à l'évaluation de ces usages.

69. Nous venons de dire que les experts doivent se fixer sur le nombre des usagers ; il est tout simple que l'usage de dix familles ou de cent bêtes, n'est pas aussi onéreux et ne vaut pas autant que celui de mille. Mais pour déterminer ce nombre, les experts ont nécessairement à se demander s'ils doivent consulter l'état de la population ou des fonds cultivés, du moment où ils opèrent, ou s'ils doivent s'arrêter à celui de l'époque de l'établissement des usages. Cette question sera examinée, quand nous traiterons des Usages en général, *infrà*, tit. 3. ch. 2.

70. Nous avons ajouté qu'ils avaient à examiner si les besoins des habitans portaient uni-

quement sur le fonds à partager, ou s'ils avaient
des usages ou des droits pareils sur d'autres
fonds ; personne ne disconviendra sans doute
que quand les habitans ont le droit de bûcherer ou faire dépaître sur mille arpens, chaque
arpent ne soit moins grevé que si ces droits
ne pouvaient être exercés que sur cent.

Il faut donc, dans le cantonnement, comme
dans le rapport *pro modo jugerum*, avoir égard
aux usages de même nature que les habitans
ont sur des fonds autres que celui qui est à
partager (*suprà*, § 3).

7 I. Mais ici se présente une autre difficulté.
Souvent et presque partout, les habitans ont
eux-mêmes défriché et usurpé une portion plus
ou moins considérable des fonds destinés à fournir à leurs usages ; ils les ont partagés entre
eux, et les usurpations ont même été si mul-
tipliées dans ce dernier temps, que la Loi a
été obligée de les légitimer et de se borner à
soumettre les usurpateurs à une redevance envers la commune (1).

Les communes ont volontairement ou forcément aliéné beaucoup de ces fonds.

Leurs administrateurs en ont aussi laissé beaucoup prescrire.

_____

(1) *Suprà*, ch. 1. n°s 12, 28 et 33.

On demande si, dans le cantonnement, il faut avoir égard au produit de ces fonds.

Cette question a été résolue affirmativement dans notre Code Rural, V° *Cantonnement;* et plus on y réfléchit, plus cette solution paraît juste.

Si ces fonds étaient encore en l'état où ils étaient lors de l'établissement de la servitude sur le fonds à partager, la charge de celui-ci serait évidemment moindre ; elle ne peut point avoir été aggravée par le fait ou la faute de ceux à qui la servitude est due (1).

Lors de son établissement, quel qu'il soit, l'étendue des fonds soumis aux mêmes usages est nécessairement entrée en considération ; l'imposition de la servitude a été moins pesante, et a moins coûté à proportion de ce qu'il y avait plus de fonds destinés à la supporter.

Si les habitans se sont approprié une partie de ces fonds, s'ils les ont dénaturés par des défrichemens, ils ont plus encore que leurs anciens usages ; ils n'ont pas même de prétextes pour refuser d'en tenir compte.

S'ils ont retiré le prix des fonds ou des usages aliénés, ils en jouissent par représentation : ils ne peuvent avoir et la chose et le prix.

S'ils les ont laissé perdre et emporter par

_____

(1) *Infrà*, tit. 3. ch. 3.

8

la prescription, ils doivent supporter la peine de leur négligence : *Culpa suos solos tenet autores.*

Dans tous les cas, ils ne peuvent reporter la totalité de leurs besoins sur le fonds qui, originairement, n'y a été soumis que pour une partie. Cette charge excéderait souvent de beaucoup la possibilité du fonds.

Il faut donc, en procédant au cantonnement, se reporter à l'époque de l'établissement de l'usage, et considérer comme étant dans le même état tous les fonds qui, à cette époque, étaient soumis au même usage, dans quelques mains et en quelque état qu'ils se trouvent.

72. La portion assignée aux habitans doit être contiguë et la plus à leur portée (1). Quand les parties ne sont pas d'accord sur la fixation du lieu où elle doit être emplacée, c'est aux tribunaux à y statuer (2).

73. Il ne pouvait y avoir de triage en faveur du seigneur donateur du bois, que lors-

(1) *Salvaing*, de l'Usage des Fiefs, p. 222. — *Julien*, Statut de Provence, tom. 1. p. 582.

(2) Décret du 21 janv. 1813 pour le Cantonnement de la commune de Bièvre-les-Égarés, dans les Annales Forestières, même année, p. 270.

que les deux tiers restant aux habitans suffi-saient encore à leurs besoins ; ainsi l'avait or-donné l'art. 4. tit. 25. de l'Ordonne de 1669.

En est-il de même du cantonnement? Ne doit-il être accordé que lorsque la portion des-tinée aux habitans suffit à leurs usages?

Salvaing (1) traite cette question et décide que le cantonnement doit être refusé, quand la portion des habitans ne suffirait pas à leurs besoins.

Fréminville (2) la discute aussi : tant qu'il raisonne d'après les principes généraux, il tient pour l'opinion contraire à celle de Salvaing ; mais il finit par l'adopter, d'après l'art. 4. de l'Ordonnance ; et il ajoute qu'on doit appliquer au cantonnement des usagers la disposition de cette loi sur les triages.

Cette application ne paraît pas juste.

Dans le triage, les habitans propriétaires du terrain peuvent invoquer tout ce que le pro-priétaire peut faire valoir dans le cantonnement.

C'est par dérogation au droit commun sur l'irrévocabilité des donations, qu'on permettait aux seigneurs de retrancher leur propriété, et de réduire aux deux tiers la donation qu'ils avaient faite de la totalité.

---

(1) De l'Usage des Fiefs, ch. 96. p. 220.
(2) Pratique des Terriers, tom. 3. ch. 8. quest. 12.

Ce retranchement ne devait pas contrarier l'objet prédominant de la donation, celui de pourvoir aux besoins de l'habitation que le seigneur était alors si intéressé à maintenir et accroître.

Enfin, le triage ôtait aux habitans et ne leur donnait rien.

Dans le cantonnement, c'est toute autre chose, ou plutôt c'est tout le contraire.

S'il ôte quelque chose en jouissance, c'est pour le rendre en propriété.

Les habitans, simples usagers, n'ont sur le fonds que la servitude acquise.

Cette servitude, quel que soit son titre, est essentiellement soumise aux règles des servitudes dont la première est que les besoins du propriétaire lui sont préférés (1).

Les besoins des usagers sont la borne qu'ils ne peuvent jamais dépasser, puisqu'ils ne peuvent user que pour eux, sans vendre ni trafiquer ; ce n'est point le terme où ils puissent toujours atteindre, même quand la possibilité du terrain ne les arrête pas (2).

Si, dans le triage, on cherche à remplir leurs besoins, parce qu'ils ont été l'objet de la

_____

(1) *Infrà*, tit 3. ch. 3.

(2) *Suprà*, § 3, et *infrà*, tit. 3. ch. 2.

donation ; dans le cantonnement on ne doit chercher qu'à les indemniser de la servitude, parce qu'il ne leur est rien dû de plus.

Vis-à-vis du seigneur, leurs besoins prédominaient ; ils n'avaient plus de droits.

Vis-à-vis du particulier propriétaire du fonds asservi, leurs usages sont une servitude acquise par titre ou prescription, mais toujours subordonnée aux besoins du propriétaire, qui n'était, comme le seigneur, ni dépouillé du fonds, ni obligé de pourvoir à leurs besoins et de les remplir.

Il n'est même pas possible que le cantonnement leur donne une jouissance capable de remplir leurs besoins.

Partie en est aujourd'hui payée par le fonds dont le cantonnement leur transporte la propriété ; ils ne peuvent donc plus trouver sur les fruits que l'autre partie dont ils ne sont pas indemnisés par la propriété, où ils auraient en bénéfice toute la valeur foncière du terrain ; ce qui ne peut pas être.

Au lieu donc de dire du cantonnement comme du triage, qu'il ne doit pas avoir lieu quand la portion assignée aux habitans ne suffirait pas aux besoins, il faut tenir en principe que le cantonnement ne peut être refusé, lors même qu'il ne reste pas aux habitans des usages suf-

fisons à leurs besoins, pas plus qu'on ne refuse
le bornage au voisin qui le demande, ou le
partage au communiste qui veut faire cesser
l'indivision.

Aussi les Lois que nous avons citées auto-
risent-elles le cantonnement dans tous les cas,
sans distinction, ni restriction, et ne le limi-
tent-elles pas, comme l'Ordonnance de 1669
avait limité le triage.

74. Il est inutile de dire que, le cantonnement fait, les habitans n'ont plus aucun usage
à exercer sur le reste du fonds, et le propriétaire plus aucun droit sur la partie transportée
aux habitans (1). L'objet du cantonnement est
d'amener ce résultat. Il ne reste au propriétaire que les droits qui dérivent de sa qualité
d'habitant.

75. Le cantonnement est une opération trop
importante pour être faite tractativement comme
le triage et, en général, tout partage entre
les communes et les particuliers; il ne peut
être fait que judiciairement, c'est-à-dire, sur
demande en justice, audition de la commune
et du ministère public, jugement qui ordonne

_____

(1) *Julien*, Stat. de Prov., tom. 1. p. 583.

le rapport d'experts èt homologation de leurs opérations (1). Fréminville (2) rapporte l'Arrêt du Conseil du 20 août 1737, qui, en cassant un partage tractatif, condamna l'arpenteur de la maîtrise à cent francs d'amende pour l'avoir fait sans commission.

76. L'art. 19 du même titre de cette Ordonnance attribuait au Grand-Maître des Eaux et Forêts la connaissance de tous partages entre les particuliers et les communes, et des contestations qui pourraient en naître. On retrouve la même disposition dans l'art. 22 du tit. 3; mais alors les maîtrises avaient une juridiction que les lois nouvelles n'ont pas transportée à la conservation forestière; elles attribuent expressément la connaissance des actions en cantonnement aux tribunaux (3), même quand elles ont pour objet des forêts appartenant à l'État (4).

77. Les frais du cantonnement sont supportés par le propriétaire et la commune, en pro-

---

(1) Ordonnance de 1669, tit. 25. art. 19,

(2) Pratique des Terriers, tom. 3. ch. 8. quest. 3.

(3) L. du 19 septemb. 1790, art. 8. — Autre du 28 août 1792, art. 6. — Décret dans *Sirey*, tom. 7. suppl. p. 811.

(4) Décret du 7 février 1809, dans *Denevers*, suppl. p. 168.

portion de la part que chacun prend dans la
chose partagée , ainsi que le porte le même
article 19 de l'Ordonnance.

78. Nous ne devons pas terminer ce chapitre sans remarquer qu'il est un usage que
le cantonnement ne fait pas cesser, et qui ne
peut être restreint dans une portion circons-
crite : c'est le droit de prendre du bois pour
les édifices et autres ouvrages. Lors même qu'on
cantonne les usagers pour les chauffage et pâturage , on leur réserve de prendre , ou mieux,
de se faire livrer partout, dans la portion qui
leur est assignée , et dans celle qui l'est au
propriétaire , le bois nécessaire à leurs constructions (1).

---

(1) *Julien* , Stat. de Prov., tom. 1. p. 582 et 583.

CHAPITRE III.

Des Bois.

I. LES bois ont divers noms, suivant leur étendue : si elle est grande, le terrain qui la contient est appelé *forêt* ; si cette étendue est moyenne, il est appelé *bois* ; si elle n'embrasse que quelques arpens, il n'est que *buisson*. L'Ordonnance de 1669 comprend, dans la généralité de ses dispositions, tout ce qui est *bois*, quelle que soit l'étendue du terrain qui le produit, ainsi que le prouvent plusieurs de ses articles, et notamment l'art. 1er du titre 15.

Quels que soient, en effet, l'étendue, l'âge et la qualité des bois, leur conservation n'est pas moins importante. Dans tous les temps et chez tous les peuples, ils ont été mis au rang des propriétés les plus précieuses, et ont excité la sollicitude des législateurs.

Elle a dû être immédiate sur les bois qui font partie du domaine de l'État, dont le Souverain est le dispensateur, ainsi que sur ceux qui appartiennent aux ecclésiastiques, aux communes et autres établissemens publics, parce que le Souverain, en étant le tuteur légal, peut stipuler pour eux, diriger l'administration de leurs biens, et concilier leur intérêt particulier avec l'intérêt général de l'État.

Quant aux bois des particuliers, deux écueils étaient à craindre, surtout aujourd'hui où la France n'a pas seulement besoin de conserver, mais de repeupler ses bois. Une surveillance trop active les eût assujettis à une inquisition toujours fâcheuse et dégoûtante ; elle aurait nui à la propriété, qu'il faut protéger, si on veut la conserver et l'accroître. Une liberté illimitée, telle qu'elle résulta de l'art. 6 de la Loi du 29 septembre 1791, laissait exposés aux caprices d'une génération l'ouvrage des générations précédentes et l'espoir des générations à venir ; elle privait l'État de la préférence à toute autre emploi que réclament impérieusement les besoins toujours renaissans de sa marine.

La législation actuellement en vigueur a sagement évité ces deux écueils : elle a pris des mesures qui, sans trop porter atteinte au droit de propriété, en dirigent l'exercice vers l'utilité commune.

C'est en retournant à l'Ordonnance de 1669, dont on s'était imprudemment écarté en 1791, qu'on a atteint ce but.

2. Cette Ordonnance est une de ces lois qui suffiraient pour immortaliser le siècle qui l'a vu naître ; elle est l'ouvrage de ce qu'il y avait de plus éclairé dans la magistrature, dans un temps où la magistrature était le corps le plus éclairé de l'État ; elle est le résumé des lois et des règlemens anciens, et le fruit de l'expérience des siècles qui l'ont précédée. Le seul reproche qu'on lui ait fait, est de prononcer des peines quelquefois trop sévères. Les lois modernes les ont assez généralement mitigées ; mais c'est en cela seulement qu'il est raisonnable de déroger à ses dispositions : malheur à l'État si on poussait la dérogation plus loin ! La conservation de ce qui nous reste de bois en France tient essentiellement à l'exécution de l'Ordonnance, qui est à elle seule le code forestier le plus complet.

3. Pour assurer son exécution, elle avait créé des fonctionnaires publics qui, dans la partie administrative, ont été remplacés par la conservation générale des Eaux et Forêts, dont nous parlerons ailleurs (1). Nous verrons qu'elle embrasse non-seulement les bois qui sont la propriété de l'État, mais tous ceux qui, n'étant

(1) Sect. 4. tit. 1. ch. 3.

pas distraits par des titres durables, doivent
où peuvent lui revenir un jour; ceux sur lesquels il a un droit de copropriété ou un intérêt (1); ceux, enfin, qui appartiennent aux communes, aux corps ecclésiastiques et autres établissemens publics.

Elle n'exerce pas sur ces bois une simple
surveillance; elle en a, sauf quelques modifications, l'administration et la régie. C'est à elle
à proposer ou consentir les ventes, à diriger et
exécuter les coupes, à faire les aménagemens (2),
et généralement à exercer toutes les actions qui

---

(1) Les bois dans lesquels l'État a intérêt, sont diversement
dénommés, suivant la nature et l'étendue de cet intérêt.

Est-il de la moitié? le bois est tenu en *grurie*, ainsi que
celui où il n'a que le tiers.

La propriété du Roi est-elle d'une autre quotité? le bois est
tenu en *segrairie*.

Quand, au lieu d'être copropriétaire, le Roi lève seulement un
droit sur certains bois appartenant à des particuliers, le bois est
en *grairie*.

En Normandie, on appelle *tiers et danger* le droit appartenant au Roi, dans certaines forêts, de prendre sur le total des
ventes de bois, en espèces ou en deniers, à son choix, 1º le
tiers; 2º le danger, qui est le dixième de la totalité; en sorte
que, sur une coupe de 300 francs, il a d'abord 100, puis 30.
(*Ordonnance* de 1669, tit. 23. art. 3 et 4.)

Que le bois soit en grurie, segrairie, ou grairie, le Roi prend
toujours sa part en espèces ou en argent, à son choix (même
tit., art. 1.)

(2) En termes d'Eaux et Forêts, l'*aménagement* d'un bois ne
désigne pas seulement tout ce qui peut avoir pour objet sa con-

intéressent les bois, et à maintenir l'exécution des lois protectrices de ce genre de propriété.

Sur les bois des particuliers elle n'a, comme nous venons de l'indiquer, qu'une surveillance dont l'objet est à peu près borné à maintenir l'exécution des règles établies pour leur coupe et pour le service de la marine royale.

Pour rendre plus claire l'exposition de toutes ces règles, nous diviserons ce chapitre en trois sections.

Dans la première, nous considérerons les bois en eux-mêmes, dans leur qualité et dans leur rapport avec leurs propriétaires ou possesseurs.

Ils ne produisent que par la dépaissance et la coupe ; mais aussi c'est par elles qu'ils sont dégradés.

Nous verrons, dans une seconde section, ce qui est permis ou défendu dans les coupes faites par les propriétaires ou leurs ayans-cause.

Les dégradations ou méfaits dont les bois ont à souffrir, seront là matière de la troisième section ; et nous renverrons, dans le chapitre des droits d'usage en général, à traiter des ser-

---

servation et son amélioration, ni même le règlement de ses coupes ; il désigne encore le règlement des usages auxquels il peut être soumis : c'est dans ces divers sens qu'il est employé dans les lois et les auteurs, et que nous l'employons dans cet ouvrage.

vitudes auxquelles les bois peuvent être soumis, et des restrictions que le législateur a été
obligé d'apporter à ces usages, pour prévenir
que ceux qui en jouissent ne nuisent trop essentiellement aux bois et à leurs propriétaires.

Cette division nous paraît embrasser toute la
législation forestière dans un cadre assez resserré ; efforçons-nous de le remplir.

SECTION PREMIÈRE.

Des Bois considérés en eux-mêmes et par rapport à leurs propriétaires.

Nous allons les considérer sous chacun de ces
rapports dans les paragraphes suivans.

§ Ier.

Bois considérés en eux-mêmes.

4. Tout bois est *taillis* ou *futaie* ; mais pour
discerner ce qu'on doit entendre par là , il convient d'entrer dans quelques développemens.

Anciennement les bois pouvaient être coupés
de sept en sept ans ; il est même aujourd'hui des
cantons où il est encore d'usage de les couper à
cet âge.

L'Ordonnance de 1669 ne permit de répéter les coupes que de dix en dix ans (1).

Des règlemens postérieurs, tels que celui du 12 octobre 1748 pour les bois de l'Ordre de Malte, ont ordonné que les bois ne seraient coupés que de 25 en 25 ans.

Mais ces règlemens, n'étant relatifs qu'aux bois du Roi et des communes ou établissemens publics, laissent aux particuliers la liberté de couper les leurs à la révolution des dix années prescrites par l'Ordonnance, comme le moindre intervalle qui doive séparer une coupe d'une autre (2), sauf les cantons où les coupes peuvent se répéter à de moindres intervalles, d'après l'usage, déterminé vraisemblablement par la nature du bois et celle du terrain (3).

Ainsi le ciste (la *massugo* de Provence), qui ne s'élève guère qu'à la hauteur de deux ou trois pieds, et qui prend tout son accroissement dans quatre ou cinq ans, peut et par cela même doit être coupé tous les cinq ans.

---

(1) Tit. 24. art. 3 ; tit. 25. art. 3 ; tit. 26. art. 1. — Ordonnance du 28 août 1816, art. 8.

(2) Ordonnance du Grand - Maître des Eaux et Forêts du 20 juin 1756.

(3) Voy. dans *Fréminville*, Pratique des Terriers, tom. 3, p. 24; les Coutumes et les Ordonnances qui permettent de rapprocher les coupes dans certains lieux et de certains bois.

Ainsi encore le bois de bourdaine, qui ne dure que cinq à six ans, peut être coupé dès sa troisième ou quatrième année, comme nous le dirons n° 80.

Il en est de même de tous les arbrisseaux et arbustes. On n'est pas obligé d'attendre, pour les couper, le terme de leur plus grande croissance.

Le *taillis*, désignant cette étendue de bois qu'on coupe de temps en temps, désigne donc, dans ces cantons, dans ces espèces de bois et dans les propriétés particulières, des plants plus jeunes que dans les autres, et dans les bois du Roi et des communes.

Par la même raison, la *futaie* indique dans ceux-ci des arbres plus anciens que dans ceux-là.

On doit donc appeler généralement *taillis* tout bois qui n'a pas doublé l'âge où il peut être coupé. Dans les évaluations cadastrales, on a voulu prendre un terme fixe et donner une règle générale, et l'on a réputé *taillis* tout bois au-dessus de l'âge de trente ans (1). Mais cette mesure, particulière au régime fiscal, ne peut, sous aucun rapport, être prise pour règle générale.

_____

(1) Loi du 13 juillet 1791, art. 1. — Loi du 3 frimaire an 7, art. 69.

De ce que tant que le bois n'a pas doublé l'âge de la coupe il est *taillis*, il suit qu'il devient *futaie* dès qu'il a doublé cet âge, sauf l'exception dont nous parlerons n° 7.

5. Jusqu'à ce que le bois ait doublé l'âge de sa coupe, ce qui emporte cinquante ans pour la généralité des bois, il est *baliveau moderne*, ou *baliveau sur taillis*.

Baliveau moderne, quand il subsiste dans une coupe, après deux exploitations du taillis dans lequel il a été réservé.

Baliveau sur taillis, quand il est de l'âge de la dernière coupe dans laquelle il a été choisi parmi les plus beaux brins du taillis.

6. Le bois n'est *haute futaie* qu'après qu'il a passé trois coupes ordinaires de bois taillis suivant quelques-uns ; que quand il a plus de cent ans suivant d'autres ; que lorsqu'il est au-dessus de cent vingt ans, si l'on en juge par la disposition de l'art. 1, tit. 26, de l'Ordonnance de 1669.

7. On voit, par ce qui vient d'être dit, que la qualité de *futaie* ou de *taillis* n'est pas déterminée par la taille ou hauteur du bois, mais par son âge. Il ne faudrait cependant pas en

conclure qu'il est permis d'appeler *futaie* toute plante ligneuse qui a doublé ou triplé l'âge auquel elle a pu être coupée.

L'arbrisseau et l'arbuste, quel que soit leur âge, ne sont jamais *futaie*, par la raison qu'en vieillissant ils ne s'améliorent pas et ne deviennent jamais propres à des usages autres que ceux auxquels ils peuvent être employés quand on les coupe dans leur jeunesse.

Mais qu'entend-on par arbrisseau, et comment le distinguer d'un arbre? C'est ce qu'il n'est pas possible de déterminer précisément. L'arbrisseau est moins élevé que l'arbre; mais quelle différence y aura-t-il entre la mesure d'un grand arbrisseau et celle d'un petit arbre? Celui-là sera quelquefois plus élevé que celui-ci. Cependant on peut estimer, en général, la hauteur d'un arbrisseau de six à douze pieds : tels sont l'aubepin, le grenadier, le filaria, le lilas, qui ne s'élèvent pas communément davantage.

Le *sous-arbrisseau* ou *arbuste* est plus petit encore. On peut regarder comme tels toutes les plantes ligneuses que l'on voit sous sa main lorsqu'on est debout, et dont la nature est de ne pas dépasser trois ou quatre pieds (1 mètre ou 130 centimètres) de hauteur : tels sont les groseliers, les bruyères, le genêt sauvage et épineux dit *argelas* en Provence, le chêne à kermès, espèce d'yeuse qu'on appelle *avauces* dans la même province, le ciste, le romarin, etc.

8. *L'arbrisseau*, *l'arbuste*, et généralement tout bois rampant qui croît spontanément sur les coteaux, dans les îles et sur les terrains en friche, est *taillis*, et les délits dont il est l'objet sont punis des peines infligées aux délits commis dans les taillis : c'est la jurisprudence constante de toutes les Cours du Royaume, et notamment de la Cour royale d'Aix, dont nous rapporterons, dans le cours de ce chapitre (1), les arrêts qui ont tous été rendus pour des bois qui ne consistaient qu'en chênes à kermès, romarin, genêt sauvage, et autres arbustes.

On sait, d'ailleurs, que l'administration forestière a établi des gardes forestiers dans toutes les communes où il croît du bois rampant, et où il n'en croît pas d'autre.

9. L'âge et la nature du bois ne sont pas les seules qualités qui doivent être prises en considération dans les matières forestières; son état et sa force influent principalement sur les usages que les lois permettent d'en faire. Tant

_____

(1) Nos 45 et 92.

qu'il ne peut pas se défendre lui-même, il est *en défends*, c'est-à-dire qu'il n'est pas permis d'y introduire des bestiaux. Il ne devient *défensable* qu'à mesure qu'il est assez fort pour n'être pas abrouti et endommagé par eux.

Il ne peut y avoir rien de fixe sur l'âge auquel un bois est défensable. L'Ordonnance de 1669, tit. 25, art. 13, le déclare tel à six ans ; mais elle est sur ce point plus démonstrative que limitative. Diverses coutumes le fixent à trois, à quatre et à cinq ans. Il est sensible que cela dépend de l'espèce du bois, du climat, de la qualité du sol, et même des saisons.

Le principe général est que le bois doit rester en défends jusqu'à ce qu'il ait acquis la force nécessaire pour que les bestiaux ne puissent pas lui nuire (1) par leurs dents, leurs cornes ou leurs pieds.

Ils lui nuisent tant que leur morsure peut arrêter la croissance, et, par conséquent, jusqu'à ce que leur tige ne puisse plus être atteinte par leurs dents, ou qu'elle ait la hauteur commune que lui assignent la qualité du bois et la nature du sol, et que les rejets soient assez forts pour n'être pas écrasés par le piétinement des bestiaux.

---

(1) *Nouveau Denisart*, V° Bois en défends, n° 2. § 2. — *Arrêté* du 5 vendémiaire an 6, art. 5.

10. L'application de cette règle ne peut être faite que par l'inspection des bois ; c'est pour cela qu'est attribué exclusivement aux administrateurs généraux des forêts, le droit de déterminer, dans chaque localité, d'après l'avis des conservateurs, le temps et l'âge où les bois sont défensables (1). C'est pour cela encore qu'on ne peut introduire des bestiaux dans les bois d'autrui, quelque titre qu'on ait d'ailleurs, qu'après les avoir fait déclarer défensables par les fonctionnaires préposés à cet effet par la Loi (2), et qu'on n'est pas admis à prouver qu'en fait le bois est défensable, s'il n'est pas déclaré tel (3).

11. Il est des bois qui ne portent point de fruits, qui ne servent ni à la construction, ni à la menuiserie, et qui ne sont bons qu'à brûler, encore faut-il convenir qu'ils ne sont pas d'une grande utilité, même pour cet emploi. C'est en général ce qu'on appelle le *mort-bois*. L'art. 5 du titre 23 de l'Ordonnance en compte neuf

---

(1) *Ordonnance* de 1669, tit. 19. art. 1. — *Avis du Conseil d'État* du 16 frimaire an 14. — L. du 15 septembre 1791, tit. 6. art. 9. — *Arrêt de cass.* du 1er avril 1810.

(2) *Infrà*, tit. 3. ch. 2. n° 35.

(3) *Carnot*, Code d'Instruction criminelle, tom. 1. p. 90. — Arrêt de cass. du 2 juin 1810, *Sirey*, tom. 11. p. 215.

espèces, qui sont les saulx ou saules, les mor-
saulx ou saules de bois, les épines, les pui-
nes, les seurs ou sureaux, les aulnes, les genêts, les genevriers et les ronces.

Cette énumération est limitative : il n'y a
pas d'autres espèces de mort-bois que les neuf
désignées par l'Ordonnance; il est défendu aux
Tribunaux d'en reconnaître d'autres (1). D'anciennes ordonnances ou coutumes y ajoutaient
le bouleau, le tremble et le charme ; mais,
comme l'observe Jousse sur l'article précité,
l'Ordonnance a expliqué et abrogé ces lois anciennes, et réduit le *mort-bois* aux neuf espèces
désignées, ainsi que le jugea l'Arrêt du Conseil
du 14 juillet 1750, qu'on trouve dans Fréminville. Mais il est bon d'observer que l'Ordonnance ne limite peut-être le *mort - bois* à ces
neuf espèces, que parce que ce sont les seules
contenues dans l'article 9 de la Charte Nor-
mande, à laquelle elle se réfère, et qui donnait aux possesseurs des bois sujets à *tiers et
danger* le droit de prendre par leurs mains,
pour leur usage, le *mort-bois* des neuf espèces
énumérées, qu'il ne fallait pas étendre, pour
limiter la faculté réservée par la charte nor-
mande.

---

(1) *Arrêt du Conseil* du 10 septembre 1748. — *Fréminville*,
Pratique des Terriers, tom. 3. p. 45.

12. Quoi qu'il en soit, on voit, par la définition que nous venons de donner du *mort-bois* ; qu'il n'est pas permis de le confondre avec le bois mort, qui est celui qui est mort de caducité, en cime et racines, sans fraude et naturellement, qui est sec, debout ou gisant, c'est-à-dire, couché par terre.

13. Moins encore peut-on confondre l'un ou l'autre avec le *châblis* ou *bois versé*, c'est-à-dire, avec l'arbre abattu, arraché ou rompu, par l'impétuosité du vent : c'est ainsi que définit le *châblis* la conférence de l'Ordonnance de 1669, tit. 23. art. 5.

Les châblis, quoique morts, ne sont pas livrés aux usagers comme les arbres morts naturellement ; il est défendu de les enlever des forêts royales, sous peine d'une amende *au pied le tour*, c'est-à-dire, proportionnée à la circonférence de l'arbre (1).

Tout ce que peuvent faire les usagers, est de prendre les cimeaux et les petites branches, selon Coquille, sur la Cout. du Nivernais, tit. des Bois, art. 12, V° *Bois mort;* mais il est douteux que cette doctrine soit suivie, quand

_____

(1) Ordonnance de 1669, tit. 17. art. 2. — Voy. le § 4 de cette section.

l'art. 4 du même titre de l'Ordonnance veut impérieusement que ces arbres, ainsi abattus par la tempête, soient incessamment vendus *en l'état qu'ils se trouveront*, sans pouvoir être façonnés ni débités, et que le temps de vidange ne soit pour eux que d'un mois.

14. Dans les bois tenus à titre de douaire, engagement, etc., les châblis appartiennent au Roi (1), qui prend sur les châblis des bois tenus en grurie, etc., la même part que dans les ventes ordinaires; ce qui oblige de les vendre comme les bois royaux (2).

Dans les bois des communes, les châblis ne peuvent être enlevés par les habitans qu'ensuite de la visite et reconnaissance de l'inspecteur forestier (3).

15. Que le bois soit *futaie* ou *taillis*, *arbrisseau* ou *arbuste*, il est immeuble de sa nature, et il fait partie du fonds sur lequel il est radiqué. Il ne devient meuble que lorsqu'ayant été mis en coupe réglée, les arbres sont abattus (4).

---

(1) Tit. 22. art. 5. — *Infrà*, § 4.

(2) Tit. 23. art. 11.

(3) L. du 15 septembre 1791, tit. 12. art. 15.

(4) *Cod. Civ.*, art. 521.

Le *taillis* a cela de particulier que lorsqu'il a atteint l'âge de dix ans, il est *fruit mûr*, et peut, par conséquent, être vendu, comme toute autre récolte, sans que les créanciers hypothécaires du vendeur puissent s'y opposer (1).

§ II.

Bois des Communes et Établissemens publics.

16. Les bois sur lesquels l'État a un droit de copropriété ou une portion de fruits à percevoir, ceux qui ne sont qu'engagés, ceux qui appartiennent à des communes ou à des établissemens publics, sont soumis aux mêmes règles. Nous les comprenons tous dans ce paragraphe, pour éviter les répétitions auxquelles nous serions obligé, si nous en traitions séparément. Ils sont tous sous l'administration forestière, et leur régime est le même que celui des bois royaux (2).

En général, les bois sont infiniment mieux dans les mains des communes que dans celles

---

(1) Arrêt de Cass., dans *Sirey*, tom. 9. p. 65.

(2) Ordonnance de 1669, tit. 23.; tit. 24. art. 9, 11 et 12.; tit. 25. art. 16. — L. du 15—29 septembre 1791, tit. 1. art. 3, 4 et 5. — Arrêt du 19 ventose an 10 (10 mars 1802).

des particuliers, parce qu'elles peuvent mieux attendre leur maturité, et que plus le bois est attendu, plus son produit est considérable : mais aussi ils sont plus exposés à l'incurie et aux entreprises de l'avidité. C'est pour cela sans doute que, dans tous les temps, la loi a eu la sagesse de ne pas se reposer entièrement sur les communes du soin de leur conservation, et qu'elle les a placés immédiatement sous l'administration forestière, pour qu'ils fussent gardés et administrés comme les bois de l'État.

17. Comme eux ils doivent être arpentés, figurés et bornés, à la diligence des administrateurs des communes, par les agens de l'administration forestière (1).

Leur aménagement est ordonné par le Gouvernement, d'après les verbaux de l'administration et l'avis des préfets, après avoir ouï la commune (2).

18. L'administration forestière a non-seulement la faculté, mais le devoir de faire dans ces bois de fréquentes visites ; et quand elle y trouve des délits, abus, négligences ou mal-

(1) Ordonnance de 1669, tit. 22. art. 1 et 2 ; tit. 23. art. 20 ; tit. 24. art. 1 et 11 ; tit. 25. art. 1.
(2) L. du 15 septembre 1791, tit. 12. art. 17.

versations procédant du fait des particuliers ou des administrateurs, elle doit les faire réprimer par les amendes et les peines prononcées par les lois (1).

Ces opérations ne coûtent rien aux communes : aux arpentages près, elles doivent toutes être faites sans frais, suivant l'art. 19, tit. 12, de la Loi du 15 septembre 1791.

19. Cette loi ne confiait pas indistinctement à l'administration forestière toutes les actions résultant des délits commis dans les bois des communes ; elle voulait que les délits ordinaires de pâturage, maraudage ou vol de taillis fussent poursuivis à la requête des communes, et que les délits sur futaies et dans les quarts de réserves, ainsi que les malversations dans les coupes et exploitations, le fussent à la requête des administrations : c'est ce qui résulte des art. 6 et 18 du tit. 12.

Mais cette distinction a été abolie par le Code Criminel de 1808, ainsi que nous le dirons ailleurs (2), et l'administration peut aujourd'hui poursuivre tous les délits qui se commettent dans les bois des communes et des établissemens publics.

---

(1) Ordonnance de 1669, tit. 25. art. 16.
(2) *Infrà*, liv. 4. tit. 1. ch. 3. n° 9.

Ces établissemens n'y perdent rien : ils peuvent toujours, conformément à l'art. 18 du tit. 12 de la Loi du 15 septembre, fournir les instructions et se prévaloir des restitutions et indemnités prononcées contre les contrevenans, ainsi que le leur adjugeait l'art. 21 du tit. 25 de l'Ordonnance de 1669.

Seulement, dans les bois où l'État a un intérêt aux ventes, il prend aux restitutions et dommages-intérêts la même part que dans les ventes, les amendes restant toujours, et dans tous les cas, à son profit (1).

20. Les communes ne peuvent mettre des bestiaux en pâturage dans leurs bois, que dans les cantons reconnus et déclarés défensables par l'administration forestière (2).

21. Les coupes de futaie sur taillis ou de quart de réserve ne peuvent être faites qu'en vertu de la permission du Gouvernement, qui n'est accordée que pour cause de nécessité, sur l'avis du préfet et de la conservation forestière (3).

---

(1) Ordonnance de 1669, tit. 23. art. 12, et tit. 25. art. 21.

(2) Ordonnance de 1669, tit. 19. art. 1. — Loi du 15 septemb. 1791, tit. 12. art. 16. — *Infrà*, tit. 3. ch. 2. n° 35.

(3) Même Ordonnance, tit. 24. art. 4 et 8 ; tit. 25. art. 3 et 8. — Loi du 15 sept. 1791, tit. 12. art. 11.

Il n'est pas besoin de cette permission pour les coupes ordinaires ; mais elles ne peuvent être mises en exploitation que d'après le procès verbal d'assiette (1), balivage et martelage de l'administration forestière (2).

Ces coupes doivent être faites *à tire et aire*, c'est-à-dire, sans intervalle ni intermission de l'ancienne coupe à la nouvelle, ni d'aucun bois entre deux. Il n'est pas permis de *jardiner*, et de couper çà et là ; il faut couper à fleur de terre, et c'est pour cela que la coupe doit être faite par gens entendus et capables de répondre de la mauvaise exploitation (3).

Les coupes de bois des communes sont soumises au recolement, au recepage, à la réserve des pieds-corniers, arbres de lisière et arbres de réserve (4).

Les adjudicataires, ainsi que les entrepreneurs, doivent obtenir leur *congé de cour*, ou

---

(1) *L'assiette* est la désignation de l'enceinte des bois, ou des portions de bois, ou même des arbres, qui doivent ou peuvent être vendus, ou de la partie sur laquelle les usagers peuvent limitativement exercer leurs usages de bûcherage ou de pâturage.

(2) Même Ordonnance, tit. 22. art. 7 ; tit. 23. art. 10 et 16 ; tit. 24. art. 6 ; tit. 25. art. 9. — Même Loi, tit. 12. art. 9.

(3) Même Ordonn., tit. 25. art. 11. — *Nouv. Denisart*, V° Coupe de Bois, n° 4.

(4) Même Ordonn., tit. 22. art. 7 ; tit. 24. art. 9 et 13. — Loi du 15 septembre 1791 ; tit. 12. art. 14 et 17.

décharge d'exploitation ; jusqu'alors ils ne sont pas libérés (1).

Les taillis des communes ne peuvent être tous mis en coupe dans une année, comme ceux des particuliers ; ils doivent être divisés en coupes ordinaires, de manière qu'il y en ait tous les ans une portion de coupée (2).

22. Si, au lieu de partager leur coupe, les communes veulent les vendre, elles ne peuvent le faire qu'en vertu de la permission de l'autorité administrative (3) ; mais les ventes des coupes ordinaires des bois ecclésiastiques et des établissemens publics ne sont pas soumises à cette permission, de même que celles des bois des engagistes. La Loi ne l'exige à leur égard que pour les ventes des coupes extraordinaires (4).

§ III.

Bois des Particuliers.

23. Chacun est libre d'administrer ses bois et d'en disposer à son gré.

---

(1) Même Loi, art. 14.

(2) Même Ordonnance, tit. 24. art 3 ; tit. 25. art. 3. — *Nouveau Denisart*, V° Coupe, n° 2.

(3) Même Ordonnance, tit. 22. art 7 ; tit. 23. art. 2 ; tit. 25. art. 12. — Même loi de 1791, tit. 12. art 10.

(4) Même Ordonnance, tit. 24. art. 6. — Même Loi, tit. 10. art. 5 ; tit. 13. art. unique.

Ce principe, qui tient au droit de propriété, a été proclamé par la Loi du 15—29 septembre 1791, tit. 1. art. 6. Bien avant cette Loi, et par Arrêt de règlement du 27 mars 1781, le Parlement de Provence, en enjoignant aux consuls des villes de visiter les bois des communes, et de verbaliser sur les contraventions, leur défend de faire aucune visite et d'exercer aucune fonction quelconque dans les bois des particuliers.

Il est dans les propriétés particulières des bois qui, rigoureusement parlant, devraient être soumis au même régime que les bois des engagistes : ce sont ceux qui ont été concédés à titre de majorats, avec clause de retour à la couronne, à défaut de descendance mâle ; même dans ces bois, un Avis du Conseil d'État du 5 août 1809 limite la surveillance forestière à veiller à ce que le titulaire jouisse en bon père de famille et sans dégrader, à constater les dégradations et anticipations des coupes, lorsqu'elles ont lieu, et à en informer le procureur général du conseil du sceau des titres (1).

24. Les bois des particuliers sont donc affranchis de l'administration forestière ; mais ils

_____

(1) Cet Avis est dans *Sirey*, tom. 10. part. 2. p. 559.

ne sont ni dispensés de fournir aux besoins de l'État, ni indépendans, des lois d'ordre public et de police générale pour la conservation des bois.

25. Le martelage pour le service de la marine royale se fait dans les bois futaies, taillis, avenues, lisières et sur les arbres épars, comme partout ailleurs (1). L'Ordonnance de 1669 n'y soumettait que les bois situés à une certaine distance de la mer. Le règlement du 28 septembre 1700 y assujettissait encore ceux qui sont situés à six lieues des rivières navigables. Enfin, celui du 1er mai 1757 étendit la disposition de l'Ordonnance à tous les bois de futaie indistinctement, quelle que soit leur distance de la mer et des rivières. Cette extension, renouvelée par la Loi de floréal et par l'Ordonnance, a été déterminée par les facilités qu'offrent, au transport des bois, les routes et les canaux ouverts aujourd'hui dans toutes les parties du Royaume.

26. L'affectation des bois qu'on coupe au service de la marine royale ne remplirait qu'imparfaitement ses besoins, si la loi n'avait

_____

(1) Loi du 9 floréal an 11 (29 avril 1803), art. 7. — Ordonnance du 28 août 1816, art. 6.—Voy. ci-après sect. 2. n° 47.

étendu sa prévoyance dans l'avenir. Ce motif, joint à la longueur du temps qu'exige la croissance séculaire des bois , a obligé le législateur à les placer dans un ordre différent de celui des propriétés ordinaires.

Il a fallu prendre sur la propriété individuelle pour faire le bien de tous : de là les prohibitions et les gênes dont l'individu souffre quelquefois, mais dont les générations s'applaudissent.

D'abord , le propriétaire ne peut défricher ses bois qu'après les préalables et sous les conditions dont nous parlerons quand nous traiterons de ce mode d'exploitation , qui demande un examen particulier.

27. Il ne peut couper ses taillis que de dix en dix ans (1) : c'est la règle générale ; mais , ainsi que nous l'avons dit plus haut, il y a des cantons où il est d'usage de couper tous les sept ans , et des espèces de bois qui peuvent l'être plus souvent encore.

Dans ses coupes, il doit laisser les réserves dont nous parlerons dans la deuxième section, n° 58; mais il n'est pas, comme les communes, obligé d'en réserver le quart.

_____

(1) Ordonnance de 1669, tit. 26. art. 1. — Ordonnance du 28 août 1816, art. 8.

10

Les coupes sont soumises à l'administration
forestière, qui doit les inspecter sans cependant prendre connaissance des ventes, garde,
police et administration ordinaire : c'est la disposition de l'art. 2, titre 26, de l'Ordonnance
de 1669, renouvelée, quant aux coupes, par
l'art. 8 de l'Ordonnance du 28 août 1816.

Dans l'exploitation des coupes, doit être suivi
ce qui est prescrit pour l'usance ou exploitation des bois royaux (1), c'est-à-dire, qu'on
doit couper les futaies le plus bas possible,
et les taillis à la coignée et à fleur de terre,
sans les écuisser ni éclater.

Mais les particuliers ne sont pas obligés de
ne couper qu'à *tire et aire ;* ils peuvent *jardiner* leurs bois, c'est-à-dire, abattre de côté et
d'autre sans ordre. Il est même plusieurs bois
de particuliers qui ne sont coupés qu'en *jardinant* (2), ainsi que semble le supposer l'article 591 du Code Civil.

Ils peuvent couper, dans la même année,
la totalité de leurs taillis ayant déjà l'âge requis. L'art. 1er du tit. 26 de l'Ordonnance ne

---

(1) Ordonnance de 1669, tit. 15. art. 42; tit. 26. art. 1. — Ordonnance du 28 août 1816, art. 8. — *Jousse*, sur l'art. 1er du tit. 26 de l'Ordonnance.

(2) *Nouv. Denisart*, V° Coupe de bois, n° 4.

les oblige pas de les laisser *en coupes ordinaires*, comme les art. 3 des titres 24 et 25, qui disposent sur des bois autres que ceux appartenant aux particuliers.

Ils ne sont point assujettis aux formalités de l'assiette, du martelage, des recolemens, et à la réserve des pieds-corniers, arbres de lisière et de paroi (1).

28. Nous avons dit, dans le paragraphe précédent, que les bestiaux ne peuvent être introduits dans les bois qu'après qu'ils ont été déclarés défensables par l'administration forestière : c'est la règle générale que nous autoriserons dans le chapitre des Droits d'Usage, n° 35 ; mais cette règle ne s'applique point aux propriétaires. Les lois qui l'ont établie ne parlent que des usages et des bois des communes. On peut se convaincre, par la lecture du tit. 19 de l'Ordonnance. de 1669 et des art. 9, tit. 6, et 16, tit. 12 de la Loi du 15 septembre 1791, qu'il n'est aucune disposition législative qui leur soit applicable, et l'on tient, au contraire, pour maxime que les particuliers peuvent, en tout temps et toujours, introduire leurs bestiaux dans leurs bois, et en affermer les pâturages, sans avoir

(1) *Jousse*, sur l'art. 1, tit. 26, de l'Ordonnance de 1669.

besoin de les faire déclarer défensables par l'administration forestière (1); ils sont les meilleurs juges de ce qui leur convient.

29. Par la même raison, le propriétaire peut toujours introduire dans ses bois ses chèvres, ses brebis, ses moutons. L'art. 13 du tit. 19 de l'Ordonnance de 1669 ne le défend qu'aux *usagers;* le propriétaire qui introduit ses bestiaux dans ses propres bois, n'exerce pas un *usage,* il use de sa chose (2). Il ne peut pas y avoir de prohibition là où il n'y a pas de loi qui défende, surtout quand il s'agit de restreindre l'exercice du droit de propriété.

Ce droit du propriétaire est-il personnel au point qu'il ne puisse donner permission à un tiers de faire paître ses menus bestiaux dans ses bois?

Le propriétaire peut affermer ses pâturages; il peut donc transporter au tiers le droit qui lui appartient. Qu'il le lui afferme ou le lui donne, dans l'un et dans l'autre cas il use et dispose de sa chose, il en retire le fruit : car

---

(1) Avis du Conseil d'État du 16 frimaire an 14 (7 décembre 1805). — *Sirey*, tom. 8. p. 156.; tom. 11. p. 216. — *Dencvers*, 1822, p. 58.

(2) Même Avis du Conseil d'État.

on jouit de ce qu'on donne plus encore que de ce qu'on vend (1).

Cependant, quelques arrêts de la Cour de Cassation ont annulé les arrêts de diverses Cours du Royaume qui, sur le fondement que le propriétaire reconnaissait l'avoir permis, avaient acquitté des bergers prévenus d'avoir fait pacager leurs moutons et leurs chèvres dans des bois des particuliers, hors des cas prévus par l'art. 5 de la Loi du 9 floréal an 11 (29 avril 1803), c'est-à-dire, dans des bois non clos de plus de deux hectares d'étendue (2).

Il serait difficile d'apercevoir la justice de cette jurisprudence, si elle n'était restreinte au cas d'une permission verbale tardivement alléguée par le prévenu, de manière à en faire suspecter la vérité et à faire présumer que le propriétaire n'a déclaré avoir donné la permission que pour épargner au prévenu une condamnation méritée, et neutraliser l'action de l'administration.

Il est, d'ailleurs, un usage qu'il serait inique

(1) Que le propriétaire puisse affermer les pâturages de ses bois pour toute espèce de bestiaux et en tout temps, c'est ce dont il n'est pas permis de douter. Tous les jours nos communes afferment leurs bois de cette manière, avec l'autorisation du préfet et le consentement de l'administration forestière. — *Infrà*, n° 92.

(2) Ces Arrêts sont dans *Sirey*, tom. 7 suppl. p. 729, et tom. 8. p. 156.

de frapper de la jurisprudence de la Cour de Cassation. Il arrive souvent que deux propriétaires de bois contigus, ou leurs bergers, conviennent, pour leur avantage ou leur commodité réciproque, de ne point garder leurs limites, et de conduire leurs bestiaux dans le bois l'un de l'autre. Ces communions ne sont guère constatées par écrit, parce qu'elles sont l'ouvrage de gens illitérés, et qu'elles reposent sur des convenances et des besoins communs; elles sont fréquentes, parce qu'elles sont avantageuses aux gardiens, dont elles diminuent les peines, et aux bestiaux, qui n'ont pas seulement besoin d'alimens, mais d'exercice et, par conséquent, d'espace. Appliquer ce cas à la jurisprudence dont nous parlons, serait nuire à l'éducation des bestiaux, et prendre sur la liberté des propriétaires, sans aucun avantage réel pour les bois. Car deux bois de deux hectares ayant à nourrir chacun deux cents bêtes, ne souffrent ni plus ni moins qu'un bois de quatre hectares qui en a quatre cents à nourrir; et ces quatre cents bêtes qui ont quatre hectares de terrain à parcourir, profitent infiniment plus que les deux cents qui ne peuvent faire que de petites courses dans les deux hectares.

Sans doute, les particuliers ne peuvent déroger aux lois générales; mais c'est une loi

générale que le propriétaire use de sa chose
comme il l'entend. C'en est une aussi qu'une
règle, quelque générale qu'elle soit, cesse d'être
applicable quand elle serait plus nuisible qu'utile
au public. Le même motif qui a empêché de
comprendre le propriétaire dans la prohibition,
doit empêcher d'y comprendre son fermier,
son copermutant et son cessionnaire. C'est l'intérêt général de la conservation des bois qui a
dicté la prohibition; mais c'est le droit de propriété, encore plus général et plus sacré, qui a
empêché d'en frapper le propriétaire, et qui
doit en garantir son représentant.

Il est d'ailleurs impossible de concilier cette
jurisprudence avec les règles que nous allons
exposer.

30. Il n'est pas permis d'étendre les attributions de l'administration forestière au delà
des limites que les lois lui ont fixées ; elle
n'a dans les bois des particuliers que des fonctions de surveillance ; elle est sans qualité pour
poursuivre les abus que leurs propriétaires peuvent y commettre.

A moins qu'il ne s'agisse de la violation de
quelque règlement dont l'exécution lui est con-
fiée, tel que coupe de bois sans déclaration
préalable, anticipation des coupes de taillis,

défrichement dans les cas prévus par la Loi du 9 floréal an 11, et par l'Ordonnance du 28 août 1816 (1).

Quant aux délits qui sont commis dans les bois des particuliers par autres que les propriétaires, l'administration forestière ne peut pas même les constater, si elle n'en a été requise par les propriétaires ; et, sans cette réquisition, les procès verbaux ne font pas foi (2), comme étant l'ouvrage de gens sans caractère.

31. Mais le propriétaire est toujours libre de faire garder dans ses bois le régime des bois royaux, parce que, comme le dit Salvaing (3), chacun a dans ses bois le même droit que le Prince a dans les siens, et que la conservation des forêts particulières est d'un intérêt égal à celui de la conservation des forêts royales. Aussi est-il de maxime que les dispositions des lois sur la conservation des bois sont appliquées à

---

(1) *Infrà*, tit. 2. ch. 2.

(2) Arg. des art. 11 et 13, tit. 1, de l'Ordonn. de 1669 ; de l'art. 2, tit. 26, de la même Ordonn.; de l'art. 12 de la Loi du 9 floréal an 11, et de l'art. 8 de l'Ordonn. du 28 août 1816. — *Jousse*, sur l'Ordonn., p. 27 et 323. — *Sirey*, tom. 16. p. 25.

(3) Des Fiefs, part. 2. ch. 96. p. 219. — *Fréminville*, Pratique des Terriers, tom. 3. ch. 7. p. 326. — *Sirey*, tom. 11. p. 138; tom. 21. p. 224, et tom. 22. p. 177 et 178, indique une quantité de coutumes, de jugemens et d'auteurs qui le décident de même. — Ordonn. de 1669, tit. 1. art. 11; tit. 26. art. 5; tit. 32. art. 28.

ceux des particuliers de la même manière qu'aux
bois royaux (1).

Ainsi chacun peut placer ses bois entièrement sous l'administration forestière pour être
administrés et exploités comme le sont ceux de
l'État, requérir les gardes de l'administration
et des communes de constater les délits qui
s'y commettent, et faire punir les délinquans
des peines et des amendes infligées aux délinquans dans les bois royaux.

32. Cette faculté ne va cependant pas jusqu'à donner à l'administration forestière le droit
de poursuivre les délits principalement et en
son nom ; il n'y a que le Roi qui plaide par
procureur. La réquisition des propriétaires ne
saurait attribuer à l'administration forestière un
droit qu'elle ne peut tenir que de la loi (2).
La constatation des délits est donc tout le droit
que la réquisition du particulier peut lui conférer.

33. Elle ne donne également pas au propriétaire du bois le droit de s'approprier les amendes
et les confiscations qui sont la peine des délits
commis dans ses bois. Ces amendes, quoique

---

(1) Arrêt de Cass. du 24 août 1820, *Sirey*, tom. 22. p. 408.
(2) Arr. de Cass., dans *Sirey*, tom. 16. p. 25.

établies pour les délits dans les bois royaux,
sont applicables aux délits dans les bois particuliers (1); mais elles appartiennent toujours au
Roi. Le propriétaire n'a droit qu'aux indemnités et restitutions, jusque-là qu'il est sans qualité pour requérir la confiscation des bois en
délit; elle ne peut être requise que par la partie
publique (2).

§ IV.

Bois des Usufruitiers.

34. La futaie est immeuble de sa nature :
tant qu'elle est sur pied, elle fait partie du
fonds sur lequel elle croît, et l'usufruitier ne
peut y toucher (3). C'est pour cela que dans
les bois tenus à titre de douaire, concession,
engagement ou usufruit de la couronne, la futaie appartient exclusivement au Roi; les engagistes et les douairières n'ont droit que sur les
taillis (4).

---

(1) Ordonnance de 1669, tit. 32. art. 28.

(2) Arr. de Cass., *Sirey*, tom. 21. p. 221.

(3) Ordonn. de 1669, tit. 27 art. 2. — Code Civil, art. 592.
— *Guyot*, Vo Futaie, sect. 2.

(4) Même Ordonnance, tit. 22. art. 5 et 6.

35. L'usufruitier n'a pas même droit sur les châblis ; il peut seulement obliger le propriétaire à les faire enlever à ses dépens (1) : il peut cependant les employer pour faire au bien les réparations dont il est tenu (2).

Il peut même, suivant le même article du Code, faire abattre des arbres pour ces réparations, mais à la charge d'en faire constater la nécessité avec le propriétaire ; en son absence, il doit s'y faire autoriser par la justice (3).

L'usufruitier profite cependant, en se conformant aux époques et à l'usage des anciens propriétaires, des parties de bois de haute futaie qui ont été mises en coupes réglées, qu'elles soient disposées par étendue de terrain ou par quantité d'arbres (4).

36. Quant aux taillis, l'usufruitier en jouit, mais il est obligé d'observer l'ordre et la quotité des coupes, conformément à l'aménagement ou à l'usage constant des propriétaires (5), sans

---

(1) Voy. ci-devant n° 13. — *Nouveau Denisart*, V° Futaie, n° 3. § 2.

(2) Code Civ., art. 592.

(3) *Nouveau Denisart*, loc. cit. — *Guyot*, V° Bois, sect. 6.

(4) Code Civ., art. 591.

(5) Code Civ., art. 590.

espoir d'indemnité pour les coupes qu'il n'a pas faites pendant sa jouissance.

Ainsi les coupes de bois tombent dans la communauté conjugale pour tout ce qui en est considéré comme usufruit, suivant ce qui vient d'être exposé (1).

Mais si les coupes qui pouvaient être faites, durant la communauté, en suivant ces règles, ne l'ont pas été, il est dû récompense à l'époux non propriétaire du bois.

37. L'usufruitier, n'ayant pas, comme le propriétaire, le droit d'user et d'abuser, ne peut contrevenir, dans les bois soumis à sa jouissance, aux prohibitions des lois sur la dépaissance des bestiaux ; il ne peut, par conséquent, pas envoyer des chèvres ou des moutons dans les bois soumis à son usufruit (2) : par la même raison, il ne peut y introduire d'autres bestiaux qu'après les avoir fait déclarer défensables par l'administration forestière.

SECTION DEUXIÈME.

Des Coupes de Bois.

38. Les coupes de bois peuvent être faites par les propriétaires ou leurs ayans-cause.

---

(1) Même Code, art. 1403.
(2) Arrêt de Cass., dans *Sirey*, tom. 11. p. 374.

Elles peuvent l'être par des personnes ayant des droits quelconques à exercer dans les bois.

Elles peuvent l'être aussi par des tiers sans titre et sans droits.

Les premières sont les seules dont nous nous occupions dans cette section.

Nous renvoyons au chapitre des Droits d'Usage à traiter des secondes.

Les troisièmes ne constituent que des voies de fait, des délits, qui feront la matière de la troisième section.

39. Autre chose est couper des arbres ou un bois, autre chose est l'arracher ou défricher. Celui qui coupe, use de son bois ; celui qui l'arrache, le détruit ; celui qui en défriche le sol, le dénature.

Nous parlerons ailleurs de l'arrachis et du défrichement ; il ne s'agit ici que des coupes.

40. Les règles qui les régissent, embrassent l'ordonnance des coupes, leurs préalables et les mesures conservatoires qui les accompagnent, ou le mode d'exploitation du bois.

Ce mode a deux objets : la conservation et bonne administration du bois en général, le service de la marine en particulier.

Pour concilier les intérêts de ce service avec

celui des propriétaires, les lois ont réglé les coupes, les livraisons, la fixation et le paiement du prix; elles sont entrées dans les plus grands détails, afin que le bien public s'opère avec le moindre froissement possible de l'intérêt particulier.

Nous présentons l'ensemble de leurs dispositions dans les paragraphes suivans.

Il est un autre service à qui l'intérêt de l'État a fait accorder le droit de couper certaines espèces de bois : c'est le service des poudres et salpêtres. Nous verrons, dans un dernier paragraphe, quels sont ses priviléges, et comment il peut les exercer.

§ Ier.

Ordonnance des Coupes.

41. Deux sortes de coupes, les ordinaires et les extraordinaires.

Les coupes *ordinaires* ne peuvent être faites dans les bois royaux taillis ou futaies, que d'après les états arrêtés annuellement au Conseil (1). Depuis la Loi du 15 septembre 1791, tit. 7,

_____

(1) Ordonnance de 1669, tit. 15.

art. 7, l'ordre des coupes ordinaires n'est plus donné par le Conseil, mais par la conservation générale, qui peut le changer, avec la permission du Roi, suivant l'art. 8. La même disposition est répétée dans l'Ordonnance du 11 octobre 1820, art. 11.

42. Il en est à peu près de même des bois tenus en grairie, segrairie, tiers et danger, ou à titre d'engagement ou d'usufruit, ou possédés par des ecclésiastiques, communes ou établissemens publics. Les coupes n'y peuvent être faites qu'avec l'autorisation et l'assiette de l'administration forestière (1).

43. Les bois des particuliers ne sont pas soumis à cette règle. Le propriétaire n'a besoin ni d'autorisation ni d'assiette pour les couper. Il suffit qu'il observe certaines règles, qui vont être exposées.

44. Dans les bois royaux, communaux et autres de la même catégorie, les coupes *extraordinaires* ne peuvent être faites qu'en vertu

____

(1) Ordonnance de 1669, tit. 22. art. 5; tit. 23. art. 2, 6, 7, 10, 13 et 15; tit. 24. art. 3 et suiv.—L. du 15 septembre 1791, tit. 6. art. 10; tit. 12. art. 9.

d'une autorisation expresse du gouvernement (1),
lors même qu'elles ont pour objet le service de
la marine (2).

§ II.

Préalables des Coupes.

45. Nous avons vu, dans le paragraphe précédent, que l'autorisation, l'assiette et la délivrance de l'administration forestière, sont des
préalables indispensables à la coupe de tout
bois appartenant à l'État, aux communes ou
établissemens publics, ainsi que dans tous ceux
où l'État a un intérêt.

Telle est la nécessité de ce préalable que,
dans ces bois, toute coupe faite sans lui, quel
qu'en soit l'auteur, propriétaire ou usager, est
un délit passible des peines infligées par l'Ordonnance de 1669 et par le Code Rural de
1791, aux coupes faites sans droit, au maraudage et enlèvement de bois, ainsi que l'ont
décidé les divers Arrêts de la Cour de Cassation rapportés par Sirey (3), et que le jugea

---

' (1) Ordonnance de 1669, tit. 21, 22, 23 et 24. — Loi du 15
septembre 1791, tit. 7. art. 9.

(2) Ordonnance du 28 août 1816, art. 1.

(3) Tom. 9. p. 147; tom. 16. p. 71.

la Cour d'Aix, par Arrêt rendu le 8 août 1817, qui condamna le fermier d'un bois communal à Istres à trois cents francs d'amende et trois cents francs de restitution envers la commune, pour avoir coupé trois cents fagots de bois rampant sans l'autorisation de l'administration forestière, quoique avec la permission du maire, qui certifiait que le bail en donnait le droit au fermier ; allégation qui était fausse, mais qui, eût-elle été vraie, n'aurait pas changé la décision, les communes n'ayant pas elles-mêmes le droit d'ordonner les coupes de leurs bois.

Si l'administration forestière refusait injustement, il faudrait se pourvoir à l'autorité supérieure pour obtenir la permission, et jusqu'alors s'abstenir de couper (1).

46. Les particuliers ne sont pas soumis à ce préalable pour la coupe des bois qui leur appartiennent. Leurs futaies et leurs taillis, parvenus à l'âge fixé par la loi, peuvent être coupés quand ils le jugent à propos ; mais, ainsi que nous l'avons dit n° 25, leurs bois, comme les bois royaux, communaux, et généralement tous

(1) Arr. de Cass. du 3 septembre 1808. — *Sirey*, tom. 9, p. 147. — Ci-après, tit. 3. ch. 2. n° 26.

les bois, sont susceptibles d'être martelés pour le service de la marine, s'ils ont les dimensions propres aux constructions navales (1).

47. Aussi tout propriétaire de futaie, baliveaux sur taillis, arbres épars, avenues, parcs hors des murs de clôture des habitations, ne peut-il couper aucun arbre, sans avoir fait, six mois auparavant, sa déclaration au conservateur forestier (2).

Aujourd'hui, d'après la décision du ministre des finances du 17 décembre 1823, ces déclarations se font à la sous-préfecture, où l'on tient un registre spécial dans lequel elles sont transcrites au fur et à mesure de leur réception; ce qui ne dispense pas de remplir les obligations prescrites par le Décret du 15 avril 1811.

La défense s'applique au fermier comme au propriétaire. Le fermier qui la néglige est personnellement condamné, quoique son bail lui donne le droit d'abattre les arbres nécessaires à son exploitation (3).

Cependant, si, dans les six mois de sa décla-

---

(1) Ordonnance du 28 août 1816, art. 2 et 6.

(2) Loi du 9 floréal an 11, art. 9. — Décret du 15 avril 1811, art. 1. — *Suprà*, n° 25.

(3) *Sirey*, tom. 20. p. 462.

ration, le propriétaire a besoin de quelques arbres pour des réparations urgentes, il fait constater l'urgence par un double certificat du maire, et fait abattre les arbres qui lui sont nécessaires, pourvu qu'ils soient au-dessous d'un mètre de circonférence. La Loi du 9 floréal an 11 pose, dans l'art. 9, le principe de l'exception, dont le Règlement de 1816 est le développement.

Mais il ne peut faire cet abatage qu'un mois après avoir adressé sa déclaration particulière et le certificat du maire à l'inspecteur forestier et à l'ingénieur de la marine (1).

48. Sont exempts de la formalité de la déclaration,

1° Les arbres radiqués dans les lieux clos et fermés de murs ou de haies vives, avec fossés, attenans aux habitations, et non aménagés en coupe réglée ;

2° Les chênes et les ormes ayant moins de 13 décimètres de tour ;

3° Les ormes plantés en avenue près des maisons d'habitation.

C'est la disposition des art. 1 et 2 du Décret

---

(1) Règl. du 28 août 1816, art. 54. — Décret du 15 avril 1811, art. 15.

du 15 avril 1811, qui avait été abrogé par l'Ordonnance du 28 août 1816, mais dont l'exécution
a été nommément ordonnée, en ce qui concerne
les propriétés des particuliers, par l'Ordonnance
du 22 décembre 1819.

49. La déclaration est faite à double sur
papier timbré et remise à l'inspecteur ou sous-
inspecteur forestier, qui vise le double que le
déclarant retire (1).

50. Si, dans les six mois de la déclaration,
il n'a point été marqué d'arbres pour la marine, le propriétaire peut librement disposer
de ses bois (2).

S'il en est marqué, le conservateur ou inspecteur forestier délivre au propriétaire la permission d'abattre aussitôt après le procès verbal
de martelage (3).

51. Le propriétaire qui laisse écouler une
année depuis sa déclaration sans faire abattre,
est tenu d'en faire une nouvelle avant de pouvoir couper les arbres précédemment déclarés (4).

---

(1) Décret du 15 avril 1811, art. 4.
(2) Règl. du 28 septembre 1700, art. 8. — Ordonnance du 28
août 1816, art. 9.
(3) Règl. du 28 août 1816, art. 49.
(4) Même Règl., art. 50. — *Jousse*, sur l'Ordonn. de 1669,

52. Le propriétaire qui coupe sans déclaration, ou qui abat avant la permission et l'expiration du délai, est puni d'une amende de 3,000 francs et de la confiscation des bois coupés, suivant l'Ordonnance de 1669, tit. 26, art. 3, et un Arr. du Conseil du 23 juillet 1748.

La Loi du 9 floréal an 11 n'avait pas renouvelé les dispositions pénales de l'Ordonnance ; c'était une lacune qu'avait remplie le Règlement du 28 août 1816. Mais l'amende ayant paru trop forte, l'Ordonnance du 22 septembre 1819, en renvoyant au Décret du 15 avril 1811, a rétabli la peine portée par l'art. 3 de ce Décret, qui est une amende de 45 francs par mètre de tour pour chaque arbre passible de la déclaration, sauf le doublement en cas de récidive ; au moyen de quoi, il n'y a plus lieu, pour ce fait, à la restitution égale à l'amende prononcée par l'Ordonnance de 1669 et l'Édit de 1716.

53. Les ventes des coupes dans les bois de l'État et des établissemens publics, se font aux sous-préfectures, qui peuvent commettre les maires pour les menus marchés dont le montant ne paraît pas devoir excéder 200 francs (1).

---

tit. 26. art. 3. — Répert. de *Guyot*, V° Futaie, sect. 5. — Décret du 15 avril 1811, art. 14.

(1) Loi du 15 septembre 1791, tit. 6. art. 14; tit. 8. art. 4; tit. 12. art. 12.

54. L'adjudicataire d'une coupe de bois public doit, pour son intérêt (1), faire procéder au souchetage dans la vente et ses réponses, avant d'en commencer l'exploitation (2).

§ III.

Martelage.

55. Le martelage pour la marine royale a lieu dans tous les bois royaux, communaux et d'établissemens publics. A cet effet, dès que la désignation et l'assiette des ventes sont faites, le conservateur en envoie l'état à l'ingénieur de la marine.

Pour les bois des particuliers, quinze jours après leur déclaration d'abattre, le conservateur en remet copie à cet ingénieur (3).

Cet ingénieur et les maîtres ou contre-maîtres recherchent et martèlent sur-le-champ les arbres propres aux constructions navales. Il est dressé procès verbal du martelage, et un double en est laissé au propriétaire, avec désignation du

---

(1) *Infrà*, § 9.

(2) Ordonn. de 1669, tit. 15. art. 50.

(3) C'est la disposition du Règlement du 28 août 1816, art. 1 et 48, et du Décret du 15 avril 1811, art. 4.

fournisseur auquel il doit s'adresser pour la vente des arbres marqués (1).

56. Dans les coupes assises, le martelage doit être terminé avant l'ouverture des ventes (2).

Pendant et après l'abatage, les agens de la marine peuvent encore faire de nouvelles visites et marteler les arbres qu'ils reconnaissent propres au service de la marine (3),

Mais, dans les coupes des bois appartenant à l'État ou aux établissemens publics, il y a cette différence entre le martelage antérieur à l'ouverture des ventes et le martelage postérieur à l'adjudication, que les bois marqués dans celui-ci sont considérés comme bois particuliers, acquis et reçus de la manière déterminée pour les bois des particuliers ; tandis que les bois marqués antérieurement sont acquis et reçus d'une manière différente, ainsi qu'on le verra dans les § 6 et 7 (4).

57. Le martelage ne prive pas le propriétaire du droit de vendre ses coupes par adjudication ;

---

(1) Règlement du 28 août 1816, art. 2 et 65. — Décret du 15 avril 1811, art. 5.

(2) Même Règl., art. 6.

(3) Même Règl., art. 12, 52 et 56.

(4) Même Règl., art. 45.

seulement, il doit prévenir l'adjudicataire de l'obligation de livrer les bois martelés au fournisseur de la marine (1).

§ IV.

Exploitation des Coupes.

58. Que les bois appartiennent à l'État, aux communes ou à des particuliers, ils ne peuvent être coupés sans laisser ce qu'on appelle les *réserves*, c'est-à-dire, dix baliveaux par arpent dans les futaies, et seize dans les coupes de taillis (2).

59. Il ne doit être réservé pour baliveaux que des arbres susceptibles d'accroissement et capables de supporter une nouvelle révolution toute entière (3).

Les ingénieurs de la marine peuvent s'opposer à ce qu'on mette en réserve des arbres en pleine maturité et dès à présent propres au service (4).

---

(1) Ordonnance du 28 août 1816, art. 13. — Règlement du même jour, art. 55.

(2) Ordonnance de 1669, tit. 15, art. 11 et 12; tit. 24. art. 3 et 7; tit. 25. art. 3; tit. 26. art. 1. — Ordonnance du 28 août 1816, art. 8.

(3) Règlement du 28 août 1816, art. 13.

(4) Même Règl., art. 15.

60. Les particuliers peuvent disposer à leur profit des arbres ainsi réservés, savoir : après l'âge de 40 ans pour les taillis, et de 120 ans pour la futaie (1).

61. Outre ces réserves, les bois des communes et des établissemens publics sont soumis au *quart de réserve*, c'est-à-dire, qu'ils doivent laisser en nature de futaie la quatrième partie au moins de leurs bois ; et s'il ne s'en trouve pas autant en nature de futaie, ce qui manque doit être pris dans les taillis pour être réservé à croître en futaie (2).

Cette réserve est réputée futaie, et comme telle mise hors de la classe des taillis sous le rapport de sa conservation. Aussi les délits qui s'y commettent sont-ils réputés délits commis en *futaie*, et punis comme tels (3).

Le choix et triage en sont faits par l'administration forestière aux endroits les plus propres et les plus productifs, séparés du restant du taillis par bornes et limites (4).

(1) Ordonnance de 1669, tit. 26. art. 1. — Ordonnance du 28 août 1816, art. 8.
(2) Ordonnance de 1669, tit. 24. art. 2 ; tit. 25. art. 2. — *Guyot*, Répert. de Jurispr., Vº Futaie, sect. 2.
(3) Ordonnance de 1669, tit. 24. art. 2 et 3. — Arrêt de Cass. du 21 juin 1822. — *Sirey*, tom. 22. p. 432.
(4) Même Ordonn., art. 2.

Il ne peut être coupé aucun arbre dans le quart de réserve que dans les formes prescrites pour la futaie même, avec la permission de l'administration forestière, à peine de 2,000 fr. d'amende pour chaque contravention (1).

62. L'assiette des coupes dans les bois publics doit marquer les pieds-corniers, arbres de lisière et parois. Si l'adjudicataire les outre-passait, il serait condamné au quadruple, à raison du prix principal de son adjudication si les arbres coupés étaient de même essence, et à l'amende et restitution au pied le tour, s'ils étaient de meilleure nature ou qualité, ou s'ils étaient plus âgés (2).

63. Les coupes de futaie ou de taillis doi-vent être faites avant le 15 avril (avant le 1ᵉ pour la marine), parce qu'il ne doit jamais s'en faire aucune en temps de sève, même dans les bois des particuliers (3).

La loi ne fixe pas le terme avant lequel on ne

---

(1) Ordonnance de 1669, tit. 24. art. 2; tit. 24. art. 8.

(2) Ordonnance de 1669, tit. 15. art. 6 et 9; tit. 16. art. 9; tit. 25. art. 9.

(3) Ordonnance de 1669, tit. 15. art. 40. — Ordonnance du Grand Maître des Eaux et Forêts du 20 juin 1757. — Décret du 15 avril 1811, art. 6. — Règl. du 28 août 1816, art. 18.

doit pas commencer à abattre les arbres ; la raison dit que ce ne doit jamais être avant celui où ils cessent d'être en sève. Aux environs de Paris, on ne commence pas avant le 1er octobre. On doit commencer plus tard dans les lieux et dans les saisons où la végétation se prolonge davantage.

64. Les arbres abattus ne peuvent pas toujours être enlevés de suite ; il faut un temps pour vider le bois. Ce temps doit être relatif à la possibilité des forêts, sans pouvoir être prorogé (1). A défaut de fixation dans l'adjudication, il est de deux années (2).

Si, ce temps expiré, il se trouve dans les ventes des bois sur pied ou abattus, ils sont confisqués, et le gisant incessamment transporté hors de la forêt (3). Il est, en outre, dû des dommages et intérêts au propriétaire, à raison des dégâts qui pourraient être faits en enlevant le bois après le terme (4).

65. Les arbres doivent être abattus sans en-

(1) Ordonnance de 1669, tit. 15. art. 40.
(2) *Sirey*, tom. 21. p. 223.
(3) Ordonnance de 1669, tit. 15. art. 47.
(4) *Sirey*, tom. 21. p. 223.

dommager ceux réservés, à peine de dommages-
intérêts contre l'exploitant.

S'ils demeuraient encroués sur d'autres arbres,
l'exploitant ne pourrait faire abattre ceux-ci sans
la permission de l'agent forestier, et qu'à la
charge de payer une indemnité (1).

66. Excepté dans les bois des particuliers
(*suprà*, n° 27), il n'est pas permis de jardiner ;
les coupes doivent être faites à *tire et aire*, c'est-
à-dire, tout de suite, sans intermission ni intervalle de l'ancienne coupe à la nouvelle, de
manière qu'elles soient attenantes et à fleur de
terre, sans écuisser ni éclater (2).

67. Celui qui exploite un bois répond de
tous les délits qui s'y commettent à l'ouïe de
la coignée, c'est-à-dire, à la distance de 50
perches pour les bois au-dessus de 50 ans, et
de 25 pour ceux au-dessous de cet âge : c'est
ce qu'on appelle la *réponse* des ventes, à laquelle l'exploitant ne peut échapper qu'en faisant rapport des délits (3). Il faut qu'il en fasse
rapport et le remette, dans les cinq jours suivans, dûment affirmé, au garde général. C'est

_____

(1) Ordonn. de 1669, tit. 15. art. 43.
(2) Ordonn. de 1669, tit. 15. art. 42 ; tit. 25. art. 11.
(3) Ordonn. de 1669, tit. 15. art. 51.

une des conditions des verbaux de délivrance
de l'administration forestière.

§ V.

Coupe des arbres martelés pour la marine.

68. Les arbres martelés pour la marine ne
peuvent être abattus ni vendus à d'autres qu'au
fournisseur de la marine, sans une main-levée
préalable (1); aussi sont-ils exceptés, de droit,
de la vente du bois où ils se trouvent (2).

La violation de cette défense est punie d'une
amende de 3,000 francs et de la confiscation
des bois (3); pour les bois des particuliers, l'a-
mende est de 90 francs par mètre de tour, suivant le Décret du 15 avril 1811, art. 12.

69. Les adjudicataires des ventes royales,
communales et d'établissemens publics, sont tenus, sous la même peine, de faire abattre et
équarrir, sous les découpes qui leur sont données, tous les arbres martelés pour constructions
navales (4).

---

(1) Avis du Conseil d'État du 18 septembre 1807. — Ordonnance du 28 août 1816, art. 20.

(2) *Sirey*, tom. 15. p. 385.

(3) Ordonnance du 28 août 1816, art. 4. — Règl. du même
jour, art. 14.

(4) Même Règl., art. 16.

70. En vendant au fournisseur les bois martelés, le propriétaire est libre d'en traiter ou sur pied ou en grume (1).

Mais, dans l'un et l'autre cas, ces arbres ne peuvent être abattus et équarris que sous l'inspection des agens de la marine et d'après leurs découpes et lignages (2), sous la même peine de confiscation et de 3,000 d'amende (3)

La raison de cette rigueur est que les arbres une fois marqués deviennent la propriété de l'État, et que, comme le dit la Loi du 9 floréal an 11, art. 7, leur coupe est en tout soumise aux règles observées pour les bois nationaux.

Ils doivent, ainsi que nous l'avons dit n° 63, être coupés avant le 1er avril et rester en grume pendant un mois (4).

L'époque de l'abatage est constatée par un certificat du maire ou de l'inspecteur des forêts, ou de l'agent de la marine; ce certificat est notifié à l'agent de la marine dans le mois de l'abatage, à peine de nullité (5).

---

(1) Ordonnance du 28 août 1816, art. 12.

(2) Art. 57 du Règlement précité.

(3) Arrêt du Conseil du 23 juillet 1748. — Règl. préc., art. 57.

(4) Même Règl., art. 58.

(5) Même Règl., art. 65 et 66. — Décret du 15 avril 1811, art. 8.

On va voir, dans le paragraphe suivant, de quelle importance il est pour le particulier de faire constater l'époque de l'abatage.

§ VI.

Achats et livraisons des Bois martelés.

71. Six mois après l'abatage constaté comme nous venons de le dire, l'administration de la marine ou ses fournisseurs doivent payer le bois; faute de quoi, le propriétaire dispose à son gré des arbres marqués, suivant le Décret du 15 avril 1811, art. 9. L'Ordonnance du 28 août 1816 accordait à l'administration de la marine un plus long délai pour l'enlèvement et le paiement des arbres marqués; mais elle a été abrogée, en ce qui concerne les propriétés des particuliers, par l'Ordonnance du 22 septembre 1819, qui les rappelle à la simplicité du décret du 15 avril.

72. Le propriétaire est, ainsi qu'on l'a dit au paragraphe précédent, libre de traiter sur pied ou en grume; il peut aussi vendre par arbre ou au stère, travaillé en forêt, ou livré au port. Cette faculté lui est conservée par l'art. 12 de l'Ordonnance du 28 août 1816.

S'il livre en forêt, les arbres doivent être acquis un an après l'abatage ; autrement , le propriétaire en obtient main-levée (1). Le Décret de 1811 limite ce délai à six mois et n'exige aucune formalité , pas même de demande en main-levée ; il suffit du non-paiement dans les six mois de l'abatage.

Si le propriétaire livre sur les ports, le paiement doit être effectué d'après les marchés conclus avec le fournisseur et leurs conditions , qui doivent être exécutées comme celles de tous les contrats.

73. Le propriétaire qui peut réunir un assortiment de cent stères , est libre de les livrer directement au Roi, dans les ports désignés , aux mêmes prix et conditions que le fournisseur général ; il n'a qu'à remettre sa soumission , en triple expédition, à l'ingénieur directeur (2).

Pour jouir de cette facilité, n'ont pas besoin d'avoir cent stères, ceux dont les bois sont situés dans les départemens à portée des cinq grands ports, et ceux dont les bois sont situés à cinq myriamètres de rayon des ports secondaires (3).

---

(1) Règlement du 28 août 1816, art. 67, 71 et suiv.

(2) Même Règl., art. 59 et 60.

(3) Même Règl., art. 63 et 64.

Cette facilité est personnelle au propriétaire ; quand il a vendu sa coupe par adjudication, l'adjudicataire n'en jouit pas (1).

74. Les adjudicataires des coupes de bois publics ne sont pas seulement tenus d'abattre ; ils le sont encore de transporter les bois aux ports flottables, ou aux dépôts les plus voisins de l'exploitation non excédant trois myriamètres et demi (sept lieues), dont deux et demi seulement sont à leur charge ; les autres leur sont remboursés à raison de trois francs par stère et par chaque demi-myriamètre au-dessus de deux et demi (2).

75. Les arbres marqués pour merrains sont reçus en forêt : l'adjudicataire est seulement tenu de les placer hors de la forêt dans un lieu convenable (3).

§ VII.

Fixation et paiement du prix.

76. Le prix des arbres martelés est fixé de gré à gré ; s'il y a contestation, les parties s'a-

---

(1) Règl. du 28 août 1816, art. 62.
(2) *Id.*, art. 20 et 29.
(3) *Id.*, art. 32 et 33.

dressent à l'ingénieur directeur de la marine, qui le détermine. Si le propriétaire n'est pas satisfait de sa fixation, il s'adresse au préfet, qui fait estimer le bois d'office; et, en cas que cette estimation paraisse trop forte au fournisseur, elle est déférée au ministre de la marine, qui ordonne l'acquisition ou la main-levée du bois (1).

Les bois de construction rendus sur les ports ou aux dépôts sont payés par le fournisseur général à tant le stère, suivant le tableau inséré dans l'art. 28 du Règlement du 28 août 1816.

Les arbres marqués pour merrains sont payés dans les mêmes proportions, quand leur prix n'est pas fixé de gré à gré (art. 23).

Ces prix sont payés aux adjudicataires des bois publics, un quart comptant au moment de la livraison, et les trois quarts restans en traites à trois, six et neuf mois (2). Si ces traites n'étaient pas acquittées à l'échéance, le ministre les ferait acquitter sur le vu des lettres protestées et du certificat de l'ingénieur directeur, constatant les quantités de bois fournies (3).

Les arbres martelés chez les particuliers et

---

(1) Ordonnance du 28 août 1816, art. 14. — Règl. du même jour, art. 71 et suiv.

(2) Même Règl., art. 34.

(3) Même Règl., art. 43.

vendus en forêt, doivent être payés avant l'enlèvement, qui, comme on l'a vu paragraphe 6,
ne doit pas être retardé plus de six mois après
la coupe.

§ VIII.

Soustraction des Bois martelés.

77. On a vu, dans le paragraphe 2 de cette
section, les peines que la loi inflige aux coupes
de bois faites sans déclaration ou avant l'expiration du délai donné aux agens de la marine pour
les choix et martelages; dans le paragraphe 5,
comment elle punit le délit de celui qui divertit
les arbres martelés de leur destination, ou qui les
abat ou équarrit, autrement que sous l'inspection et les découpes de la marine.

Ce sont là des délits patens; mais il est des
soustractions frauduleuses qui, pour être cou-
vertes d'un voile, ne sont ni moins punissables,
ni moins préjudiciables au service de la marine,
puisqu'elles produisent le même effet, celui de
la priver du bois.

Le propriétaire cherche quelquefois à éluder
la vente par des prétentions excessives et des
propositions inadmissibles, qu'il a l'adresse d'empêcher que l'autorité locale ne réduise à leur

juste. valeur. Dans ce cas, sur la réclamation
du fournisseur, l'ingénieur en fait son rapport
au ministre de la marine, en lui adressant son
appréciation et l'estimation faite par l'ordre du
préfet, et le ministre statue définitivement sur
le prix du bois (1).

D'autres fois, le fournisseur, d'accord avec
le propriétaire, se prête à soustraire les bois à
leur destination par son refus de les acheter,
ou autrement : sur la dénonciation de l'ingénieur,
appuyée de preuves, le fournisseur et le propriétaire son complice sont punis des peines
portées par les Arrêts du Conseil des 23 juillet
1748 et 1er mars 1757 (2).

Tous autres délits et contraventions relatifs
au service de la marine sont constatés par les
ingénieurs forestiers de la marine, les maîtres
et les contre-maîtres.

Ils peuvent être poursuivis par ces ingénieurs,
sans préjudice des poursuites exercées par les
agens forestiers.

Leurs procès verbaux font foi pour les faits
relatifs au service de la marine, et qui sont
étrangers à leurs personnes, quand ils sont as-

(1) Règl. du 28 août 1816, art. 75.

(2) Même Règl., art. 80.

sermentés et qu'ils sont affirmés dans les délais prescrits (1).

§ IX.

Recolement des Ventes.

78. Aussitôt le terme des vidanges expiré, l'adjudicataire doit faire procéder au recolement, sous peine de demeurer chargé des délits qui se commettraient dans la vente et dans les réponses (2).

Ce recolement doit être fait au plus tard dans les six semaines après le temps des vidanges (3).

Il ne peut être fait dans les bois royaux par celui qui a fait l'assiette et le balivage de la coupe, à peine de nullité (4).

L'adjudicataire est obligé, lors du recolement, de recéper et ravaler, le plus près de terre possible, toutes les souches et estocs qui se trouvent dans les ventes et dans leurs réponses (5).

L'adjudicataire qui ne représente pas les baliveaux, pieds-corniers, arbres de lisière et parois, est tenu de les payer, savoir : les bali-

---

(1) Ordonnance du 28 août 1816, art. 18, 19 et 20.
(2) Ordonnance de 1669, tit. 24. art. 9.
(3) Même Ordonnance, tit. 16. art. 1.
(4) Loi du 29 septembre 1791, tit. 6. art. 19. — Arrêt de Cassat. du 28 juillet 1812. — *Sirey,* tom. 17. p. 322.
(5) Ordonnance de 1669; tit. 15. art. 45; tit. 16. art. 4.

veaux, parois et arbres de lisière, cinquante francs la pièce; si le baliveau est au-dessous de vingt ans, il le paye dix francs; le pied-cornier, cent francs, et deux cents francs, s'il a été arraché et déplacé (1).

79. Ce n'est qu'après s'être ainsi assuré que l'adjudicataire n'a pas excédé les bornes de son contrat, et qu'il en a rempli toutes les charges, ou réparé ses contraventions, que lui est délivré *le congé de cour*, c'est-à-dire, la reconnaissance qui le décharge de toute recherche pour raison de l'exploitation (2).

Il n'est libéré que quand il l'a obtenu, suivant l'art. 6, tit. 8, de la Loi du 15 septembre 1791.

Ce congé, autrefois accordé par les officiers des maîtrises en juridiction contentieuse, l'est aujourd'hui par les sous - préfets, d'après le consentement des conservateurs et les procès verbaux de recolement (3).

§ X.

Coupes pour les poudres et salpêtres.

80. Le service des poudres et salpêtres a

---

(1) Ordonnance de 1669, tit. 16. art. 10; tit. 32. art. 4.
(2) Même Ordonnance, tit. 16, art. 7 et 12.
(3) Loi du 15 septembre 1791, tit. 6. art. 20, et tit. 8. art. 6.

exigé qu'on accordât aux administrateurs des fabriques de poudre le droit de prendre ou faire couper certaines espèces de bois. L'Ordonnance de 1669, loin de leur accorder ce privilége, défendait expressément, dans l'art. 13 du tit. 27, aux poudriers et salpêtriers d'exiger ni recevoir aucune délivrance de taillis ou menu bois vert ou sec, à peine de cinq cents francs d'amende.

Mais un Arrêt du Conseil du 11 janvier 1689 modifia cette défense, et en excepta les adjudications des ventes, dans lesquelles il ordonna qu'on séparerait les bois de bourdaine, pour être délivrés au commissaire général des poudres et salpêtres.

Cette exception fut développée par un second Arrêt du Conseil du 23 août 1701, dont voici les principales dispositions.

Le commissaire général des poudres et ses préposés peuvent couper avec des serpettes, seulement dans les bois de l'État, des communautés et des particuliers, le bois de bourdaine (1), de l'âge de trois à quatre ans, pour faire du charbon pour fabriquer la poudre. Un Arrêt du Conseil du 20 février 1783, qui en

---

(1) Arbrisseau haut de sept à huit pieds, qui n'a guère que deux pouces de grosseur, et ne dure que cinq à six ans.

rappelle un précédent du 7 mai 1709, contient la même disposition (1).

Avant de couper, le commissaire ou ses préposés doivent obtenir la permission de l'administration forestière pour les bois de l'État et des communes, et des propriétaires pour les bois des particuliers.

Les gardes des bois doivent être présens à la coupe et vérifier les bourrées ou fagots qui doivent être payés comptant sur le pied de la valeur des bourrées marchandes, ainsi que les journées des gardes employés à surveiller l'opération.

La législation nouvelle ne s'est guère écartée des règles établies par ces arrêts ; elle est toute entière dans l'acte du Gouvernement du 25 fructidor an 11 (12 septembre 1803), et dans le Décret du 16 floréal an 13 (6 mai 1805).

81. Le premier de ces règlemens réserve le bois de bourdaine pour la confection du charbon propre à la fabrication de la poudre. Il veut, en conséquence, que, dans les bois de l'État, des communes ou des établissemens publics, il ne soit fait aucune adjudication ou vente de coupes qu'à la charge, par les adjudicataires ou ac-

(1) Le saule blanc sert au même usage et peut aussi être requis par le commissaire général des poudres et ses préposés.

quéreurs, de mettre à part tout le bois de bourdaine, de l'âge de trois, quatre ou cinq ans,
et d'en faire faire des bottes ou bourrées de
deux mètres de longueur sur un mètre cinquante
centimètres de grosseur.

Il autorise l'administration des poudres, ses
commissaires et préposés, à faire faire, dans tous
les temps, les recherche, coupe et enlèvement
dans tous les bois.

Il applique ces dispositions aux bois des particuliers non clos et attenans aux habitations qui
sont situées dans l'étendue de six myriamètres
des fabriques de poudre. Le Décret du 16 floréal an 13 a porté ce rayon à quinze myriamètres.

Les préposés de l'administration des poudres
ne peuvent faire leurs recherches qu'après avoir
prévenu le conservateur forestier pour les bois
de l'État et des établissemens publics, les maires
et administrateurs de ces établissemens publics,
ainsi que les particuliers, pour les bois qui leur
appartiennent..

Les bottes sont payées à raison de vingt-cinq
centimes la botte, outre vingt-cinq centimes par
chaque cent bourrées, pour l'inspection des gardes forestiers à la coupe et à leur enlèvement.

Cet Arrêté ne détermine pas l'époque où le
particulier et les communes doivent recevoir le
paiement des bottes enlevées de leurs bois; mais

de ce qu'il ordonne le paiement immédiat des
bottes prises dans les bois de l'État, il est naturel de conclure qu'il doit, à plus forte raison,
en être de même de celles prises dans les bois
des communes et dans ceux des particuliers.

SECTION TROISIÈME.

Délits dans les Bois.

82. Les délits qui se commettent dans les
bois sont de trois espèces : délits de dépaissance,
délits de bûcherage ou de coupe, délits de maraudage ou enlèvement.

83. En général, la constatation de tous ces
délits est dans les attributions de l'administration
forestière, ainsi que nous le dirons en traitant
de cette administration.

Il y a cependant une exception pour les
délits commis dans les bois des particuliers.
Nous avons vu, dans le troisième paragraphe de
la première section, que les agens de l'administration forestière ne peuvent verbaliser contre
les propriétaires que pour les contraventions
aux règlemens qu'elle est chargée de faire exécuter, et contre les usagers ou tous autres, que

pour ces contraventions, ou que sur la réquisition du propriétaire.

Il en est, à plus forte raison, de même de la poursuite de ces délits ; seulement, quelque réquisition qu'elle reçoive du propriétaire, l'administration forestière né peut poursuivre, en son nom et de son chef, les délits ordinaires, tels qu'introduction de gens ou de bestiaux, vols et maraudage dans ces bois.

Dans cette section, nous ne nous attachons qu'à bien caractériser chaque espèce de délits, et à faire connaître les peines que les lois y ont attachées.

§ Iᵉʳ.

Délits de Dépaissance.

84. Les délits de dépaissance sont le résultat d'une introduction illicite de bestiaux dans les bois d'autrui, de l'introduction d'une certaine espèce de bestiaux, enfin d'une introduction intempestive, c'est-à-dire, avant qu'aient été remplis les préalables exigés par les lois.

85. Il ne peut pas y avoir de délit de la part du propriétaire à verser dans ses bois des bestiaux, de quelque espèce et en quelque temps que ce soit (*suprà*, n° 29). Ainsi ce paragraphe

ne concerne que les étrangers, les usagers et les habitans qui font dépaître leurs bestiaux dans les bois dont leurs communes sont propriétaires ou usagères.

86. Le délit est indépendant du dommage. Lors même qu'il n'y en a aucun pour le propriétaire, ou qu'il ne peut pas y en avoir, la seule introduction des bestiaux ou d'une certaine espèce de bestiaux dans un bois, de la part d'un tiers, est un délit (1), par la même raison qu'il y a délit rural, dès qu'on s'est introduit dans une propriété rurale, ou qu'on y a laissé entrer ses bestiaux, quoiqu'on n'y ait causé aucun dégât. L'absence de tout dommage n'empêche pas que les tribunaux ne soient obligés d'adjuger au propriétaire du bois une indemnité égale à l'amende infligée au délit.

87. La permission du propriétaire ne fait même pas toujours disparaître le délit résultant de l'introduction des menus bestiaux dans un bois, suivant les Arrêts que nous avons cités n° 29, à moins qu'il ne s'agisse d'un bois moindre de deux hectares, non clos, ni situé sur

(1) Avis du Conseil d'État du 18 brumaire an 14 (9 novembre 1805). — Arr. de Cassat. du 21 vendémiaire an 12. — *Sirey*, tom. 5 supplém. p. 666. — Autre du 30 octobre 1806, *Ibid.*, tom. 6 suppl. p. 585. — Autre du 20 juillet 1810, *Ibid.*, tom. 11. p. 67 et 215.

le sommet ou la pente d'une montagne ou d'un parc clos attenant à l'habitation (1). La raison de cette exception est que le propriétaire peut le défricher sans déclaration, ainsi que nous le dirons en traitant des défrichemens.

88. Qu'on introduise dans les bois d'autrui des bestiaux sans titre ni droit;

Qu'ayant le droit d'y en faire dépaître, on y introduise une espèce prohibée;

Ou qu'on y envoie une espèce permise, mais avant d'avoir fait déclarer le bois défensable, ou ailleurs que dans les cantons qui ont été déclarés tels,

La peine est la même, sauf la différence que nous ferons remarquer; et c'est parce qu'elle est la même que dans les deux derniers cas, le délinquant ne peut opposer la question préjudicielle sur son droit d'usage, ainsi que l'a souvent jugé la Cour de Cassation (2).

La défense d'envoyer des bestiaux dans les bois avant de les avoir fait déclarer défensables est absolue, et n'admet aucune dérogation ni par usage, ni par conventions particulières, lors même que le titre fixerait l'âge du bois auquel l'introduction sera permise (3).

---

(1) *Sirey*, tom. 4 suppl. p. 729.
(2) Voyez ses Arrêts dans *Sirey*, tom. 11. p. 215 et 250, et tom. 22. p. 177 et suiv., et p. 368. — *Infrà*, tit. 3. ch. 2. n° 35.
(3) Arr. de Cassat. du 26 fév. 1824, *Sirey*, tom. 24. p. 93.

Si le bois est *futaie* ou réputé tel, la peine est telle qu'elle a été établie par l'Ordonnance de 1669, à laquelle n'a pas dérogé le Code Rural de 1791, qui ne dispose, dans l'art. 38 du tit. 2, que sur les taillis (1).

Que le bois soit futaie ou taillis, la peine est encore telle qu'elle a été établie par l'Ordonnance, *s'il appartient à l'État*, par la raison que le Code de 1791 ne dispose que sur les dégâts commis par les bestiaux dans *les taillis des particuliers ou des communes*.

La peine est donc pour toutes les futaies, quels que soient leurs propriétaires, et pour les taillis appartenant à l'État, la confiscation des bestiaux trouvés en délit.

Si les bêtes ne peuvent être saisies, le propriétaire est condamné à l'amende de 20 francs par cheval, bœuf ou vache, 5 francs par chaque veau, 3 francs par mouton ou brebis.

Double pour la seconde fois.

Quadruple pour la troisième, et alors bannissement des forêts contre les gardiens : c'est la disposition de l'art. 10, tit. 32, de l'Ordonnance de 1669.

89. Pour l'introduction des chèvres, brebis

---

(1) *Sirey*, tom. 7 suppl. p. 808; tom. 11. p. 68; tom. 20. p. 494; tom. 22. p. 432.

ou moutons, dans les futaies, la peine est leur confiscation et trois francs d'amende pour chaque bête. Le gardien est, en outre, condamné à dix francs d'amende, suivant l'article 13 du titre 19.

90. S'il s'agit d'un taillis appartenant à des particuliers ou à des communes, la peine est différente ; elle est telle que l'a réglé l'art. 38, titre 2, du Code Rural de 1791 (1), savoir : Amende de

Un franc pour une bête à laine ;

Deux francs pour une chèvre ;

Un franc pour un cochon ;

Deux francs pour un cheval ou autre bête de somme ;

Trois francs pour un bœuf, vache ou veau.

Double, si le taillis n'a que six ans ;

Triple, si c'est en présence du gardien et dans un taillis de moins de six ans.

S'il y a récidive dans l'année, l'amende est double ;

Elle est quadruple, s'il y a réunion des deux circonstances précédentes ou récidive avec une d'elles.

_____

(1) Avis du Conseil d'État du 16 frimaire an 14. — *Strey*, tom. suppl. p. 808 ; tom. 11. p. 68.

S'il n'y a que passage des bestiaux dans un bois taillis appartenant à autrui, l'amende est de six à dix francs, suivant le Code Pénal de 1810, art. 475, § 10.

Dans tous les cas, outre les amendes, le dédommagement du propriétaire, est estimé de gré à gré ou par des experts, sans pouvoir être au-dessous de l'amende (1).

91. Il faut encore remarquer que, lorsque le délit commis dans les bois des communes intéresse l'ordre et la police générale des forêts, quand il s'agit, par exemple, de l'introduction de bestiaux dans un bois, avant qu'il ait été déclaré défensable, on doit appliquer la peine de l'Ordonnance préférablement à celle du Code de 1791, qui n'a considéré les délits que dans l'intérêt privé du propriétaire du bois.

92. Les règles que nous venons d'exposer ont été consacrées par la jurisprudence, et notamment par l'Arrêt que la Cour d'Aix rendit, le 26 février 1819, dans la cause de Jérôme Julien et Joseph Maurin, du lieu d'Allauch. Nous en transcrivons les motifs, comme ayant décidé plusieurs des points de droit qui ont été rappelés dans ce chapitre.

(1) Arrêt de Cassation dans *Sirey*, tom. 7 suppl. p. 1186. — Voyez ci-après liv. 4. tit. 3. ch. 1. § 2.

« Attendu qu'il est avoué et constant que ; le
« 11 novembre 1818, Jérôme Julien , berger de
« Joseph Maurin, faisait paître , dans les terres
« gastes appartenant à la commune d'Allauch,
« au quartier des Tornes , un troupeau de brebis
« auquel étaient joints 28 chèvres ou menons ;

« Que si on n'avait à reprocher à ce fait que
« l'infraction de l'art. 13 du cahier des charges
« de l'adjudication de ces terres gastes, qui dé-
« fend à l'adjudicataire d'y introduire des chè-
« vres , ou même que la violation de la pro-
« priété de la commune, sans égard à la nature
« ou qualité de cette propriété , l'administra-
« tion forestière serait sans action , parce qu'elle
« ne peut exercer les droits des communes que
« quand il s'agit de délits forestiers , la loi ne
« lui ayant confié que l'administration des bois
« appartenant aux communes , et la poursuite
« des délits dont ils peuvent être l'objet ;

« Mais, attendu que la nature des terres gas-
« tes sur lesquelles Jérôme Julien a été trouvé
« gardant ses chèvres, oblige de recourir à des
« lois d'un ordre différent ;

« Que cette nature est fixée par le bail et par
« le verbal du garde forestier ; qu'elle est même
« reconnue par le prévenu ;

« Qu'il est constant que ces terres gastes sont
« bois , qu'il y croît le chêne à kermès, qui

13

« est nécessairement ou taillis ou futaie, car il
« n'y a pas d'espèces intermédiaires, selon qu'il
« a ou n'a pas doublé l'âge où il peut être
« coupé ;

« Que rien ne constatant l'âge des chênes
« à kermès du quartier des Tornes, ils doi-
« vent être réputés taillis, comme exposant les
« délinquans à une peine moindre que s'ils
« étaient réputés futaies ;

« Que l'induction qu'on a tirée contre la
« qualité du quartier des Tornes, de ce qu'il
« a été affermé pour le pâturage des brebis,
« avec le consentement de l'administration fo-
« restière et l'autorisation du préfet, est une
« induction fausse qui ne porte que sur la con-
« fusion de la règle avec l'exception ;

« Que la règle, basée, non sur l'art. 38 du
« Code, mais sur l'art. 13 du tit. 19 de l'Or-
« donnance de 1669, est que les chèvres, les
« brebis et les moutons ne peuvent point être
« introduits dans les bois, quelque titre d'u-
« sage, de parcours, qu'on y ait ; .

« Mais cette règle n'est faite que pour celui
« qui n'est pas propriétaire des bois, et qui
« n'y a que des droits de servitude ; le pro-
« priétaire, toujours maître de sa chose, peut
« introduire ses menus bestiaux dans les bois et

« en affermer la pâture, selon l'avis du Conseil
« d'État du 16 frimaire an 14 ;

« Seulement, quand ce propriétaire est une
« commune, comme les bois des communes
« sont assimilés aux bois de l'État et soumis à
« l'administration forestière, elles ne peuvent
« y laisser introduire les menus bestiaux de leurs
« habitans, et les affermer pour la dépaissance
« ou la coupe, qu'avec l'adhésion de cette ad-
« ministration et l'autorisation du préfet, tu-
« teur légal des communes ;

« Qu'il est donc constant que les chèvres de
« Maurin ont été trouvées dépaissant dans un
« bois au moins taillis ;

« Que dès lors il faudrait appliquer la peine
« portée par l'art. 13, tit. 19, de l'Ordonnance
« de 1669, qui est encore la loi vivante de la
« matière ;

« Attendu que l'amende de trois francs par
« tête que cette loi prononce a été modérée,
« quant aux bois taillis des communes, par
« l'art. 38, tit. 2, du Code Rural de 1791,
« et qu'entre deux peines portées par des lois
« également existantes, les tribunaux doivent
« opter pour la plus douce ;

« Attendu qu'en délits forestiers, les resti-
« tutions sont toujours au moins égales aux
« amendes, ainsi que le prescrivent et l'art. 8

« du tit. 2 de l'Ordonnance de 1669, et l'art. 50
« de l'Édit de 1716 ;

  « Qu'il n'a pas été dérogé à cette disposition
« par le dernier paragraphe de l'art. 38, tit. 2,
« du Code Rural de 1791, puisque la jurispru-
« dence constante de la Cour de Cassation est
« d'annuler, comme contraires à l'Ordonnance,
« les Arrêts des Cours qui n'accordent pas de
« restitutions égales aux amendes, pour délits de
« dépaissance dans les bois taillis ; que d'ailleurs
« la dérogation à l'Ordonnance n'étant pas ex-
« primée dans le Code de 1791, ne pourrait être
« induite que de la contradiction des deux dis-
« positions et de l'impossibilité de les concilier ;
« ce qui ne se vérifie pas ici ;

  « L'Ordonnance veut que les restitutions soient
« *au moins* égales aux amendes ; le Code,
« qu'elles soient réglées de gré à gré, ou à
« dire d'experts ; ce qui, loin de contrarier
« l'Ordonnance, qui suppose que les restitutions
« peuvent excéder les amendes, explique sa dis-
« position et donne expressément au plaignant,
« quand il prévoit qu'une somme égale à l'a-
« mende ne l'indemniserait pas, la faculté que
« l'Ordonnance ne lui donnait qu'implicitement,
« de demander l'expertise à laquelle le prévenu
« ne peut cependant pas recourir ; car pour lui

« l'amende est le *minimum* de la restitution (1);
« Par ces motifs, la Cour condamna Jérôme
« Julien, pour avoir introduit vingt-huit chè-
« vres dans la terre gaste d'Allauch, agrégée
« de chênes à kermès, à l'amende de cinquante-
« six livres tournois, et à pareille somme en-
« vers la commune, à titre de restitution,
« et déclara le propriétaire du troupeau civi-
« lement responsable de toutes les adjudications
« prononcées contre son berger. »

§ II.

Délits de Coupe ou Bûcherage.

93. Les délits de coupe ou bûcherage dont
nous nous occupons dans ce paragraphe, ne
sont encore que les délits commis par les usagers, par les habitans dans les bois de leurs communes, ou par des gens sans titres ni droits ;
ceux que peuvent commettre les particuliers
dans leurs propres bois, ou les acheteurs dans
leurs coupes, ont été la matière de la deuxième
section, et le seront du chapitre où nous traiterons des défrichemens. Nous nous bornons à
remarquer que, de même que celui qui exploite

----

(1) *Infrà*, liv. 4. tit. 3. ch. 1. § 2.

un bois répond de tous les délits qui s'y commettent à l'ouïe de la coignée (*suprà*, n° 67);
de même le propriétaire répond de tous les délits publics commis dans ses bois, s'il ne les a
pas dénoncés et poursuivis devant l'autorité
compétente, suivant l'Arrêt du Conseil du 5
août 1738.

94. L'usager qui coupe dans les bois soumis à ses usages, et l'habitant qui coupe dans
les bois de la commune, sans assiette et délivrance préalables du propriétaire ou de l'administration forestière, commettent le même
délit que celui qui coupe dans un bois sur lequel il n'a aucun droit (1); ils sont passibles
des mêmes peines, et ne peuvent proposer la
question préjudicielle sur le droit d'usage, ainsi
qu'il a été dit ci-dessus, n° 81, au sujet du
mésus en fait de dépaissance.

95. Ces peines sont de deux sortes, selon
qu'on a coupé, éhoupé, ou autrement déshonoré des arbres sur pied, ou qu'on n'a fait que
marauder et enlever des branchages ou autres
parties de bois.

L'Ordonnance de 1669 a établi des peines di-

---

(1) Arrêt de Cass., du 27 octobre 1815; *Sirey*, tom. 16. p. 72.

verses pour ces délits ; le Code de 1791 en a établi d'autres : la difficulté est de savoir dans quel cas il faut appliquer les peines de l'Ordonnance , dans quel cas celles du Code.

Nous venons de nous expliquer sur cette question pour les délits de dépaissance : ici, nous l'examinons pour les délits de coupe ; dans le paragraphe suivant, nous l'examinerons pour les délits de maraudage.

96. Pour les délits de coupe ou bûcherage, on ne doit point recourir à l'art. 14, tit. 2 , du Code de 1791 , non plus qu'aux art. 445 446 et 447 du Code Pénal de 1810. Les arbres et les greffes qui font l'objet de leurs dispositions , ne sont point les arbres forestiers, les seuls dont nous nous occupions ici ; ce sont des arbres fruitiers croissant dans les fonds cultivés, ou des arbres épars ne tenant à aucun bois.

Quant aux arbres forestiers , il est deux remarques essentielles.

La première est que le Code ne dispose que sur les délits commis dans les bois des communes ou des particuliers , et laisse , par conséquent, les délits commis dans les bois de l'État sous l'empire de l'Ordonnance de 1669.

La seconde est que le Code de 1791 ne dispose point pour le cas de coupe d'arbres sur pied ; il ne statue que sur le maraudage ou vol de bois gisant.

97. Le maraudage n'est que l'enlèvement des branchages ou autres parties de bois mort ou vif, mais déjà coupé ou détaché de l'arbre ou du sol ; aussi l'art. 36 du Code le confond-il avec l'enlèvement.

Celui qui ébranche ou éhoupe un arbre, le coupe dans ses branches ou son cimeau.

Celui qui emporte les branches ou autres parties coupées, ou autrement détachées du pied, est un maraudeur. Il ne doit pas être puni pour la coupe qu'il n'a pas faite ; il ne doit l'être que pour l'enlèvement qu'il s'est permis.

Le Code, ne disposant que pour ce dernier délit, n'a pas altéré les dispositions de l'Ordonnance pour le premier. Aussi sont-elles les seules qu'il soit permis d'appliquer aux coupes, ainsi que l'a jugé la Cour de Cassation par deux Arrêts, l'un du 31 mars 1809, l'autre du 13 avril de l'année d'après (1). La Cour d'Aix n'applique pas d'autre peine à la coupe, témoin l'Arrêt du 8 août 1817, rapporté n° 45.

(1) Ces Arrêts sont dans *Sirey*, tom. 7 suppl. p. 807; et tom. 11, p. 62.

98. L'amende ordinaire pour délit de coupe pendant le jour, sans feu ni scie, est de

Quatre francs pour chaque pied de tour de chêne, châtaignier et autres arbres portant fruits, non compris au nombre des mort-bois;

Cinquante sous pour chaque pied de saulx, orme, tillot, sapin, charme et frêne;

Trente sous pour pied d'arbre de toute autre espèce, verd en étant, sec, ou abattu.

C'est la disposition de l'art. 1er du tit. 32 de l'Ordonnance de 1669.

Le pied de tour se prend et mesure à demi-pied près de terre, suivant le même article.

La même amende au pied le tour s'applique à ceux qui ont éhoupé, c'est-à-dire, coupé le sommet, ébranché et déshonoré des arbres, sans doute parce que ces mutilations entraînent tôt ou tard la perte de l'arbre (art. 2).

L'amende au pied le tour emporte une restitution au moins égale à l'amende, suivant l'article 8.

99. Outre l'amende et la restitution, il y a toujours confiscation des chevaux, bourriques et harnais, scies, haches et autres outils dont les délinquans se trouvent saisis (art. 9).

100. Pour coupes de baliveaux, parois et

autres arbres de lisière, l'amende est de cinquante francs;

De cent, pour pied-cornier marqué,

Et de deux cents, pour pied-cornier arraché et déplacé.

Elle est seulement de dix francs pour baliveaux de l'âge du taillis au-dessus de vingt ans (art. 4).

I O I. Si les délits sont commis après le coucher du soleil par scie ou par feu,

Ou par les agens forestiers, les usagers, les bergers, les bûcherons et autres employés à l'exploitation des forêts,

L'amende est double, suivant l'art. 8.

I02. La coupe ou l'arrachis des souches mortes rentre dans la classe du maraudage (1), et est punie des peines portées par l'art. 3 du tit. 32 de l'Ordonnance. Nous en donnerons l'énumération dans le paragraphe suivant. Nous devons remarquer ici, avec la Cour de Cassation, que le Code de 1791 ne s'étant point occupé de ce délit, il est encore aujourd'hui passible des peines portées par l'Ordonnance (2).

_____

(1) Arrêt de Cassat. du 24 octobre 1806, dans *Sirey*, tom. 7 suppl. p. 808.

(2) *Infrà*, liv. 4. tit. 3. ch. 6.

§ III.

Délit de Maraudage ou Enlèvement.

10**3**. Nous avons défini, n° 97, le délit de maraudage ou enlèvement de bois.

L'Ordonnance de 1669, tit. 32, art. 3, le punit des amendes suivantes :

Par charretée de merrain (1), bois carré, de sciage ou de charpenterie, quatre-vingts francs ;

Par charretée de bois de chauffage, quinze francs ;

Par charge ou somme de cheval ou de bourrique, quatre francs ;

Par fagot ou fouée, vingt sous.

Le Code Rural de 1791, tit. 2, art. 36 et 37, punit ce même délit, savoir :

S'il est exécuté à charge de charrette ou de bête de somme, d'une détention de trois jours à six mois, et d'une amende triple du dédommagement dû au propriétaire ;

S'il est fait à dos d'homme, d'une détention non excédant trois mois, et d'une amende double du dédommagement dû au propriétaire.

_____

(1) Le merrain est tout bois autre que celui de chauffage, et particulièrement celui qui est fendu en planches ou autrement façonné.

104. Ici se présente encore la question de savoir dans quel cas il faut appliquer la peine de l'Ordonnance, dans quel cas celle du Code.

La Cour de Cassation ne s'est pas encore expliquée sur ce point. Dans les motifs de son Arrêt du 27 octobre 1815 (1), elle a considéré qu'il suffisait que des charges de bois provenues d'ébranchage commis en délit, eussent été trouvées chez des particuliers, pour motiver l'application, *soit de l'art.* 3 *du tit.* 32 *de l'Ordonnance de* 1669, *soit de l'art.* 36 *du tit.* 2 *du Code Rural de* 1791 ; ce qui suppose qu'on peut appliquer encore aujourd'hui l'une ou l'autre loi.

Mais il faut ne pas oublier ce que nous avons dit plus haut, que le Code, ne disposant que pour les bois des particuliers et des communes, reste étranger aux bois de l'État qui sont toujours sous l'empire de l'Ordonnance pour le maraudage, comme pour les autres délits.

Il convient de remarquer encore que la détention et l'amende du Code présentent une peine bien plus rigoureuse que la simple amende de l'Ordonnance, surtout lorsqu'à la détention est jointe une amende indéfinie, double ou triple du dédommagement dû au propriétaire ; ce qui

_____

(1) *Sirey*, tom. 16. p. 72.

entraîne encore une surcharge de procédure et de frais qui retombent toujours sur le prévenu ; car il faut nécessairement, pour fixer le taux de l'amende, commencer par liquider le dédommagement ; ce qui ne peut être fait que par des experts.

Ces considérations semblent devoir faire donner la préférence à la peine de l'Ordonnance, quoiqu'on ne puisse s'empêcher de reconnaître qu'il n'y aurait ni illégalité, ni injustice à appliquer celle du Code.

105. Non-seulement les Loïs punissent les délits de coupe ou d'arrachis, elles punissent encore lès tentatives de ces délits ou même les actes qui les annoncent et les préparent ; ainsi, elles défendent d'entrer dans les bois d'autrui, hors des chemins publics qui les traversent, avec des eyssadons, haches, serpes, coignées ou scies, sous les peines qui seront indiquées dans le ch. 2 du tit. 3, n° 41.

106. Ce n'est pas seulement le bois qu'il est défendu d'enlever ; l'enlèvement des herbages, joncs, glands ou feines, et des feuilles mortes, est aussi interdit, sous peine de cinq francs par faix à col, de vingt francs par charge de cheval ou bourrique, et de quarante francs pour harnaís quelconques.

Cette amende est double pour la seconde fois, et emporte dans tous les cas la confiscation des chevaux, bourriques et harnais, selon l'art. 12 du tit. 32 de l'Ordonnance de 1669, à laquelle sont conformes le Décret du 19 juillet 1810 et l'Arrêt de la Cour de Cassation du 18 avril 1806, qu'on trouve dans Sirey, tom. 7 suppl. p. 102.

CHAPITRE IV.

Des Eaux.

I. L'EAU est avantageuse et nuisible; tantôt avidement recherchée pour le bien qu'elle fait, pour les jouissances qu'elle procure, tantôt repoussée pour le mal qu'elle cause, et toujours difficile à diriger et surtout à contenir; il a fallu une législation spéciale pour prévenir ou amoindrir ses maléfices et répandre ses bienfaits.

Cette législation est très-étendue; le Code l'a beaucoup simplifiée; mais il n'a tracé que quelques règles générales, qui ne dispensent pas de recourir aux lois romaines, aux opinions des auteurs et à la jurisprudence des Parlemens et des Tribunaux; en sorte que, même encore aujourd'hui, la législation des eaux est très-compliquée, et ce n'est que par la méthode et l'analyse que l'on peut parvenir à l'éclaircir et à la resserrer dans les bornes d'un chapitre, qui ne peut manquer d'être fort long, quelque attention que nous mettions à l'abréger.

Nous avons à considérer les eaux en elles-mêmes, dans leur rapport avec leurs propriétaires et leurs usagers.

S'il est des droits inhérens à leur propriété, il est des charges attachées à leur voisinage.

Elles ne sont pas toujours avantageuses ; souvent elles nuisent par elles-mêmes, ou par la direction qu'on leur a donné ; souvent aussi elles sont l'objet des entreprises de la cupidité.

Enfin il est des espèces d'eaux qui, par leur influence sur les propriétés et sur la santé des citoyens, sont soumises à un régime particulier.

Nous allons essayer de retracer les règles qui les régissent toutes.

SECTION PREMIÈRE.

Nature des Eaux.

2. En elle-même considérée comme élément, et abstraction faite du lit qu'elle occupe, l'eau

est du nombre de ces choses restées dans la communauté négative, qui n'appartiennent à personne, pour être destinées aux besoins de chacun : *Naturale jure communia sunt omnium aer, aqua profluens et mare* (1).

Mais, moins déliée que l'air, et toujours attachée à la terre et contenue par elle, elle est considérée par la loi civile comme l'accessoire ou plutôt comme une portion du fonds, soit qu'elle y naisse, soit qu'elle y tombe : *Portio agri videtur aqua viva* (2).

Ne fît-elle que passer sur le fonds, elle en devient partie tant et aussi long-temps qu'elle y reste : *Aqua ingressa fundum meum, mea est* (3).

Qu'elle y vienne naturellement, ou que des ouvrages à mains d'homme l'y aient amenée (4), jusque-là que l'eau domaniale devient privée, quand elle est conduite dans un canal ou dans un fonds particulier pour l'utilité de ce fonds.

Ainsi les canaux construits par des particuliers pour l'utilité de leurs fonds, constituent

_____

(1) § 1, *Instit. de Rer. Div.*, Perezius, *ibid.*

(2) L. 11. *ff. Quod vi aut clàm.*

(3) L. 1. § 11. *ff. de Aq. et Aq. pluv.*

(4) Duval, *de Reb. dub.*, tract. 8. n° 7. — *Sanleger*, cap. 48. n°ˢ 1 et 3o.

des propriétés privées, comme nous le dirons plus bas.

Ce n'est effectivement pas l'origine ou la source de l'eau qui détermine sa qualité, c'est son lit : une chose mobile et fugitive telle que l'eau change de maître en changeant de lit. La chose stable et susceptible de possession détermine le caractère et la propriété de celle qui ne l'est pas (1).

La propriété de l'eau est tellement inhérente au fonds, que l'aliénation du fonds même à titre gratuit comprend, sans expression particulière, l'eau qui en fait partie ou qui lui est due à titre de servitude, à moins que, lors de l'aliénation, elle n'eût pas encore été amenée sur le fonds (2).

3. Cette propriété fait naître une question assez fréquente : les rivières et surtout les torrens changent quelquefois de lit, on demande à qui appartient celui qu'elles abandonnent, et ce que deviendrait celui qu'elles se forment, si elles l'abandonnaient quelque temps après.

Selon le droit ancien, le lit abandonné deve-

---

(1) L. 1. § 8. ff. *de Flumin.*, *Julien*, Stat. de Provence, t. 2. p. 551.

(2) L. 47. ff. *de Contrat. empt.*, inf. tit. 3. ch. 3. des Servit., n° 4.

nait la propriété du riverain ; le nouveau lit devenait public, parce qu'ainsi que nous le dirons, toute eau quotidienne était publique ; et si, après l'avoir occupé pendant quelque temps, la rivière l'abandonnait encore, l'ancien propriétaire n'avait pas le droit de le reprendre ; sa propriété passait aux riverains (1).

Par équité, on adjugeait cependant quelquefois le nouveau lit à celui qui en était propriétaire avant l'irruption des eaux : c'était lui rendre ce que la rivière lui avait ôté.

Le nouveau Droit Français a posé un principe plus simple : Le lit que la rivière abandonne pour s'en former un nouveau, devient la propriété de ceux dont elle occupe le fonds ; ils se le partagent à titre d'indemnité, chacun dans la proportion du terrain qui lui a été enlevé (2).

C'est une exception que l'équité a faite à la règle qui donne aux voisins la propriété des rivières non navigables qui bordent ou traversent leurs héritages, et ils n'ont pas à s'en plaindre, puisque cette propriété est, comme nous le dirons dans la section suivante, un don qu'ils doivent aux lois nouvelles.

---

(1) *Inst. de Reb. div.*, § 23. Perezius, *ibid.* p. 113. — *Julien*, Élem. de Jurispr., p. 174.

(2) Code Civil, art. 563.

En devenant la propriété de ceux dont la rivière occupe les fonds , le lit ancien leur advient franc des servitudes auxquelles il était auparavant soumis.

Ainsi celui qui arrosait de la rivière ne pourrait traverser son ancien lit pour continuer à dériver dans sa propriété l'eau qu'il y prenait auparavant : c'est ce que jugea l'Arrêt de cassation du 15e tome de Sirey, qui sera cité dans la troisième section , § 3 , n° 77.

4. On voit, par ce que nous venons de dire, qu'aujourd'hui il n'est point d'eau qui soit sans propriétaire et qui puisse être classée au nombre de ces choses dont parle l'art. 714 du Code Civil, qui n'appartiennent à personne, et dont l'usage est commun à tous.

Car , d'un côté, on ne pourrait trouver cette eau sans propriétaire qu'au moment où elle tombe du ciel, et avant qu'elle touche à la terre , dont il n'est pas un pouce qui n'appartienne aux particuliers ou à l'État (1) ; et , de l'autre , dans cet instant qui précède son contact au terrain, elle ne peut être à l'usage de personne ; car elle ne peut même pas encore être appréhendée ; et , si elle l'était, elle serait

_____

(1) Art. 713 du Code Civil.

la propriété de celui qui l'appréhenderait le premier.

C'est donc une vaine théorie, une pure abstraction, que celle qui, considérant l'eau comme
élément, prétend lui conserver son indépendance primitive en la séparant de son lit. Quelle
influence peut-elle avoir sur la législation civile,
qui ne statue sur les eaux qu'au moment où elles
peuvent être utiles ou nuisibles à l'homme?

Cette séparation de l'eau et de son lit est
proscrite par la loi civile, qui identifie l'un à
l'autre ; elle répugne à la nature, qui, excepté
au moment où la pluie tombe, ne nous présente jamais les eaux sans lit pour les contenir
ou les porter.

Elle ne pourrait amener que des conséquences
qui, pour être exactes en théorie, ne sauraient
recevoir d'application dans la pratique.

Au lieu donc de dire que l'eau est commune à
tous et n'appartient à personne, pas même à
la société, partons du principe qu'en l'état de
notre civilisation, il est impossible que l'eau ne
perde son indépendance naturelle en touchant
au sol, et ne veuillons pas régler, par les
principes du droit naturel, ce qui ne doit l'être
et ne l'est en effet que par ceux du droit civil.

5. Les eaux sont stagnantes ou courantes :

elles le sont naturellement ou par le fait de l'homme.

Les eaux stagnantes forment les lacs, les étangs, les bassins, les marais.

Les eaux courantes sont les eaux des fleuves, des rivières, des ruisseaux, des torrens, des sources et des fontaines.

Il convient d'y joindre les eaux d'écoulement et de filtration, soit que, par leur réunion, elles forment des fontaines quotidiennes, soit qu'elles ne fassent qu'humecter le terrain où elles aboutissent, ou qu'elles ne soient qu'intermittentes. Dans l'un et l'autre cas, elles deviennent la propriété de celui dans le fonds duquel elles arrivent ; et s'il ne peut pas se dispenser de les recevoir, on ne peut pas l'empêcher d'en disposer à son gré.

Ces anciennes distinctions des eaux ont perdu beaucoup de leur influence dans la législation moderne, qui ne distingue plus que deux qualités d'eaux ; mais elles ne sont pas moins dignes de l'attention du législateur et du jurisconsulte, parce qu'elles amènent assez souvent des modifications au droit commun sur l'usage que chacun peut faire de sa propriété.

§ Iᵉʳ.

Lacs.

6. Le lac est un amas considérable d'eau qui ne tarit jamais et qui n'a point d'issue apparente (1). La perpétuité des eaux est ce qui le distingue de l'étang : il est régi par les mêmes règles.

7. Il peut être public, c'est-à-dire, une dépendance du domaine public, ou une propriété privée (2). Il est public, s'il est consacré à la navigation (3), ou même s'il est assez important pour être affecté à cet usage.

8. Il peut être formé par la nature ou par la main de l'homme. Dans ce dernier cas, on ne peut acquérir sur lui une servitude d'aquéduc, c'est-à-dire, de conduite d'eau, par la raison que donne la Loi *Foramen* 28 ff. *de Servit. præd. urb.*, qu'un lac fait à main d'homme ne peut avoir une cause perpétuelle, qui est de l'essence des servitudes réelles. Comment, en effet, mon voisin pourrait-il acquérir, par

---

(1) L. 1. § 3. ff. *Ut in flum.* public.

(2) L. 1. § 6. ff., *eod.*

(3) Cæpola, *de Servit. præd. rust.*, cap. 30. n° 6.— M. *Pardessus*, des Servit., n° 80. p. 109.

la prescription, le droit de dériver les eaux de mon lac ou de mon étang, s'il dépend de moi de le conserver ou de le détruire, d'y ramasser les eaux ou de les laisser couler?

9. L'alluvion n'a lieu ni activement ni passivement sur les lacs et sur les étangs, c'est-à-dire, qu'ils conservent toujours leurs limites, et ne donnent ni n'ôtent rien, soit à leurs propriétaires, soit à leurs voisins, par leur accroissement ou leur diminution (1).

Cæpola (*loc. cit.*) distingue les lacs publics des lacs privés; il rejette l'alluvion pour ceux-ci, et l'admet pour les autres, qu'il assimile, quant à ce, aux fleuves publics.

M. de Malleville, sur l'art. 538 du Code, partage cette opinion, dont Brillon (2) donne les motifs; elle ne paraît point contraire au Code, qui ne dispose que pour les lacs et les étangs qui sont une propriété privée.

Le sol du lac ou de l'étang privés ne change donc pas d'étendue et de maître par les crues ou la diminution des eaux.

10. En est-il de même de l'eau? Le proprié-

---

(1) L. 12. ff. *de Acq. Rer. Domin.* — L. 24. § *ult.* ff. *de Aq. et Aq. pluv. arcend.* — Code Civil, art. 558.

(2) V° Alluvion, n° 2.

taire de l'étang continue-t-il d'être propriétaire
de cette portion d'eau qui, franchissant les limites de sa propriété, s'est répandue sur celle
de ses voisins, et s'y est arrêtée, soit d'elle-
même et naturellement, soit par les soins du
voisin ?

Nous avons examiné cette question dans notre
Code Rural, V° *Inondation.* Nous croyons y avoir
suffisamment démontré que la propriété de l'eau,
dépendant absolument et dans tous les cas de
la propriété du terrain, ne pouvait être prorogée hors de ses limites, et que tout ce qu'on
pouvait faire de plus favorable au propriétaire
de l'étang est de lui accorder, par une espèce
de droit de suite, les profits de l'eau de l'étang
ainsi extravasée pendant une année, passé laquelle, le maître du terrain le devient de toute
l'eau qui le couvre. Les principes réunis dans ce
chapitre paraissent ne devoir laisser aucun doute
sur cette solution.

§ II.

Étangs.

I I. L'étang est défini par la Loi Romaine (1)

---

(1) L. 1. § 4. ff. *Ut in flum. publ.*

un amas accidentel d'eau stagnante : *Temporalem continet aquam ibidem stagnantem, quæ quidem aqua plerumque hyeme cogitur.*

Il ne diffère du lac que par la perpétuité des eaux de celui-ci, tandis que l'étang tarit ordinairement. Cette différence n'empêche pas que l'un et l'autre ne soient soumis au même régime.

12. Comme le lac, l'étang est naturel quand il doit son existence à la nature, artificiel quand il est fait à main d'homme.

13. Il est aussi une dépendance du domaine public, lorsqu'il est assez important pour être destiné à la navigation ; lorsqu'il communique avec la mer, dont il n'est alors qu'un accessoire, une extension, un golfe ; lorsqu'il est alimenté par des eaux qui appartiennent à l'État.

14. L'étang artificiel est plus communément une propriété privée.

15. Chacun peut en faire dans sa propriété, pourvu qu'il ne nuise pas à ses voisins, et qu'il n'expose pas la sûreté ou la santé publiques (1).

---

(1) *Guypape*, quest. 91. — *Coquille*, Cout. du Nivernais, tit. des Bois et Forêts, article dernier. — *Salvaing*, des Fiefs,

16. Souvent, pour former un étang chez soi, on dérive, par des rigoles, les eaux des chemins publics ou des héritages supérieurs ; on demande si celui qui les réunit ainsi sur son fonds pourrait empêcher que son voisin, usant des mêmes procédés, tarît ses réservoirs ?

Mornac, sur le § *Si initium* de la L. 6. ff. *de Edend.*, décide l'affirmative. Il cite à l'appui de son opinion Mathæus, *de Afflict.*, décis. 388, et il rapporte un Arrêt de 1605 qui condamna le propriétaire supérieur à laisser couler les eaux *eo modo quo ante consueverant*.

Dunod, des Prescript., p. 88, et, après lui, M. Henrion, p. 283, tiennent pour la négative, sur le fondement d'un Arrêt du 5 avril 1770, que cite Dunod.

L'opinion de Mornac paraît se rapprocher davantage du principe établi par l'art. 642 du Code Civil : car si des ouvrages apparens, subsistant depuis plus de trente ans, empêchent le propriétaire naturel de l'eau de la détourner ou retenir au préjudice du propriétaire inférieur, à plus forte raison ces mêmes ouvrages l'empêcheront-ils de les rendre inutiles en s'emparant d'une eau sur laquelle il ne peut pas avoir le droit de premier occupant.

---

ch. 63. — *Fréminville*, Pratiq. des Terriers, tom. 4. p. 512. — *Denisart*, V° Étang, n° 3.

Cette opinion se rapproche encore plus des principes qui régissent les eaux courantes que nous allons bientôt exposer.

17. Ce n'est, au reste, que depuis l'abolition de la féodalité que les voisins des chemins publics peuvent conduire sur leurs héritages les eaux de pluie qui tombent sur ces chemins. Jusques alors, ces eaux appartenaient au Roi dans les terres royales, et aux seigneurs haut-justiciers dans les terres seigneuriales, suivant les lettres patentes de Henri II, en 1549 (1).

Aujourd'hui, tout riverain d'un chemin public a le droit de diriger sur sa propriété les eaux pluviales du chemin, pourvu que son entreprise ne nuise point au chemin ; et c'est uniquement dans cet objet que doit intervenir l'autorité publique : car, abstraction faite de l'intérêt du chemin, elle ne pourrait ni empêcher un voisin, qui ne ferait, d'ailleurs, aucun ouvrage sur le chemin, d'amener dans son fonds l'eau pluviale qui y tombe, ni la concéder à l'un au préjudice de l'autre ; car cette eau n'est plus la propriété de l'État.

18. La Loi du 11 septembre 1792 autorise

(1) Boutarie, des Droits Seigneur., p. 566.

l'administration à ordonner, sur la réclamation des communes, après avis et procès verbaux des gens de l'art, la destruction de tout étang qui, par la stagnation de ses eaux, peut occasionner des maladies épidémiques, des épizooties, ou qui, par sa position, est sujet à des inondations nuisibles aux propriétés inférieures.

19. Il ne suffit pas au propriétaire de l'étang de faire de bonnes digues ou chaussées ; il doit les entretenir constamment en état de résister aux efforts des eaux. Le voisin qui a juste sujet de craindre qu'elles ne les retiennent pas, peut obliger le propriétaire à y faire toutes les réparations reconnues nécessaires. *Melius est intacta jura servare quàm post vulneratam causam remedium quærere.*

Indépendamment de cette mesure préventive, le voisin aurait encore droit à des dommages-intérêts, s'il prouvait que le dégât a été occasionné par le mauvais état de la chaussée ou des berges de l'étang ; car chacun doit tenir sa propriété de manière qu'elle ne soit pas une occasion de dommage pour ses voisins.

20. Quelquefois les étangs sont si rapprochés que l'eau de l'inférieur dégrade la chaussée du supérieur. On demande qui des deux proprié-

taires doit la réparer. Cette charge concerne, de
droit commun, le propriétaire de l'étang inférieur,
à moins qu'il ne prouve que l'étang supérieur a été
construit le dernier : ce serait alors la faute du
propriétaire de cet étang d'avoir établi sa chaussée
sur la ligne de niveau de l'étang inférieur.

21. C'est une loi de la nature que l'eau de
l'héritage supérieur coule sur le fonds inférieur.
Lorsque telle est la situation des étangs que
l'un ne peut se vider que dans l'autre, leurs propriétaires doivent s'entendre pour que la pêche
de l'un ne nuise pas à celle de l'autre. A défaut
d'accord, la règle générale est que le supérieur
ne peut lever la bonde de son étang, lorsque
l'inférieur est en pêche ; mais ce dernier doit
y procéder assez tôt pour que celle du supérieur ne soit pas trop retardée.

De son côté, lorsque celui-ci veut vider son
étang pour le pêcher, l'inférieur, obligé d'en
recevoir les eaux, doit lever sa bonde pour en
faciliter l'écoulement (1).

§ III.

Marais.

22. Les marais sont moins des amas d'eau

___

(1) M. *Pardessus*, des Servit., p. 126. n° 88.

que des terres qui en sont tellement abreuvées, qu'elles ne peuvent être mises en culture.

L'intérêt général, la santé des hommes et l'accroissement des produits de la terre sollicitent également leur amélioration : c'est ce qui a fait placer ces espèces de terrains sous un régime particulier, dont l'objet est d'opérer le desséchement. Nous en exposerons les règles dans le chapitre 3 du titre suivant.

§ IV.

Eaux courantes.

23. Que son cours soit intérieur ou extérieur, toute eau qui passe d'un lieu à un autre est *eau courante ;* les Romains la désignaient par le mot générique de *flumen :* nous l'appelons *cours d'eau.*

Les cours d'eau prennent différens noms, suivant leur importance : jusqu'à 14 pieds de largeur ils sont grosses rivières, petites jusqu'à 7, et ruisseau jusqu'à trois et demi : au - dessous ils ne sont plus que filets d'eau (1).

Ces dimensions doivent être prises l'été : c'est

_____

(1) *Loisel*, Instit. Cout., liv. 2. tit. 2. n° 8.

la saison que la Loi choisit pour connaître le cours naturel d'une rivière, parce que, dit-elle, *semper arctior est naturalis cursus fluminum œstate potius quàm hyeme* (1).

Le ruisseau ne diffère du torrent que par la continuité de son cours. L'intermittence habituelle forme le caractère distinctif de ce dernier cours d'eau, indépendamment de son volume et même du plus ou moins de durée de ses intermissions. Par lui-même il n'est pas d'une nature différente des autres cours d'eau ; mais les ravages que les torrens font souvent, et les difficultés de les contenir, les ont fait ranger, quant à leur administration, dans une catégorie particulière, dont nous nous occuperons à la fin de ce chapitre.

§ V.

Eau pluviale.

24. L'eau pluviale n'est pas seulement celle qui tombe du ciel, c'est encore celle qui provient de la fonte des neiges ou des glaces (2).

---

(1) L. 1. § 8. ff. *Ne quid in flum. publ.*

(2) L. 1. § 4. ff. *de Fontib.* — L. 1. ff. *de Aq. et Aq. pluv. arcend.*

Elle ne coule pas toujours, puisqu'il ne pleut nulle part sans discontinuité ; mais comme elle procède d'une cause naturelle, supérieure au pouvoir de l'homme, elle est censée perpétuelle : à la différence des eaux qui ne sont amenées sur un fonds que par la main de l'homme, qui ne peuvent jamais avoir ce caractère, par la raison que nous en avons donnée *suprà* n° 8, d'après la L. *Foramen. Neque enim perpetuam causam habet quod manu fit.* D'où le législateur conclud que les eaux pluviales, quoique intermittentes, sont susceptibles de servitude, au lieu que les eaux artificielles ne le sont pas.

25. Les eaux pluviales sont, comme les eaux de source, la propriété de celui sur le fonds duquel elles tombent ou arrivent ; mais elles ne deviennent sa propriété que du moment qu'elles y tombent et s'y attachent. Aussi, le maître du fonds peut-il les retenir et en disposer à son gré. Il peut aussi les laisser couler sur les fonds inférieurs qui ne peuvent refuser de les recevoir, quelques dommages qu'elles leur causent, ainsi que nous le verrons avec plus de développemens dans la suite de ce chapitre, section 2, § 4, et section 4, § 1.

Ce n'est pas seulement à l'égard des fonds

ruraux, que les eaux pluviales établissent des servitudes, elles en constituent encore à l'égard des propriétés urbaines. Les questions auxquelles cette autre espèce de servitude donne lieu seront rappelées au tit. 3, ch. 3, où nous traiterons des Servitudes en général.

§ VI.

Eaux de source.

26. Toute eau qui n'est pas pluviale est *eau de source*, dans le sens des lois qui appellent *source d'eau* non-seulement l'endroit d'où l'eau sort et d'où elle commence à couler, fût-ce par de simples filtrations, mais encore *les prises* ou premiers ruisseaux ou fossés destinés par la nature ou par l'homme à recevoir l'eau qu'on tire d'un fleuve, d'un lac ou de tout autre amas d'eau. *Caput aquæ illud est unde aqua nascitur; prima incilia vel principia fossarum quibus aquæ ex flumine, vel ex lacu, in primum rivum compelli solent* (1). Et c'est avec raison : puisque, quelque part qu'on les fasse, l'eau devient la propriété du maître de la prise dès l'instant qu'elle y entre, et cesse d'être la propriété de celui à qui appartient la pièce d'eau d'où elle est dérivée : c'est ce qui va être établi dans la section suivante.

---

(1) L. 1. § 8. ff. *de Aq. quotid. et æstiv.*

SECTION DEUXIÈME.

Propriété des Eaux.

27. Nous l'avons dit, nᵒˢ 2 et 4, l'eau perd
son indépendance naturelle en touchant au sol.
Son extrême mobilité ne la soustrait pas à cette
loi générale. Elle ne fait en changeant de lit que
changer de maître ; elle en rencontre inévitablement un, quelque part qu'elle coule. Quand
ce maître n'est pas l'État, il est nécessairement
les agrégations ou les particuliers qui le composent ; car, n'y ayant point de terrain qui
n'appartienne à l'un ou aux autres, il n'y a pas
d'intermédiaire entre la propriété publique ou
de l'État et la propriété privée ou des particuliers. « Notre législation, dit M. Pardessus,
« des Servitudes, p. 101, nᵒ 77, ne reconnaît
« que deux sortes de cours d'eau, ceux qui
« sont dans le domaine public et ceux qui sont
« dans le domaine privé ». En déclarant (articles 538, 539 et 713), que les biens qui n'ont
pas de maîtres appartiennent à l'État, le Code
a suffisamment déclaré ne reconnaître que deux
sortes de propriétés, la propriété publique et
la propriété privée : puisque tout ce qui ne
fait point partie de celle-ci appartient à celle-là.

Aussi ne s'occupe-t-il que de ces deux propriétés, et s'il admet (art. 714) qu'il est des choses qui n'appartiennent ni à l'une ni à l'autre , on peut d'autant moins placer les eaux dans cette catégorie , que des lois antérieures avaient déjà classé parmi les propriétés domaniales , les cours d'eau à l'usage du public , et toutes les autres parmi les propriétés privées (1).

§ Ier.

Eaux faisant partie du domaine public.

28. Les aquéducs publics , les fleuves et les ports tenaient le premier rang parmi les propriétés publiques chez les Romains (2). Ils ne distinguaient pas le fleuve qui était navigable de celui qui ne l'était pas ; ils n'attachaient la publicité qu'à la continuité du cours. Il est , disaient-ils , des fleuves qui sont publics , d'autres qui sont privés. Le fleuve public est celui qui coule perpétuellement ; il peut ne pas être navigable , mais il est public , s'il coule toujours (3) : ce qui a fait dire à Godefroy , et ,

_____

(1) L. du 21 vendémiaire an 5. — Arrêté du 19 vent. an 6.

(2) § 2. *Instit. de Rer. divis.*

(3) L. 1. § 3 et 18. ff. *de Flum. nequid.*

après lui, à Perezius, sur le premier de ces paragraphes, que presque toutes les rivières sont publiques : c'est pour cela sans doute que, dans le Piémont, où l'on suit le Droit Romain, tous les cours d'eau, sans distinction, appartiennent au domaine (1).

29. Les rives des fleuves étaient aussi publiques, mais leur publicité différait de celle des fleuves ; elles n'étaient publiques que quant à l'usage accessoire à la navigation. Ainsi tout le monde pouvait s'y arrêter, y amarrer ses navires, les attacher aux arbres, y déposer leur chargement, en un mot, y faire tous les actes qui sont une suite nécessaire du droit de naviguer ; mais la propriété de la rive, sauf ces usages, appartenait aux riverains (2).

Au fond, c'était moins la rive qui était publique que les usages auxquels elle était soumise. La rive était propriété privée, soumise à un droit d'usage, à une servitude envers le public (3).

30. Nos lois déclarent domaniales les eaux

---

(1) *Constit. Sardes*, liv. 1. tit. 7. art. 1 et 2.

(2) § 4. *Instit. de Rer. divis.*

(3) Perezius, *ibid.*, p. 102.

que leur nature ou leur destination consacrent aux besoins du corps social, et qui, ne pouvant devenir propriété privée sans cesser de remplir leur destination, appartiennent au domaine public ; et en cela elles ne font que répéter ce que la Loi Romaine avait établi (1).

Les fleuves et les rivières navigables ou flottables, les ports, les havres et les rades, sont des dépendances du domaine public (2).

L'Ordonnance de 1669 n'y comprenait que les fleuves et les rivières *portant bateaux de leur fonds, sans artifice et ouvrages de mains*, ce qui excluait du domaine les rivières rendues navigables par la main de l'homme.

31. Le Code n'a point conservé cette restriction ; et il ne le devait pas : puisque les grands canaux de navigation à l'usage du public, de même que ceux d'irrigation et de desséchement généraux, sont déclarés faire partie du domaine de l'État (3).

Mais ce n'est point l'étendue de terrain que

---

(1) L. 4. *Cod. de Aquæd.* — *Cœpola*, de Servit., tit. *de Aquæductu*, n° 28. — *Perezius*, sur le même titre du Code, n° 1.

(2) Ordonn. de 1669, tit. 27. art. 41. — Cod. Civ., art. 538 et 644.

(3) L. du 21 vendémiaire an 5 (12 octobre 1796). — Arrêté du 19 ventose an 6 (9 mars 1798).

le canal arrose ou dessèche, qui constitue sa
généralité ou le particularise : il est général ou
particulier, selon qu'il appartient à l'État ou à
des particuliers.

Ainsi nous avons en Provence les canaux de
Craponne et des Alpines qui, par l'étendue des
terrains qu'ils arrosent, pourraient être pris
pour des canaux généraux, si on oubliait qu'ils
appartiennent à des communes ou à des particuliers qui les ont construits et les entretiennent à leurs dépens depuis leurs prises dans la
Durance jusqu'à la mer.

Ce n'est que par extension que les rivières
flottables ont fait partie du domaine public ;
long-temps il a été restreint aux rivières navigables. Un Arrêt du Conseil du 9 novembre 1694
l'étendit aux rivières flottables par trains ou
radeaux, et c'est à cette flottaison qu'il est
encore aujourd'hui borné. Les rivières où la flottaison n'a lieu qu'à *bûches perdues*, ne sont pas
domaniales ; elles ne sont que de petites rivières
dont la propriété est aux riverains (1).

32. Les rivières et même les ruisseaux qui
s'y jettent et concourent à les rendre navigables, sont aussi censés faire partie du domaine

_____

(1) Arr. de Cass., *Sirey*, tom. 24. p. 1.

public, et sont soumis à la même législation que les rivières : *Si sit principium et caput flumi-nis,* dit la L. 2. ff. *de Flumin. et nequid* (1).

Cette décision n'étend pas la domanialité autant qu'on pourrait le croire. Il ne suffit pas pour rendre domanial un cours d'eau qui ne l'est point par lui-même, qu'il se jette dans une grande rivière ; il faut que le concours de ces eaux soit reconnu nécessaire à la navigation.

Il faut, en outre, qu'il ait été déclaré domanial ; car tout cours d'eau que le Gouvernement n'a pas déclaré navigable ou une dépendance du domaine public, est censé ne l'être pas (2).

33. Mais, en quelque temps que la navigation soit établie, les riverains sont tenus de laisser le passage pour le chemin de hallage, sauf indemnité de la servitude, proportionnée au dommage, dans le cas où la navigation n'existait pas et est nouvellement établie (3).

---

(1) On retrouve la même décision dans la L. 10 § *ult.,* ff. *de Aq. et Aq. pluv.* — *Cancerius,* part. 3. cap. 4. n° 23o.— *Pecchius,* lib. 2. cap. 7. quest. 4. n° 35. — Arrêt du Conseil du 10 août 1694. — Décl. du 13 août 1709. — *Nouv. Répert.* V° Rivière, § 1. n° 3.

(2) *Suprà,* ch. 1. sect. 1. n° 12.

(3) Décret du 22 janv. 1808, art. 3. — Voy. sur ces chemins, *infrà,* tit. 3. ch. 3. n° 61.

34. C'est l'aptitude à la navigation ou ses besoins qui font entrer une rivière dans le domaine
de l'État ; celle qui n'est navigable qu'en partie
n'est domaniale que depuis l'endroit où elle est
navigable : c'est ce qui fut jugé par l'Arrêt du 9
décembre 1651, que rapporte Henrys, tom. 2,
liv. 3, quest. 5, qui décida que la Loire au-
dessus de Roanne, où elle ne porte point ba-
teau, était seigneuriale et non royale.

Depuis, divers Arrêts ont consacré le même
principe, que supposent et l'Édit du mois d'a-
vril 1683, et l'Arrêt du Conseil du 9 novembre
1694.

35. Mais les bras ou parties inférieures d'une
rivière navigable ne cessent pas d'être compris
dans le domaine public, pour n'être pas navigables comme la partie supérieure, parce qu'ainsi
que le dit l'Arrêt du Conseil du 10 août 1694,
l'eau desdits bras dérivant d'une rivière navigable
est une chose du domaine dont personne ne peut
se servir sans l'autorisation du Roi.

36. Ce que nous avons dit dans ce paragraphe sur le caractère des eaux publiques,
dispense d'examiner si l'eau qui tombe ou coule
naturellement sur un fonds domanial, ou qui se
mêle avec une eau publique, devient publique.

La propriété de l'État n'est pas d'une condition pire que la propriété privée ; et dès que celle-ci fait sienne l'eau qui y entre, celle de l'État doit avoir le même avantage. Mais, d'un autre côté, n'est dépendance du domaine public que le cours d'eau que le Gouvernement a déclaré tel. Il est donc inutile de considérer la source ou le lit de l'eau. La question de domanialité se réduit à une question de fait facile à résoudre : y a-t-il de la part du Gouvernement une déclaration générale ou particulière ? Si elle existe, le cours d'eau est public ; si elle n'existe pas, il ne peut être qu'une propriété privée.

§ II.

Eaux privées.

37. L'eau privée est celle qui appartient à des particuliers, ou sert à leurs besoins : *Quæ privatorum commodis inservit* (1), qu'elle naisse dans leur fonds, ou qu'elle y soit amenée.

D'après ce que nous avons dit, on doit appeler *privée* toute eau qui n'est pas une dépendance du domaine public.

_____

(1) *Pecchius,* lib. 1. cap. 2; n° 14.

38. Les canaux construits par des particuliers ou par des compagnies ne portent que des eaux privées, lors même qu'elles seraient dérivées d'une rivière navigable. Ces canaux sont évidemment la propriété de ceux qui les ont construits : *Aqua ingressa fundum meum mea est* (1).

C'est par ce motif que l'Arrêté du 19 ventose an 6 (9 mars 1798), porte, art. 11 : « Que les propriétaires des canaux d'irrigation ou de desséchement particuliers, ont sur eux les mêmes droits que l'État sur les canaux généraux, et qu'ils peuvent se pourvoir en justice réglée pour obtenir la démolition de toute prise d'eau, construction ou établissement quelconque nuisible au cours des eaux et non fondé en droits. »

« Ce principe, dit M. Granier (2), est si « absolu, qu'il ne reçoit pas d'exception, même « lorsque le propriétaire du canal a plus d'eau « qu'il ne lui en faut. La Jurisprudence est for- « melle sur ce point. » Et il le prouve par cette foule d'arrêts qu'il rapporte.

---

(1) *Sirey*, tom. 14. part. 2. p. 6 ; tom. 16. p. 374; tom. 19. p. 168. — Arrêté du Conseil du 20 juin 1821. — *Granier*, Régime des Eaux, p. 265.

(2) Régime des Eaux, p. 198.

39. Les rivières qui ne sont ni navigables,
ni flottables, sont appelées *petites rivières* ou
généralement cours d'eau. Elles ne sont pas
la propriété de l'État (1).

Elles étaient autrefois celle des seigneurs
dont elles longeaient ou traversaient les terres.
Cette propriété était dans quelques coutumes
une dépendance du fief ; plus généralement,
et surtout en Provence, elle était une dépendance de la haute justice (2).

Les décrets du 4 août 1789, qui ont sup-
primé les seigneuries et les droits féodaux,
ont ôté aux seigneurs la propriété des petites
rivières.

Qu'est-elle devenue ?

C'est aux lois et aux actes de l'autorité à
nous l'apprendre.

Les îles qui se forment dans les petites rivières sont la propriété des riverains (3).

Il en est de même des atterrissemens (4).

La pêche leur appartient exclusivement (5).

---

(1) Code Civil, art. 538 et 644.

(2) *Decormis*, tom. 1. col. 1030. — *Pratiq. des Terriers*,
tom. 4. ch. 4. quest. 1, 2, 18 et 34. — *Latouloubre*, Jurisprud.
féod., part. 1. tit. 7. art. 6.

(3) *Infrà*, tit. 2. chap. 5. § 3.

(4) *Ibid.*, § 2.

(5) *Ibid.*, chap. 4. § 6.

Chaque riverain a le droit d'y faire des prises pour l'irrigation de son fonds exclusivement à tous autres, et sans avoir de permission à demander à personne (1).

Aucun n'est obligé de laisser au bord de la rivière, un chemin ni même un sentier : aucun avant-bord n'y est réservé pour les usages publics (2) ; en sorte que la petite rivière est inabordable pour tout autre que le riverain.

Son curage et son entretien sont, ainsi que nous le dirons ailleurs, à sa charge exclusive.

D'après cela la propriété des petites rivières ne devrait pas être douteuse. Celui qui a la charge de l'entretien et qui perçoit tous les produits d'agrément et d'utilité, est incontestablement le propriétaire de la chose (3).

Il est cependant des auteurs (4) qui soutiennent ou plutôt supposent le contraire, sur le fondement que n'a pas été exécuté le Décret du 23 avril 1791, qui chargeait les comités de l'assemblée constituante de lui présenter des principes généraux et constitutionnels sur la propriété des cours d'eau.

---

(1) *Infrà*, sect. 4. § 3.
(2) *Avis du Cons. d'État du* 30 *pluv. an* 13 (19 *fév.* 1805).
(3) *Ibid*.
(4) Dans notre Code Rural et dans le Traité de la Compagnie des Alpines, nous avions suivi cette opinion dont l'examen nous a démontré l'erreur que nous nous honorons de reconnaître et de réparer.

L'inexécution de ce décret peut avoir tant de causes même indépendantes de son inutilité, qu'il n'est pas raisonnable d'en argumenter pour lui en assigner une particulière.

On ne peut pas supposer que l'abolition de la féodalité n'a été prononcée en faveur de personne. Chacun sait qu'elle l'a été au profit des vassaux en particulier, et nullement au profit de l'État, pas même des communes (1). Cette propriété qu'on a ôtée aux seigneurs, et, par conséquent au domaine dans les justices royales, ne peut donc avoir passé que sur la tête des particuliers.

Elle n'a pas plus d'inconvéniens dans leurs mains que dans celles des seigneurs. Elle rentre davantage dans l'esprit de la législation moderne. Elle divise par héritages, et, par conséquent en moindres lots, ce qui l'était autrefois par seigneuries et en grandes masses.

Au lieu d'améliorer la condition des riverains des petites rivières, l'abolition de la féodalité l'eût singulièrement empirée ; car elle eût grevé leurs fonds d'un entretien dont ils n'étaient pas auparavant chargés et d'une servitude de passage en faveur du public, charge trop incommode et trop extraordinaire pour

(1) *Avis du Cons. d'État du 30 pluv. an 13 (19 févr. 1805).*

qu'on puisse croire à son établissement, tant que le législateur ne s'en est point expliqué, lui qui n'a point omis de l'exprimer pour les bords des rivières qui sont ou deviennent navigables (1).

Nous avons dit, nᵒˢ 4 et 27, qu'aucune eau courante ou stagnante ne pouvait être classée parmi les choses dont parle l'art. 714 du Code Civil.

Si les petites rivières n'avaient point de maître, elles seraient la propriété de l'État (2).

Si elles l'étaient, elles seraient entretenues par lui (3).

Jamais on n'a vu les particuliers obligés d'entretenir une propriété publique, ni moins encore cette chose commune, cette *res nullius* du Droit Romain qui, insusceptible de propriété particulière, devient la proie du premier occupant.

Si les riverains n'étaient pas propriétaires du lit des petites rivières, comment le seraient-ils des îles qui s'y forment, sous une législation qui déclare que la propriété du sol em-

---

(1) *Suprà*, nᵒ 33.

(2) Art. 713 du Code Civil.

(3) *Suprà*, chap. 1. sect. 1. nᵒ 12.

porte celle du dessus et du dessous (1), et que tout ce qui s'unit et s'incorpore à une chose devient la propriété de celui qui la possède ?

Si l'usage des petites rivières était commun à tous, des chemins publics les borderaient, chacun aurait le droit de s'en servir. Il est cependant de maxime que ce droit est borné aux riverains et seulement dans les limites de leurs propriétés respectives.

La propriété de chaque riverain n'est point, il est vrai, aussi absolue que toute autre propriété ; à l'exception des derniers, aucun ne peut en détourner le cours. Mais les anciens seigneurs ne le pouvaient pas davantage et n'étaient pas moins reconnus pour seuls et uniques propriétaires des petites rivières qui traversaient leurs fiefs.

Cette gêne tient à la nature de la propriété qui, n'étant jamais que d'une *portion* de la rivière, ne peut être l'objet d'une exploitation ou d'une jouissance qui nuisent aux autres portions (2).

Il ne peut y avoir stabilité dans la propriété individuelle qu'autant que chacun exploite sa portion et en jouit de façon à ne pas empiéter

_____

(1) Art. 552 du Code.
(2) *Infrà*, nos 48 et 80.

sur la portion des autres et à diminuer leurs jouissances. C'est, ainsi que nous le dirons ailleurs, un des motifs qui ont fait apporter, à l'égard de certains cours d'eau, quelques modifications au droit commun sur l'usage que chacun peut faire de sa propriété ; mais il n'en est pas moins vrai qu'aujourd'hui le lit des rivières non navigables appartient aux propriétaires riverains (1), et par conséquent que l'eau qui coule dans ce lit est leur propriété tant qu'elle y reste.

Sans doute que le Gouvernement peut rendre navigable une rivière qui ne l'est pas naturellement, et alors tous les droits auparavant acquis disparaissent; la rivière devient entièrement sujette au régime des rivières navigables sans rien conserver de son régime antérieur (2).

C'est une propriété privée qu'on peut perdre et voir devenir domaniale pour cause d'utilité publique, et si l'on n'obtient que l'indemnité du dommage résultant de l'établissement de la navigation (3), c'est que la propriété du riverain a été un don de la Loi moderne fait avec la

---

(1) M. *Pardessus*, des Servit., n° 102. — M. *Toullier*, Droit Civ. Franç., tom. 3. liv. 2. chap. 2. pag. 99. n° 144.

(2) *Avis du Cons. d'État du* 30 *pluviose an* 13. — *Décret du* 22 *juin* 1808.

(3) *Suprà*, n° 33.

condition de pouvoir le révoquer pour le plus grand intérêt public.

40. Aux modifications près que nous venons d'indiquer, et que nous aurons soin de retra-cer, l'eau privée ne diffère en rien de toute autre propriété privée (1).

Elle peut être soumise à certains usages en faveur du public (2).

Elle est susceptible d'hypothèque comme les fonds dont elle fait partie (3).

Elle est aussi susceptible de servitude. On peut acquérir sur elle, et par contrat et par prescription, la faculté d'en prendre, de la puiser, d'y abreuver. On peut acquérir géné-ralement tous les usages auxquels l'eau peut se prêter.

Non-seulement l'établissement de la servitude peut suivre la découverte de l'eau, il peut même la précéder. Car on peut acquérir le droit de chercher une source dans le fonds du voisin, et de la conduire chez soi par ce même fonds, quand on l'aura trouvée (4).

---

(1) L. 1. § 4. ff. *de Flumin. nequid.*
(2) § 4, *Inst. de Rer. divis.*
(3) Cod. Civ., art. 2118.
(4) L. 10, ff. *de Servit. præd. rustic.*

4 1. Mais les servitudes sur les eaux étant réelles comme celles qui portent sur les fonds, il s'ensuit d'un côté qu'elles ne peuvent être établies sur des amas ou courans d'eau artificiels (1), et de l'autre qu'elles ne peuvent être acquises que par ceux qui possèdent des héritages à portée d'en profiter (2). Il est tellement de leur essence d'être attachées à un fonds, que la Loi Romaine fait valoir comme simple legs d'alimens, le legs fait à un affranchi du droit de puisage ou d'abreuvoir qui ne pouvait valoir comme imposition de servitude, parce que l'affranchi ne possédait pas d'immeubles (3).

§ III.

Eaux appartenant aux Communes.

4 2. En général, les propriétés des communes ne peuvent pas être des propriétés publiques, car elles ne sont pas une dépendance du domaine public. Il est cependant impossible de se dissimuler que toutes les propriétés communales, et principalement toutes les eaux qui appartiennent aux communes, ne sont pas de même qualité.

---

(1) *Suprà*, nᵒˢ 8 et 24.
(2) L. 1. § 1. ff. *Com. præd.*, § 3. *Inst. de Servit.*
(3) L. 14. § 3. ff. *de Alim. et Cib.*

D'après ce qui a été dit au chap. 1, sect. 2, il est difficile de ne pas regarder comme publiques, comme profitant et nécessaires à tous, les eaux destinées aux besoins de l'homme et des animaux, telles que les fontaines, les lavoirs, les abreuvoirs et généralement toutes les eaux courantes ou stagnantes dont peuvent user non-seulement les habitans, mais même les étrangers passant ou demeurant sur le territoire : quoiqu'ainsi que nous l'avons dit ailleurs, ceux-ci n'en usent jamais que par tolérance, et en considération de la réciprocité dont jouissent chez eux les habitans de la commune (1). Ce n'est que pour les rendre publiques, que l'art. 643 du Code donne aux communes le droit de les acquérir *invito domino*, quand elles sont *nécessaires* aux habitans (2).

43. Dans une catégorie différente doivent être placées les eaux servant aux moulins à blé des communes dont le travail est nécessaire à l'habitation.

Ces eaux sont bien publiques par rapport à la commune qui ne peut se passer de moulins à blé, mais c'est d'une publicité relative, qui aux yeux de la société n'est qu'une propriété

(1) *Fréminville*, Pratiq. des Terr., tom. 4. pag. 504.
(2) *Infrà*, tit. 3. ch. 3. n° 5.

privée, en sorte que ces eaux ne sont que des eaux communales.

44. A plus forte raison en est - il de même de celles qui sont affectées au service d'autres engins propres à la commune, et plus encore de celles qui sont destinées à l'irrigation de son terroir et des canaux de desséchement.

Celles-ci ne peuvent être que des eaux absolument privées ou patrimoniales. C'est effectivement comme telles que les considèrent, et l'art. 12 du décret du 19 ventose an 6 (9 mars 1798), et celui du 7 octobre 1807 (1), puisqu'ils permettent d'y faire des concessions sous la simple autorisation du préfet.

Les engins appartenant aux communes ne sont qu'une propriété privée qui leur produit un revenu, mais qui n'a aucun des priviléges attachés à l'intérêt public.

L'irrigation d'un terroir est très-avantageuse sans doute, mais n'est pas nécessaire à sa conservation. C'est une amélioration particulière et non publique.

Le Code n'aperçoit l'utilité publique que dans la nécessité (art. 643). Personne ne prétendrait sans doute, que pour arroser son terroir en

---

(1) *Sirey*, tom. 16. part. 2. pag. 297.

tout ou en partie , une commune pût forcer un propriétaire à lui vendre son eau , comme elle peut , d'après cet article , le forcer à la lui vendre quand elle est *nécessaire* aux habitans : pas plus qu'elle ne peut le forcer à lui vendre un local pour ses foires , parce que , quant à ce , l'intérêt communal ne rentre pas dans l'intérêt général de la société.

Avant le Code , Sanléger (1) raisonnant d'après les seules règles du droit commun , n'apercevait l'utilité publique dans la construction d'un moulin , qu'autant qu'il était *nécessaire* à l'habitation entière , *ad usum totius universitatis et particularium ipsius necessario.*

La destination à l'irrigation des terrains ne peut d'ailleurs jamais être que particulière à certains fonds, car toutes les terres d'une commune ne sauraient en profiter : elle est toujours et dans chaque terroir nécessairement partielle , soit par la situation des fonds , soit par l'insuffisance des eaux , soit par la nature des cultures. C'est pour cela que dans cette portion de la Provence que fertilisent les canaux de Craponne et des Alpines , la plupart des communes qui avaient acquis des eaux pour l'irrigation de leur terroir , ont été réduites à

_____

(1) Résol. Civil. , ch. 48. n° 11.

en délaisser la manutention et l'entretien à des Associations particulières composées , sous le nom de *Corps ou Association d'Arrosans*, des particuliers qui peuvent et veulent utiliser ces eaux.

§ IV.

Effets de la propriété des Eaux.

45. Le maître de l'eau peut en user à sa volonté, tant qu'elle est sur son fonds, sauf les droits acquis à des tiers (1).

Il peut en détourner le cours, en couper les veines, même au préjudice des voisins qui n'ont point droit acquis sur elle (2).

Il peut non-seulement la diriger comme il juge à propos sur son propre fonds, mais encore en disposer à son gré en faveur d'un autre fonds à titre onéreux ou gratuit (3).

Il a même été décidé, par Arrêt du Parlement

---

(1) L. 1. ff. *de Aq. quot. et œstiv.* — L. *Aquam*, ff. *de Servit. et Aq.* — L. 11. ff. *Quod vi aut clàm.* — Cod. Civ., art. 641.

(2) L. 11. ff. *de Aq. et Aq. pluv.* — *Nouv. Denisart*, V° Cours d'Eau.

(3) L. 1. § 11. ff., *eod.* — Sanléger, *Resol. Civ.*, cap. 48. nos 1 et 30. — Cod. Civ., art. 641 et 643.

d'Aix (1), que le copropriétaire d'une source commune, venant à acquérir le fonds supérieur, avait pu couper l'eau dans ce fonds, et l'y retenir pour son seul avantage.

46. Cette faculté de disposer de son eau reçoit cependant trois exceptions :

1° Lorsque cette eau est nécessaire aux habitans d'une commune, village ou hameau (2) ;

Bien entendu que si les habitans n'en ont pas acquis ou prescrit l'usage, ils doivent au propriétaire une indemnité à dire d'experts (3) ;

2° Si le propriétaire retenait ou interceptait le cours de l'eau sans intérêt pour lui, mais par émulation ou malveillance (4) ;

3° Si, par titre ou par prescription, un tiers a acquis des droits sur l'eau (5).

Mais de ce que le propriétaire de la source a perdu par la prescription le droit d'en changer le cours, il ne suit pas qu'il ne puisse en faire dans l'intérieur de son héritage tel usage que son intérêt exige ; il suffit qu'à la sortie il la

---

(1) *Boniface*, tom. 4. liv. 9. tit. 2. ch. 5. p. 633.
(2) Cod. Civ., art. 643. — *Infrà*, tit. 3. ch. 3. n° 62.
(3) Même art.
(4) L. 38. ff. *de Rei vind.* — L. 1. § 11. ff. *de Aq. et Aq. pluv.*
(5) Cod. Civ., art. 641.

rende au cours déterminé par la possession (1).

47. Le propriétaire de l'eau peut donc la retenir sur son fonds ; il peut aussi la laisser couler sur le fonds inférieur, qui est obligé de la recevoir, ainsi que nous le dirons au paragraphe 1er de la section 4 ; mais il ne peut rien faire qui aggrave cette servitude (2), ni même changer, au préjudice de l'inférieur, la direction naturelle de l'écoulement, *ut aliter flueret quàm naturâ soleret.*

Il peut cependant diriger les eaux par des sillons ordinaires (3).

Il peut, par conséquent, après avoir semé son champ, y tirer un double sillon pour faire écouler les eaux, qui, sans cela, y séjourneraient et en pourriraient les plantes ; et le propriétaire inférieur ne peut ni s'en plaindre ni l'empêcher, lors même que ces eaux formeraient sur son héritage une mare d'eau dormante, faute d'autre écoulement (4).

C'est à ce double sillon que l'usage paraît

(1) M. *Pardessus*, n° 101.

(2) L. 1. § 1, 10, 13, 14 et 21. ff. *de Aq. et Aq. pluo. arcend.* — Cod. Civ., art. 640. — *Infrà*, tit. 3. ch. 3. n° 91.

(3) L. 1. § 15. et L. 24. ff. *eod.*

(4) *Fréminville*, Pratique des Terriers, tom. 3. p. 585.

avoir borné le droit que la L. 25 du Digeste,
cité, donne au supérieur de faire des fossés et
des rigoles pour se débarrasser des eaux.

Il ne pourrait les recevoir dans des fossés qui
les renverraient au voisin en plus grand volume (1).

Mais cette défense doit s'entendre avec discernement.

1° Elle est faite pour le cas où cette réunion
nuit au voisin. Il ne peut s'en prévaloir quand
la nature de sa propriété est telle qu'il n'en
souffre pas ; par exemple, quand elle est étang
ou marais, ou lorsque entourée elle-même de
fossés, elle dégorge ses eaux ailleurs : *Quod mihi
prodest et tibi non nocet, non est denegandum ;*
sauf à faire contribuer le supérieur au récurage
du fossé qui sert de fuite.

2° Le propriétaire supérieur peut faire dans
son fonds tous les ouvrages qu'exigent le bien
de l'agriculture et la nécessité de la culture de
quelque espèce de plante que ce soit, en prenant les précautions que les localités peuvent
permettre, pour porter à l'inférieur le moindre
préjudice possible (2).

_____

(1) L. 24. § 2. ff. *eod.*

(2) L. 24. ff. *de Aq. et Aq. pluv.* — *Fournel*, L. Rurales,
p. 149. n° 22; de la *Législation sur les Eaux*, n°ˢ 206 et 207.

Ainsi il peut convertir des terres labourables, qui ne s'arrosent que rarement, en prairies, dont l'irrigation fréquente est plus préjudiciable au voisin : c'est la décision de la L. 3. § 1. ff. *de Aq. et Aq. pluv.*

Cette loi ajoute la condition que le supérieur n'aura pas, en aplanissant son terrain, rendu le cours de l'eau plus rapide. Mais, dit l'auteur de la Législation sur les Eaux, n° 207, cette condition doit être exigée avec la modération que nous venons d'indiquer. Le principe fondamental est que le supérieur n'est pas répréhensible, lorsque, sans dessein de nuire à l'inférieur, il n'a d'autre objet que d'améliorer ses fonds en prenant les précautions d'usage.

L'intérêt de la société est qu'on regarde la culture comme l'état naturel des fonds, et, par conséquent, comme écoulement naturel, le cours déterminé par la culture (1).

Au reste, ces questions ne sont pas susceptibles d'une règle fixe et invariable : « L'utilité « de tel ou tel mode de culture dans un champ « sera toujours une question controversée et li- « vrée à l'arbitraire des opinions (on pourrait ajouter à la variété des circonstances). « On ne « doit jamais présumer l'intention de nuire dans

---

(1) M. *Pardessus*, des Servit., nᵒˢ 82 et 86.

« ce qui n'est pas formellement défendu par la
« loi. On doit croire que celui qui a usé de
« son droit y avait un intérêt réel, ne fût-il que
« de simple agrément..... Ce ne peut être
« qu'une malice évidente de la part du pro-
« priétaire supérieur, qui rendrait l'inférieur
« admissible dans sa réclamation (1) ».

48. Ce que nous venons de dire ne doit s'appliquer qu'à celui dans le fonds duquel l'eau naît
et à celui qui la reçoit du ciel ou la fait arriver
dans son fonds par des canaux construits à ses
frais. Il est maître absolu de sa chose, il peut
en disposer à son gré.

Mais celui sur le fonds duquel l'eau, venant
de plus loin, ne fait que passer en suivant son
cours naturel, sans y être amenée à main d'homme, n'a pas sur elle un droit aussi parfait et
aussi étendu. Il n'est pas propriétaire du *cours
d'eau*, il ne l'est que de *la portion de ce cours
qui coule sur son fonds*, et pendant qu'elle
y coule.

La propriété de l'eau n'étant que la suite et
l'effet de sa propriété du fonds, ne peut s'é-
tendre hors de ses limites ; elle est subordonnée
à la propriété des possesseurs des fonds supé-

_____

(1) M. *Pardessus*, loc. cit.

rieurs, et est, par conséquent, modifiée par
leurs droits, qui sont à cet égard exactement les
mêmes que les siens à l'égard des inférieurs.

Enfin, cette propriété lui est commune avec
ceux-ci. Elle n'est pas exclusive, comme celle
de l'eau de source ; son exercice est donc susceptible de toutes les restrictions dont est susceptible l'usage d'une chose commune à plusieurs, sur laquelle les droits individuels, se
restreignant les uns les autres, ne peuvent jamais être aussi étendus que sur la propriété
particulière.

De là découlent d'elles-mêmes les règles de
jouissance des cours d'eau naturels, que nous
exposerons dans la section suivante. Ces règles
sont des conséquences si immédiates de la communion qu'établissent entre les riverains les
cours d'eau qui sont l'ouvrage de la nature,
qu'il est étonnant que divers auteurs, d'ailleurs
très-recommandables, n'aient point aperçu cette
liaison, et aient essayé de leur assigner pour
principe la prétendue publicité de ces cours
d'eau, ou même qu'ils aient de ces règles, conclu cette publicité.

49. Le propriétaire supérieur ne peut dénaturer et corrompre les eaux; il doit les transmettre à l'inférieur pures et dans l'état qu'il les

reçoit de la nature, sans mélange ni résidu d'immondices (1), tellement qu'il est obligé d'entretenir une grille au trou par lequel les eaux sales se déchargent d'un héritage sur l'autre, afin de prévenir la transmission des immondices et des ordures (2).

Voilà encore une règle dont l'application dépend entièrement des circonstances. L'usage des eaux permet rarement de les rendre dans leur pureté primitive. Quand l'emploi qu'on en fait est légitime et qu'il n'y a pas excès, l'inférieur n'est pas fondé à se plaindre (3).

SECTION TROISIÈME.

Usages ou services des Eaux.

50. L'eau est un des principes de la vie et de la végétation ; elle est encore un des principaux agens de l'industrie agricole et manufacturière. Elle a donc à remplir les besoins généraux de

---

(1) L. 1. § 27. ff. *de Aq. quot.* — L. 12. *Cod. de re militar.* — Arrêt du Parlement d'Aix du 18 juin 1781, dans le Journal de Prov., même année, p. 180.

(2) *Fournel*, du Voisinage, V° Égouts. — Voy. ci-après tit. 3. ch. 3. sect. 2. divis. 2. § 2.

(3) *De la Législation sur les Eaux*, n° 208.

tout ce qui respire, et les besoins particuliers de l'industrie et de l'agriculture.

5I. Les usages généraux, tels que navigation, bains, lavage, puisage et abreuvage, s'exercent librement sur les eaux domaniales et même sur les eaux communales ; c'est dans la liberté de cet exercice que consiste leur publicité (1).

Mais, pour personne, ce droit d'usage ne peut dégénérer en occupation individuelle et privée (2).

On ne pourrait même pas, pour jouir de ces facultés, faire sur ces eaux ni sur leurs rives des établissemens permanens, tels que construction de bains, lavoir, abreuvoir, etc.; car ce serait les frapper de servitude continue et s'approprier l'usage exclusif du local qu'occuperaient les établissemens. Il n'est permis d'en jouir que d'une manière transitoire en l'état où ces cours d'eau sont, et de façon à ne pas gêner l'usage d'autrui.

C'est ainsi que les bateliers peuvent bien s'arrêter dans leur marche partout où le besoin de la navigation l'exige ; mais ils ne peuvent y former des ports fixes d'abordages par des pieux

---

(2) L. 1. ff. *Ut in flum. publ.*

(2) M. *Pardessus*, des Servit., p. 48. n° 36.

ou autrement, qu'autant que la propriété du sol a été auparavant acquise pour cet objet ; car ce serait aggraver la servitude des riverains (1).

C'est encore ainsi que celui qui a sur un fonds un droit de dépaissance, ne peut y faire une cabane qui rendrait continue une servitude essentiellement discontinue, et lui donnerait une jouissance exclusive sur une chose sur laquelle il n'a qu'une servitude commune à plusieurs (2).

52. Ces usages généraux peuvent-ils également être exercés sur les eaux privées? Cette question avait divisé les jurisconsultes romains. Nous voyons, dans la L. 2. ff. *de Rivis*, que *Labeon* regardait le droit de puiser de l'eau et d'abreuver ses bestiaux dans un canal privé, comme un droit formel qui privait le propriétaire du canal de le couvrir. *Pomponius*, au contraire, ne regardait ces usages que comme des facultés accidentelles plus qu'acquises, à moins qu'elles n'eussent été stipulées.

L'opinion de *Pomponius* paraît avoir prévalu.

La faculté de puiser de l'eau dans le canal ou le puits d'autrui, ou d'y abreuver ses bes-

---

(1) Ordonnance du 26 août 1818. — *Sirey*, tom. 18. part. 2. p. 322.

(2) *Suprà*, ch. 2. § 3. n° 28.

tiaux, n'est de soi qu'une simple faculté accessoire au voisinage du canal : mais elle peut être
un droit, une servitude. Les Romains appelaient
la première *servitus aquæ haustus*, et la deuxième
servitus pecoris ad aquam adpulsus (1).

Cette faculté est une servitude, quand elle
est stipulée par un titre ou prouvée par des
actes qui la supposent établie.

Hors de là, c'est de la part du propriétaire
du canal une simple tolérance, un bon procédé
qui ne confère aucun droit à celui qui en use.
Car, de droit commun, celui sur qui est établie la servitude de passage de l'eau, n'a pas
droit de la prendre ou d'y abreuver, s'il n'a
été ainsi convenu (2). Quelque long temps qu'il
en ait usé, s'il n'a pas un titre, il est censé
n'avoir joui que par tolérance et familiarité,
lors même qu'il aurait fait sur les berges du canal des ouvrages propres à faciliter sa jouissance,
tels que lavoir ou escalier pour aborder l'eau
plus commodément (3).

---

(1) *Instit. de Servit. præd.*, § 2.

(2) L. 1. § 2. ff. *Ut in flum. publ.* — L. 33. § 1. ff. *de
Servit. præd. rust.* — *Sanléger*, Resol. Civ., lib. 2. quœst. 48.
— *Dupérier*, même Mss. V° Eau. — *Infrà*, tit. 3. ch. 3. des
Servit., n° 100.

(3) Arrêt de la Cour de Cassat. du 21 octobre 1807, dans
Garnier, Régime des Eaux, p. 132.

53. Les usages particuliers de l'industrie et de l'agriculture se réduisent à la pêche, au service des engins et à l'irrigation des terres.

Nous ne parlons pas ici de la pêche ; nous aurons à nous en occuper ailleurs.

Les eaux ne servent aux engins et à l'irrigation que par les saignées ou prises qu'on fait au cours d'eau dont on veut se servir.

Ce cours est domanial ou privé. Nous allons exposer les règles qui régissent les prises d'eau sur chacun.

§ Ier.

Prises sur les Eaux domaniales.

54. Sur ces eaux il ne peut être fait de prises sans l'autorisation formelle du Gouvernement ; c'est la disposition textuelle de l'Ordonnance de 1669, tit. 27, art. 44 ; c'est ce qui résulte de l'art. 644 du Code Civil, qui ne permet aux riverains de se servir que des eaux courantes *autres que celles qui sont une dépendance du domaine public* (1).

On ne peut même, sans cette autorisation,

_____

(1) Arrêté du 19 ventose an 6 (9 mars 1798).

17

réparer les simples avaries causées à des moulins établis sur ces eaux (1).

55. Les concessions sur les eaux domaniales doivent déterminer le niveau des prises; le concessionnaire ne peut jamais l'excéder (2).

Elles ne peuvent faire obstacle aux mesures à prendre pour la conservation, l'amélioration et l'agrandissement des canaux, sauf le droit des concessionnaires aux remboursemens et indemnités qui peuvent leur être dus, et la continuation de leur jouissance jusqu'à l'acquittement entier (3).

56. Des auteurs prétendent que les concessions de la part du Gouvernement ne sont que des actes de police et d'administration essentiellement révocables, quand les motifs qui les ont déterminés ne subsistent plus, ou quand les circonstances commandent des dispositions différentes ou contraires.

Une règle ainsi posée généralement serait alarmante; elle a besoin d'explication. On doit craindre de décourager, par la perspective d'une ré-

---

(1) Ordonnance du 31 mai 1821.

(2) Arrêté du 19 ventose an 6 (9 mars 1798), art. 10.

(3) L. du 21 vendémiaire an 5 (12 octobre 1796).

vocabilité facultative, ces entreprises coûteuses
qui portent la fécondité dans de vastes contrées,
et qui changeraient leurs bienfaits en désastres,
si les concessions sur lesquelles elles reposent
pouvaient être annulées au gré du Gouvernement, ou plutôt des agens subalternes par lesquels il voit et agit.

Il s'opère naturellement dans une rivière un
changement qui influe sur sa qualité, qui la rend
navigable, d'innavigable qu'elle était auparavant.

Cette autre, qui portait plus d'eau qu'il n'en
fallait à la navigation et aux usages concédés
sur elle, n'en roule à présent que ce qui est
nécessaire au service de la navigation, et c'est
un événement naturel qui a causé la diminution
de ses eaux.

Dans ces cas et généralement dans tous ceux
où le changement de l'état de la rivière est l'effet
de la nature, auquel il n'est pas possible de re-
médier, nul doute que la concession ne puisse
et ne doive être révoquée, même sans indemnité : la concession n'est jamais faite que *rebus*
sic stantibus, et dans la supposition de la suffisance des eaux.

Mais c'est toute autre chose quand le changement est l'ouvrage de l'homme et la suite de
ses projets d'agrandissement ou d'amélioration.

On ne fait pas le bien en détruisant celui qui existe.

Le respect des droits acquis est le premier besoin d'un État.

Inutilement serait-il soumis à la prescription comme les particuliers, s'il pouvait leur en enlever le bénéfice par des projets d'amélioration.

La Loi du 21 vendémiaire an 5 leur garantit, en ce cas, remboursement de leurs dépenses et indemnité de leurs privations.

Si le Décret du 22 janvier 1808 borne l'indemnité au dommage résultant de l'établissement de la navigation, et la refuse pour la privation de l'eau, c'est qu'il raisonne sur les prises faites sur une rivière non navigable, dont la durée est essentiellement subordonnée à l'innavigabilité de la rivière. Il n'est pas permis de confondre ces prises, qui se font sans l'intervention de l'autorité, avec les concessions sur les rivières navigables, les seules dont il s'agisse ici.

Il faut encore distinguer les concessions gratuites des concessions onéreuses ou suppléées par la prescription.

Les premières sont des actes de munificence qui peuvent n'être considérés que comme des actes de police révocables, et comme en renfermant tacitement la condition ; quoique, d'après la règle *beneficiis adjuvari nos, non decipi oportet,* il soit de la justice du Gouvernement de ne les révoquer que par des motifs supérieurs.

Les secondes forment un lien de droit pour l'État comme pour les particuliers. Les contrats *sunt initio voluntatis ex post facto necessitatis* : le Gouvernement , plus encore que le prêteur , doit dire *pacta servabo*.

Les prises sur les eaux domaniales sont une propriété ou une servitude comme partout ailleurs, quand elles sont acquises par contrat ou par prescription. L'État ne permet qu'on porte aux tribunaux les questions de propriété ou de servitude qui l'intéressent , que parce qu'il a la volonté prononcée de respecter ses engagemens et les droits acquis contre lui , ou d'indemniser complétement les particuliers du préjudice que leur causerait leur transgression , si des motifs supérieurs l'obligeaient de les violer.

§ II.

Prises sur les Eaux privées.

57. Sur les eaux privées il ne peut être fait des prises que par la concession , tacite ou expresse , de leur propriétaire , lors même qu'elles

lui sont inutiles et que les prises ne lui nuisent
en rien (1).

La concession tacite est le résultat de la tolérance pendant le temps nécessaire pour prescrire. Nous traiterons de cette espèce de concession dans le 4ᵐᵉ paragraphe de cette section.

58. Toute concession de prise exige le consentement , non-seulement de tous les propriétaires et co-usagers du canal , mais encore de
tous ceux qui ont un droit de servitude sur les
eaux (2).

59. Une première concession d'eau n'exclud
pas une seconde. Après avoir cédé à Titius le
droit de dériver de l'eau de ma fontaine par
un tel aquéduc , je puis céder encore la même
faculté à Mœvius , et par le même aquéduc (3).

60. Mais , quel que soit le propriétaire de
l'eau , fût-ce l'État , il ne peut , par une seconde
concession , rendre la première inutile ou même
lui porter préjudice. La concession dernière ne

---

(1) *Suprà* , n° 38. — *Sirey,* tom. 14. part. 2. p. 6; tom. 16.
p. 374; tom. 19. p. 168. — Voy. le § suiv.

(2) L. 8 et 10. ff. *de Aq. et Aq. pluv.* — L. 4. *Cod. de Servit. et Aq.* — L. 28. ff. *Comm. divid.*

(3) L. 4. ff. *de Aq. et Aq. pluv.*

donne droit qu'à l'eau surabondante et que la première n'absorbe pas : *Concessio aquæ generaliter facta intelligitur tantum de eo quod superest.* Il n'est pas juste qu'un ancien concessionnaire soit sacrifié aux importunités ou au crédit d'un nouveau venu (1).

Aussi toutes les concessions de l'autorité publique portent-elles la clause *sauf les droits des tiers*, et admet-on au Conseil d'État l'opposition des particuliers à l'Ordonnance royale portant concession d'une prise d'eau, quand cette concession blesse des droits particuliers (1). La L. 17. *de Servit. præd. rustic.* avait dit auparavant *ita permittitur duci (aqua ex flumine publico) si sine injuriâ alterius fiat.*

~ **61.** Nous avons dit, d'après la Loi du 21 vendémiaire an 5 (*suprà*, *n°* 55), que les concessions d'eau ne mettent aucun obstacle aux

---

(1) L. 2. § ult. ff. *de Servit. præd. rustic.* — L. 17. ff. *eod.* — *Sanléger*, Résol. Civ., cap. 48, n° 18. — *Conseils d'Alexandre*, vol. 6. cons. 203. n°s 14 et 15. — *Dumoulin* ; ibid. — *Legrand*, Cout. de Troyes, art. 180. n° 16. — *Brodeau*, sur l'art. 71 de la Cout. de Paris. — *Henrys*, liv. 3. ch. 3. quest. 35. — *Nouveau Brillon*, V° Aquéduc, § 18. p. 17. — M. *Henrion*, p. 259. — Décret du 21 février 1814 sur les Mines. — *Sirey*, même Année, part. 2. p. 334.

(2) Ordonnance du 18 mars 1816. — *Sirey*, tom. 18. part. 2. p. 161.

mesures à prendre pour la conservation, l'amélioration ou l'agrandissement des cours d'eau. Cette règle n'est point particulière aux cours d'eau qui appartiennent au domaine public ; elle est commune aux canaux d'irrigation qui appartiennent aux communes, à des particuliers ou à des associations de particuliers ; mais, pour tous, le concessionnaire doit être préalablement remboursé et indemnisé : c'est ce que décide cette Loi, et ce qui résulte encore des art. 5 et 11 du Décret du 19 ventose an 6 (9 mars 1798).

62. Les concessions d'eau établissant une servitude sur le cours d'eau qui en est l'objet, ne peuvent pas être étendues au delà de leurs termes. Quand elles sont faites pour un fonds ou un usage déterminé, elles sont limitées à ce fonds ou à cet usage, pour peu que l'extension nuise au cédant ou à un tiers (1).

63. Par la même raison, la concession illimitée est bornée aux besoins actuels du fonds pour lequel elle est faite, et ne peut être prorogée aux besoins futurs : c'est l'application aux eaux des principes qui seront exposés n° 8, quand nous traiterons des droits d'usage en général.

_____

(1) L. 1. § 16. ff. *de Aq. quot.* — *Infrà*, ch. 6. nos 10 et 22.

64. Quand la concession est faite sans relation à la contenance du fonds, elle s'étend à l'alluvion et elle donne droit à une augmentation proportionnelle du volume d'eau, si ce volume n'a pas été déterminé (1).

65. La quantité d'eau concédée peut être fixée de trois manières : par le volume, par l'orifice de la prise, par le temps où elle doit être ouverte ou fermée.

Faut-il appliquer la mesure adoptée à l'entrée de l'eau dans la prise, ou seulement à son arrivée au fonds pour lequel elle est concédée? Quand le volume d'eau est déterminé par le temps, faut-il compter ce temps du moment où l'eau entre dans le canal particulier, ou seulement de celui où elle arrive au fonds?

La solution de cette question ne souffre aucune difficulté, quand on la décide par l'usage.

A Craponne, aux Alpines et dans les diverses subdivisions de ces canaux, les eaux sont toujours calibrées à l'entrée des canaux qui les portent. La Provence et, après elle, le Gouverment a vendu une quantité de moulans d'eau de la Durance ; tous sont calibrés à leur entrée dans les canaux particuliers, sans égard à la lon-

---

(1) *Pecchius*, lib. 2. cap. 9. quæst. 3.

gueur du trajet qu'ils ont à parcourir pour arriver aux fonds pour lesquels ils sont acquis.

Les eaux introduites en masse dans ces divers canaux se divisent et sous-divisent à divers endroits ; c'est toujours au point de division que leur mensuration est faite.

La question n'est pas plus difficile à résoudre d'après les principes.

Du moment que l'eau entre dans la prise ou canal particulier, elle devient la propriété du concessionnaire ; elle lui est délivrée. C'est donc à ce moment que la cubature doit être faite. Quelque manière de mesurer qu'on emploie, c'est toujours au moment et au lieu de la délivrance que le mesurage est fait.

Puisque dès ce moment l'eau devient la propriété de celui à qui elle est destinée, l'évaporation qu'elle éprouve dans le trajet, l'imbibition des terrains qu'elle parcourt, le retard et les obstacles qu'elle peut rencontrer dans son cours, tout cela ne peut être qu'à sa charge : *Res perit domino.*

C'est ainsi que le résout *Pecchius, de Aquæd. lib. 2, cap. 10, quæst. 3*, et son opinion paraîtra la seule admissible, même quand le temps est fixé à un petit nombre d'heures et que l'eau a un long trajet à parcourir, si l'on veut remonter aux principes et réfléchir que, quelle que soit la distance, l'eau entre nécessairement dans le fonds, sauf la déperdition de la route, pendant le même espace de temps qu'elle est entrée dans la prise : s'il est dit, par exemple, qu'on prendra l'eau depuis midi jusqu'à quatre heures, si l'eau, introduite dans la prise à midi, n'arrive au fonds qu'à deux heures, elle ne sera ôtée de la prise qu'à quatre, et ne cessera de couler dans le fonds qu'à six; il y aura toujours quatre heures d'irrigation.

66. L'orifice de la prise est la manière la plus sûre de fixer le volume d'eau concédé, parce que c'est celle qui a le moins besoin de l'intervention journalière de l'homme; mais c'est aussi celle qui exige le plus d'attention, parce qu'elle fixe les droits des parties d'une manière invariable.

Nous avons vu, dans le paragraphe précédent, que la Loi recommande de déterminer le niveau des prises sur les eaux domaniales, et cette recommandation, qui est obligatoire sur ces eaux, est, sur toutes les autres, un conseil dont les particuliers ne s'écartent jamais impunément.

La prise une fois établie, les parties ne peuvent plus l'altérer quand elle l'a été de leur consentement mutuel, et lors même qu'elle a été faite à

l'insu d'une d'elles, toute réclamation est interdite, si elle est ancienne (1).

67. Ce n'est pas seulement dans l'intérêt du
propriétaire du canal que l'extension des concessions est interdite, elle l'est encore dans
l'intérêt de celui sur le fonds duquel la dérivation passe (2). Le concessionnaire qui a la
faculté de conduire un volume d'eau déterminé
ou une eau déterminée par le fonds d'autrui,
perd son droit pour la totalité, s'il y en fait
passer davantage ou une autre eau (3), parce
que, dit la L. 1. § 17. ff. *de Aq. quot. illud
plus non potest separari.* Il en est autrement
de celui qui mène à l'abreuvoir plus de bestiaux qu'il ne lui est permis ; on se contente
d'en réduire le nombre à ce qui a été stipulé,
par la raison que les bestiaux peuvent être divisés (4).

68. A quelque titre qu'on jouisse d'une eau
appartenant à autrui, qu'on ait une servitude

---

(1) *Pecchius*, tom. 2. quest. 6.

(2) *Infrà*, tit. 3. ch. 3. des Servitudes, sect. 4.

(3) L. 18. ff. *Quemad. servit. amitt.*

(4) Même Loi, § 18. — *Dumoulin*, *de divid. et individ.*,
part. 3. n° 42. — *Cœpola*, *de Servit. rustic.*, cap. 4. n° 68.
— *Dupérier*, Mem. Mss., V° Eau.

établie par convention ou par prescription, on ne peut jamais en jouir et l'exercer que sur ce qui reste, les besoins du propriétaire de l'eau remplis. Celui qui a consenti la servitude ou qui l'a laissé prescrire, étant toujours censé avoir tacitement excepté sa propre nécessité ; c'est le principe posé par la L. 6, *Cod. de Servit. et Aq.* sur laquelle Mornac dit qu'il a passé en proverbe, *sitientibus agris meis irrigandos non esse vicinos ;* d'où il suit que le propriétaire de l'eau peut la toute retenir, quand la sécheresse la lui rend toute nécessaire (1).

Ce principe n'est que l'application particulière aux eaux de la règle générale, qui sera rappelée aux chapitres des Droits d'Usage, n° 16, et des Servitudes, sect. 4, n° 94.

Quelque certain qu'il soit, l'équité doit en tempérer la rigueur. Qui voudrait habituer son champ à l'irrigation, en changer la culture, construire des canaux pour y amener les eaux et y établir des engins, si, après avoir acheté le droit de dériver un certain volume d'eau, il pouvait craindre d'en être privé par les besoins nouveaux du propriétaire qui le lui a vendu?

Ce qui a été dit, dans le premier paragraphe

---

(1) On trouve la même doctrine dans *Buisson* sur le même titre du Code, n° 18.

de cette section, s'applique ici avec une égale force.

Il faut donc examiner diverses hypothèses.

Si le propriétaire de la prise ne l'a acquise que par prescription, quelle que soit la cause de l'insuffisance de l'eau, la prise doit être réduite ou fermée jusqu'à concurrence des besoins du propriétaire de l'eau ; elle est censée n'avoir été faite que pour prendre son superflu, et son propriétaire ne peut faire valoir aucune des considérations qui ont été rappelées, lui qui a vécu trente ans exposé au danger d'être obligé de fermer sa prise à la première réclamation.

Il en est de même lorsque l'insuffisance provient de la disette d'eau. Le propriétaire ne vend que ce qui excède ses besoins. Quand l'excédant n'est pas dans le canal-mère, l'acheteur ne peut pas l'en dériver. La chose vendue n'existe plus : *res perit domino*. Le vendeur, étant, par une présomption *juris et de jure*, censé n'avoir vendu que l'excédant de ses besoins, ne peut pas être tenu de le remplacer : ce serait exiger qu'il livrât ce qu'il n'a pas vendu.

Mais c'est toute autre chose, quand l'insuffisance vient de ce que le propriétaire de la source ou canal-mère a augmenté sa consommation d'eau par son fait, soit en arrosant de nouveaux fonds, soit en convertissant des terrains qui, jusque-là,

n'étaient arrosés que dans un certain temps,
en prairies ou autres cultures dont l'irrigation
plus fréquente exige et absorbe un plus grand
volume d'eau. En augmentant ainsi ses besoins,
il n'a pas dû compter sur l'eau qu'il avait précédemment vendue. Il a dû, avant d'étendre ses
jouissances, examiner si, déduction faite de l'eau
dont il avait disposé, il en restait encore assez
pour fournir à ses nouveaux besoins ; il n'a pas
dû croire pouvoir se délier de ses engagemens.

69. Les concessions d'eau ne doivent pas être
étendues, mais aussi ne doivent-elles pas être
restreintes à certains usages, quand le titre ne
porte point de restrictions. La concession de
l'usage de l'eau emporte la faculté de faire un
moulin, lors même qu'elle est accompagnée de
la condition de ne pas nuire au moulin préexistant, pourvu que le nouveau moulin ne nuise
à l'ancien que par la concurrence (1).

§ III.

Prises sans permissions particulières.

70. Il est des eaux sur lesquelles il n'est pas

_____
(1) *Bertrand*, vol. 3. cons. 279.

besoin de concession particulière pour faire des
prises.

Ce sont d'abord celles qui, par les titres,
sont affectées aux usages d'un terroir ou d'une
de ses parties, soit qu'elles appartiennent à la
commune, soit qu'elles lui aient été asservies
par traité fait avec le propriétaire de l'eau. La
permission individuelle est dans le titre d'affectation.

7 I. Ce sont encore ces eaux qui, libres de
tout assujettissement, sont offertes à la généralité des possédans biens dans les quartiers qu'elles
traversent, moyennant un prix annuel, fixé d'a-
vance par des règlemens publics, exigible de
chacun à proportion du terrain qu'il a arrosé.

Sur ces eaux, qui ne cessent point d'appartenir à ceux qui les ont dérivées et d'être privées (1), chacun a la faculté de faire des prises
de la manière portée par le règlement, sans
prévenir le propriétaire. Mais de même que,
chaque année, chacun est libre de prendre ou
de laisser les eaux, et ne doit leur prix que lorsqu'il les prend, de même, chaque année, le
propriétaire de l'eau qui ne les a asservies à personne, peut les refuser : c'est ce que nous ex-

_____

(1) Arrêt du Conseil du 20 juin 1821. — M. *Garnier*, Régime
des Eaux, p. 265.

pliquerons encore mieux en traitant de l'irrigation.

72. On n'a pas besoin de permission pour
prendre les eaux qui coulent naturellement, sans
que personne ait acquis sur elles un droit particulier et exclusif.

Telles sont les eaux des petites rivières, qui
appartenaient autrefois aux seigneurs ou au Roi,
dans les justices royales, et qui ne sont devenues
la propriété des riverains que par l'abolition du
régime féodal (1). Sur ces eaux les riverains qui
veulent faire des prises n'ont pas plus besoin de
permissions individuelles que n'en avaient besoin les seigneurs avant qu'ils eussent perdu la
propriété des rivières.

73. Ce droit leur était si légitimement acquis, qu'en les dépouillant de cette propriété,
les lois nouvelles leur ont conservé les prises
qu'ils y avaient faites et celles qu'ils avaient concédées à leurs vassaux.

On avait entrepris de le leur contester ;
mais deux Arrêts de la Cour de Cassation les
ont justement maintenus : seulement l'un (2)

(1) *Suprà*, n° 39.
(2) C'est l'Arrêt du 18 juin 1806 ; *Sirey*, tom. 6. p. 325.

les riverains à profiter de la prise du seigneur en l'indemnisant ; l'autre a maintenu les particuliers dans les concessions que leur avaient fait les ci-devant seigneurs (1).

74. L'art. 644 du Code Civil reconnaît, en général, le droit qu'ont tous les riverains des cours d'eau qui ne sont pas une dépendance du domaine public, d'y faire des prises sans autorisation particulière.

Le cours d'eau ne fait-il que longer la propriété ? le propriétaire *peut s'en servir à son passage pour son irrigation.*

La traverse-t-il ? le propriétaire *peut en user dans l'intervalle qu'elle y parcourt, mais à la charge de la rendre, à la sortie de ses fonds, à son cours ordinaire* (2).

La disposition de cet article donne lieu à quantité d'observations importantes.

75. D'abord, elle est étrangère, ainsi que nous l'avons vu dans les précédens paragraphes,

_____

(1) Arrêt du 23 ventose an 10 ; *Sirey*, tom. 2. part. 2. p. 416.

(2) C'est ainsi que les seigneurs étaient obligés de remettre les petites rivières, en sortant de leurs terres, dans leur cours ordinaire, et sans dommages d'autrui. *Loisel*, Inst. Cout., tom. 1. p. 276.

et aux eaux domaniales, et à celles qui, coulant dans un canal fait à mains d'hommes, constituent une propriété particulière ; elle ne s'applique qu'aux cours d'eau naturels (1) sur lesquels personne n'a des droits particulièrement acquis.

76. L'article ne parle que des riverains de l'eau ; il exclud, par conséquent, ceux qui ne le sont pas, quelque rapprochés que leurs fonds soient de la rivière. S'il se trouve un fonds intermédiaire qui ne leur appartienne pas, ils ne peuvent réclamer un droit qui aujourd'hui dérive moins encore du voisinage de l'eau que de la propriété de son lit (2).

Mais on ne regarde pas comme intermédiaire capable de faire perdre droit sur le cours d'eau, le fossé ni le chemin qui sont entre l'eau et le fonds pour lequel on la dérive. On présume que l'un et l'autre ont fait originairement partie du fonds, qu'ils appartiennent à son propriétaire, et qu'ils ne constituent qu'une servitude temporaire qui ne l'en a pas exproprié (3).

(1) Arrêt dans *Sirey,* tom. 14. part. 2. p. 6; tom 16. p. 374; tom. 19. p. 168.

(2) M. Henrion, p. 263, rapporte un Arrêt du Parlement de Paris du 12 juillet 1787, qui le jugea de même, quoiqu'il ne pût, à cette époque, se fonder que sur le voisinage de l'eau.

(3) *Gobins,* quest. 21. n° 15. — *Cœpola,* part. 2. cap. 36. n° 4. — *Nouv. Brillon,* V° Alluvion, n° 10.

77. Si l'eau venait à changer de lit subitement, le riverain de l'ancien lit, cessant d'être riverain de l'eau (1), ne peut plus en user, parce qu'il faudrait, pour en jouir, qu'il traversât le lit abandonné devenu la propriété d'un tiers (2).

Si le changement de lit était lent et successif, la question ne pourrait pas naître, parce qu'il y aurait alluvion et, par conséquent, extension de la propriété jusqu'à l'eau.

78. Le riverain peut jouir des eaux, mais il ne peut faire des prises ou des dérivations supérieures à son fonds pour y amener les eaux ; son droit commence et finit avec son héritage. La dérivation n'est permise qu'au *passage* de l'eau devant la propriété, ou *dans l'intervalle qu'elle y parcourt.* Une prise supérieure serait donc évidemment une extension de droit, une usurpation de la part du riverain, puisqu'elle lui rendrait propre non l'eau qui passe devant son fonds ou qui le traverse, mais l'eau qui doit y passer ou le traverser. L'usage de l'eau, qui n'est que l'accessoire du fonds, serait plus étendu que le fonds même, dans les limites duquel la loi a voulu le restreindre.

_____

(1) *Suprà*, n° 3.
(2) Arrèt de Cassat., dans *Sirey*, tom. 15. p. 100.

C'est ce que la Cour Royale d'Aix jugea *in terminis*, par Arrêt du 14 juin 1816, rendu au profit du sieur Menut contre les hoirs d'Antoine Barthélemy, du lieu de Fuveau. Son arrêt ne fut déterminé par aucune circonstance particulière ; il est uniquement basé sur la disposition de l'article 644.

Il n'est qu'un cas où les prises supérieures au fonds soient permises, sauf néanmoins le consentement du propriétaire du fonds sur lequel elles seraient faites : c'est celui où elles ne nuiraient à personne, c'est-à-dire, où il ne se trouverait inférieurement point de fonds qui profitât des eaux en leur laissant suivre leur cours naturel ; chacun serait alors non recevable, par défaut d'intérêt, à en demander la démolition.

79. La première partie de l'art. 644 ne parle que de l'irrigation des fonds voisins ; mais on ne peut croire que ce soit par limitation et dans l'intention de borner à cet usage le droit du riverain. Elle énonce l'usage le plus naturel, le plus commun, celui qui consomme le plus d'eau ; on ne peut supposer qu'elle ait entendu exclure ceux qui en absorbent moins, et priver le riverain des profits et de l'agrément que tout autre emploi peut procurer.

80. Elle ne peut échapper à personne, la différence que l'article du Code met entre le propriétaire dont l'eau traverse l'héritage, et celui dont la propriété est seulement bordée par une eau courante.

Le premier peut *la détourner dans l'intervalle qu'elle y parcourt;* il suffit qu'à la sortie de ses fonds, il la rende à son cours ordinaire.

Le second ne peut qu'*en user à son passage* pour l'irrigation de ses propriétés.

Le premier, maître des deux rives et du lit dans toute sa largeur, maître, par conséquent, de toute la section d'eau qui le couvre, ne lèse personne en la détournant.

Le second, n'ayant qu'une rive et la moitié du lit, n'a droit qu'à la moitié de l'eau : par le décours il se l'approprierait toute, au préjudice du riverain opposé.

Celui-ci ne peut s'en servir qu'à son passage, c'est-à-dire, que lui laissant suivre son cours, il peut seulement dériver l'eau qui, par sa pente naturelle, peut être dirigée sur son fonds.

Celui-là n'est pas réduit à la prendre comme elle passe ; il peut la détourner, lui faire faire des circuits dans son fonds, pourvu qu'à son issue il la rende à son cours ordinaire.

Les bornes que l'art. 644 a posées à la jouissance de chaque riverain, sont indépendantes de la propriété des eaux ; elles sont les mêmes que celles qu'a fixées l'art. 1859 à la jouissance de toute propriété commune à plusieurs. Ce dernier article veut, en effet, que chaque associé se serve de la chose commune, de manière que chacun ne l'emploie qu'à sa destination, et ne s'en serve pas contre l'intérêt de la société, ni de manière à empêcher ses associés d'en user selon leur droit. Si chaque riverain avait l'usage illimité de l'eau, il en serait le propriétaire exclusif, et les riverains inférieurs n'en auraient plus qu'un usage précaire et subordonné à sa volonté.

L'art. 644 ne fait donc qu'appliquer aux eaux le droit général de toute propriété commune.

81. Être obligé de rendre l'eau à son cours ordinaire, n'est pas l'être de la rendre dans le même volume : qui veut la fin veut aussi les moyens. Dès que l'usage est permis, la déperdition d'eau qui en est le résultat ne saurait être prohibée. Nous dirons, d'ailleurs (*infrà*, n° 85), que l'altération du volume de l'eau n'est pas aux yeux de la loi un changement à l'état de la rivière.

82. Mais cette déperdition peut-elle aller jusqu'à l'absorption totale de l'eau? En d'autres termes, le riverain peut-il absorber toute l'eau qui traverse sa propriété?

M. Henrion décide qu'il ne le peut pas; il rapporte, p. 281, un Arrêt du Parlement de Paris du 20 juillet 1782, rendu contre un particulier qui avait, *détourné le cours de l'eau*; ce qui est toute autre chose que de l'employer toute à ses propres besoins, quand ils égalent le volume de l'eau, ce qui arrive souvent en temps de sécheresse.

On trouve dans Sirey, tom. 7, deux Arrêts de la Cour de Cassation, qu'il donne comme ayant jugé diversement la question proposée.

Le premier est à la page 183, sous la date du 8 avril 1807. Il rejeta le pourvoi contre un Arrêt de la Cour de Dijon, qui avait condamné le propriétaire supérieur à détruire les ouvrages par lui pratiqués pour tirer les eaux de leur lit et les conduire dans ses héritages, au préjudice des inférieurs. Mais une circonstance essentielle a échappé à l'arrêtiste. Ces ouvrages que le supérieur fut obligé de détruire, étaient des *digues* et des canaux qu'il avait construits *dans la rivière et sur ses bords*, chose qui, comme nous le dirons bientôt, ne peut être permise que par un titre bien formel. Cette circonstance décisive n'a point échappé à M. Henrion, qui présidait la Chambre des Requêtes, lors de cet Arrêt ; aussi le présente-t-il dans son excellent ouvrage sur les Justices de Paix, p. 302, comme ayant jugé toute autre question que celle que nous examinons.

Le deuxième Arrêt de Cassation, rapporté par Sirey, tom. 7, p. 470, est du 15 juillet 1807. Il rejeta le pourvoi envers un Arrêt de la Cour de Paris du 9 juillet 1806 (1), qui avait jugé que le supérieur peut absorber toute l'eau par ses bassins, ses vannes et ses irrigations, pourvu qu'il n'en détourne pas le cours ordinaire à la sortie de ses fonds.

Ce dernier Arrêt paraît être exactement conforme à la loi. Elle n'a pas limité l'usage que le riverain peut faire de l'eau ; elle lui laisse le droit de l'employer à l'irrigation de son fonds, c'est-à-dire, à l'usage qui en absorbe le plus. Tant que l'inférieur n'éprouve que la privation qui résulte nécessairement pour lui de cet emploi, il ne peut pas dire qu'il y ait abus de la part du supérieur ; il n'y a qu'exercice légitime d'un droit reconnu par la loi.

Si l'art. 645 réserve aux tribunaux de régler la jouissance de chacun, ce n'est que pour prévenir l'abus du supérieur qui s'emparerait des eaux sans nécessité, pour avoir le plaisir d'en

(1) *Sirey*, tom. 6. part. 2. p. 184.

dérober la jouissance aux inférieurs (1). Mais
tant que l'emploi n'excède pas les besoins du
supérieur, il ne peut pas être abusif, et les tribunaux ne peuvent pas le restreindre dès que
la loi lui a laissé toute la latitude des besoins.

82. Au reste, cette question ne peut s'élever que lorsqu'il n'y a ni titres ni possession
qui déterminent la jouissance de chacun ; car,
s'il y avait l'un ou l'autre, chaque intéressé serait obligé d'en subir la loi. Les titres, l'usage
des lieux et la possession, sont les premières lois
en fait de cours d'eaux (2), même depuis l'article 644, qui n'est nullement exclusif des conventions particulières qui peuvent avoir été formées entre les riverains, ni des droits qui peuvent leur être acquis par une possession pres-
criptive.

Depuis, comme avant le Code, il est de règle
qu'on doit laisser l'eau dont on n'est pas propriétaire exclusif, couler *secundum antiquam
normam* (3).

---

(1) *Conf. du Code*, tom. 3. p. 233.

(2) L. 7. *Cod. de Servit. et Aq.* — L. 1. § 23. ff. *de Aq.*
— Cod. Civ., art. 645.

(3) L. 2. ff. *de Flum.* — *Cancerius*, Var. Resol., part. 2.
cap. 4. n° 299. — *Thesaurus*, decis. 245. — *Sanléger*, Resol.
Civ., part. 2. cap. 48. n°ˢ 11 et 20. — *Domat*, liv. 2. tit. 8.
sect. 3. § 11. — *Julien*, sur le Stat. de Provence, tom. 2. p. 550.

Jusque-là que, même avant le Code et la Loi du 14 floréal an 11, qui ont confirmé la maxime, on tenait en principe qu'il ne peut point être fait de règlement nouveau, quand il y a usage ou coutume ancienne, ou règlement ancien.

On ne peut donc pas prétendre qu'en bornant le droit du riverain à prendre l'eau à son passage, ou dans l'espace de sa propriété qu'elle parcourt, le Code ait prétendu nuire aux droits acquis, lors même qu'il s'agirait de prises supérieures au fonds, ni altérer le mode de jouissance établi.

Si ces prises avaient trente ans d'existence, on pourrait leur appliquer avec majorité de raison ce que l'art. 642 décide pour les eaux de source.

Mais les mêmes motifs qui militeraient pour ces prises supérieures, s'opposeraient à ce que leur propriétaire fît dans son fonds une seconde prise au préjudice de celle du propriétaire inférieur. Celui-ci, invoquant à son tour l'art. 642, pourrait s'opposer à l'établissement de la prise intermédiaire qui nuirait au droit à lui acquis.

83. De ce qui vient d'être dit, il résulte que les riverains qui se croient lésés par l'exercice des droits de l'un d'eux, ne peuvent de-

mander un règlement distributif des eaux dans
la proportion de l'étendue des besoins de chacun , qu'en absence de tout titre , de toute possession , ou de tout usage constitutif du mode de
jouissance individuelle ; car celui qui a titre ou
possesion équipollente ne peut point être réduit
à partager la chose qu'il possède : droit lui est
acquis d'empêcher que, par des prises nouvelles,
on n'altère les droits et les jouissances de sa prise
ancienne ; de même que le propriétaire inférieur qui a l'un ou l'autre peut empêcher les
propriétaire de la source de la détourner à son
préjudice (1).

L'exercice du droit de propriété , en tout et
sur tout , est restreint par deux conditions : la
première , qu'on ne préjudicie pas aux droits
d'autrui ; la seconde , qu'on se conforme aux
lois.

84. Il est cependant un cas où , malgré l'usage
et la possession , il faut nécessairement recourir
au règlement distributif : c'est quand il s'agit de
déterminer la jouissance d'un petit cours d'eau
qui sépare deux héritages.

Chacun de leurs possesseurs n'est propriétaire
que jusqu'au fil de l'eau ; aucun ne peut, par con-

---

(1) *Infrà*, tit. 3. ch. 3. sect. 4. n° 94.

séquent, faire sur la rive des prises qui en absorbent plus de la moitié ; car ce serait prendre
sur la propriété du voisin.

Quand l'eau du ruisseau peut suffire aux besoins des deux héritages, ce qu'il y a de plus
simple est sans doute de ne point chercher une
précision mathématique, et de se contenter de
s'assurer que les prises d'un voisin laissent encore dans le ruisseau assez d'eau pour les besoins de l'autre.

Mais ce tempérament, excellent alors, est
impraticable quand l'eau est insuffisante. Comment permettre à un voisin d'avoir des prises
qui ne laissent pas à l'autre l'eau qui lui est
nécessaire, si elles sont proportionnées aux besoins de leur propriétaire, ou qui laissent celui-ci en souffrance, sans utilité pour celui-là,
si elles ne prennent que la moitié de l'eau?

Ce qu'il y a de mieux à faire dans ce cas,
est de diviser par le temps ce qu'il est impossible de diviser autrement. Les deux riverains
sont chacun propriétaires de la moitié de l'eau ;
mais cette moitié étant insuffisante pour chacun,
il faut qu'ils jouissent de la totalité pendant un
égal espace de temps : c'est le seul moyen de
conserver les droits de chacun, quelque variation
qu'éprouve le volume d'eau du ruisseau (1).

_____

(1) M. *Pardessus*, des Servitudes, n° 116. p. 171.

85. Nous venons de dire que les eaux doivent toujours couler selon les formes ou usages anciens, auxquels il ne peut point être apporté de changement ; mais il est utile de remarquer que la Loi Romaine ne regarde pas comme changement ce qui augmente ou diminue le volume de l'eau, mais seulement ce qui en change le cours et la direction : *Non ad quantitatem aquæ fluentis, sed ad modum et ad rigorem, dum vel depressior vel arctior fiat aqua et per hoc rapidior sit cum incommodo accolentium* (1).

86. Le droit de dériver les espèces d'eaux qui font la matière de ce paragraphe, descendant de la loi, est imprescriptible ; dans quelque temps que celui qui n'en a pas usé veuille en jouir, il y est admis, soit en force de la règle *Quæ sunt meræ facultatis sunt imprescriptibilia* (2), soit en considération de ce que chacun ne prenant que l'eau qui lui appartient, ou n'exerçant que le droit qui lui est propre, personne n'a possédé et, par conséquent, prescrit le droit de son voisin.

Cette règle reçoit cependant deux exceptions.

1° Le riverain de l'eau ne peut y faire des

_____

(1) L. 1. § 3. ff. *Nequid. in Flum. publ.*
(2) Code Civil, art. 2232.

prises quand il y a eu contradiction acquies-
cée ou antérieure de plus de trente ans. Les
choses imprescriptibles de leur nature deviennent prescriptibles par la contradiction.

2° Il en est de même quand la nouvelle prise
porterait un préjudice notable aux prises antérieures et anciennes. Supposez, par exemple,
que dans le canal-mère il n'y ait qu'une eau
insuffisante aux besoins de tous ceux qui ont
droit de s'en servir. L'eau, divisée entre tous,
ne serait utile à personne ; l'intérêt de l'agriculture repousse cette division. Il faut opter
entre des concurrens égaux en titres ou en droits ;
il est plus naturel de faire céder les nouveaux
aux anciens, que de les tous neutraliser par
une division. Le possesseur le plus ancien mé-
rite la préférence (1).

Cet exemple n'est pas hypothétique : un possédant bien dans un terroir où est un canal
sur lequel la commune a acheté le droit à tous
ses habitans de prendre de l'eau pour arroser
leur possession, voulut en 1760 user de ce droit
pour arroser les siennes. Ceux qui avaient des
prises sur le canal représentèrent que s'il ef-
fectuait son projet, l'eau qui suffisait à peine
à leurs besoins présens, manquerait à tous :

---

(1) *Infrà*, § 5.

les juriconsultes les plus éclairés du barreau
réunis par ce particulier, décidèrent, que dès
que la concurrence produirait la disette pour
tous, la nouvelle prise devait être abandonnée,
plutôt que d'exposer les anciennes à souffrir.
Elle le fut en effet par Arrêt d'expédient du
Parlement d'Aix. Les droits de chacun étaient
exactement égaux, mais à égalité de droits.
Prior tempore potior est jure (1).

87. De ce que les eaux sont communes à
plusieurs ou affectées à leurs besoins, il suit
que chacun ne peut en prendre qu'à proportion
de l'étendue et des besoins de ses possessions.
*Pro modo possessionum ad irrigandos agros
dividi oportet* (2), à moins qu'il ne justifie avoir
un droit plus étendu. *Nisi proprio quis jure
plus sibi datum ostenderit.*

88. Il suit encore que sitôt que ses besoins sont remplis, le propriétaire de la prise
doit la fermer, à moins qu'elle ne rende elle-
même les eaux au canal-mère, sans nuire aux
fonds situés entre la prise et l'embouchure.
Le particulier qui, après s'être servi de l'eau,

---

(1) Voyez sur cette question M. *Garnier*, Régime des Eaux,
p. 327 et suiv.

(2) L. 17. ff. *de Servit. præd. rustic.*

ne ferme pas sa prise et laisse ainsi perdre ou divertir l'eau, n'exerce pas un droit, mais commet un délit. Il prend une eau qui excède ses besoins, il ne la rend pas à son cours naturel áprès les avoir satisfaits. Il n'est plus qu'un usurpateur passible de la privation de son droit de prise d'eau, en cas de récidive (1), à la requête du propriétaire de l'eau et à celle des co-usagers.

Il est cependant telle dérivation dont la longueur rend impossible la fermeture de la prise après chaque irrigation. L'intérêt public s'oppose à ce qu'on fasse inutilement perdre aux cultivateurs un temps précieux. En consentant à donner de l'eau à un propriétaire éloigné du canal, on est censé consentir à ce qu'il laisse sa prise ouverte, comme il s'expose à tous les inconvéniens des prises éloignées dont le moindre n'est pas de donner une fuite aux eaux d'écoulement. Chaque position a ses avantages et ses inconvéniens. La justice et la sagesse exigent, qu'en profitant des uns, on se soumette aux autres.

89. Quand on n'est pas propriétaire exclusif du cours d'eau, non-seulement on ne doit prendre que l'eau dont on a besoin, mais

(1) *Infrà*, tit. 3. ch. 2.

pour se procurer l'eau nécessaire, on ne peut faire dans le canal-mère ou dans la rivière des digues, batardeaux, barrages ou écluses qui arrêtent le cours de l'eau et en altèrent le niveau.

Il n'est pas permis d'en douter pour les eaux domaniales, puisque la prohibition est littérale dans les art. 42 et 43 du tit. 27 de l'Ordonnance de 1662.

Il en est de même pour les cours d'eau qui bordent un héritage, par la raison que le riverain n'est propriétaire que de la moitié de l'eau, qu'un barrage la lui donnerait toute, et qu'il ne peut l'établir sur l'autre bord qui n'est pas sa propriété.

Sur les cours d'eau particuliers, il ne peut également être fait des barrages que du consentement de leur propriétaire qui a sur ces cours les mêmes droits que l'État sur les eaux qui lui appartiennent (1).

Il ne pourrait donc y avoir du doute que sur les petites rivières qui traversent un héritage. Mais ce doute disparaît bientôt, quand on considère que l'effet naturel et inévitable des digues ou des barrages est d'intercepter le cours de l'eau et d'encombrer la rivière, soit par les matériaux qui les forment, soit par le plus grand dépôt

(1) *Suprà*, n° 38.

qu'opère la stagnation des eaux, ce qui rend son récurage plus dispendieux et peut occasionner des ruptures à ses berges.

Aussi la prohibition des digues et barrages est-elle le droit commun de tous les cours d'eau.

§ IV.

Prescription.

90. Le Code ne reconnaît que deux sortes de cours d'eau, ceux qui sont dans le domaine public, ceux qui sont dans le domaine privé.

Il est évident que les premiers cours d'eau sont imprescriptibles en totalité : personne ne prétendra jamais avoir acquis par prescription une rivière navigable ou flottable toute entière.

Mais peut-on acquérir sur ces rivières, par prescription, le droit d'en dériver une portion d'eau ?

L'art. 41, tit. 27, de l'Ord. de 1669, en déclarant les rivières navigables domaniales, ajoute : *sauf les droits de pêche et autres usages que les particuliers peuvent y avoir par titre et possession valables.*

L'art. 44 défend d'en détourner l'eau, ou d'en affaiblir ou altérer le cours par des tranchées, fossés ou canaux, *à peine contre les contrevenans d'être punis comme usurpateurs.*

Des prises qui ne nuisent pas à la navigation ne paraissent pas susceptibles de l'application de cet article.

On ne peut d'ailleurs pas appeler *usurpées* des prises que le temps a légitimées. Il peut en être concédé sur ces rivières ; la longue possession doit faire présumer la concession , puisqu'elle la supplée et l'opère (1) : l'art. 44 entendu différemment et appliqué à une prise ancienne qui ne nuirait pas à la navigation , serait en opposition à l'art. 41 et détruirait la réserve.

Le Code Civil déclare, art. 2227 , que l'État, les établissemens publics et les communes , sont soumis *aux mêmes prescriptions que les particuliers*.

On peut donc acquérir par la prescription trentenaire , le droit d'avoir des prises d'eau sur les fleuves ou rivières navigables ou flottables.

Mais si ces prises affaiblissaient ou embarrassaient le cours de la rivière d'une manière nuisible au bien général et à la navigation , elles pourraient être supprimées. C'est ce que suppose l'art. 644 du Code Civil , qui a virtuellement abrogé l'art. 4 , tit. 1 , sect. 1 , du Code Rural de 1791 , quant à la faculté qu'il don-

_____

(1) L. 3. § 4. ff. *de Aq. quot. et æstiv.*

nait inconsidérément aux riverains de faire des prises sur les rivières navigables.

C'est une suite du principe général, qui veut que l'intérêt privé le cède à l'intérêt public ; c'est l'effet immédiat du principe particulier aux eaux, qui supprime tous les droits acquis sur une petite rivière quand elle devient navigable, et qui réduit toute concession d'eau au superflu du propriétaire.

91. Quant aux eaux qui ne sont pas une dépendance du domaine public, il faut distinguer de toutes les autres celles dont nous avons parlé n° 42, qui, étant nécessaires à l'habitation, sont par cela même imprescriptibles de la part des particuliers (1), qui seraient obligés de les céder à la commune, si déjà elle ne les possédait pas.

En général les choses consacrées à des usages publics incompatibles avec une propriété particulière, sont hors du commerce et ne peuvent être ni acquises, ni prescrites (2).

Mais comme ce sont les besoins de l'habitation qui leur impriment ce caractère, ce qui excède ces besoins, rentrant dans le commerce, est soumis à la prescription.

(1) *Fréminville*, Pratiq. des Terriers, tom. 4. p. 504.
(2) L. 9, *Cod. de Aquœd.* — *Cod. Civ.*, art. 2226.

Ainsi, nul particulier ne peut prescrire la fontaine, l'abreuvoir ou le lavoir public, et s'en approprier la jouissance exclusive.

Mais les égouts des fontaines ayant rempli l'intérêt public et satisfait les besoins de l'habitation, ne sont plus que des eaux prescriptives.

Il en est de même en général de toutes les eaux qui ne sont pas affectées aux besoins de l'habitation, comme celles qui font mouvoir un engin communal, ou que la commune distribue pour l'irrigation des fonds de son terroir.

Ce ne sont là que des eaux communales qui, destinées à des usages particuliers, sont naturellement dans le commerce et par conséquent soumises à la prescription, comme les propriétés des communes (1).

Le domaine public et le domaine municipal sont susceptibles de servitude, comme les propriétés particulières, pourvu qu'elles soient compatibles avec les usages auxquels ils sont destinés (2).

92. Les prises établissent sur les cours d'eau qu'elles saignent une servitude continue et apparente (3). Elles peuvent par conséquent s'acquérir par la possession trentenaire (4).

---

(1) *Cod. Civ.*, art. 2227.
(2) *M. Toullier*, Dr. Civ. Fr., tom. 3. p. 355.
(3) *Cod. Civ.*, art. 688 et 689.
(4) *Ibid*, art. 690.

§ V.

Préoccupation.

92 (*bis*). Non-seulement les eaux qui ne sont pas une dépendance du domaine public peuvent être prescrites, sauf les exceptions marquées dans le paragraphe précédent, mais les usages qu'on peut avoir sur elles peuvent être modifiés et réduits par une possession plus courte que celle qui produit la prescription.

· Nous voulons parler de la préoccupation qui diffère de la prescription en ce que celle-ci pour acquérir droit et former titre, exige le laps de temps déterminé par la loi, au lieu que celle-là acquiert le droit par le seul fait, pour si peu qu'il soit antérieur à celui d'un autre.

La préoccupation a été pendant long-temps, sans doute, l'unique moyen d'acquérir le domaine des choses : mais elle ne trouve plus aujourd'hui à s'exercer que sur quelques objets, tels que les animaux sauvages, les oiseaux, les poissons et les eaux.

Sur ces dernières, si on attachait encore à la préoccupation l'effet d'acquérir la propriété des choses, réduite, comme elle l'est, à s'exercer sur les objets sans propriétaires et cependant susceptibles de propriété, elle ne pourrait s'exercer sur aucune eau, parce qu'il n'en est aucune qui n'ait un maître (1).

Mais sur les eaux son effet est restreint à la priorité de l'usage. Elle n'acquiert point de droit absolu; elle ne donne qu'un droit relatif, une préférence sur les autres co-usagers ou co-propriétaires (2). *Hoc portat in ventre privilegium preoccupationis, ut primo ille præferatur qui primo occupavit, etiamsi noceat alio* (3).

Quand l'eau suffit aux besoins de tous, la préoccupation ne confère que la priorité; quand elle est insuffisante, elle donne droit à une jouissance exclusive ou à un règlement, suivant les circonstances. Mais dans l'un et l'autre cas, son effet est toujours borné aux besoins du fonds.

Le droit de préoccupation n'est pas attaché à la qualité de riverain; il peut être acquis par tout le monde, quelle que soit la distance du fonds pour lequel on l'acquiert à l'eau qu'on y dérive. L'art. 644 du Code Civ. consacrant

---

(1) *Suprà*, n° 4.
(2) *Sirey*, tom. 20. p. 483.
(3) *Pecchius*, *de Aquæd*, tom. 2. quest. 18. n° 9.

les droits des riverains, n'a dérogé à aucun des moyens légaux d'acquérir la propriété des choses, ni pour le passé, ni pour l'avenir. Le riverain qui négligerait de profiter de ses dispositions, ne pourrait empêcher l'étranger d'utiliser les eaux s'il le laissait jouir pendant le temps nécessaire pour prescrire.

La préoccupation s'acquiert par tous les actes qui prouvent qu'on jouit de l'eau avant ceux qui la contestent. On n'y exige pas l'existence de signes extérieurs, parce qu'il ne s'agit pas d'établir une servitude sur le fonds d'autrui, mais seulement de prouver qu'on a usé plutôt qu'un autre d'une chose dont l'usage est commun à plusieurs, c'est-à-dire, qu'on a usé de son droit.

Le premier occupant est celui qui a usé le premier, et non celui qui est placé le plus près de la source (1); mais à égalité de possession et à défaut de titres ou d'ouvrages indicatifs de la priorité, elle est, dans les règlemens d'arrosages, accordée au voisin de la source : *Propinquior fontis, prior in irrigatione* (2).

---

(1) *Brodeau sur Louet*, lettr. M. somm. 17. n° 1. — *Dupérier*, Mém. M^{ss}. V° Eau. — Arr. du P. de Prov. du 21 mai 1743, au profit du Sr Dellor, de la ville d'Hyères.

(2) *Pecchius*, tom. 2. quest. 40. — *Arr. de la Cour d'Aix* du 21 mars 1813, en faveur de la dame Dellor, d'Hyères, contre le Sr Rioudet.

Il n'y a pas de préoccupation sur les eaux qui sont réparties par un règlement local, par la raison qu'elles doivent toujours être réparties selon l'usage et l'ancienne coutume, et que la préoccupation qui est un moyen d'acquérir, selon le droit naturel, le cède au droit civil résultant du règlement ou de la coutume.

93. C'est une conséquence de la nature de la préoccupation, qu'elle se perde par le non-usage. Des actes de possession la constituant, la non-jouissance doit la faire évanouir. Mais suffit-il d'une interruption quelconque pour la faire perdre, ou faut-il que cette interruption se soit prorogée pendant un certain espace de temps ?

La moindre interruption suffirait, si on en décidait par la Loi Romaine, qui porte que celui qui a bâti sur le rivage d'un fleuve, perd tout droit sur le local si son bâtiment s'écroule ou est détruit (1).

Mais il faut dix ans de non-usage, suivant Gobius, *de Aq.*, quest. 9. n° 11, et Pecchius, *de Aquæd.*, liv. 1. ch. 4. quest. 6. n° 38.

---

(1) L. 6. ff. *de Divis. rer.* ; L. 14. ff. *de Acquir. rer. domin.*

SECTION QUATRIÈME.

Servitudes et Charges relatives aux Eaux.

93 (*bis*). Les eaux coulent naturellement, où sont amenées sur le fonds d'autrui par la main de l'homme.

Les premières frappent le fonds d'une servitude naturelle et inévitable.

Les secondes ne lui imposent qu'une servitude conventionnelle , lors même qu'elle est établie par la prescription , qui supplée le titre , ou par l'autorité , qui ne fait que supposer le consentement que les parties donneraient librement , si elles étaient justes.

Nous allons parcourir dans les paragraphes suivans les effets de ces deux servitudes relativement aux eaux.

94. Nous devons auparavant faire une remarque qui s'applique à l'une et à l'autre servitude. C'est qu'étant l'une et l'autre des servitudes passives , aucune ne peut d'elle-même devenir une servitude active du fonds servant sur le canal.

Ainsi, l'eau qui ne fait que suivre son cours naturel , ne peut jamais être acquise à l'inférieur à titre de droit, quelque utilité qu'il en retire et quelque longue que soit sa jouissance (1).

Bien plus, nous avons vu, n° 52, que celui sur le fonds duquel est amenée une eau courante, n'a même pas le droit d'y prendre de l'eau pour boire ou d'y abreuver ses bestiaux, si autrement il n'a été convenu. Il ne peut par conséquent empêcher le propriétaire de la couvrir, et de convertir un canal ouvert en aquéduc.

95. Il n'est que deux cas où l'inférieur puisse avoir des droits sur l'eau qui coule dans son héritage.

Le premier est celui où il y a eu de sa part une contradiction suivie d'une possession paisible de trente ans. Le silence du propriétaire du canal ou de l'eau pendant un aussi longtemps aurait la force d'un titre recognitif du droit de l'inférieur (2).

96. Le second cas est celui où le propriétaire inférieur aurait fait des ouvrages ap-

(1) L. *Aquam*, *Cod. de Servit.* — L. 21. ff. *de Aq. et Aq. plw.* — *Boutarie*, sur les Instit. des Servit. — *Pecchius*, *Cancerius*, *Gobius*, *Cœpola*, de Servit. Aquæd., n°ˢ 51, 55, 56 et 57. — *Boniface*, tom. 4. p. 632. — *Bonnet*, dans ses Arr., p. 304. — *Julien*, Stat. de Prov., tom. 2. p. 548 et suiv.

(2) *Valla*, de Reb. Dub., tract. 7. n° 10.

parens destinés à faciliter la chute ou la direction de l'eau dans sa propriété. Si ces ouvrages subsistaient depuis trente ans, l'eau serait
acquise à leur auteur à titre de droit, et le
propriétaire de la source ne pourrait en changer
le cours ni autrement nuire aux droits acquis
à l'inférieur (1).

En exigeant que les ouvrages destinés à faciliter la chute et le cours de l'eau *aient été
faits par le propriétaire du fonds inférieur ;*
le Code a exclu les conduites que l'eau se
forme elle-même sans le fait de l'homme.

Il exclut également les ouvrages faits à une
trop grande distance du fonds supérieur, pour
avoir frappé les regards de son propriétaire.

En exigeant que les ouvrages soient *apparens*, il exclut les conduits *souterrains* qui
peuvent transmettre les eaux aux héritages inférieurs à l'insu de leur propriétaire (2).

97. Suivant les anciens principes, il fallait

(1) *Surdus*, Cons. 447. — *De Luca*, de Servit., dis. 25, 26,
3o, 31 et 93. — *Bonnet*, Arr. not., p. 3o5. — *Dunod*, des
Prescript., p. 19. — *Dupérier*, Mss. Vo Eau. — *Cod. Civ.*, *art.* 642.
— *Conférence du Code*, tom. 3. p. 231. — *Rapport sur le Code*,
tom. 2. p. 144.

(2) Mais ces ouvrages souterrains peuvent acquérir la propriété
du terrain sur lequel ils sont. Voy. ci-après, tit. 3, ch. 3, des
Servitudes, no 84.

que les ouvrages fussent faits sur l'héritage supérieur (1).

Sirey, tom. 12, p. 35o, rapporte un Arrêt
de la Cour de Cassation du 25 août 1822, qui
ne l'a pas jugé directement, puisque dans l'espèce il constait que les ouvertures étaient dans
la haie du propriétaire de la source, et qu'il
fut seulement omis d'examiner par qui elles
avaient été faites; mais, dans ses motifs, l'Arrêt
porte que la servitude ne peut naître que de
l'existence des ouvrages de la part de l'inférieur sur le fonds du propriétaire de la source.
Cette dernière expression est présentée comme
jugeant la nécessité de l'existence des ouvrages
sur l'héritage supérieur qui n'était pas la question du procès.

Le Code ne l'exige pas : il se borne à vouloir que les ouvrages soient apparens et suivis
d'une possession trentenaire (art. 642).

En cela, il s'est aussi écarté de nos anciens
principes, qui n'exigeaient qu'une jouissance dé-
cennale avec ouvrages faits à main d'homme
dans le fonds d'autrui (2).

Mais la lecture des Conférences du Code,

_____

(1) Les auteurs ci-dessus.

(2) Nous traiterons une question analogue à celle-ci, tit. 3,
ch. 3, des Servit., n° 83.

tom. 3, p. 229, et surtout p. 231, ne permet pas de douter de l'intention du législateur, puisqu'il y est dit expressément qu'*il a été conclu qu'il suffisait,* dans le cas de l'art. 642, *que les ouvrages fussent faits sur le fonds du propriétaire inférieur ou partout ailleurs que sur le fonds du propriétaire de la source,* parce qu'il s'agit d'une servitude dérivant de la situation des lieux.

La loi n'exigeant que des ouvrages *apparens,* il n'est permis à aucun tribunal d'exiger une seconde condition, celle de la construction des ouvrages sur le fonds supérieur, puisque ce serait refuser à celui qui n'a d'ouvrages *apparens* que sur son fonds, le bénéfice de la prescription que la loi lui promet.

Les Conférences du Code ont été publiées dans l'objet exprimé de faire connaître l'esprit et l'intention du législateur, auxquels il faut nécessairement se conformer (1).

Il n'y a d'ailleurs pas pour le propriétaire supérieur un préjudice aussi grave qu'on l'imagine.

––––––

(1) C'est ainsi qu'ont entendu et expliqué l'art. 642 MM. Pardessus, des Servit., n° 100, p. 147, Delvincourt et Toullier, qu'il cite. M. Dubreuil, Législ. des Eaux, p. 93, est d'un avis contraire sur le fondement de l'Arr. de Cassat. précité.

Si les anciens principes n'admettaient que les ouvrages faits dans son fonds, ils ne lui donnaient que dix ans pour réclamer.

Le Code en donne trente, et l'on ne peut pas supposer que dans un aussi long espace de temps le supérieur n'ait point vu un ouvrage *apparent*, fait à son voisinage, qui lui annonçait que l'inférieur entendait moins *recevoir* qu'*amener* les eaux chez lui à titre de droit et avec intention d'empêcher que le cours de l'eau ne fût changé.

· Ce serait une erreur de croire que l'ouvrage n'étant pas sur le fonds du propriétaire de l'eau, il ne pourrait, ni l'empêcher, ni le contrarier.

Il peut le rendre inutile en changeant la direction de l'eau, ou en l'absorbant toute entière avant que les trente ans soient accomplis.

Quand cela n'est pas possible, il peut encore contraindre son voisin à démolir l'ouvrage, ou à déclarer qu'il n'entend pas s'en prévaloir pour asservir son eau (1).

Il ne l'aurait pas pu sous les anciens principes, par la raison que l'ouvrage qui n'était point sur son fonds ne pouvait jamais être une

_____

(1) *Conf. du Code*, tom. 3, p. 231.

entreprise sur sa liberté ; mais depuis que l'art. 642 en a fait un acte possessoire et indicatif d'une servitude , le propriétaire de l'eau peut incontestablement en demander la démolition , comme de tout acte dont il est possible que résulte un préjudice plus ou moins éloigné.

98. L'usage de l'eau ne suffit pas pour acquérir la prescription ; elle ne commence que du moment que les ouvrages apparens ont été *faits et terminés ;* c'est encore la disposition de l'art. 642.

Mais l'ouvrage dont la loi exige l'achèvement pour faire commencer la prescription , n'est pas l'établissement dont la direction de l'eau fait partie , mais limitativement l'ouvrage qui facilite la chute et le cours de l'eau , soit que cet ouvrage soit l'objet principal ou unique de l'entreprise , soit qu'il en fasse seulement partie ; ainsi, si un particulier , formant un établissement important , une manufacture qui ne serait terminée que dans plusieurs années, commençait par faire les travaux nécessaires au cours des eaux , la prescription commencerait à courir du jour de l'achèvement de ces travaux, sans attendre l'achèvement de l'entreprise dont ils ne sont qu'une partie.

§ Iᵉʳ.

Servitude naturelle.

99. C'est une charge inévitable pour le fonds inférieur de recevoir l'eau qui découle du fonds supérieur *naturellement* et sans que la main de l'homme y ait contribué. *Non aqua, sed loci natura nocet* (1).

Ce n'est pas seulement l'eau pluviale que le voisin est obligé de recevoir, c'est encore l'eau des sources qui jaillissent dans le fonds supérieur ou qui s'en échappent (2).

C'est encore l'eau d'irrigation, pourvu qu'elle n'arrive sur le fonds inférieur que de la manière que nous l'avons dit, sect. 2, § 4, c'est-à-dire, par filtration.

Le mal que l'eau peut faire à l'inférieur est alors compensé aux yeux de la loi par l'avantage qu'il retire de la graisse du terrain supérieur dont il s'enrichit. *Sicut enim omnis pinguitudo terræ ad eum decurrit, ita etiam aquæ incommodum ad eum defluere debet* (3), et par la

(1) L. 1. § 11 et 22. ff. de Aq. et Aq. pluv. — Cod. Civ., art. 640.
(2) L. 3. ff. de Aq. et Aq. pluv.
(3) L. 1. § ult. ff. de Aq. et Aq. Pluv.

faculté qu'il a d'utiliser cette eau, qui devient sa propriété du moment qu'elle arrive chez lui, pourvù que ce soit sans faire d'ouvrages sur le fonds d'autrui (1).

100. L'obligation du propriétaire inférieur, de recevoir les eaux de l'héritage supérieur, est si forte, qu'il ne peut rien faire dans son fonds qui mette obstacle à cet écoulement et retienne les eaux dans le fonds supérieur, ni en élevant des digues, ni en faisant des établissemens dont l'effet serait de refouler les eaux vers le fonds supérieur (2); car l'héritage inférieur est frappé d'une servitude, non-seulement naturelle et légale, mais nécessaire et indispensable, et de droit commun, le débiteur d'une servitude ne peut rien faire qui en diminue l'usage ou le rende plus incommode (3).

L'Arrêt de Boniface autorisa le Statut de Querelle, c'est-à-dire, la dénonciation de nouvelle œuvre contre une pareille entreprise. Il n'est effectivement pas nécessaire d'attendre que l'eau ait fait du dommage, il suffit que par

(1) L. 1. § 11. ff. *eod.*

(2) L. 1. § 2, et L. 13. ff. *de Aq. et Aq. pluv.* — *Boniface*, tom. 3. p. 322. — *Julien*, Élém. de Jurisp., p. 152. — *Cod. Civ.*, art. 640. — M. *Pardessus*, des Servit., p. 200. n° 134.

(3) *Cod. Civ.*, art. 701.

l'ouvrage elle puisse en faire. *Melius est intacta jura servare, quam post vulneratam causam remedium quærere.* Le dommage résultant d'une inondation peut être irréparable (1).

IOI. Il y a plus encore : si un événement fortuit emporte l'obstacle naturel qui retenait l'eau dans le fonds supérieur, l'inférieur ne peut obliger le propriétaire supérieur ni à le rétablir, ni même à permettre qu'il le rétablisse à ses propres frais (2).

IO2. Il en est de même de l'éboulement fortuit d'une partie du fonds, ou d'un ouvrage fait à main d'homme, *si vitio loci pars aliqua soli subsedit..... si in agro manufactum aliquid subsederit* (3).

Le propriétaire supérieur ne pourrait détruire l'obstacle, parce qu'alors ce serait par son fait que l'eau coulerait sur l'héritage inférieur (4).

IO3. Si l'obstacle détruit était artificiel et avait été établi par le propriétaire supérieur, l'inférieur ne pourrait en exiger le rétablisse-

---

(1) L. 1. § 1. ff. *de Aq. et Aq. pluv.*
(2) L. 2. § 5. ff. *de Aq. et Aq. pluv.*
(3) L. 14. § 1. ff. *eod.*
(4) L. 1. § 1. ff. *eod.*

ment ; l'eau reprendrait son cours naturel (1).

S'il avait été établi par l'inférieur ou pour son intérêt, il pourrait le rétablir lui-même à ses frais (2).

104. Il peut se former naturellement dans le fonds inférieur des obstacles au cours de l'eau du fonds supérieur, on demande qui devra les soulever.

Si l'obstacle provient d'une force majeure que l'inférieur n'a pu maîtriser ni prévenir, et comme dit la Glosse, *si unâ die, aqua crescens per nimium, totam foveam replevit lapidibus et terra, ita quod aqua amplius intrare non potest*, l'inférieur est seulement tenu de souffrir que le supérieur rétablisse les lieux dans leur premier état (3).

S'il s'agit d'un fossé ancien que l'inférieur a laissé combler faute de récurage, il peut être contraint à le récurer, ou à le laisser récurer par le supérieur à qui le comblement nuit (4).

L'inférieur sera même obligé de le curer à

---

(1) *Même Loi*, § 2.

(2) *Même Loi*, § 3, *et* L. 2. § 5. ff. *eod.*

(3) L. 2. § 6. ff. *de Aq. et Aq. pluv.* — *Godefroi*, ibid.

(4) L. 2. § 1. ff. *eod.*

ses frais, si le fossé existe à titre de servitude (1).

Il en serait autrement, s'il n'y avait point de servitude, et que le fossé n'eût été creusé que par les eaux, l'inférieur ne serait alors tenu ni de le rétablir, ni de le laisser rétablir (2).

105. Ce que nous disons ici de l'obligation où est le propriétaire de l'héritage inférieur de recevoir les eaux du fonds supérieur, sans pouvoir rien faire qui gêne leur écoulement, ne doit s'appliquer qu'aux eaux pluviales, ou aux eaux de source et d'irrigation. Quant aux eaux des torrens et des fleuves, il est permis à chacun de s'en défendre par des digues ou autres ouvrages faits dans son fonds, quoique ces ouvrages nuisent aux voisins (3).

A plus forte raison, chacun peut-il fortifier les bords du torrent, pour les prémunir contre la rapidité de l'eau (4).

---

(1) Même L., § 7.

(2) Même Loi.

(3) *Cœpola*, de Servit. præd. rustic., cap. 38. n° 4. — Arr. de la Cour d'Aix du 19 mai 1813, dans *Sirey*, tom. 14. part. 2. p. 9.

(4) L. 1. ff. *de Rip. muniend.*, L. 1. — *Cod. de Alluv.*

On ne pourrait pas faire les ouvrages dans le lit de la rivière (1).

Si cependant ces ouvrages faits par le riverain dans son fonds portaient aux voisins un préjudice trop considérable, et s'il s'agissait, non d'un torrent ou d'une crue d'eau passagère, mais de changer le cours d'une rivière, ou d'augmenter sa rapidité, les ouvrages seraient défendus (2).

On voit par là que ces questions sont plus en fait qu'en droit. Les tribunaux doivent peser le préjudice dont le riverain se garantit par ses ouvrages, et celui qu'il porte à ses voisins : si les ouvrages défensifs lui servent peu et nuisent beaucoup aux voisins, ils doivent être interdits. Ils seront permis, s'ils le garantissent d'un grand préjudice et nuisent peu à ses voisins. *Prætor ex causa œstimat oportet : enim in hujusmodi rebus utilitatem et tutelam facientis spectari, sine injuriâ utique incolarum* (3).

Au reste, ce droit du voisin de se défendre contre les irruptions de la rivière, est une

---

(1) L. 1. ff. *Ne quid in loc. publ.* — L. 1. ff. *Ne quid in flum. publ.* — Arr. du 30 avril 1782, dans le Journal de Prov., an 1783, p. 26.

(2) Tit. ff. *de Ripis Muni.* — L. 1. ff. *Ne in flum. publ.* — *Perezius*, ad tit. Cod. de Alluv., n° 2.

(3) L. 1. § 6 et 7. ff. *Ne quid in flum. public.*

faculté dont il lui est permis d'user ou de ne
pas user, à moins de titre contraire et formel.
Les tiers ne pourraient l'y obliger pour garantir
leurs propres fonds que la rivière pourrait atteindre, si le voisin ne se défendait pas ou
s'il laissait dégrader les digues anciennes. Cette
question fut formellement jugée par l'Arrêt
de 1813, rapporté ci-dessus; elle l'avait été plus
anciennement par un Arrêt du Parlement de
Provence en 1767 (1).

§ II.

Servitude Conventionnelle.

106. De droit commun, le propriétaire ou
l'usager de l'eau est censé l'être du canal et
de ses berges, et alors il en doit les contributions, ainsi que nous le dirons ailleurs.

Mais il arrive souvent qu'il n'a qu'un droit
de servitude sur le fonds que son eau parcourt, et dans ce cas les contributions sont
la charge du propriétaire du fonds.

Celui-ci est alors obligé de souffrir tout ce
qui est accessoire à la servitude dont son fonds

---

(1) De la Législ. des Eaux, p. 161.

est grevé, sans cependant pouvoir se servir de l'eau (1).

Ainsi, le propriétaire de l'eau peut, si sa conduite est souterraine, avoir de distance en distance des regards pour son usage et sa surveillance (2), tandis que le propriétaire du fonds est obligé de s'abstenir de tout ce qui peut nuire aux eaux, en gêner la circulation et le récurage.

S'il bâtit, il faut que ce soit de manière à ne pas nuire au canal et à empêcher de suivre l'eau ou de la déblayer (3).

Il peut planter des arbres sur les berges du canal, pourvu qu'ils ne gênent ni le cours de l'eau, ni les usages accessoires (4).

De son côté, le propriétaire de l'eau peut aussi y en planter; mais quand il n'a qu'une servitude, les arbres appartiennent au propriétaire du fonds servile. Ils ne sont censés plantés que, pour soutenir les berges du canal (5).

107. Le droit qu'a le propriétaire du fonds

---

(1) *Supr.*, n° 52.

(2) L. 1. ff. *de Rivis.*

(3) L. 20. ff. *de Servit. præd. rustic.*

(4) *Pecchius, de Aquæd.*, lib. 2. cap. 11. quest. 2.

(5) *Pecchius*, loc. cit., et tom. 4. quest. 34.

asservi à une conduite d'eau de planter des arbres auprès du canal, fait naître une question intéressante.

Nous venons de dire qu'il peut en planter même sur les berges, pourvu qu'ils ne nuisent pas au cours de l'eau et aux usages accessoires. Cela ne peut s'entendre que des canaux destinés à l'irrigation ou au mouvement des engins, que les racines des arbres ne peuvent ni corrompre ni obstruer, et qu'on coupe à chaque récurage.

Il ne peut en être de même de l'eau destinée à la boisson, les racines des arbres ne pourraient manquer de la corrompre, et d'obstruer les aquéducs ou tuyaux qui les portent. Les arbres ne peuvent être plantés qu'à une distance, telle que leurs racines ne puissent nuire au canal, car celui qui doit une servitude ne peut absolument rien faire qui tende à en diminuer l'usage ou à le rendre plus incommode (1).

Mais quelle sera cette distance ?

La Loi Française et les Statuts locaux ont réglé la distance à laquelle les arbres doivent être de la ligne séparative de deux héritages.

Mais l'une et l'autre sont muets sur la dis-

(1) Cod. Civ., art. 701.

tance où il convient de les tenir des aquéducs auxquels leurs racines peuvent être plus préjudiciables qu'au terrain sur lequel elles s'étendent.

Sur celui-ci elles ne font qu'en pomper les sucs et diminuer les productions, et le propriétaire qui ne peut manquer de les apercevoir en cultivant, a toujours le moyen de prévenir ce préjudice en les coupant.

Mais les racines des arbres qui s'introduisent dans un aquéduc, en gâtent l'eau, obstruent le canal, et finissent par le faire crever. On souffre le mal long-temps avant d'en découvrir la cause, et quand elle est trouvée, on n'y remédie souvent qu'à grands frais.

La Loi Romaine a sur ce point deux dispositions :

La première, faite pour les fonds *privés* sur lesquels sont établis des aquéducs *publics*, défend aux propriétaires de planter des arbres plus près de 15 pieds de l'aquéduc (1).

La seconde défend de planter des arbres au-autour de l'aquéduc d'Hadrien plus près de 10 pieds (2). Quelques auteurs modernes ont cru

_____

(1) L. 1. *Cod. de Aquæd.* — Remarquez que le pied romain n'étant que de neuf pouces, correspond à notre pan, qui est de 25 centimètres, à très-peu de chose près.

(2) L. 6. *hoc. tit.*

que la Loi 6 avait réduit la distance de la Loi
première. C'est qu'ils n'ont pas fait attention
que ces deux Lois disposent sur des propriétés
différentes. La première parle des fonds *privés*
sur lesquels sont des aquéducs publics ; la seconde , des fonds *publics*.

Cette distinction n'a point échappé aux auteurs anciens. Cœpola , *de Servit. urban. præd.* ,
cap. 81 , *n° 1* , s'appuyant sur les lois que nous
venons de citer et sur la doctrine de Barthole ,
décide que lorsque l'aquéduc public *decurrit per
locum privatum* , il doit être laissé un espace
de 15 pieds (1) entre l'arbre et l'aquéduc , et
de 10 pieds seulement quand l'aquéduc porte
sur un fonds public , *si vero aquæductus tran-
situm faceret per loca publica.*

Mais il ne faut pas oublier que le Droit
Romain indemnisait le propriétaire du sacrifice
qu'il lui imposait pour la conservation de l'aquéduc. Le fonds sur lequel il portait , était exempt
des charges publiques et n'avait que celle de son
récurage , ce qui rendait le propriétaire attentif
à ne pas en rapprocher ses plantations.

Une Ordonnance de l'Intendant du Languedoc,

(1) Dans le texte il y a 25 pieds ; mais c'est vraisemblablement
une faute d'impression , car Cœpola s'appuie sur la Loi première ,
qui n'exige que 15 pieds.

du 16 mars 1764, défend aux propriétaires voisins de l'aquéduc qui porte les eaux sur la place du Pérou à Montpellier, de semer leurs fonds ou d'y planter des arbres, à moins que ce ne soit à la distance de 10 toises (20 mètres) des francs bords, si ce sont des mûriers, figuiers ou ormeaux ; à celle de 5 toises (10 mètres), si ce sont des oliviers, chênes verts et autres arbres ; et à celle de 3 pieds (1 mètre), si ce sont des souches de vigne (1).

Cet exemple, le seul que nous connaissions, et la Loi Romaine, ne sont relatifs qu'aux aquéducs publics ; il paraît que le propriétaire d'un aquéduc privé établi sur le fonds d'autrui doit aussi avoir le droit d'empêcher que les plantations du fonds servant ne soient rapprochées de son aquéduc d'une manière nuisible.

Les servitudes particulières sont des propriétés qui doivent être respectées par ceux qui les supportent ; c'est pour elles qu'il a été défendu d'en diminuer l'usage ou de le rendre plus incommode.

La raison de salubrité qui s'oppose au rapprochement des arbres des aquéducs publics, milite en faveur de l'aquéduc destiné à la boisson d'un ménage particulier.

_____

(1) Nouv. Brillon, Vº Aquéduc, § 24. p. 26.

Jusqu'à présent, faute de règle précise, les experts ont suivi la distance déterminée pour la ligne de séparation de deux héritages ; mais ce qui vient d'être dit prouve que cette distance n'est pas suffisante.

Celle de l'Intendant du Languedoc paraît bien forte : celle de la Loi Romaine devrait suffire.

Mais on ne pourrait l'exiger que pour les aquéducs à établir, en ayant la justice de comprendre dans l'estimation de l'indemnité due pour l'imposition de la servitude, la privation de la faculté de planter à une distance moindre de 4 mètres et même de semer à une distance moindre de 2, lorsque l'aquéduc est par sa position et sa nature exposé à recevoir la filtration des engrais qui corrompent l'eau et engendrent des maladies.

Quant aux aquéducs existans, puisqu'il est constant que les experts ont borné la distance des arbres à 8 pans, il ne serait pas juste d'étendre davantage les gênes du propriétaire sans l'en indemniser ; mais dans quelque temps qu'on s'aperçoive que les racines des arbres pénètrent dans l'aquéduc, le propriétaire doit être autorisé à demander qu'ils soient arrachés, avec inhibitions d'en planter à une distance

moindre de 4 mètres, à la charge par lui
d'indemniser le propriétaire du fonds.

Cet objet est plus important qu'on ne pense :
il est telle commune dont les fontaines ne sont
malsaines que parce que leurs conduites sont
entourées d'arbres et d'arbrisseaux, et reçoivent les filtrations des terres et des prés qui
les avoisinent. Il serait digne de la sollicitude
de l'autorité d'ordonner, par mesure de police, que les communes feraient arracher tous
les arbres et arbrisseaux qui approchent les
conduites des fontaines publiques de moins de
4 mètres, qu'elles interdiraient aux propriétaires de semer dans cet espace, d'y faire des
prés et autres cultures qui demandent l'irrigation ou l'engrais, à la charge par elles d'indemniser pleinement les propriétaires de ces
terrains de l'extension de servitude dont cette
mesure gréverait leurs fonds.

L'intérêt public et l'intérêt particulier seraient ainsi remplis, et l'entretien des conduites des fontaines ne figurerait plus avec autant d'uniformité dans les budgets annuels, car
elles ne seraient plus dégradées par l'infiltration des racines, ni corrompues par les eaux
sales que les arrosages et les pluies leur amènent.

Au reste, à quelque distance que les arbres
soient de l'aquéduc, quand leurs racines y pé-

nètrent, le propriétaire de l'aquéduc peut non-
seulement les couper, à l'exemple du voisin
qui coupe les racines des arbres plantés dans
le champ de son voisin, lorsqu'elles s'étendent dans le sien, il peut encore demander
que l'arbre soit arraché comme nuisant à son
aquéduc. La distance n'est effectivement qu'une
présomption, que les racines n'atteindront pas
l'aquéduc, présomption qui disparaît quand les
racines y arrivent. Le même motif qui défend
de planter plus près de 4 mètres, doit faire
arracher quand il est prouvé que cette distance ne suffit pas. Le principe prédominant
est que le maître du fonds servant ne peut
y rien faire qui nuise à la servitude.

Seulement, s'il s'agissait de faire arracher
des arbres plantés à la distance déterminée par
l'usage des lieux, il serait juste d'indemniser
le propriétaire, parce qu'on ne pourrait pas
présumer que cette incommodité eût été pesée
lors de l'établissement de la servitude.

108. L'eau peut ne pas couler toujours,
mais le canal étant permanent, la servitude
qu'il établit est une servitude continue (1) dont
l'usage, pour être continuel, n'a pas besoin du

_____

(1) Cod. Civ., art. 688.

fait actuel de l'homme. C'est celle que les Romains appelaient *Servitus Aquœductus*, qui chez eux comme chez nous ne pouvait être acquise que par titre ou par prescription.

L'utilité des eaux a cependant fait déroger à ce principe dans certains cas.

109. En Provence, on peut dériver l'eau d'irrigation par les chemins *publics*, pourvu qu'on ne nuise ni au chemin, ni à ses voisins (1).

Il faut donner au fossé une largeur et une profondeur convenables, le tenir récuré, et en jeter les déblais dans son fonds, suivant l'art. 39 du Règlement de la Province de 1757. Il faut en outre, d'après un Arrêté du Préfet du 4 novembre 1816, art. 10, faire des ponts, cassis ou gondoles sur le chemin. Mais ces gondoles sont un préservatif insuffisant, même quand elles sont pavées. Les roues des charrettes les creusent bientôt et y tracent des ornières qui sont tout autant de rigoles par lesquelles l'eau du fossé s'échappe et fuit dans le chemin. Il ne peut être bien garanti que par des ponts.

---

(1) Statut de la reine *Isabelle* du 9 décembre 1440. — *Bomy*, Cout. de Prov., p. 12. — *Julien*, ibid., tom. 1. p. 508.

Les chemins publics étant sous la direction et la surveillance de l'administration, on ne peut les couper par des fossés qu'après qu'elle a constaté qu'ont été prises les précautions convenables pour la conservation du chemin.

I IO. C'est, dit Sanléger (1), une règle du droit commun : qu'on peut traverser les fonds d'autrui pour amener les eaux aux moulins. Un Édit de Henri II du 26 mai 1547 (2) en a fait une règle locale en Provence. Nous verrons ailleurs si aujourd'hui elle pourrait être appliquée indistinctement à tous les moulins.

I I I. L'irrigation des terres ne jouit pas de la même faveur. Nos pères avaient demandé la faculté de dériver les eaux d'arrosage par les chemins *privés* comme par les chemins publics, mais elle leur fut refusée pour les premiers par respect pour le droit de propriété (3).

Le droit de conduire l'eau par le fonds d'autrui, *jus aquam ducendi per fundum alienum*, est une servitude, *servitus aquæductus*, qui, comme

---

(1) Résolut. Civ., ch. 48. n° 11.

(2) *Julien*, sur les Stat. de Prov., tom. 1. p. 479 et 507.

(3) *Julien*, loc. cit., p. 508.

toute autre , ne peut être imposée que du consentement exprès ou tacite du propriétaire (1).

112. Il est cependant des canaux d'arrosage dont l'utilité est si grande , qu'il est convenable de prendre sur la propriété individuelle
pour améliorer la propriété générale. Mais il
n'appartient pas aux particuliers de déterminer
le point où cette utilité se généralise assez pour
contraindre les volontés particulières., il n'y a
que le Gouvernement (2) qui puisse déroger
au principe de l'inviolabilité du droit de propriété et obliger les particuliers à donner passage sur leurs fonds à des eaux qui n'y viennent pas naturellement.

C'est ainsi que nous avons vu en Provence,
à des époques assez éloignées l'une de l'autre ,
le Gouvernement accorder , par une disposition expresse, à divers canaux le droit de traverser tous les fonds des communes et des
particuliers, à la charge d'une juste et préalable
indemnité de la servitude que ce passage impose sur ces fonds.

C'est en vertu de ce privilége que les di-

(1) *Bretonnier*, sur Henrys, liv. 4. quest. 189. — M. *Pardessus*,
des Servit. , p. 117. n° 83.

(2) M. *Pardessus*, ibid. , p. 118. n° 83 *in fine.*

verses divisions et sous-divisions de ces canaux traversent tous les fonds en payant.

112 (*bis*). Ce droit qu'ont en général les eaux des moulins, et en particulier certains canaux, de traverser les fonds des particuliers *invitis dominis*, sauf indemnités, fait naître plusieurs questions.

La première est de savoir si le propriétaire dont on coupe le fonds par un canal, peut obliger le maître de l'eau à acquérir la partie qu'occupent son canal et ses ouvrages accessoires, ou si celui-ci peut n'acquérir qu'une servitude.

Cette question était autrefois très-importante : elle l'est moins depuis l'abolition du régime féodal ; mais elle présente encore un intérêt assez sensible, relativement à la contribution foncière et aux droits de mutation.

Le propriétaire de l'eau ne pouvant demander qu'une servitude, ne peut être obligé d'acquérir rien de plus, à l'exemple de ce qui se pratique lors de l'imposition d'une servitude de passage pour une propriété enclavée.

113. Cette décision n'influe pas sur la seconde question consistant à savoir comment doit être fixée l'indemnité due au propriétaire du fonds traversé par un canal.

Il n'est pas douteux que cette servitude ne laissant au propriétaire foncier que la nue propriété du fonds occupé par le canal, c'est-à-dire un droit vain et stérile, chargé de la même contribution foncière que quand il était productif, ne doive être payée comme si elle emportait la propriété du fonds.

Les experts en fixant son prix doivent avoir égard : 1° à la violence qu'on fait au propriétaire en le privant de la jouissance d'une portion de sa propriété ; 2° à l'incommodité que l'établissement de cette servitude donne pour l'exploitation ou la jouissance du reste de la propriété, quand elle la divise ; 3° aux contributions que le propriétaire continuera de payer sans retirer aucun fruit de cette partie ; 4° à sa valeur intrinsèque ou vénale.

L'usage de la Provence fixe au double de la valeur vénale, l'indemnité de la servitude de passage. On fait également payer au double les non-jouissances et les dégâts occasionnés par l'exploitation des mines. On doit suivre la même méthode pour l'indemnité de la servitude de conduite d'eau. On la dépassa de beaucoup lors de l'établissement du canal Boisgelin, aujourd'hui des Alpines, en Provence, en 1785, et des canaux particuliers qui en furent dérivés dans les territoires de diverses communes.

114. On demande encore si le propriétaire dont on veut couper l'héritage par un canal, peut exiger qu'on l'acquière en totalité, lorsque le coupement le dégrade notablement, ou en sépare une partie si minime, que la possession en devienne inutile.

Il le peut pour la totalité, ou pour une partie, suivant la dégradation, à l'exemple de ce qui se pratique lors des alignemens. Car il doit être complétement indemnisé.

Cette solution ne contrarie point celle de la première question. Elle n'en est que l'exception déterminée par une circonstance particulière, et par le respect dû au droit de propriété.

Ce n'est pas la seule occasion où l'on oblige d'acquérir tout le fonds, celui de qui, en thèse générale, on ne pouvait exiger que l'indemnité d'une servitude. On en verra la preuve dans le chapitre suivant.

115. Les eaux qui ont le privilége de traverser tous les fonds, peuvent-elles aussi être conduites par des canaux qui portent déjà d'autres eaux, ou des eaux appartenant à d'autres particuliers ?

Nous croyons avoir suffisamment établi ailleurs (1) que cela ne pouvait pas être.

Cœpola (2) tient la même opinion.

La L. 3. § *ult.* ff. *de Acq. Quot.* se borne à permettre de faire passer des eaux au-dessus et au-dessous des canaux qui en portent d'autres, mais sans les endommager ; ce qui exclut le mélange des eaux.

La Loi que nous avons citée n° 59, paraît au premier aperçu supposer le contraire ; mais elle est dans l'hypothèse du propriétaire d'un canal qui, pour avoir concédé à Mœvius le droit d'y dériver la portion d'eau qu'il lui a cédée, ne perd pas la faculté d'y en dériver une autre portion.

Mais la vue des dommages qu'éprouveraient les fonds voisins des cours d'eau qui ont par eux-mêmes, ou par leur destination, le droit de passer partout en payant, si chaque arrosant pouvait y creuser un canal particulier, a fait établir dans la plupart des communes des canaux particuliers qu'on appelle *branches* ou *rafeirols* (rigoles, petits canaux), qui distribuent les eaux à chacun.

L'agriculture a beaucoup gagné à cette éco-

---

(1) Traité des Alpines, part. 1. ch. 15.
(2) *De Servit. præd. rustic.*, cap. 4. n° 69 et suiv.

nomie ; mais on peut dire que le palais y a beaucoup gagné aussi , car les communions qu'établissent ces branches sont une source féconde de querelles et de procès.

116. Un particulier peut-il obliger les copropriétaires de ces branches , ou l'association qu'elles forment, de le recevoir dans leur sein ?

Peut-il être obligé d'y entrer , même quand il a un autre moyen d'amener à son fonds l'eau dont il a besoin ?

Un Arrêt du 23 février 1748 obligea les Pères Dominicains d'Arles , qui voulaient ouvrir un fossé particulier pour l'irrigation de leurs propriétés , de se servir du *rajeirol* déjà existant et commun à plusieurs autres particuliers ; mais il faut observer que ce fut sur l'offre que ceux-ci en firent , pour éviter que leurs fonds , déjà coupés par ce *rajeirol*, ne le fussent encore par celui que les Dominicains voulaient y établir. L'Arrêt déterminé par cette offre des propriétaires du fonds servant , et fondé sur un usage local , ne paraît pas devoir servir de préjugé sur les questions proposées.

Pecchius (1) dit que quand il n'y a pas d'autre

_____

(1) *De Aquæd.* , liv. i. ch. 7. quest. 3. n° 9.

moyen de dérivation , il faut s'adresser au Prince, qui interpose son autorité pour obliger le propriétaire du ruisseau à y recevoir la nou- velle eau , sauf indemnité et les précautions convenables pour empêcher que le nouveau venu ne prenne l'eau ancienne. Mais cet auteur raisonne d'après le droit local de la Lombardie, qui nous est étranger.

A en juger par les principes généraux du droit , il faudrait dire que de même que per- sonne n'est obligé de demeurer perpétuellement en société , de même , et à plus forte raison, personne ne peut être contraint de former une société que la nature des choses rendrait éter- nelle ; que par réciprocité aucune association ne peut être forcée à recevoir dans son sein un membre qui peut ne pas être agréable à la généralité.

Le propriétaire dont le fonds serait nota- blement dégradé par un nouveau canal, aurait le droit d'exiger que celui qui veut le con- traire, l'indemnisât complétement de cette dé- gradation , ou même qu'il acquît le fonds en totalité.

§ III.

Charges des Eaux.

117. Les rivières navigables ou flottables

sont assimilées aux grandes routes , suivant les avis du Conseil d'État des 24 ventose et 15 floréal an 12, et le Décret du 12 avril 1812. Comme telles , leur entretien est à la charge de l'État.

Quant aux cours d'eau qui ne sont pas une dépendance du domaine public , le principe fondamental qui les régit tous a été posé par la Loi du 24 floréal an 11 (14 mai 1803), árt. 2. Il est que tous ceux qui se servent d'un cours d'eau , doivent concourir à son curage et à l'entretien des digues et ouvrages d'art qui y correspondent dans la proportion du degré d'intérêt qu'ils ont aux travaux qui doivent s'effectuer.

C'est par application de ce principe que le curage et l'entretien des petites rivières sont à la charge des riverains (1).

S'il peut être ordonné par le préfet, c'est qu'il s'agit d'une chose commune à plusieurs personnes qui ne sont unies par aucun lien , et que chaque communier a le droit d'obliger ses communistes à faire avec lui les dépenses qui sont nécessaires pour la conservation de la chose commune (2). Si pour faire remplir

---

(1) L. du 14 floréal an 11 (4 mai 1803). — *Avis du Conseil d'État* du 30 pluviose an 13 (19 février 1805). — *Décret* du 6 juillet 1813. — M. *Henrion*, p. 286.

(2) *Cod. Civ.*, art. 1859. § 3.

cette obligation , il s'adresse à l'autorité administrative de préférence à l'autorité judiciaire,
c'est que le défaut de curage et d'entretien
peut compromettre la sûreté et la salubrité de
toute une contrée , et qu'il est plus ordonné
dans l'intérêt du cours d'eau que dans celui des
particuliers. Nous ne faisons ici que jeter des
idées que nous développerons ailleurs (1).

A raison de l'obligation où sont tous ceux
qui usent d'un cours d'eau , de concourir à son
curage et à l'entretien des ouvrages d'art qui
en dépendent , on demande à la charge de qui
doivent être les ponts qui le traversent. Sont-ils
la charge des eaux ? Sont-ils celle des communications qu'ils facilitent ?

Il paraît juste de distinguer la construction
de l'entretien.

La construction est la charge du canal, s'il
a coupé un chemin préexistant ; elle est celle
du chemin public ou privé , s'il a été tracé
après le canal. La raison en est que ni le chemin,
ni le canal , ne doivent intercepter les communications existantes lors de la formation, et
c'est à l'auteur d'une entreprise nouvelle à franchir les obstacles qu'il rencontre de manière à
ne nuire à aucun établissement formé.

_____

(1) Liv. 4. tit. 1. ch. 1. § 1.

L'entretien exige aussi une distinction.

Les piles du pont remplacent les berges du canal. Elles ne sont ordinairement dégradées que par l'eau ; leur entretien est , par ce double motif , la charge du canal.

La voûte ou le cerveau du pont ne sont fatigués et dégradés que par le passage ; ils remplacent aussi la portion du chemin qu'ils occupent ; ils doivent être entretenus par ceux qui sont chargés de l'entretien du chemin. C'est d'ailleurs le seul moyen de les intéresser à tenir le dessus du pont engravé.

SECTION CINQUIÈME.

Dommages que les Eaux causent ou reçoivent.

118. L'eau n'est pas toujours avantageuse, quelquefois elle est nuisible , souvent aussi elle est l'objet des entreprises de la malveillance et de la cupidité.

Les lois ont déterminé dans quels cas et par qui doivent être réparés les dommages qu'elle cause, l'action qui en naît, les juges qui doivent en connaître.

Elles ont aussi attaché des peines et donné des juges aux délits dont elle est la cause et l'objet. Nous allons en retracer les dispositions dans les paragraphes suivans.

§ Ier.

Dommages causés par les Eaux.

119. Tant qu'on ne peut reprocher au propriétaire de l'eau, ni faute, ni négligence, il ne répond pas du dommage qu'elle cause ; mais il en est tenu pour peu qu'on puisse lui imputer l'une ou l'autre.

Ainsi, si la rupture ou le débordement d'un fossé sont l'effet d'une force majeure, d'un cas fortuit dégagé de toute faute et de toute négligence, soit dans la bonne tenue du fossé, soit dans l'introduction des eaux qu'il doit porter, soit dans sa fuite ou son débouché, le propriétaire ne sera pas tenu du dommage que son débordement ou sa rupture occasionneront.

Mais il devra le réparer, s'il n'y a ni cas fortuit, ni force majeure, ou si l'un ou l'autre ont été précédés de négligence, ou d'imprudence, s'ils peuvent être imputés au mauvais état des berges ou du fossé.

Les principes de cette   n ont été
développés ailleurs (1).

I20. Celui qui en tem   e laisse fermée l'écluse qui élève les   du canal-mère
à la hauteur nécessaire à   oins, répond
du dommage que cause l'e   qui sans cette
fermeture aurait coulé par sa pente naturelle
dans le canal-mère, sans surverser (2).

I2I. Le propriétaire d'in engin répond du
dommage que ses eaux causent aux chemins
et aux propriétés voisines (3).

La distinction ci-dessus lui est applicable
comme à tout propriétaire d'eau : mais à l'égard
du propriétaire d'engin ou de toute autre prise
d'eau dont la hauteur doit être fixée par l'autorité administrative, il faut distinguer encore
le cas où cette fixation a été faite, de celui
où elle ne l'a pas été.

Si elle ne l'a pas été, n'y ayant pas de
contravention, il n'y a pas de peine, ni par
conséquent lieu à l'action en police (4).

---

(1) Voyez notre Traité des Alpines, part. 1. chap. 17.
(2) Arrêt de Cassat. du 18 novembre 1817; *Sirey*, tom. 18. p. 73.
(3) Cod. Rur. de 1791, tit. 2. art. 16.
(4) Arr. de Cassat. du 16 frimaire an 14; *Sirey*, tom. 6.
p. 145.

Même dans ce cas, il y a toujours lieu à l'action civile en réparation du dommage.

S'il y a eu fixation de la hauteur des eaux de la part de l'autorité administrative, et que cette hauteur n'ait pas été excédée, il n'y a également point de peine (1).

La réparation du dommage n'est pas moins due, et doit être ordonnée par les tribunaux qui connaissent en général des dommages causés par suite de l'exécution donnée à un arrêté administratif (2).

Mais il n'y a pas lieu à l'action en police. Il faut s'adresser au préfet, pour qu'il prévienne le retour de dommage en ordonnant le rabaissement (3).

S'il y a eu excès sur la hauteur fixée, non-seulement il échoit réparation du dommage, mais il y a lieu à l'action et à des peines correctionnelles, car cet excès est puni d'une amende de 50^f au quart des restitutions et des dommages et intérêts (4).

S'il est résulté des dégradations, le délin-

---

(1) Arr. de Cassat. du 25 août 1808 ; *Sirey*, tom. 9. p. 291 ; tom. 10. p. 215.

(2) *Sirey*, tom. 21. part. 2. p. 67.

(3) Même Arrêt du 25 août 1808.

(4) Cod. Rural de 1791, tit. 2. art. 16. — Cod. Pénal, art. 457.

quant est, outre l'amende, puni d'un emprisonnement de six jours à un mois (1).

122. Quand l'eau n'est pas seulement la
cause, mais l'instrument du dommage, c'est-
à-dire, quand elle a nui moins par son impétuosité naturelle, ou par sa mauvaise direction, que par l'intention et la mauvaise volonté de son propriétaire, il n'en est pas quitte
pour la réparation et l'amende, il est encore
passible des peines de police municipale ou
correctionnelle, suivant la gravité des circonstances et les résultats du méfait.

En général, celui qui inonde l'héritage de
son voisin, ou lui transmet *volontairement* les
eaux d'une manière nuisible, est puni d'une
amende non excédant la somme du dédommagement (2).

123. Toutes ces actions en réparation des
dommages causés par les eaux, sont de la compétence judiciaire (3). Ce sont des dommages
faits aux champs dont la Loi du 24 août 1790,

---

(1) Même art.
(2) Cod. Rur. de 1791, tit. 2. art. 15.
(3) Décr. du 16 décembre 1811, art. 114. — Arr. du Cassat.
du 18 novembre 1817; *Sirey*, tom. 18. p. 73; tom. 21. part. 2.
p. 67.

tit. 3, art. 10, attribue généralement la connaissance aux juges de paix.

§ II.

Délits ou Entreprises sur les cours d'Eau.

124. Après nous être occupé du dommage
que les eaux causent, il convient de nous occuper des entreprises dont elles ont à souffrir.

Celui qui comble, en tout ou en partie,
des fossés appartenant à autrui, est puni d'un
emprisonnement d'un mois à un an et d'une
amende de cinquante francs, au quart des restitutions et des dommages-intérêts (1).

125. Si celui dont les canaux d'irrigation
ont été dégradés ou comblés, prenant la voie
civile, se plaint dans l'année du trouble, l'action étant possessoire, doit être portée devant
le juge de paix. Elle devrait l'être au tribunal
civil, si elle était intentée après l'année (2).

126. La peine de l'art. 456 est applicable
au délit beaucoup plus fréquent dont se ren-

---

(1) Cod. Pén., art. 456.
(2) M. *Henrion*, p. 262.

dent coupables ceux qui, pour se procurer un plus grand volume d'eau, ou par tout autre motif, bouchent avec des broussailles, de la terre glaise, des pierres ou autres matériaux, les prises d'eau d'autrui, et le privent ainsi de son eau, ou la détournent de ses prises en lui traçant un autre canal (1).

127. Les violences, les voies de fait, le vol de matériaux, les réparations des dommages réclamés par des particuliers, sont de la compétence des tribunaux, quelles que soient les eaux qui en sont l'objet, ainsi que nous le dirons en traitant de la Voirie.

Il en est de même de tout délit, de toute contravention sur les eaux privées (2).

128. Les entreprises sur les cours d'eau considérées dans leur rapport avec eux, sont les anticipations, les décours et l'encombrement; rigoureusement parlant, elles ne constituent ni délits, ni contraventions, puisqu'il

---

(1) Arr. de Cassat. du 18 messidor an 8, qui rejette le pourvoi contre un jugement qui avait appliqué à ce fait la peine des articles 600 et 605 du Code de brumaire an 4, dont l'art. 456 du Code de 1810 n'est que la copie, sauf la différence de la peine; *Sirey*, tom. 1. part. 2. p. 256.

(2) Législ. sur les Eaux, no 272.

n'est point de loi qui leur applique des peines de police correctionnelle ou municipale.

Cependant si leur résultat était de nuire aux propriétés voisines, on pourrait leur appliquer les peines portées par le Code de 1791 et par l'art. 457 du Code Pénal de 1810, contre ceux qui inondent l'héritage d'autrui ou lui transmettent volontairement les eaux d'une manière nuisible, et contre les propriétaires ou fermiers d'engins qui nuisent aux chemins ou aux propriétés voisines par la trop grande élévation du déversoir.

Hors de ce cas, la répression de ces entreprises ne peut être poursuivie que par la voie civile, en payement du dommage souffert.

129. Est-elle poursuivie à la requête des particuliers à raison du dommage qu'ils souffrent? nul doute que l'autorité judiciaire ne soit la seule à laquelle ils doivent s'adresser.

Est-elle poursuivie à la requête des préposés, à la conservation du cours d'eau et dans son intérêt? on distingue.

Si le cours d'eau est une dépendance du domaine public, l'action est indistinctement du ressort du pouvoir administratif (1).

____

(1) *Inf.*, liv. 4. tit. 1. ch. 2. n° 35.

Si le cours d'eau n'est pas une dépendance du domaine public, il est nécessairement propriété privée , et l'action ne peut être poursuivie que devant l'autorité judiciaire.

Personne ne le nie pour les délits d'encombrement , par jet d'immondices ou de matériaux, constructions de digues ou batardeaux.

130. Quant aux délits d'anticipation ou de décours , la compétence judiciaire n'est point aussi universellement reconnue. Nous devons même dire qu'assez communément aujourd'hui on attribue aux conseils de préfecture la connaissance de ces délits (1).

Cette opinion est-elle bien juste ? C'est ce que nous nous permettons d'examiner.

131. Jusques en l'an 13 (1805), tous les délits qui se commettent sur les rivières non navigables, étaient dans les attributions des tribunaux de police correctionnelle ou de simple police.

En l'an 12 , le Ministre de l'intérieur présenta un projet tendant à renvoyer aux conseils de préfecture la répression de tous les délits qui se commettent sur les petites rivières. Il se

_____

(1) *Inf.* , n° 59.

fondait sur ce que la Loi du 29 floréal an 10 leur attribue la connaissance des délits relatifs aux grandes routes.

Le Conseil d'État observa que le régime établi pour les grandes routes pouvait bien s'appliquer aux rivières navigables, mais qu'il était étranger aux petites rivières. En conséquence, il décida par un Avis du 24 ventose an 12 (il est rapporté dans celui du 28 avril 1812), « Que « sur ces derniers cours d'eau, les contraven-« tions aux règlemens de police doivent, sui-« vant les dispositions du Code Civil et autres « Lois existantes, être portées, suivant leur « nature, devant les tribunaux de police mu-« nicipale ou correctionnelle ». Pareille déci-sion, amenée par les mêmes motifs, intervint, le 15 floréal même année, au sujet d'une en-treprise sur le cours d'un ruisseau (1).

L'année suivante et le 9 ventose an 13 (28 fé-vrier 1805), fut rendue la loi qui attribue aux conseils de préfecture la connaissance des in-fractions aux règlemens sur la largeur et l'ali-gnement des chemins vicinaux.

De ce que le Conseil d'État avait approuvé l'assimilation des rivières navigables aux grandes routes, on demanda d'abord s'il ne devait pas

---

(1) M. *Henrion*, p. 307 et 308.

en être de même des petites rivières à l'égard des chemins vicinaux, et l'on conclut bientôt que, puisque la Loi du 9 floréal an 10 était applicable aux rivières navigables, celle du 9 ventose an 13 devait l'être aux petites rivières ; d'où la conséquence que les conseils de préfecture devaient connaître des entreprises sur le cours ou la largeur de ces rivières , puisqu'ils en connaissaient sur les chemins vicinaux.

Il paraît difficile d'applaudir à cette conséquence , quand on la passe au creuset de l'examen.

Les grandes rivières sont en tout semblables aux grandes routes : les unes et les autres sont la propriété et la charge de l'État soumise au service de tous. L'anticipation et le décours sont des attentats à la propriété de l'État , des entreprises sur la chose commune et nécessaire à tous.

Il est naturel qu'il y ait identité de régime là où se rencontre identité de propriétaire , d'usages, d'entretien et d'utilité.

Mais il n'en est pas de même des cours d'eau qui ne sont pas une dépendance du domaine public ; ils n'ont aucun trait de ressemblance avec les chemins vicinaux.

Ceux-ci sont la propriété des particuliers sur les fonds desquels ils passent, ou des communes, mais toujours propriété entretenue par les communes , pour le service de tous.

Les petites rivières ne sont la propriété que des riverains ; eux seuls en retirent le produit et l'agrément ; eux seuls sont chargés de leur entretien (1) ; les entreprises qui s'y font ne nuisent ni au public , ni à l'État ; elles ne nuisent qu'aux riverains, leur répression n'intéresse par conséquent qu'eux.

Une loi qui assimilerait des choses aussi différentes , forcerait sans doute à l'obéissance à raison de son autorité , mais elle aurait contre elle l'autorité de la raison.

Heureusement il n'en est point , il n'y a même pas d'acte du Gouvernement qui ait sanctionné cette assimilation.

La Loi du 29 floréal an 10 et le Décret du 16 décembre 1811 qui la complète , ne sont relatifs qu'aux délits de grande voirie dont il ne s'agit pas ici.

L'art. 27 de la Loi du 16 septembre 1807 renvoie généralement à l'autorité judiciaire la connaissance des délits sur les digues des torrens , rivières et fleuves , et ne confère à l'autorité administrative que les objets de grande voirie.

_____

(1) *Suprà* , n° 39.

Le Décret du 10 avril 1812 n'est encore fait que pour les rivières navigables.

Celui du 12 du même mois n'aurait pas présenté comme base de décision l'Avis du Conseil d'État du 24 ventose an 12 (25 mars 1804), qui déclare que les contraventions aux règlemens de police sur les rivières non navigables , sont de la compétence judiciaire , si à cette époque de 1812, il existait depuis sept ans une loi qui, par analogie , en attribuait la connaissance aux conseils de préfecture.

Bien moins encore ce même Décret eût-il déclaré que l'autorité administrative ne pouvait connaître que du curage de ces rivières , si une loi postérieure à celle de floréal an 11 avait étendu sa compétence à d'autres objets.

Lorsqu'en 1813 le Gouvernement d'alors voulut organiser les cours d'eaux non navigables de la Toscane à l'instar de ceux du royaume, il visa dans son Décret du 6 juillet, la Loi du 14 floréal an 11 , certains articles de celle du 16 septembre 1807 ; mais il n'eut pas la pensée de recourir à celle de ventose an 13 , et dans l'art. 52 il attribua aux tribunaux la connaissance des contraventions qu'on suppose que cette loi a donnée aux conseils de préfecture.

De tout cela il résulte que l'assimilation des petites rivières aux chemins vicinaux n'est ni

avouée par la raison , ni sanctionnée par la loi,
et que jusqu'à ce que la volonté du législateur
soit plus clairement manifestée, partant du principe qu'il n'appartient qu'à lui de déterminer
les attributions et les pouvoirs des autorités ,
les conseils de préfecture , qui ne sont que
des tribunaux cartulaires , ne peuvent , sur les
cours d'eau qui ne sont pas une dépendance
du domaine public , connaître des délits d'anticipation et de décours dont aucune loi ne leur
avait déféré la connaissance.

SECTION SIXIÈME.

De quelques espèces d'Eau.

132. Il est des eaux à l'égard desquelles la
raison d'utilité publique a fait apporter des modifications au droit commun sur l'usage que
chacun peut faire de sa propriété. De ce nombre
sont les eaux d'écoulement, les torrens et les
eaux minérales. Nous allons nous en occuper
dans les paragraphes suivans.

§ Ier.

Canaux d'Écoulement.

133. Les canaux d'écoulement ou de vidange
sont destinés à recevoir et faire couler les eaux

qui submergent les terres , qu'elles soient le
résidu des irrigations ou le produit des filtrations naturelles. Ils ne doivent être assimilés,
ni aux lits que l'eau se creuse elle-même , en
suivant sa pente naturelle du fonds supérieur
à l'inférieur , ni aux canaux que l'homme lui
présente pour l'amener sur son héritage.

Les canaux de vidange assainissent l'air et
maintiennent les terres dans un état de culture.

Quoiqu'ils soient la propriété particulière de
ceux qui les ont creusés et les entretiennent,
ils ne laissent pas d'être , à raison de leur
utilité, sous la surveillance de l'autorité administrative qui peut , quand ils doivent dessécher ou assainir un quartier ou une certaine
étendue de terrain , obliger tous ceux à qui ils
sont utiles , à se syndiquer, à en creuser partout où ils sont jugés nécessaires, et à les tenir
constamment en état de remplir leur destination , sans qu'aucun possédant bien dans le
quartier puisse se soustraire à cette charge par
une renonciation à l'usage immédiat du canal
ou autrement.

Sous le rapport de la surveillance et de la
police , ces canaux sont exactement sous le
même régime que les torrens dont nous allons
nous occuper dans le paragraphe suivant, auquel
nous renvoyons pour ne pas user de redites.

§ II.

Torrens.

134. Le torrent est un cours d'eau qui ne coule pas continuellement (1).

L'intermittence habituelle est son caractère distinctif de tout autre cours d'eau ; quoiqu'il puisse arriver , qu'il coule sans interruption pendant une année entière , il ne cesse pas d'être torrent, s'il est habituellement sujet à l'intermittence, à l'exemple des fleuves qui ne cessent pas d'être tels pour avoir accidentellement cessé de couler pendant un été. *Licet aliqua œstate exaruerit* (2).

135. La Loi Romaine et les auteurs qui n'ont écrit que d'après elle , réputent le torrent propriété privée, parce qu'ainsi que nous l'avons dit, n° 28, dans le Droit Romain, tout cours d'eau continu était une propriété publique, c'est-à-dire du peuple romain. *Flumina quœ in hyeme currunt et non in œstate privata sunt* (3).

Mais depuis que la Loi Française a assigné

---

(1) L. 1. § 2: ff. *de Flum.*
(2) Même Loi.
(3) *Cœpola* , de Servit. præd. rustic. , cap. 38. n° 1.

d'autres bases à la publicité des eaux, on ne peut méconnaître que les torrens sont propriété publique, c'est-à-dire domaniale, ou privée, suivant qu'ils sont ou non placés dans les dépendances du domaine public, à l'instar de tous les autres cours d'eau.

136. Nous avons vu, n° 105, que chacun a le droit de se prémunir contre les irruptions des torrens par des ouvrages faits sur son fonds, mais que nul ne pouvait être obligé par ses voisins de défendre son propre héritage pour garantir le leur, lors même que sa négligence ou son refus exposerait ceux-ci à la dévastation.

Il ne faut pas en conclure que des contrées menacées par le débordement d'une rivière ou l'irruption d'un torrent n'aient aucun moyen de se garantir, quand le propriétaire le plus exposé, celui sur le fonds duquel les ouvrages défensifs doivent être faits, ne peut ou ne veut pas s'en charger. Autant il serait injuste de le contraindre à faire à lui seul une dépense dont ses voisins partageraient le profit, autant il serait barbare de laisser des propriétaires exposés à voir leurs héritages dévastés ou emportés, sans leur offrir les moyens de les défendre.

La loi politique vient alors au secours de la loi civile, et supplée à son imperfection par une disposition de prévoyance qui protège et remplit les intérêts de tous.

137. En chargeant l'administration publique de procurer un libre cours aux eaux et de prévenir le submergement des terres, les Lois de 1790 et 1791 lui ont donné généralement le droit de contraindre, en cas de nécessité, les volontés individuelles, et d'exiger d'elles le sacrifice de l'intérêt particulier à l'intérêt général.

La Loi du 14 floréal an 11 (3 juin 1803) a appliqué ces principes aux cours d'eau privés, quand elle a chargé le préfet de veiller au curage des cours d'eau et à l'entretien des digues et ouvrages d'art qui y correspondent, conformément aux règlemens ou usages anciens, ou aux règlemens d'administration publique dressés par le Gouvernement.

Quelques règlemens particuliers ont été donnés aux contrées le plus exposées aux excursions des terrens ou aux débordemens des fleuves ; ils ne sont que l'application et la mise en activité, dans ces contrées, des lois précédentes.

Parmi ces décrets se distingue, par sa sim-

plicité et la sagesse de ses dispositions, celui
du 4 thermidor an 13 (23 juillet 1805), fait
d'abord pour le département des Hautes-Alpes,
puis déclaré commun, par un autre Décret
du 16 septembre 1806, aux départemens des
Basses-Alpes et de la Drôme, qui, comme le
premier, sont exposés à être dévastés par les
torrens qui les coupent (1).

_____

(1) Ce Décret ne se trouvant pas dans le Bulletin des Lois,
je crois utile de le transcrire ici en entier.

« Vu la Loi du 14 floréal an 11, et la demande du préfet
« des Hautes - Alpes relative à la construction et à l'entretien
« des digues et ouvrages d'art, pour garantir les propriétés des
« dommages que peuvent causer des rivières non navigables ou
« torrens ;

« Considérant que les dispositions de l'Arrêt du Conseil du
« 10 octobre 1765, revêtu de lettres patentes du 8 juillet 1768,
« qui réglait ces sortes de travaux, ont cessé d'être observées,
« et qu'il importe de les faire exécuter dans tout ce qui est com-
« patible avec les principes actuels d'administration ;

« Le Conseil d'État entendu, décrète :

« ART. 1er. Dans les communes du département des Hautes-
« Alpes qui se trouvent exposées aux irruptions et débordemens
« des rivières ou torrens, les maires, après avoir fait délibérer
« les conseils municipaux, se pourvoiront en la forme ordinaire
« par - devant le préfet du département, pour être autorisés à
« faire les réparations ou autres ouvrages nécessaires. En cas d'ur-
« gence, ils pourront convoquer les conseils municipaux pour cet
« objet, sans une permission particulière.

« ART. 2. Le préfet commettra un ingénieur des ponts et chaus-
« sées pour reconnaître les endroits exposés, lever les plans des
« lieux et proposer les projets et devis qui seront communiqués
« aux conseils municipaux, et, d'après leurs observations, le
« préfet prononcera l'autorisation, s'il y a lieu.

Ces décrets, comme ces lois, partent du principe que le danger commun forme entre tous

---

« ART. 3. Si les ouvrages à exécuter n'intéressent que des par-
« ticuliers, le préfet nommera une commission de cinq indi-
« vidus parmi les principaux propriétaires intéressés, lesquels choi-
« siront entre eux un syndic, et délibéreront sur l'utilité ou les
« inconvéniens des travaux demandés.

« ART. 4. Le préfet commettra ensuite un inspecteur pour
« dresser les projets et devis qui seront communiqués à la com-
« mission, ainsi qu'il est prescrit pour les conseils municipaux
« dans l'art. 2.

« ART. 5. Dans le cas où les ouvrages à faire intéresseraient
« plusieurs communes qui n'agiraient pas de concert, la demande
« du conseil municipal de la commune poursuivante sera com-
« muniquée aux conseils municipaux des communes, et il sera
« ensuite procédé, par le préfet, à l'égard de toutes les communes,
« conformément à l'art. 2.

« ART. 6. Lorsque la négligence soit d'un ou de plusieurs par-
« ticuliers, soit d'une ou de plusieurs communes, à faire des
« digues, curages et ouvrages d'art, le long d'un torrent ou d'une
« rivière non navigable, exposera le territoire aboutissant, d'une
« manière préjudiciable au bien public, le préfet, sur les plaintes
« qui lui seront portées, ordonnera le rapport d'un ingénieur
« des ponts et chaussées. Ce rapport sera communiqué aux parties
« intéressées pour donner leur réponse par écrit dans le délai
« de huit jours, et le conseil de préfecture statuera sur les con-
« testations qui pourraient en résulter.

« ART. 7. Si une digue intéresse une commune en général,
« et que quelques particuliers s'opposent à sa construction, le
« conseil municipal sera consulté, et les oppositions seront sou-
« mises au jugement du conseil de préfecture.

« ART. 8. Dans tous les cas ci-dessus énoncés, et lorsque les
« délais seront expirés, si tous les intéressés ont donné leur con-
« sentement, ou qu'il n'y ait pas eu de réclamations, l'adjudi-
« cation des ouvrages tels qu'ils auront été déterminés et arrêtés
« sera faite dans les formes ordinaires, devant tel fonctionnaire

ceux qu'il menace, un lien naturel, une communion forcée dont aucun ne peut repousser
les charges, parce que tous doivent recueillir
le fruit de l'union.

Ce n'est plus alors la propriété des eaux que
la loi considère, puisque ses mesures sont les
mêmes, soit qu'il s'agisse du plus petit cours
d'eau, soit qu'il s'agisse d'un fleuve ou d'une
rivière navigable ou flottable (1) ; elle ne voit
que les ravages que les eaux peuvent faire et

« que le préfet aura commis et en présence des intéressés, ou
« ceux-ci dûment appelés par les affiches et publications ordinaires.

« ART. 9. Le montant de l'adjudication sera réparti entre les
« intéressés à raison du degré d'intérêt de leurs propriétés,
« par un rôle que le préfet rendra exécutoire suivant la Loi du
« 14 floréal an 11, et le conseil de préfecture statuera sur les
« réclamations relatives à cette répartition.

« ART. 10. Les adjudicataires seront payés du montant de leur
« adjudication, en vertu des ordonnances expédiées par le préfet
« sur le certificat de réception des travaux délivré par l'ingé-
« nieur chargé de la conduite des ouvrages. Les débiteurs seront
« contraints au payement dans la forme prescrite par la Loi du
« 14 floréal an 11.

« ART. 11. Nul propriétaire ne pourra être taxé pour ses con-
« tributions aux travaux, dans le cours d'une année, au delà
« du quart de son revenu net, distraction faite de toutes les
« autres impositions.

« ART. 12. Le Ministre de l'intérieur est chargé de l'exécution
« du présent Décret. »

(1) Lorsqu'une crue du Rhône menace les chaussées d'une rupture ou d'un débordement, tous les habitans des communes d'Arles,
Tarascon et Saintes-Maries, sont soumis à des travaux personnels,
ainsi que le prescrit l'art. 37 du Décret du 15 mai 1813.

la nécessité de réunir, pour l'intérêt de tous, les forces et les fortunes individuelles, contre l'ennemi commun qui les menace.

Toute commune, tout particulier qui voit sa contrée exposée par le comblement du lit d'un torrent, ou le mauvais état de ses rives, ou par toute autre cause, a droit de provoquer l'action de l'administration.

Les travaux ne sont faits qu'après que le devis en a été examiné et approuvé par les parties intéressées qui sont exclusivement et absolument tous ceux dont ils doivent protéger les fonds, et les dépenses ne sont point réparties dans la proportion des avantages que chacun peut retirer des eaux, mais dans la proportion du préjudice qu'il pourrait en recevoir, du degré d'intérêt de chacun aux travaux qui doivent s'effectuer (1).

On ne débute pas par imposer la propriété protégée. Il faut auparavant la comprendre dans l'association, dans laquelle on peut l'obliger d'entrer, ainsi que nous le dirons ailleurs, dès qu'elle y est intéressée (2).

---

(1) *L. du 14 floréal an 11, art. 2; L. du 16 septembre 1807, art. 33. — Décret du 4 thermidor an 13, art. 9. — Autre du 4 prairial, même année, pour les communes d'Arles et de Notre-Dame de la Mer, art. 21.*

(2) *Ord. du 9 septembre 1818; Sirey, tom. 18. p. 323. — Arg. de la Loi du 6 septembre 1807, sur le Desséchement des Marais; Infr., tit. 2. ch. 3. § 1. n° 12.*

En soumettant ainsi les particuliers à des dépenses imprévues, la loi n'a cependant pas entendu leur imposer des sacrifices au-dessus de leur force.

L'art. 23 du Décret du 4 prairial an 13 ne permet pas d'absorber la moitié du revenu net, et l'art. 11 de celui du 4 thermidor suivant défend de taxer un propriétaire pour ses contributions aux travaux, dans le cours d'une année, au delà du quart de son revenu net, distraction faite de toutes les autres impositions.

Les digues des torrens étant l'ouvrage des propriétaires qu'elles garantissent, constituent évidemment une propriété privée. Les délits qui s'y commettent sont conséquemment de la compétence judiciaire, ainsi que nous l'avons dit n° 131, d'après la Loi du 16 septembre 1807 ; mais les réparations et dommages sont poursuivis par voie administrative, comme pour les objets de grande voirie, suivant l'art. 27 de la même Loi.

§ III.

Eaux Minérales.

.138. L'influence qu'ont les eaux minérales sur la santé publique, les a fait soumettre à un régime spécial qu'il n'entre pas dans le plan de cet ouvrage de développer. Il suffit d'y indiquer les lois qui le constituent.

Elles sont rappelées dans l'Arrêté du Conseil d'État du 27 floréal an 7 (18 mai 1799), qui remet en vigueur les lois et règlemens anciens, et qui a été suivi de deux autres Arrêtés, l'un du 3 floréal an 8 (23 avril 1800), l'autre du 6 nivose an 11 (27 décembre 1802).

D'après ces lois, le propriétaire qui découvre dans son fonds une source d'eau minérale, ne peut l'employer à un établissement de bains ou de douches, ni en commencer le débit et la distribution qu'après que le Gouvernement l'a fait examiner et qu'il en a permis l'emploi, sur le rapport des commissaires qu'il a chargés de l'examen.

139. La police et la distribution de ces eaux sont dans les mains du Gouvernement, en ce sens que le Ministre de l'intérieur est autorisé à dresser les instructions nécessaires et à nommer un officier de santé que le propriétaire est tenu de payer, qui inspecte la distribution des eaux et veille à la propreté des sources et fontaines.

Il n'est pas facultatif au propriétaire de fixer le prix de ses eaux. Il doit en dresser un tarif, qu'il est tenu de faire approuver par le préfet, sauf le recours au Gouvernement en cas de contestation.

I40. Les contraventions aux règlemens sur les eaux thermales, sont de la compétence des conseils de préfecture (1).

Ils connaissent même de la propriété des sources minérales, quand le litige est entre l'État et les communes (2).

CHAPITRE V.

Des Mines.

I. Les mines sont une espèce particulière de biens : le maître du sol n'a pas sur elles un droit de propriété aussi plein, aussi parfait dans son exercice que sur les autres fonds.

Ce n'est pas qu'on méconnaisse à leur égard que la propriété du sol emporte celle du dessus et du dessous (3), mais ce droit sur l'intérieur

(1) Décr. du 30 prairial an 12 (19 juin 1804), art. 4.
(2) Arrêt du 6 nivose an 11 (27 décembre 1802), art. 9.
(3) *Cod. Civil*, art. 552.

du terrain n'étant qu'un droit de conséquence ou d'accession de la propriété de la surface, a dû recevoir des modifications qu'on ne saurait, sans injustice, appliquer à celle-ci.

En général, le droit et les désirs du propriétaire sont bornés à l'usage ordinaire des héritages, c'est-à-dire, au droit d'y semer, planter, bâtir, faire du bois et des fouilles pour l'extraction des eaux nécessaires et la vidange des eaux malfaisantes : ses vues ne se portent pas sur les mines qui sont inconnues ; en dirigeant leur exploitation ou même en en disposant, on ne retranche rien à sa propriété, à ce qu'il a voulu acquérir et posséder : on ne l'appauvrit pas.

D'un autre côté, la nature en destinant l'usage des mines au public pour le besoin qu'ont les États des métaux et autres matières que la terre recèle dans son sein, a entouré leur exploitation de tant d'obstacles, de tant de dangers, que la puissance publique ne saurait apporter une surveillance trop active soit pour y répandre l'instruction, soit pour éloigner les dangers auxquels les ouvriers sont journellement exposés par leur ignorance et leur imprévoyance.

C'est par ce double motif que de tout temps les lois ont réglé l'usage des mines, en laissant au propriétaire du fonds ce qui leur a paru juste , et donnant à l'État un droit indépendant de celui du propriétaire et supérieur à celui-ci.

2. Il serait plus curieux qu'utile de compiler les Lois Romaines et les anciennes Ordonnances qui ont donné à ce droit plus ou moins d'étendue ; il suffit de se borner à l'état moderne de notre Législation dont la réflexion qui précède ne peut manquer de faire sentir la justice.

3. Ce dernier état est fixé par la Loi du 28 juillet 1791 , et par celle du 21 avril 1810 qui n'a pas révoqué la précédente. Ces lois ne soumettent pas toutes les substances terrestres au même régime. Elles distinguent les mines des minières , et celles-ci des carrières.

A leur exemple, nous diviserons ce Chapitre en trois paragraphes , qui seront suivis d'un quatrième , où nous traiterons de la compétence des autorités sur cette matière.

§ Iᵉʳ.

Mines.

4. Le mode d'exploitation et la nature des substances qui en sont le produit , caractérisent la mine et la distinguent de la minière.

On répute mine tout terrain qui est exploité par des fouilles souterraines plus ou moins profondes, ainsi que celui qui est connu pour contenir en filons, en couches ou en amas, des substances métalliques ou fossiles qui sont d'une importance majeure pour la société, et dont l'extraction et le traitement nécessitent l'application des méthodes minéralurgiques ou de grands moyens mécaniques, ou une consommation considérable de comestibles.

5. Les mines sont à la disposition du Gouvernement, en ce sens qu'elles ne peuvent être exploitées, même par le propriétaire du fonds, qu'en vertu d'un acte de concession délibéré en Conseil d'État (1).

6. Les recherches et la découverte des mines sont dans l'intérêt public, et, par conséquent, dans le vœu du Gouvernement ; mais il n'y a que le propriétaire du fonds qui puisse s'y livrer sans formalités préalables. Des tiers ne peuvent porter la sonde sur son terrain sans son consentement. Quand il s'y refuse, il faut, avant toute entreprise, rapporter l'autorisation

---

(1) *L. du 28 juillet* 1791, art. 1. — *L. du 21 avril* 1810, art. 5 et 12.

du Gouvernement, qui ne la donne qu'après
avoir consulté l'administration des mines et à
la charge d'une préalable indemnité envers le
propriétaire, à raison de la non-jouissance et,
des dégâts occasionnés à la surface, et après
qu'il a été entendu.

7. D'après d'anciens usages qui n'ont jamais
été abolis, la durée des permissions des recherches n'excède pas deux années, après lesquelles elles peuvent être renouvelées, s'il y
a lieu, sur l'avis de l'administration des mines
et aux mêmes conditions à l'égard des propriétaires des terrains.

Les travaux doivent être mis en activité dans
les trois mois de la date de la permission et
suivis sans discontinuité. L'inaction formellement constatée donnerait lieu à la révocation
de la permission qui pourrait être accordée
à d'autres (1).

8. Nulle permission de recherches ni concession de mines ne peut, sans le consentement formel du propriétaire de la surface,
donner le droit de faire des sondes, d'ouvrir
des puits ou galeries, ni d'établir des machines

---

(1) Instruct. du Ministre de l'intérieur sur la L. du 21 avril 1810.

ou magasins dans les enclos murés, cours ou jardins, ni dans les terrains attenans aux habitations ou clôtures murées à la distance de cent mètres.

9. Dans l'étendue d'une concession déjà obtenue, les recherches ne peuvent être faites que par le concessionnaire ou d'après son consentement formel.

10. Quand celui qui a découvert une mine ne peut en obtenir la concession, il reçoit du concessionnaire une indemnité qui est réglée par l'acte de concession.

11. Dans cette matière, on ne considère comme découvertes que celles qui font connaître le lieu où se trouve la substance minérale et la disposition des couches, de manière à démontrer la possibilité et l'utilité de l'exploitation.

12. Au Gouvernement seul appartient le droit de concéder les mines. Autrefois, et sous l'empire de l'art. 3 de la Loi du 28 juillet 1791, le propriétaire de la surface était préféré à tout autre dans l'obtention de la concession. Aujourd'hui, et par la Loi de 1810, art. 16,

le Gouvernement juge des motifs ou considérations de préférence entre les divers deman-
deurs en concession, qu'ils soient propriétaires
de la surface, inventeurs, ou autres. La Loi
de 1791 protégeait la propriété, celle de 1810
ouvre un vaste champ à l'intrigue. Ce qui en
corrige l'âpreté, c'est l'esprit de justice et de
bonté qui caractérise le Gouvernement, aujour-
d'hui chargé de l'appliquer.

13. Quand le propriétaire du terrain n'obtient pas la préférence, il n'a droit qu'à l'indemnité telle qu'elle est fixée par l'acte de
concession.

14. Cet acte purge tellement tous les droits
sur la mine, que lorsque le propriétaire l'obtient, cette propriété est distinguée de celle de
la surface, et est, en ses mains, considérée
comme une propriété nouvelle, sur laquelle
de nouvelles hypothèques peuvent être assises,
sans préjudice de celles qui sont acquises sur
la surface avec laquelle se confond la valeur
de l'indemnité accordée au propriétaire. C'est
pour cela que l'indemnité pour le propriétaire
de la surface doit être fixée, même lorsque
la propriété appartient au concessionnaire de
la mine ou de la minière.

15. Les terrains d'une même concession doivent être contigus ; selon la Loi de 1791 , ils ne pouvaient pas avoir plus de 120 kilomètres carrés d'étendue; mais la Loi de 1810 laisse au Gouvernement la détermination de l'étendue.

16. Plusieurs concessions peuvent être réunies dans les mains d'un même concessionnaire ; elles peuvent même être limitrophes , pourvu qu'elles soient toutes tenues constamment en activité d'exploitation.

17. Les concessionnaires antérieurs à la loi sont devenus, par son effet , propriétaires des mines qu'ils exploitaient, et soumis seulement à payer les nouvelles redevances établies.

18. Les demandes en concession sont adressées au préfet : elles sont affichées pendant quatre mois et publiées en divers lieux. Pendant ce délai, sont admises les demandes en concurrence et les oppositions. Elles sont notifiées à la préfecture par acte extrajudiciaire, et enregistrées dans un registre ouvert à tout le monde.

Les oppositions sont de plus notifiées aux parties intéressées, et dans le mois qui suit l'accomplissement de ces formalités, le préfet envoie le tout au Ministre avec son avis.

Elles sont portées au Conseil d'État ; mais quand elles sont motivées sur la propriété de la mine acquise par concession ou autrement, les parties sont renvoyées devant les tribunaux.

· Si les minerais se trouvent dans les forêts royales, dans celles des établissemens publics ou des communes, la permission de les exploiter ne peut être accordée qu'après avoir entendu l'administration forestière.

19. Tout demandeur en concession de mines doit justifier de ses facultés et de ses moyens pour entreprendre et conduire les travaux, et satisfaire aux redevances et indemnités qui pourront lui être imposées.

20. La concession est réputée non obvenue, si l'exploitation ne commence au plus tard six mois après son obtention, à moins que le retard n'ait une cause légitime, approuvée par le préfet.

Il en est de même, lorsqu'après l'exploitation commencée les travaux sont interrompus pendant une année.

· Mais il faut observer qu'un Décret du 4

mars 1809 (1) a décidé que la déchéance du concessionnaire pour les causes prévues par les lois, n'est pas établie dans l'intérêt privé des particuliers, et qu'ils ne peuvent l'opposer ou la faire valoir par la voie du contentieux.

21. Outre le droit du propriétaire de la surface réglé par l'acte de concession, il lui est dû indemnité des dommages que les travaux lui causent en non-jouissance et dégâts.

Si ces travaux ne sont que passagers, et que le sol puisse être mis en culture au bout d'un an, comme il l'était auparavant, l'indemnité est le double de ce qu'aurait produit le terrain endommagé.

Lorsque la privation du terrain est plus longue, ou lorsqu'après les travaux, les terrains ne sont plus propres à la culture, les propriétaires des mines peuvent être obligés d'en faire l'acquisition et de la totalité de la pièce, si la dégradation porte sur une trop grande partie.

Le terrain et ses productions sont toujours estimés au double de leur valeur.

Cette disposition de la Loi de 1810 a été

----

(1) *Sirey,* tom. 17. part. 2. p. 115.

empruntée de celle du 22 juillet 1791, art. 22. On verra ailleurs qu'elle n'est ni nouvelle, ni spéciale aux mines (1).

Si ces dégâts sont commis dans une forêt royale , dans celles des établissemens publics ou des communes, outre les dégâts , le concessionnaire est tenu de repiquer en glands ou plants, les places que l'exploitation aurait endommagées , ou une autre étendue proportionnelle déterminée par la permission.

Ce n'est pas seulement des dommages causés naturellement par les travaux que les concessionnaires répondent ; ils sont aussi responsables, aux termes de l'art. 24 de cette dernière Loi , des dommages et désordres occasionnés par leurs ouvriers et employés.

22. La concession donne la propriété perpétuelle de la mine , et cette propriété, que nous avons dit être bien distincte de celle de la surface , est , comme celle-ci , une propriété immobilière disponible et transmissible comme tous les autres biens.

Cependant , elle ne peut être partagée ou vendue par lots , sans l'autorisation préalable

_____

(1) *Infr.* , liv. 4. tit. 3. ch. 1. § 1.

du Gouvernement donnée dans la même forme que la concession.

Le motif de cette exception est la crainte que la division n'entraînât la ruine de l'entreprise, et qu'elle ne tombât dans des mains incapables de la faire valoir, motif qui fait sentir l'importance d'exiger aussi l'approbation du Gouvernement dans les simples mutations par vente ou décès. Mais la loi qui prononce la première exception est muette sur la seconde. Celle-ci semble même exclue par les termes de l'art. 7. *La propriété des mines est disponible et transmissible comme tous autres biens, on ne peut en être exproprié que dans les cas et selon les formes prescrites pour les autres propriétés.*

23. Les mines et tout ce qui en dépend sont immeubles par nature ou destination ; aussi leur exploitation n'est-elle pas un acte de commerce.

Mais il n'en est pas de même des actions et des intérêts dans une société pour leur exploitation, elles sont meubles de même que les matières extraites et les approvisionnemens.

24. Aucun concessionnaire ne peut excéder les limites de sa concession, ni même exploiter

sans nouvelles concessions, une substance minérale d'une autre espèce que celle qui lui a été concédée, lors même qu'il la découvrirait dans l'étendue de sa concession (1).

25. A plus forte raison, ne peut-il faire des excursions sur une mine voisine ; mais il peut, en indemnisant, y prendre passage pour l'extraction des minéraux, écoulement ou prises d'eau et autres nécessités.

26. Les concessions sont irrévocables, mais tout concessionnaire conserve la faculté d'y renoncer et d'abandonner l'exploitation. Seulement il doit, trois mois auparavant, en aviser le préfet pour qu'il puisse prendre les mesures convenables pour prévenir la détérioration des travaux, constater l'état des lieux et pourvoir aux moyens de sûreté et de conservation qui seront jugés nécessaires. Le concessionaire est personnellement intéressé à l'observation de cette formalité, afin d'obtenir de ceux qui lui succéderont le remboursement, à dire d'experts, des travaux et des canaux dont ils profiteront.

27. Les mines, comme immeubles ruraux,

_____

(1) Voyez au chapitre suivant le n° 10.

sont soumises à la contribution foncière à raison de la superficie des terrains qu'elles occupent par leur ouverture , les réserves d'eau , les déblais et les chemins qui ne sont qu'à leur usage.

28. Elles payent de plus une redevance fixe déterminée par l'acte de concession , et une redevance proportionnelle au produit de l'extraction.

La redevance fixe est de dix francs par kilomètre carré. La proportionnelle réglée par les budgets annuels ne peut excéder le cinq pour cent du produit net de la mine.

La loi nouvelle a sur ce dernier point beaucoup amélioré la condition des concessionnaires, qui payaient autrefois le dixième de leur produit soit à l'État , soit au propriétaire du fonds (1).

Le produit de ces redevances est , suivant un Avis du Conseil d'État du 4 thermidor an 10 (23 juillet 1802), art. 4, spécialement et limitativement affecté aux dépenses relatives à la découverte des mines , aux voyages des ingénieurs , aux écoles et au conseil des mines ,

_____

(1) L. 3 , *Cod. de Metall. et Met.* — Ord. du 29 juillet 1560. — Autre du 26 mars 1563.

et en général à la recherche, à l'examen, à l'amélioration, à l'accroissement et à l'exploitation de cette importante partie de la fortune publique.

§ II.

Minières.

29. Les minières sont exploitées à ciel-ouvert. Elles fournissent les minerais de fer, ou ceux dont on obtient des sels, tels que les sulfates de fer, de cuivre, d'alumine, etc.

Elles rentrent dans la classe des mines, et sont concédées de la même manière, quand l'exploitation à ciel-ouvert cesse d'être possible, ou peut devenir nuisible.

Mais cette conversion des minières en mines n'est jamais faite que dans le cas d'impossibilité de l'exploitation à ciel-ouvert, et à la charge d'indemniser le propriétaire dans la proportion du revenu qu'il retirait de cette exploitation.

30. Celle des minières est assujettie à des règles spéciales : elle ne peut avoir lieu sans la permission du préfet, qui détermine les limites et les règles de l'exploitation sous le rapport de la sûreté et de la salubrité publique.

31. Elles peuvent être exploitées par le propriétaire du terrain. Il n'a pas besoin d'une permission expresse ; il lui suffit de l'acte que lui concède le préfet de la déclaration qu'il lui fait de vouloir exploiter la minière dont il désigne précisément le lieu.

Mais ses travaux sont soumis aux règlemens de police et de sûreté publique, et le prix du minerai est réglé de gré à gré ou par des experts.

32. Sur le refus du propriétaire d'exploiter, et lorsque cela est nécessaire à l'activité d'une usine légalement établie, ou lorsque le propriétaire n'exploite pas en quantité suffisante, le chef de cette usine obtient du préfet la permission d'exploiter. Sa demande est notifiée au propriétaire qui est tenu d'y répondre dans le délai d'un mois, passé lequel, il est, en cas de silence, censé renoncer à l'exploitation.

La permission fixe l'indemnité qui sera due au propriétaire, et qui doit lui être payée avant l'enlèvement du minerai.

Cette indemnité est réglée de gré à gré ou à dire d'experts, d'après la valeur du minerai, les frais d'extraction et les dégâts qu'elle occasionne.

La permission porte aussi obligation au chef d'usine de rendre, après l'extraction, le terrain propre à la culture, ou d'indemniser le propriétaire.

Elle est donnée à la charge d'en faire usage dans un délai déterminé. Comme la concession, elle a une durée indéfinie, à moins qu'elle n'en contienne la limitation.

Elle autorise l'impétrant à faire des fouilles même hors de sa propriété, et à exploiter les minerais par lui découverts ou ceux antérieurement connus, à la charge de l'indemnité des propriétaires.

33. Les tourbières sont assimilées aux minières, à quelque différence près.

Les tourbes ne peuvent être exploitées que par le propriétaire du terrain, ou de son consentement.

Mais l'exploitation n'en peut être commencée, à peine de 100 fr. d'amende, sans en avoir fait la déclaration à la sous-préfecture et obtenu l'autorisation.

Elle est soumise aux règlemens d'administration publique qui déterminent la direction des travaux, des rigoles de desséchement, et les mesures propres à faciliter l'écoulement des eaux et l'atterrissement des entailles tourbées.

§ III.

Carrières.

34. L'exploitation des carrières à ciel-ouvert a lieu sans permission , sous la simple surveillance de la police et avec l'observation des lois ou règlemens généraux ou locaux.

Quand elle a lieu par galeries souterraines, elle est soumise à la surveillance de l'administration.

35. On ne peut forcer aucun propriétaire à vendre les pierres de la carrière qu'il a dans son fonds (1), excepté pour les travaux publics.

36. C'était autrefois une question controversée, si l'usufruitier pouvait tirer d'une carrière les pierres , l'ardoise , le charbon de pierre , etc.; en un mot, s'il pouvait l'exploiter. *La Loi* 9. § 2 et 3. ff. *de Usufr.* le permettait. Des auteurs recommandables, tels que Mornac , Henrys , Bretonnier , D'Argentré , Lacombe prétendaient qu'il ne le pouvait pas.

(1) L. 13. § 1. ff. *Comm. præd.*

Ils se fondaient sur ce que la carrière ne se reproduit pas et diminue par l'exploitation. Le Code Civil a levé tous les doutes par une distinction que nous rappellerons en traitant de l'Usufruit.

§ IV.

Compétence des Autorités.

37. L'autorité publique dispose des mines par ses concessions ou permissions. Elle en surveille, dirige et protège l'exploitation pour la sûreté publique et individuelle et pour les avantages commerciaux.

Le propriétaire des terrains supérieurs aux mines, ou qui les environnent, les concessionnaires eux-mêmes, devenus propriétaires incommutables par le choix du Gouvernement, ont des droits à exercer ou à conserver, des obligations à remplir.

De là naissent les deux actions de l'autorité publique qu'il est essentiel de bien distinguer. Tout ce qui tient au premier objet, est de la compétence administrative chargée de prévenir et diriger par sa surveillance.

Tout ce qui concerne le second, la conservation des droits acquis, les contraventions aux lois et règlemens, est de la compétence des tribunaux chargés de juger et punir.

Telles sont les bases dont il faut partir dans les questions de compétence qui s'élèvent au sujet des mines. Il ne faut que s'y attacher et prendre la peine d'examiner impartialement la tendance de la contestation pour faire disparaître les difficultés dont cette partie de la législation est hérissée.

38. S'agit-il d'expliquer le sens d'une concession, d'en déterminer les limites entre deux concessionnaires rivaux ? L'autorité administrative qui a formé les titres respectifs, peut seule les interpréter, et c'est à elle qu'il faut s'adresser, d'autant mieux que l'autorité judiciaire ne peut ni réformer les actes du Gouvernement, ni détruire son ouvrage ou entraver sa marche.

Il en est de même quand il s'agit du mode ou de la suffisance de l'exploitation, de sa conformité avec les instructions données ou les règlemens établis.

39. Mais, si, sans attaquer la concession, un tiers se prétend propriétaire du terrain qu'elle occupe, s'il se plaint que ses limites ont été outre-passées, s'il réclame le payement de l'indemnité due au propriétaire de la surface ou des dommages et dégâts que lui causent l'exploitation ou les ouvriers, la question est toute judiciaire et ne peut être portée qu'aux tribunaux.

La Loi de 1791 ne s'expliquait point sur la compétence ; elle avait vaguement établi dans l'article 27 que les contestations relatives aux mines, demandes en règlement d'indemnité et toutes autres sur son exécution, seraient portées devant les tribunaux.

Mais cette loi laissait le règlement de l'indemnité aux experts, et un Décret du 17 nivose an 10 (7 janvier 1802) avait borné la compétence judiciaire au règlement des contestations élevées entre les particuliers et les exploiteurs des mines.

La Loi de 1810, en exigeant que l'indemnité fût fixée dans l'acte de concession, a nécessairement ôté aux tribunaux la connaissance de ce règlement.

Mais l'acquittement de cette indemnité, ainsi que les contestations sur les dédommagemens pour dégâts à la surface des terrains, sont incontestablement de leur compétence, comme tenant au droit de propriété dont la loi a tellement entendu leur réserver la connaissance, que dans les art. 28 et 56 elle a expressément ordonné que l'opposition à la concession motivée sur la propriété de la mine acquise par concession, ou autrement, serait portée aux tribunaux, et que les contestations élevées entre des exploitans voisins seraient jugées par eux.

C'est par application de cette loi que le Décret du 21 février 1814 (1) révoqua une délimitation de mines faite administrativement, et renvoya les parties aux tribunaux pour être statué sur les limites respectives.

40. L'art. 46 pose une règle particulière pour les questions d'indemnité à payer par les propriétaires de mines à raison des recherches ou travaux antérieurs à l'acte de concession. Il veut qu'elles soient décidées conformément à l'art. 4 de la Loi du 28 pluviose an 8 (17 février 1800), c'est-à-dire par les conseils de préfecture, juges des demandes et contestations concernant les indemnités dues aux particuliers à raison des terrains pris ou fouillés pour la confection des chemins, canaux et autres ouvrages publics.

Mais les conseils de préfecture compétens pour ordonner l'expertise, ne le sont plus

_____

(1) *Sirey*, tom. 14. part. 2. p. 334.

pour en apprécier les résultats. Les parties
sont obligées de former une nouvelle instance
par-devant les tribunaux pour faire admettre
les experts au serment, confectionner le rapport, le recevoir ou le rejeter.

C'est ce que veut impérieusement le titre 9
de la Loi de 1810, qui dispose généralement
que dans tous les cas prévus par la loi et autres naissant des circonstances, où il y aura
lieu à expertise, les dispositions du titre 14
du Code de Procédure seront exécutées, non
dans leur intégrité, mais depuis l'art. 303 jusqu'à 323, et que le ministère public sera toujours entendu, et donnera ses conclusions sur
le rapport des experts.

41. Les contraventions aux lois et règlemens sur l'exploitation des mines, sont dé-
noncées et constatées comme les contraventions de voirie et de police. Elles sont pour-
suivies par le procureur du Roi, comme les
délits forestiers, et punies d'une amende de cent
à cinq cents francs, double en cas de récidive,
et d'une détention de six jours à cinq ans.

CHAPITRE VI.

Des Usines.

Il n'entre pas dans le plan de cet ouvrage de considérer les usines en elles-mêmes, et de rappeler la législation qui régit en général leur formation, leur exploitation et le débouché de leur produit. Les usines appartiennent plus à l'industrie qu'à l'agriculture ; la plupart des dispositions de leurs règlemens sont, par conséquent, hors de la législation rurale.

Mais elles ont avec l'agriculture des points de contact multipliés : elles modifient et diversifient ses produits. Elles ont une influence plus ou moins directe sur sa prospérité : souvent elles lui disputent un agent également nécessaire aux unes et à l'autre : il en est telles qui peuvent compromettre l'agriculture et les cultivateurs d'une contrée entière par l'infection de l'air ou des eaux, par le danger des incendies, par l'incommodité des vapeurs et des fumées, par l'importance de leur consommation.

Sous ce rapport, la législation des usines ; loin d'être étrangère à la législation rurale, en est une partie intégrante. Il ne s'agit que d'extraire les dispositions légales ou réglémentaires qui s'y rapportent directement. C'est à quoi nous nous bornons dans ce Chapitre où nous ne considérons les usines que dans leur point de contact avec l'agriculture et ses agens immédiats.

Nous le divisons en deux paragraphes : dans le premier, nous traiterons des usines essentiellement insalubres et incommodes ; dans le second, de celles qui ne nuisent à l'agriculture qu'accidentellement, par la négligence ou l'ambition de leurs propriétaires.

§ Ier.

Usines nuisibles.

I. Le Décret du 15 octobre 1810, et mieux encore l'Ordonnance royale du 4 janvier 1815, ont réglé tout ce qui concerne les établissemens des usines, fabriques, manufactures et ateliers généralement quelconques qui répandent une odeur insalubre et incommode, et ont proportionné les précautions et les formalités au degré d'incommodité de chacun.

2. Ils les ont divisés en trois classes dont la nomenclature, rectifiée par l'ordonnance, sera transcrite à la fin de ce paragraphe, comme devant servir de règle toutes les fois qu'il est question de la formation de ces établissemens.

3. Mais il ne faut pas oublier que ce tableau n'est point tellement limitatif, que par cela seul qu'il n'y serait pas compris, un établissement dont les effets seraient nuisibles pût être formé sans formalités ni permission. L'art. 5 de l'Ord. a sagement autorisé les préfets à faire suspendre la formation ou l'exercice des établissemens nouveaux qui n'ayant pu être compris dans la nomenclature précitée, seraient cependant de nature à y être placés.

Ils peuvent aussi accorder l'autorisation pour tous ceux qu'ils jugent devoir appartenir aux deux dernières classes, en remplissant les formalités ordonnées pour ces classes, et à la charge d'en rendre compte au directeur général des manufactures et du commerce.

4. Dans la 1re classe, sont les établissemens qui sont exclus du voisinage des habitations particulières.

Dans la 2ᵉ, ceux dont l'éloignement des habitations n'est pas rigoureusement nécessaire, mais dont, la formation ne doit être permise qu'après avoir acquis la certitude que leurs opérations sont exécutées de manière à ne point incommoder les propriétaires du voisinage, ni à leur causer des dommages.

La 3ᵉ embrasse ceux qui peuvent rester sans inconvénient auprès des habitations particulières, mais qui doivent être sous la surveillance de la police dont aucun des anciens règlemens n'est abrogé.

5. L'autorisation de la 1ʳᵉ classe est donnée par le Conseil d'État, sur la demande présentée au préfet, et affichée dans toutes les communes à 5 kilomètres de rayon (1), et après un verbal de visite des lieux et un rapport *de commodo* et *incommodo* dressé par le maire, dans lequel tous les voisins de l'établissement projeté doivent être entendus.

Les maires et tous les particuliers sont admis à présenter leurs moyens d'opposition sur lesquels le conseil de préfecture donne son avis.

Il est du devoir et de l'intérêt de chacun de ne pas négliger de les présenter. Une fois

---

(1) Art. 3 du Décret du 15 octobre 1810.

la formation permise, celui qui ferait des constructions dans le voisinage ne serait plus admis
à solliciter l'éloignement de la manufacture,
ce qui frapperait son terrain d'une servitude
bien plus onéreuse que la prohibition d'élever.

D'ailleurs, les opposans, lors même qu'ils
sont déboutés de leur opposition, ne sont point
condamnés à des dommages-intérêts, ainsi que
le décida l'Ordonnance du 3 juin 1818 (1), lors
de laquelle il ne fut point adjugé de dommages-
intérêts, quoiqu'ils fussent demandés contre les
opposans qui furent cependant déboutés de leur
opposition.

6. L'autorisation des établissemens de la
2ᵉ classe est donnée par le préfet. La demande
est adressée au sous-préfet qui la transmet au
maire : celui-ci dresse son rapport *de commodo*
et *incommodo*, le sous-préfet prend un arrêté,
et le préfet statue, sauf le recours au Conseil
d'État.

Il est digne de remarque que pour cette
2ᵉ classe l'autorisation porte moins sur l'opération que sur la manière de l'exécuter, c'est-
à-dire que les ateliers de la 2ᵉ classe sont
permis, toutes les fois que leurs opérations

_____

(1) *Sirey*, tom. 18. part. 2. p. 316.

sont faites de manière à ne pas incommoder,
d'où il suit que l'autorisation peut être accordée
quand il est donné des garanties suffisantes
contre le danger de la mauvaise odeur et de
l'insalubrité ; c'est ce que décida l'Ordonnance
précitée du 3 juin 1818, et par la même raison,
qu'elle doit être révoquée, lorsque l'expérience
prouve que les opérations sont incommodes,
soit que le manufacturier ne fabrique pas de
la manière promise, soit que ses procédés en
grand ne répondent pas aux espérances qu'on
en avait conçues.

7. Pour la 3ᵉ classe on se contente de la
permission du sous-préfet donnée sur l'avis du
maire et de la police locale. Mais on peut
lui appliquer l'information *de commodo* et *incommodo*, suivant le degré d'importance de
l'établissement et la localité.

8. Toutes ces mesures prises dans l'intérêt
général peuvent jusqu'à un certain point le
rassurer, ainsi que l'intérêt particulier, contre
les inconvéniens et les dangers des usines ou
manufactures à former.

Mais quelle garantie existe-t-il contre le
danger et les maux des établissemens antérieurs
à 1810 ?

Le Décret ne s'en occupe que dans trois articles.

Il déclare que ses dispositions n'ont point d'effet rétroactif, qu'en conséquence les établissemens préexistans continueront à être exploités librement, sauf les dommages dont seront passibles les entrepreneurs de ceux qui préjudicient aux propriétés de leurs voisins (1).

L'article suivant ajoute : *Cependant, en cas de graves inconvéniens pour la salubrité publique, la culture, ou l'intérêt général, les fabriques et ateliers de 1re classe qui les causent, pourront être supprimés par le Conseil d'État, après avoir entendu la police locale, pris l'avis des préfets, et reçu la défense des manufacturiers ou fabricans.*

Enfin, le 13e retire le privilége de la maintenue aux établissemens anciens qui seraient transférés dans un autre emplacement, ou dont les travaux éprouveraient six mois d'interruption. Il veut que dans l'un et l'autre cas ils rentrent dans la catégorie des établissemens à former, et qu'ils ne puissent être remis en activité qu'après avoir obtenu, s'il y a lieu, une nouvelle permission qui ne peut être ac-

_____

(1) Art. 11.

cordée qu'avec les préalables exigés pour la
première.

9. Pourrait-on appliquer ici la disposition
du Décret particulier du 4 mars 1809 que
nous avons rappelée n° 20 du Chapitre précédent, et dire que les voisins ne peuvent
invoquer cet art. 13 contre le fabricant dont
l'atelier a été 6 mois en non activité ? On
ne le pense pas. Dans l'hypothèse du Décret
de 1809, il s'agit de dépouiller un concessionnaire de sa propriété ; les particuliers n'ont
aucun intérêt à l'en faire priver. La mine ne
leur nuit pas ; elle doit toujours être exploitée,
peu leur importe par qui elle le sera.

Dans celle du Décret d'administration publique du 15 octobre 1810, il n'est question
que de faire cesser une tolérance, un privilége
accordé à la préexistence ; les voisins sont seuls
intéressés à la suppression de l'établissement,
s'ils en prouvent la nocuité. On ne peut pas
présumer que la réserve du Décret n'ait pas
été faite dans leur intérêt, puisqu'il n'en est
pas de ces ateliers comme des mines dont l'exploitation est dirigée et activée par l'autorité
dans l'intérêt de la société seulement, tandis
que le Décret embrasse l'intérêt privé ainsi que
l'intérêt général. Il dit, en effet, en cas de

graves inconvéniens *pour la culture ou l'intérêt général.*

Le déplacement et l'interruption des travaux sont sur la même ligne : de même qu'on ne peut disconvenir qu'au premier cas tout voisin ne puisse invoquer .l'art. 13, de même on ne peut en disconvenir dans le second.

10. L'autorisation ni la tolérance ne sont point indéfinies, elles ne s'étendent pas à tous les accroissemens que les établissemens peuvent recevoir : « Toute entreprise nouvelle de « la part des fabricans, qui aurait pour objet « de donner plus d'importance à l'établisse- « ment légalement formé, et, par conséquent, « d'augmenter son degré de nocuité ou d'in- « commodité, ne peut exister qu'en vertu d'une « nouvelle permission de l'autorié (1) ». C'est pour assurer l'exécution de cette règle, qu'en 1816 une commission nommée par le préfet des Bouches-du-Rhône fut chargée de constater l'état de situation des établissemens insalubres du département, et que le rapport en fut dé- posé à la préfecture.

Règle générale : dans tout établissement qui

---

(1) Circulaire du Préfet des Bouches-du-Rhône aux Maires du département, du 3 décembre 1818.

fait une grande consommation de combustibles,
les changemens dans l'espèce et le nombre des
feux sont des choses qui intéressent l'ordre
public sous plusieurs aspects importans, et qui
intéressent aussi les particuliers. C'est par ce
double motif qu'ils ne peuvent avoir lieu qu'avec
l'approbation préalable du Gouvernement, donnée dans la même forme que la permission (1).

I I. On voit que par le Décret de 1810
les établissemens anciens, ont été placés dans
une position bien moins favorable que les établissemens nouveaux, et cela devait être : ceux-ci
ont pour eux la présomption résultant des in-
formations qui précèdent l'autorisation et l'opinion du Gouvernement, que la somme de leurs
avantages excéderait celle de leurs inconvéniens; tandis que les établissemens anciens formés clandestinement, et dans un tems où l'on
ne pouvait prévoir les effets de procédés mys-
térieux et inconnus, ne peuvent même invoquer la présomption résultant de l'approbation
de l'autorité à l'insçu de laquelle ils se sont
élevés.

(1) Instruct. du Ministre de l'intérieur du 3 août 1810. — Journal
des Mines, même an., n° 164. p. 149. — *Infr.*, n° 22., et *Supr.*,
ch. 5. n° 24.

Aussi sont-ils plus tolérés qu'autorisés, et restent-ils soumis, comme les établissemens postérieurs au Décret, au payement du dommage qu'ils causent et à la suppression absolue, en cas d'inconvéniens graves pour l'agriculture.

12. Quant à ce dernier point, il est incontestable que les établissemens anciens y sont exposés. L'art. 12 y est exprès.

13. Mais en est-il de même des établissemens nouveaux ? Peut-on demander leur suppression en cas d'inconvéniens graves pour l'agriculture, pour la salubrité publique ou pour l'intérêt général, quand leur formation a été autorisée après toutes les formalités préalablement exigées ?

On se prévaut contre eux de la disposition générale de l'art. 12. *Les fabriques et ateliers de 1ᵐ classe pourront être supprimés.*

Ils répondent par la position de cet article qui est à la suite du onzième, bien évidemment restreint aux fabriques anciennes et lié avec lui, par la conjonction adversative *toutefois.*

Il semble que pour décider cette question, il faut d'abord la réduire à ses plus simples termes, et remonter plus haut qu'on ne fait quand on se borne à raisonner d'après l'acte du Gouvernement de 1810.

Il ne s'agit pas de savoir s'il faut maintenir ou supprimer généralement tous les établissemens qui incommodent les propriétaires et les terrains voisins, ou qui leur nuisent. La question présentée sous un point de vue aussi général, aussi vague, ne peut guère être approfondie par les particuliers qui n'ont pas toutes les connaissances nécessaires pour juger des avantages ou du préjudice d'une espèce de manufacture, et les comparer avec ceux de l'agriculture, la plus ancienne, la plus importante des manufactures, la seule dont un État comme la France ne puisse pas se passer.

Mais la suppression sur une localité donnée d'un établissement particulier, n'est ni la suppression de l'espèce à laquelle l'établissement appartient, ni même celle de cet établissement. Elle n'est que son expulsion d'un local mal choisi ; elle laisse la liberté de le transférer ailleurs, où il sera d'autant plus avantageux à l'État qu'il causera moins de préjudice à ses membres.

La question qu'une pareille demande présente est bien moins une question d'intérêt général, qu'une simple question d'intérêt particulier. Il importe effectivement très-peu à l'État qu'un individu ait une fabrique ou qu'il n'en ait pas , qu'il l'exploite dans un local plutôt que dans un autre. N'est-il pas assuré que si elle est avantageuse , elle sera élevée dans un autre local, ou que si son abandon faisait un vide, elle serait bientôt remplacée par dix autres ?

Cette question n'est encore qu'une question de frais : au fond l'entrepreneur ne plaide que pour ne pas perdre les frais d'un établissement formé , qu'il faudrait répéter en le transportant ailleurs , tandis que le voisin plaide pour conserver un terrain immobile, insusceptible de translation , dont l'établissement compromet jusqu'à l'existence.

La question ainsi dépouillée de cet intérêt public dont les manufacturiers ne cherchent à l'entourer que pour faire illusion, n'est plus qu'une question ordinaire, résolue par le droit commun auquel ni le Décret ni l'Ordonnance n'ont certainement ni voulu ni pu déroger.

Aujourd'hui, comme autrefois, il est incontestable que chacun peut faire chez soi ce qui lui plaît. Mais nul ne peut y rien faire d'où il puisse passer sur l'héritage voisin quelque chose d'incommode ou de nuisible (1).

_____

(1) *Infr.* , tit. 3. ch. 3. nos 22 et 23.

Il en est des odeurs et de la fumée, comme des eaux : c'est une loi de la nature qu'elles se répandent sans égard aux limites des propriétés : et de même qu'on ne peut envoyer chez son voisin des eaux corrompues et fétides (1), ni trop abondantes (2), de même on ne peut lui transmettre une fumée trop considérable (3), ou des vapeurs nuisibles (4).

L'offre de payer le dommage qu'elles causent ne suffit pas. Elle suppose l'obligation du voisin de se contenter du payement, de le recevoir en compensation du préjudice, en un mot, de souffrir la servitude. Mais avant d'être admis à payer l'indemnité, il faut acquérir le droit dont elle est le prix. Toute servitude qui n'est ni naturelle, ni légale, ne peut être établie que par convention (5). « Nul n'a le droit de contraindre un autre, quelque prix qu'il lui offre, à consentir sur son héritage l'établissement d'une servitude hors les cas prévus par la loi; il doit disposer sa propriété et l'exploiter de manière à ne pas nuire à son voisin » (6).

(1) *Supr.*, ch. 4. n° 49.
(2) *Infr.*, tit. 3. ch. 3. n° 94.
(3) Ibid., n° 25.
(4) Ibid.
(5) Ibid., n° 31.
(6) M. *Pardessus*, des Servit., p. 351. n° 230.

Or, le droit de répandre chez son voisin des vapeurs incommodes ou nuisibles, non-seulement n'a été mis par aucune législation au nombre des servitudes légales, mais il a été nommément interdit par la loi (1).

Ce n'est pas seulement l'action en payement du dommage que la loi et la jurisprudence donnent au voisin incommodé, c'est l'action en interdiction pour l'avenir, et en indemnité pour le passé. *Dicit Aristo a superiore prohiberi posse fumum immittere* (2). Cette action est la conséquence du droit que chacun a de repousser toute servitude qui n'est pas établie par la loi.

Elle est la conséquence aussi immédiate et nécessaire du droit de propriété, que nul ne peut être obligé de céder en totalité ni en partie, si ce n'est pour cause d'utilité publique (3), et de l'obligation que la loi impose au tiers qui a entrepris sur ses voisins d'enlever ses constructions, quelque modique que soit la portion de propriété dont elles le privent, et sans pouvoir les conserver par l'offre d'une indemnité quelconque (4).

---

(1) *Infr.*, tit. 3. ch. 3. nos 24 et 25.
(2) L. 8, § 5. ff. *Si Servit. vind.*
(3) Cod. civ., art. 545.
(4) Ibid., art. 555. — Arr. de Cass. du 22 avril 1823, p. 387.

L'indemnité ne peut d'ailleurs jamais être complète. Elle a toujours le vice de faire violence au propriétaire, de substituer contre son gré à une jouissance en nature, une perception pécuniaire qu'on n'obtient qu'après des contestations et des frais qui ne sont pas tous remboursés, de tromper l'espoir du père de famille qui plante pour ses enfans plus que pour lui, et de laisser l'État en perte de toutes les productions qu'elle étouffe.

Il est même telle nature de biens dont la conservation est, sans comparaison, plus précieuse, et la dégradation plus irréparable que celle de la plus riche manufacture. Tels sont les bois. Si une usine établie près d'un terrain boisé, l'exposait au danger d'un incendie, si les vapeurs de cette usine nuisaient à la reproduction du bois et le menaçaient d'une perte inévitable ; car toute plante forestière dont les pousses sont successivement brûlées, périt au bout de quelques années, et la terre végétale, surtout dans les départemens méridionaux, dépouillée des racines qui la contiennent, devient le jouet des vents, ou la proie de l'avidité, ou est emportée par les orages. Si ces inconvéniens se rencontraient réunis ou séparés, personne sans doute n'oserait prétendre qu'il ne faut pas éloigner cette usine ruineuse, ou que son entrepreneur doit en être quitte pour une indemnité.

Pressée par le besoin impérieux de la conservation des bois, la loi restreint les usages légitimement acquis, elle resserre les jouissances du propriétaire, lui interdit le défrichement même pour convertir le terrain en fertiles guérets ; quand elle le permet, c'est à la charge de planter des arbres ; elle se contredirait par trop si, pour épargner une dépense nouvelle à un entrepreneur qui saurait bien s'en couvrir, s'il ne l'était d'avance, elle permettait la dévastation à l'étranger, quand elle interdit l'amélioration au propriétaire.

Elle ne peut pas être soupçonnée de cette contradiction, elle qui a répété quatre fois dans le Tableau des Manufactures de la 1re classe, qu'indépendamment des formalités prescrites par le Décret du 15 octobre 1810, la formation des établissemens de ce genre ne pourra avoir lieu qu'*après que les agens forestiers auront donné leur avis sur la question de savoir si la reproduction des bois dans le canton et les besoins des communes environnantes permettent d'accorder la permission.*

La permission de l'autorité publique et les formalités qui la précèdent ne sauraient avoir d'influence sur la question que nous examinons.

Ces actes ne peuvent absorber les droits des particuliers, puisqu'ils s'entendent toujours, *sauf les droits des tiers*. Ce ne sont et ne peuvent pas être des titres de propriété ou de servitude sur les fonds voisins ; ce ne sont même pas des décisions de justice : ce sont simplement des mesures d'administration, des déclarations constatant que l'autorité ne s'oppose pas dans l'intérêt général ; elles ne forment tout au plus qu'une présomption que le voisinage n'aura pas à souffrir de l'établissement ; elles excluent seulement toute réclamation fondée sur la possibilité des accidens.

Lorsque l'événement démontre la surprise faite à l'autorité ou l'erreur de la présomption, les mêmes motifs qui ont déterminé son intervention, sollicitent la suppression de l'établissement ; car il n'est pas possible de penser qu'on eût accordé l'autorisation, si on avait prévu que la ruine des terrains environnans, ou le déboisement des collines, seraient son résultat immédiat.

Il en est de ces autorisations, tout au plus, comme des mesures que la coutume ou la loi ont prescrites, pour éviter que certains établissemens ne nuisent aux voisins. Lorsque, malgré ces mesures, il y a préjudice pour ceux-ci, ils ont le droit de demander la dé-

molition, par la raison que, comme le dit la Cour de Metz, dans l'Arrêt que nous rapporterons en traitant des Servitudes, n° 25, « l'ob-
« servation stricte des règlemens, en ce qui con-
« cerne certaines constructions, n'exclut point,
« pour le voisin incommodé, la faculté de se
« plaindre d'un fait qui le priverait de l'usage
« de sa chose », et d'en faire ordonner la démolition. On en rencontre des exemples à tout pas dans la jurisprudence (1).

14. On s'était prévalu de l'art. 12 du Décret, pour prétendre qu'on ne pouvait plus aujourd'hui demander l'éloignement d'une fabrique de soude (établissement compris dans la 1re classe du Tableau), ni porter cette action ailleurs qu'à l'autorité administrative.

Mais, par Arrêt du 12 mars 1818, la Cour d'Aix (chambre civile) a proscrit cette double erreur en faveur du Sr Roustand, de Marseille, contre le Sr Gautier, propriétaire de la fabrique de Montredon dans le terroir de la même ville. L'Arrêt fut rendu *una voce.*

1° Le Décret n'attribue à l'autorité administrative que le droit de permettre ou défendre

---

(1) *Suprà*, ch. 4. n° 121. et *Infrà*, tit. 2. ch. 1. n° 80; ch. 4. § 5. n° 53; tit. 3. ch. 3. n° 94, même dans les cas des servitudes légales ou établies par convention.

l'établissement des fabriques qui répandent une
odeur insalubre. Il ne lui réserve d'en prononcer la suppression que quand elle est sollicitée par des motifs d'intérêt général ou de
salubrité publique ; ce qui est si vrai, qu'il n'ordonne même pas l'audition des voisins, comme
il ordonne celle des fabricans (art. 12).

2° Dans l'espèce il ne s'agissait que de l'intérêt particulier du Sr Roustand, de l'exécution d'une transaction par laquelle le Sr Gautier
s'était engagé à éloigner ses fourneaux de la
propriété du Sr Roustand, si au bout de cinq
ans il était constaté qu'ils lui portent un préjudice réel, ce qui ne peut être décidé que
par les tribunaux.

3° Il ne s'agissait pas de la suppression de
l'établissement, mais de son éloignement de
la propriété du Sr Roustand, de sa transfé-
rence partout ailleurs ; opération qui peut bien
coûter de l'argent à l'entrepreneur, mais qui
ne saurait compromettre l'intérêt général, d'autant mieux qu'il ne s'agit que de la translation
des fourneaux de décomposition qui seuls occasionnent les vapeurs malfaisantes.

Au fond un pacte existait, il formait la
loi spéciale des parties à laquelle la permission
de l'autorité publique n'avait ni voulu ni pu
déroger : après s'être engagé à transférer son

usine ailleurs, si elle nuisait au Sr Roustand,
le Sr Gautier ne pouvait pas s'opposer à ce
qu'il fût vérifié si elle lui était nuisible.

15. La compétence de l'autorité judiciaire
serait bien moins contestable, et l'intérêt légitime des parties bien mieux et plus promptement rempli, si au lieu de demander l'interdiction ou l'éloignement d'une fabrique autorisée ou tolérée, elles se bornaient à demander simplement, suivant l'expression de la
loi, qu'inhibitions fussent faites à l'entrepreneur de laisser échapper des exhalaisons nuisibles de sa fabrique sur le terrain du voisin,
prohiberi potest fumum immittere, et qu'il lui
fût enjoint de prendre les mesures convenables
pour obtenir ce résultat.

Cette demande serait rigoureusement cir-
conscrite dans le cercle de l'intérêt et du droit
individuel qui n'a pas à s'enquérir de ce qui
se passe chez le voisin, tant qu'il n'en échappe
rien sur son propre héritage.

Elle ne serait pas difficile à satisfaire : car
l'entrepreneur peut avec plus ou moins de
frais, ou suspendre, non sa fabrication totale,
mais seulement la décomposition du sel qui est
l'opération la plus nuisible, quand le vent porterait la vapeur chez le voisin, ou lui donner

par des tuyaux toute autre direction , ou la
condenser en proportionnant sa fabrication à
ses moyens d'absorption , ou enfin la forcer à
s'élever si haut qu'elle ne retombât sur le terrain qu'après qu'elle a été divisée et atténuée
de manière à ne plus produire d'effet nuisible (1).

On ne saurait contester que les tribunaux ne
soient seuls compétens , puisque seuls ils peuvent juger les intérêts , les titres et les droits
particuliers dont toutes les lois interdisent à
l'autorité administrative de s'occuper.

Nous ne dissimulons pas que si l'entrepre-

_____

(1) Les moyens de condenser la vapeur malfaisante des fabriques de soude , et d'en affaiblir considérablement les effets, sont
aujourd'hui connus de tout le monde. Depuis 1812, M. Rougier ,
fabricant de soude dans le terroir de Marseille , a reconnu dans
un mémoire couronné par cette Académie en avril, même année ,
et imprimé dans ses Mémoires, tom. 10 , p. 57 , qu'on ne doit
pas dissimuler « Que le gaz provenant de la décomposition du
« sel marin , lorsqu'on prépare le sulfate , entraîne la mort de
« tous les végétaux qui en sont touchés, qu'il attaque avec une
« grande facilité les métaux et les oxide très-promptement ».......
Qu'heureusement il est facile de les condenser ; il ne s'agit que
de proportionner la capacité du condenseur au gaz fourni par
les masses d'acide et de sel qu'on veut traiter à la fois et par
une même opération , ou de proportionner ces masses à la capacité de son condenseur , et d'en renouveler l'eau froide souvent,
s'il n'est pas alimenté par une eau courante..... Cet appareil
n'est pas trop dispendieux , la moindre valeur qu'on puisse retirer des produits dédommagera amplement des frais occasionnés
par sa construction.

neur s'obstinait à ne prendre aucune mesure pour détourner ou condenser sa vapeur, ou du moins à l'atténuer de manière à ne plus causer un dommage sensible, l'interdiction absolue de ses fourneaux de décomposition serait la suite de la décision judiciaire. Mais cette interdiction, effet immédiat de sa désobéissance et de sa fraude, que dans une société policée on ne doit pas prévoir et qu'on ne peut que punir, ne saurait altérer la compétence de l'autorité judiciaire.

Au préfet seul appartient de fixer la hauteur du déversoir des moulins : si le voisin fait juger qu'il a titre ou droit pour faire baisser la hauteur fixée, les tribunaux l'ordonnent et défendent ainsi ce que l'autorité administrative a permis.

Le préfet autorise votre voisin à construire chez lui un moulin ou un étang. Vous avez titre ou possession pour vous y opposer, ou vous en recevez du dommage. C'est aux tribunaux que vous vous adressez, quoique l'effet de leur décision puisse être de défendre ce que le préfet a permis.

En expropriation pour cause d'utilité publique, il ne doit y avoir dépossession qu'après le payement de l'indemnité que les tribunaux fixent. Tant qu'il y a non-payement, il y a

26

inexécution de l'acte du Gouvernement qui ordonne l'expropriation. On ne s'est cependant point avisé d'en conclure qu'il fallait priver les citoyens de la protection des tribunaux, dans tous les cas où l'effet de leur décision peut être de réparer les surprises faites à l'autorité et d'assurer à chacun la jouissance de ses droits.

L'autorisation formelle du Gouvernement et sa tolérance ne sont pour les ateliers insalubres rien de plus que pour les constructions d'engins sur les cours d'eau ; elles n'entament même pas les droits des voisins. « Tous ceux « à qui le nouvel établissement occasionnerait « du dommage, n'en ont pas moins droit de « réclamer, quelles qu'aient été les concessions « ou autorisations administratives. Le jugement « de ces réclamations appartient aux tribu- « naux » (1).

16. L'action en payement des dommages que les établissemens insalubres peuvent occasionner aux propriétés voisines, est réservée, et ces dommages doivent être arbitrés par les tribunaux.

Telle est la disposition du Décret, art. 11;

_____

(1) M. *Pardessus*, des Servit., p. 145.

elle a fait naître une question de compétence diversement décidée.

Deux Jugemens rendus en 1816 par les Tribunaux de Marseille et d'Aix, ont décidé que l'action ou indemnité doit être portée pardevant les tribunaux, à l'exclusion des juges de paix. Leurs motifs ont été qu'il s'agit d'un dommage permanent qui attaque le fonds, d'un dommage causé par l'établissement plus que par l'homme ; que l'action de police ne compéterait pas ; que dans l'estimation de ce dommage l'avenir entre autant que le présent et le passé, et qu'il donne lieu à évaluer ce dont le fonds qui le souffre est diminué.

La Loi de 1790 restreignait effectivement aux dommages faits par les hommes ou par les animaux, la compétence des juges de paix que l'art. 3 du Code de Procédure étend à toutes les actions *pour dommages aux champs, fruits et récoltes*, abstraction faite de la cause qui les a produits.

Ce n'est pas en ce seul point que le Code, qu'on ne peut, sans calomnie, accuser de négligence ou d'oubli, surtout quand il disposait avec l'article 10 de la Loi de 1790 sous les yeux, a étendu la jurisdiction des juges de paix. Le 2e § du même article la restreignait aux entreprises sur les cours d'eau *servant à l'arrosement des prés.* Le Code (art. 3, § 2) en supprimant cette limitation , l'a étendue aux entreprises sur tous les cours d'eau.

C'est qu'il a moins attaché la compétence au fait ou à la personne qu'au champ endommagé , et à cet intérêt majeur qu'a l'agriculture de voir réparer promptement et à moindres frais les dommages qu'elle éprouve dans ses récoltes ou dans ses fonds. Le repos des campagnes est essentiellement lié à ce que ces dommages soient fixés sur le lieu et payés promptement.

Pour saisir le juge de paix , même aux termes de la Loi de 1790, il n'est pas nécessaire que le fait de l'homme ou de l'animal soit personnel et immédiat. Il suffit que le dommage soit causé médiatement et par une suite , quelque éloignée qu'elle puisse être , des ouvrages de l'homme , pourvu qu'elle ait avec ces ouvrages une liaison telle que le dommage ne fût pas arrivé dans l'état ordinaire et naturel des choses. *Qui occasionem præstat damnum fecisse videtur.*

L'arbre du voisin nuit à votre fonds par l'étendue de ses branches et de ses racines ; le dommage qu'il cause n'est certainement pas le fait immédiat du voisin , c'est cependant au juge de paix que vous devez en demander la réparation (1).

Les dommages faits aux champs par les ateliers insalubres, ne sont point le fait immédiat ni volontaire de l'entrepreneur, et sans doute par ce motif ils ne sauraient donner lieu à l'action de police ni à l'action criminelle.

Mais, en droit, le rapprochement des deux attributions du juge de paix, comme juge civil et comme tribunal de police, et l'équilibre qu'on voudrait en faire résulter, n'est ni dans la lettre ni dans l'esprit de la loi, puisque dans les § 3, 4 et 5. elle l'investit d'actions qui jamais ne peuvent tomber dans la juridiction de la police, et que l'art. 2 lui attribue la connaissance de faits qui, poursuivis autrement que par la voie civile, seraient exclusivement de la compétence des tribunaux correctionnels ou criminels; ce qui prouve que la compétence du juge civil a plus de latitude que celle du juge de police (2).

En fait, il est évident que ces dommages sont l'effet des spéculations de l'entrepreneur. Ils le sont par l'établissement de son atelier dans ce local, par l'activité et la multiplicité de

(1) *Infr.*, tit. 2. ch. 1. n° 96.
(2) *M. Henrion*, de la Compétence des Juges de Paix; p. 136.

ses fourneaux, quand soufflaient les vents qui
en ont porté la vapeur sur le champ endommagé ; ils sont même la suite de sa négligence
à condenser la vapeur nuisible, ou à n'avoir
pas proportionné sa fabrication aux moyens
de condensation. En un mot, il est plus qu'évident que sans le fait de l'homme, et dans
l'état ordinaire et naturel des choses, le champ
voisin n'aurait pas souffert. Il est l'auteur oc-
casionnel du dommage.

Cet entrepreneur est exactement l'homme
dont parle la L. 3o, § 3. ff. *ad Leg. aquil.*
Qui brûle ses chaumes ou les épines de son
champ, un jour où il fait assez de vent pour
porter la flamme sur le champ voisin, ou qui
ne prend pas des précautions pour empêcher
que le feu n'y pénètre, *culpæ reus est*, et
pour ne pas être punissable, parce qu'on ne
lui suppose pas d'intention criminelle, il n'est
pas moins tenu du dommage.

Or, qui dit dommage aux champs, dit action du ressort des tribunaux de paix.

Que les récoltes seulement aient été atta-
quées, ou que le maléfice ait frappé le champ
dans sa substance, qu'il ait frappé de mort
ses arbres fruitiers ou forestiers, il n'en résulte qu'un plus grand dommage, il n'est que
plus juste d'en rendre l'indemnité plus facile
à obtenir.

Il est impossible de se dissimuler que l'abord des tribunaux est bien plus long, bien plus difficile et bien plus dispendieux que celui du juge de paix.

En première instance, on ne constate le dommage que par des rapports ordonnés en contradictoire défense, et, par conséquent, après des longueurs et des frais que le cultivateur ne peut supporter.

Le premier pas de la justice de paix est de constater le dommage ; elle prend en quelque sorte le malfaiteur sur le fait, et l'empêche de l'attribuer à d'autre cause qu'à celle dont les traces sont encore imprimées sur les plantes: par la promptitude de la réparation, elle arrête et prévient les vengeances et les haines, elle n'oblige pas le cultivateur à des déplacemens préjudiciables à l'agriculture et à lui-même.

Malgré le poids de ces considérations, il serait peut-être hasardeux de porter au juge de paix une action générale en indemnité du dommage que *peut* occasionner la situation d'une manufacture et son mode d'exploitation, parce que cette action aurait alors pour objet moins un dommage *fait* qu'un dommage possible ou *prévu*, et que la loi ne lui donne jurisdiction que pour le dommage souffert.

Ainsi, celui qui, non content de faire estimer le dommage, souffert, voudrait faire *ar-bitrer* celui qu'il peut éprouver encore, ne demanderait réellement que l'évaluation d'un dommage éventuel ou probable, ce qui n'a-boutirait qu'à apprécier ce dont le voisinage de la fabrique diminue son champ; ce serait moins une *expertise* qu'un *arbitrage* qu'il s'a-girait de faire, et cet arbitrage pourrait, à la rigueur, être considéré comme hors des attributions du juge de paix. L'art. 11 du Décret de 1810 porte, en effet, que les en-trepreneurs des établissemens qui préjudicient aux propriétés de leurs voisins, seront pas-sibles des dommages qui seront *arbitrés* par les tribunaux.

Ce n'est pas qu'il soit permis de regarder cette énonciation des *tribunaux* comme exclu-sive des justices de paix. Le titre de la tierce opposition du Code de Procédure ne parle que des *tribunaux*; on ne l'applique pour cela pas moins à ces justices (1); elles sont des tri-bunaux comme les autres. M. Henrion dit, p. 86 et 87 de son Traité sur la Compétence des Juges de Paix, que les justices de paix existent sous deux rapports, *comme tribunaux de 1re instance et comme tribunaux en dernier*

---

(1) *Infrà*, liv. 3. tit. 4. ch. 2. n° 18.

ressort. Dans vingt endroits de son ouvrage, il les appelle *tribunaux*, et si dans quelques occasions elles peuvent être regardées comme non comprises dans cette dénomination générale, ce n'est certainement pas lorsque cette exclusion amènerait à faire déroger par un décret à une règle de compétence fixée par une loi aussi générale, aussi long-temps discutée que le Code de Procédure civile.

Par la contexture du Décret, on voit que les tribunaux ne sont dénommés dans l'art. 11 que par opposition à l'autorité administrative à qui, jusqu'à cet article, le Décret avait attribué la connaissance de tout ce qui concerne les ateliers insalubres. C'est le genre qu'on a désigné comme embrassant toutes les espèces parmi lesquelles il est impossible de ne pas compter les justices de paix, qui sont le premier degré de la hiérarchie judiciaire.

Par la contexture de l'art. 11, on voit encore qu'il n'y s'agit que de dommage *à venir*, *d'arbitrage* et non d'évaluation à faire, et les lois générales ne donnent au juge de paix jurisdiction que pour les dommages réalisés, les estimations : les dommages éventuels ne pouvant être appréciés que par conjectures, par *arbitrage*, il y a d'autant moins d'inconvéniens de les laisser dans la jurisdiction universelle, dont aucune loi ne les a distraits, qu'il n'est pas nécessaire de visiter les lieux pour les apprécier, comme il faut nécessairement les visiter pour évaluer un dommage qui a été fait, avec plus ou moins d'intensité, sur un plus ou moins grand nombre de plantes d'inégale valeur.

On pense donc que celui qui réclame indemnité pour le dommage que peut lui causer éventuellement le voisinage d'un atelier insalubre, fait prudemment de s'adresser directement aux tribunaux de 1re instance. Il n'a qu'à faire constater la localité, la nocuité et la quantité de la vapeur, l'étendue de son terrain et la qualité de ses productions; le reste est à *arbitrer* par le tribunal.

Mais celui qui, restreignant ses prétentions au présent, se borne à réclamer le payement du dommage déjà réalisé, de ce dommage qui est flagrant et dont l'état des plantes démontre la consistance et l'auteur, ne doit s'adresser qu'au juge de paix, seul à portée de le voir et de l'apprécier, et, par cette raison, constitué seul juge des dommages faits aux champs ou à leurs productions. L'intérêt légitime de toutes les parties est que cette action ne soit pas portée ailleurs.

Le Tribunal de 1re instance d'Aix vient de

sanctionner, par son Jugement du 18 février 1823, la plupart des principes invoqués dans cette discussion, dont on nous pardonnera la longueur à raison de l'importance.

Il s'agissait d'un dommage causé à des oliviers par les eaux d'un étang originairement douces, devenues salées par le fait du propriétaire de l'étang. Ces eaux, soulevées par une espèce d'ouragan, avaient été portées sur les oliviers du voisinage, s'y étaient cristallisées et les avaient brûlés ou considérablement endommagés.

Le propriétaire de l'étang, assigné par-devant le juge de paix en payement du dommage, déclina sa jurisdiction. Il développa avec beaucoup de force le système adopté par les jugemens de 1816 que nous avons cités. Il négligea d'y joindre un Arrêt de la Cour d'Aix, du 6 janvier 1817, dont nous n'avons pas dû parler, parce qu'il ne dit pas autant que ces jugemens, et qu'il fut rendu par défaut.

Mais tous ses efforts ont échoué contre la force des motifs que leur opposa M. de Thorame fils, substitut du procureur du Roi, qui, dès son début dans la magistrature, nous rappelle les talens et la droiture d'esprit du célèbre avocat Pazery, son oncle, ainsi que les vertus des magistrats ses ancêtres. Le Tribunal, adoptant ces motifs, qui ne sont autres que ceux que nous venons d'exposer, sans s'arrêter à l'exception d'incompétence proposée par le propriétaire de l'étang, l'a condamné au payement du dommage causé par ses eaux imprudemment augmentées et dénaturées.

Les parties étaient M. de Charleval, propriétaire de l'étang de Cétis, terroir de St-Mitre, et les sieurs Sabatier et consorts, de la même commune, possédant biens autour de cet étang.

NOMENCLATURE des Ateliers répandant une odeur insalubre ou incommode, dont la formation ne peut avoir lieu sans une permission de l'Autorité administrative.

PREMIÈRE CLASSE.

Établissemens exclus du voisinage des habitations particulières, et pour la création desquels il faut une autorisation de SA MAJESTÉ accordée en Conseil d'État.

Acide nitrique, eau forte (fabrication d').

Acide pyroligneux (lorsque les gaz se répandent dans l'air sans être brûlés).

Acide sulfurique (fabrication d').

Affinage de métaux au fourneau à coupelle, ou au fourneau à réverbère.

Amidoniers.

Artificiers.

Bleu de Prusse, lorsqu'on n'y brûlera pas la fumée et le gaz hydrogène sulfuré.

Boyaudiers.

Cendre gravelée , lorsqu'on laisse répandre la fumée au dehors.

Cendres d'orfèvres (traitem¹ des) par le plomb.

Chanvre (rouillage du) en grand, par son séjour dans l'eau.

Charbon de terre (épurage du) à vases ouverts.

Chaux (fours à) permanens.

Colle forte (fabriques de).

Cordes à instrumens (fabriqᵉˢ de).

Cretonniers.

Cuirs vernis (fabriques de).

Écarrissage.

Échaudoirs.

Encre d'imprimerie (fabriqᵉˢ d').

Fabriques de poudres ou matières détonantes et fulminantes , et fabriques d'allumettes , d'étoupilles ou autres objets du même genre, préparés avec ces sortes de poudres ou matières, suivant l'Ord. du 25 juin 1823.

Fourneaux (hauts).

Glaces (fabriques de).

Goudron (fabrication du).

Huile de pied de bœuf (fabriqᵉˢ d').

Huile de poisson (fabriques d').

Huile de térébenthine ou d'aspic, (distillation en grand).

Litharge (fabrication de la).

Massicot (fabriques de).

Ménageries.

Minium (fabrication du).

Noir d'ivoire et noir d'os (fabriques de) lorsqu'on n'y brûle pas la fumée.

Orseille (fabrication d').

Plâtre (fours à) permanens.

Pompes à feu ne brûlant pas la fumée.

Porcheries.

Poudrette.

Rouge de Prusse (fabriques de) à vases ouverts.

Sel ammoniac , ou muriate d'ammoniac (fabrication du) par le moyen de la distillation des matières animales.

Soufre (distillation du).

Suif brun (fabrication du).

Suif en branche (fonderie du) à feu nu.

Suif d'os (fabrication du).

Sulfate d'ammoniac (fabrᵗⁱᵒⁿ du) par le moyen de la distillation des matières animales.

Sulfate de cuivre (fabrᵗⁱᵒⁿ du) au moyen du soufre et du grillage.

Sulfate de soude (fabrication du) à vases ouverts.

Sulfures métalliques (grillage des) en plein air.

Tabac (combustion des côtes du) en plein air.

Taffetas cirés (fabriques de).

Taffetas et toiles vernis (fabrication des).

Tourbe (carbonisation de la) à vases ouverts.

Tripiers.

Tueries dans les villes dont la population excède dix mille âmes.

Vernis (fabriques de).

Verre, cristaux et émaux (fabriques de).

DEUXIÈME CLASSE.

Établissemens qui ne peuvent être formés près des habitations, qu'avec la certitude qu'ils ne seront ni incommodes, ni nuisibles aux voisins.

Acier (fabrique d').

Acide muriatique (fabr^tion de l') à vases clos.

Acide muriatique oxigéné (fabrication de l').

Acide pyroligneux (fabr^tion de l') lorsque les gaz sont brûlés.

Atelier à enfumer les lards.

Blanc de plomb ou de céruse (fabriques de)

Bleu de Prusse (fabriques de) quand elles brûlent leur fumée et le gaz hydrogène sulfuré.

Cartonniers.

Cendres d'orfèvre (traitem^t des) par le mercure et la distillation des amalgames.

Cendres gravelées (fabric^tion des) lorsqu'on brûle la fumée.

Chamoiseurs.

Chandeliers.

Chapeaux (fabriques de).

Charbon de bois fait à vases clos.

Charbon de terre épuré, lorsqu'on travaille à vases clos.

Châtaignes (dessiccation et conservation des).

Chiffonniers.

Cires à cacheter (fabriques de).

Corroyeurs.

Couverturiers.

Cuirs verts (dépôts de).

Cuivre (fonte et laminage du).

Eau-de-vie (distillerie d').

Faïence (fabriques de).

Fondeurs en grand au fourneau à réverbère.

Galons et tissus d'or et d'argent, (brûleries en grand des).

Genièvre (distillerie de).

Goudron (fabriques de) à vases clos.

Hareng (saurage du).

Hongroyeurs.

Huiles (épuration des) au moyen de l'acide sulfurique.

Indigoteries.

Liqueurs (fabrication des).

Maroquiniers.

Méglissiers.

Noir de fumée (fabrication du) lorsqu'on brûle la fumée.

Noir d'ivoire et noir d'os (fabrication du) lorsqu'on brûle la fumée.

Or et argent (affinage de l') au moyen du départ et du fourneau à vent.

Os (blanchîment des) pour les évantaillistes et les boutonniers.

Papiers (fabriques de).

Parcheminiers.

Pipes à fumer (fabrication des).

Plomb (fonte du) et laminage.

Poëliers–fournalistes.

Porcelaine (fabrication de la).

Potiers de terre.

Rouge de Prusse (fabriques de) à vases clos.

Salaisons (dépôt de).

Sel ou muriate d'étain (fabou de).

Sucre (raffinerie de).

Suif (fonderie de) au bain-marie ou à la vapeur.

Sulfate de soude (fabrication du) à vases clos.

Sulfates de fer et de zinc (fabrication des) lorsqu'on forme ces sels de toutes pièces avec l'acide sulfurique et les substances métalliques.

Sulfures métalliques (grillage des) dans les appareils propres à retirer le soufre ou à utiliser l'acide sulfureux qui se dégage.

Tabacs (fabriques de).

Tabatières en carton (fabrtion de).

Tanneries.

Toiles (blanchîment de) par l'acide muriatique oxigéné.

Tourbe (carbonisation de la) à vases clos.

Tuileries et briqueteries.

L'ordonnance du 20 août 1824 range dans cette classe les établissemens d'éclairage par le gaz hydrogène. On peut voir dans l'instruction qui la suit les précautions exigées dans l'établissement de ces ateliers, et surtout pour que la condensation des produits volatils et l'épuration des gaz ne nuisent point aux voisins.

TROISIÈME CLASSE.

Établissemens pour lesquels il suffit de la permission des Sous-préfets.

Acétate de plomb, sel de Saturne (fabrication de).

Batteurs d'or et d'argent.

Blanc d'Espagne (fabrique de).

Bois dorés (brûleries de).

Boutons métalliques (fabrs de).

Borax (raffinage du).

Brasseries.

Briqueteries ne faisant qu'une seule fournée en plein air, comme on le fait en Flandre.

Buanderies.

Camphre (préparation et raffinage du).

Caractères d'imprimerie (fonde-
ries de).

Cendres (laveurs de).

Cendres bleues et autres précipi-
tés de cuivre (fabrication des).

Chaux (fours à) ne travaillant
pas plus d'un mois par an.

Ciriers.

Colle de parchemin et d'amidon
(fabriques de).

Corne (travail de la) pour la
réduire en feuilles.

Cristaux de soude (fabriques de),
sous-carbonate de soude cris-
tallisée.

Doreurs sur métaux.

Eau seconde (fabrication de l')
des peintres en bâtimens , al-
cali caustique en dissolution.

Encre à écrire (fabriques d').

Essayeurs.

Fer-blanc (fabriques de).

Feuilles d'étain (fabrication des).

Fondeurs au creuzet.

Fromages (dépôt de).

Glaces (étamage des).

Laques (fabrication des).

Moulins à huile.

Ocre jaune (calcination de l')
pour le convertir en ocre rouge.

Papiers peints et papiers marbrés
(fabriques de).

Plâtre (fours à) ne travaillant
pas plus d'un mois par année.

Plombiers et fontainiers.

Plomb de chasse (fabrication du).

Pompes à feu brûlant leur fumée.

Potasse (fabriques de)

Potiers d'étain.

Sabots (ateliers à enfumer les).

Salpêtre (fabrication et raffin. du).

Savonneries.

Sel de soude sec (fabrication du),
sous-carbonate de soude sec.

Sel (raffineries de).

Soude (fabrication de la) ou décomposition du sulfate de soude.

Sulfate de cuivre (fabrication du)
au moyen de l'acide sulfurique
et de l'oxide de cuivre ou du
carbonate de cuivre.

Sulfate de potasse (raffinage du).

Sulfate de fer et d'alumine. —
Extraction de ces sels des matériaux qui les contiennent tout
formés , et transformation du
sulfate d'alumine en alun.

Tartre (raffinage du).

Teinturiers.

Teinturiers dégraisseurs.

Tueries dans les communes au-
dessous de dix mille âmes.

Vacheries dans les villes au-dessus
de cinq mille habitans.

Vert-de-gris et verdet (fab^tion du).

Viandes (salaison et prépar. des).

Vinaigre (fabrication du).

§ II.

Usines accidentellement nuisibles.

17. S'il est des usines naturellement nuisibles, il en est qui, naturellement aussi, sont
très-avantageuses, et qui ne nuisent qu'accidentellement par leur mauvaise tenue, ou par
les entreprises de ceux qui les exploitent ;
aussi, peuvent-elles être établies partout sans
permission, et si elles sont soumises à la surveillance de l'autorité, ce n'est qu'à raison
de l'intérêt qu'a la société à leur bonne exploitation, et pour prévenir les abus que leurs
propriétaires sont trop souvent tentés de faire
des faveurs dont les besoins publics les ont
fait entourer. Car, c'est une observation qui
a été faite avant nous, les usines sont essentiellement envahissantes : plus elles entrepren-
nent sur l'agriculture, plus elles se plaignent
qu'elle veut les ruiner.

18. Parmi les usines bienfaisantes se distinguent les moulins à blé. Ils ne sont pas
seulement utiles, ils sont nécessaires, puisque
c'est par eux que le premier des alimens est
préparé.

Pendant long-temps ils avaient, comme tous

les engins, abusé de l'utilité dont ils sont, et plus encore, peut-être, du crédit et de la puissance de ceux qui les possédaient presque exclusivement, pour asservir l'agriculture et s'arroger sur elle une préférence contraire à la nature des choses : car l'industrie qui crée èt produit est toujours plus précieuse que celle qui modifie.

Mais ils sont aujourd'hui remis à la place que leur assigne le degré d'avantages qu'ils procurent à la société.

Nous n'avons pas à nous occuper de ceux qui sont mûs par force de bras ou d'animaux. Ils sont depuis long-temps remplacés par les moulins à vent ou à eau, dont le mouvement est moins dispendieux et plus expéditif, et si l'on emploie encore la mouture mécanique, ce n'est que comme suppléant, dans les pays et dans les cas où manquent à la fois les deux agens de la nature.

19. L'établissement des moulins à blé et autres engins de l'espèce qui nous occupe, libre et permis aujourd'hui à chacun par lui-même, peut être gêné par la qualité de ses agens. Il est naturel qu'on exige que celui qui veut faire un engin ait la libre disposition non-seulement du terrain sur lequel il l'em-

place, mais encore des moyens par lesquels il se propose de le faire mouvoir, et qu'il ne se les procure pas aux dépens des tiers. Inutilement celui qui veut bâtir serait-il propriétaire du sol, s'il ne l'était encore des matériaux qu'il doit employer.

20. Qûand cet agent est l'air, qui appartient à tout le monde, il n'est point de permission à demander. Depuis que les bannalités sont supprimées, chacun est libre de faire sur son fonds tels moulins à vent qu'il lui plaît ; mais comme ces engins peuvent, par leur mouvement, leur bruit ou leur ombre, effrayer les chevaux et faire courir des dangers aux voyageurs, quand on les établit au voisinage des chemins publics, il faut s'en faire désigner l'emplacement par l'autorité locale, qui ne doit pas permettre qu'ils soient assez rapprochés du chemin, pour que leur ombre y soit jamais projetée. Aucune loi ne l'ordonne expressément, mais la prudence le conseille pour ne pas courir le risque d'une suppression.

Un engin qui, par son ombre, son mouvement ou son bruit, pourrait effrayer les chevaux, compromettrait la sûreté des voyageurs, et il serait du devoir de la voirie d'en faire ordonner la démolition, puisqu'elle est chargée de veiller à la conservation et à la sûreté des routes. Un règlement du Conseil supérieur d'Artois (1) fixe à 200 pieds (environ 66 mètres), la distance qu'il doit y avoir entre le chemin et l'engin ; mais cela tenant à la localité qui peut exiger un éloignement moindre ou plus grand, il vaut mieux s'en rapporter à l'autorité administrative et pour l'intérêt de l'entrepreneur, et pour celui du public.

21. Quand l'agent qui doit donner à l'engin la vie et le mouvement, est une eau courante, sa construction peut être gênée par le propriétaire de cette eau, sans l'aveu duquel il n'est permis à personne d'y faire des prises d'irrigation ou d'engins.

Ce que nous avons dit (2) sur l'usage des eaux nous dispense de tout développement sur ce point.

Ce n'est même que surabondamment que nous observons que l'État n'est pas de pire condition que les particuliers, et que nous rappelons la disposition des art. 42 et 43, tit. 27, de l'Ordonnance de 1669, qui défen-

---

(1) On le trouve, sous la date du 13 juillet 1774, dans le Répert. de Jurispr. Vᵒ Moulin. § 6.

(2) *Supr.*, ch. 4.

dent, sous peine de démolition, à tout propriétaire et engagiste de faire moulins, bâtardeaux, écluses, pertuis etc., dans les fleuves
et rivières appartenant à l'État, sans permission
particulière. Disposition qui a été renouvelée
de nos jours par l'Arrêté du 19 ventose an 6
(9 mars 1798); en sorte qu'il n'est plus dis-
putable aujourd'hui que, sur les eaux qui sont
une dépendance du domaine public, il ne peut
être fait ni prises, ni moulins, qu'avec l'autorisation spéciale du Gouvernement.

Pour l'obtenir on s'adresse au préfet; il
communique au maire la demande, qui est
affichée et transmise ensuite à l'ingénieur du
du département et à l'inspecteur de la navigation, là où il existe; le préfet prend sur
leurs observations un arrêté, et l'adresse au
ministre de l'intérieur, sur le rapport duquel
le Gouvernement statue.

22. Les changemens qu'on veut faire à une
usine sont soumis à la même règle; ils ne
peuvent avoir lieu qu'avec l'approbation préalable du Gouvernement, donnée dans la même
forme que la permission. C'est l'application
aux engins de la règle établie dans le 1er §,
n° 10, de ce chapitre, et ch. 4, n° 62, qui ne
permet pas de changer l'emploi de la servitude

établie pour un usage déterminé sans le concours de ceux que ces changemens peuvent
intéresser.

L'autorisation du Gouvernement est donc
un préalable indispensable pour tous les engins
que font mouvoir les eaux domaniales, comme
la permission du propriétaire l'est à ceux qui
emploient des eaux qui sont une propriété
particulière.

23. Mais en est-il de même pour ces engins
que font tourner des eaux qui ne sont pas une
dépendance du domaine public ? En d'autres
termes, le riverain d'une petite rivière a-t-il
besoin de l'autorisation du Gouvernement ou
du préfet pour construire un engin que ses
eaux alimentent ?

Cette question ne présentait autrefois aucune
difficulté : chaque seigneur était maître d'é-
tablir sur la rivière qui coulait dans son fief
des moulins ou écluses, pourvu que personne
n'en souffrît (1), parce qu'il était réputé propriétaire de la portion de rivière qui était
dans sa seigneurie.

Diverses coutumes portaient aussi que « Cha-
« cun peut, en son héritage, par lequel passe

_____

(1) *Fréminville*, liv. 4. ch. 4. quest. 27. n° 28. p. 491, et
quest. 56. n° 517.

« un fleuve ou rivière non navigable ni public,
« faire des édifices et moulins, pourvu que
« le lieu soit disposé à le faire, c'est-à-dire,
« qu'il y ait sault (chute) et entrion (fuite) » (1).

Les petites rivières étant aujourd'hui, dans
les mains de ceux dont elles traversent les
héritages, ce qu'elles étaient autrefois dans
celles des seigneurs, les droits des uns sur
elles ne pourraient être différens de ceux des
autres, que dans le cas où ils auraient été
restreints par la loi.

Or, il n'existe aucun acte de législation
qui ait restreint le droit de propriété ou,
pour raisonner dans tous les systèmes, de
jouissance des riverains sur les cours d'eau
non navigables, et en ait subordonné l'exercice à la permission individuelle de l'autorité
locale ou du Gouvernement. La seule loi qui
s'y réfère est le Code Civil, qui, dans l'art. 644,
reconnaît le droit qu'a tout riverain d'une eau
courante, de s'en servir à son passage pour
l'irrigation de ses propriétés.

Qui peut le plus peut le moins. Celui qui
peut prendre l'eau pour en faire un emploi
qui la consomme, peut, à plus forte raison,
la prendre pour un usage qui n'en diminue
pas la quantité.

---

(1) *Berry*, tit. 16. art. 1er. — *Soles*, tit. 12. art. 1er.

Le droit d'user de l'eau emporte celui de
faire des prises. Mais l'eau de la rivière une
fois introduite dans la prise, cesse d'être
commune ; elle devient la propriété particulière de celui à qui la prise et le canal de
dérivation appartiennent, et chacun convient
que tout particulier peut employer les eaux
qui sont sa propriété, à faire tourner des
engins, comme à arroser ses terres.

Parmi les auteurs modernes qui ont touché
cette question, il en est cependant qui regardent la permission du Gouvernement comme
un préalable indispensable.

D'autres la croient inutile.

M. Sirey, après avoir rapporté dans son
Recueil d'Arrêts (1) les opinions pour et contre, finit par se ranger de l'opinion de ceux
qui regardent l'exigeance de l'autorisation
comme une usurpation de l'administration sur
les droits des particuliers.

24. Si dans ce conflit d'opinions, il nous
est permis de donner notre avis, nous dirons
que leur divergence nous paraît tenir à la
confusion de quelques règles et de certains
faits, et qu'on s'entendrait aisément si on
s'expliquait davantage.

_____

(1) Tom. 22. part. 2. p. 92.

L'autorité administrative a seule le droit de fixer la hauteur du déversoir (1), qui règle lui-même la hauteur de l'eau.

Elle a la surveillance des engins qui, par leur odeur, leur bruit ou la détérioration des eaux, peuvent nuire (2), et de ceux qui sont nécessaires à l'habitation (3).

Comme chargé de la petite voirie rurale et de procurer un libre cours aux eaux, le préfet doit veiller à ce qu'il ne soit fait sur le cours d'eaux aucune entreprise qui les obstrue ou les altère (4).

Ces attributions, qui sont plus des devoirs que des droits, n'ont rien de commun avec les permissions à donner pour l'établissement d'un engin. Les permissions sont des actes de propriété ou de tutelle tellement distincts des autres, que, tandis que ceux-ci sont confiés à l'administration locale ou préfectoriale, ceux-là ne peuvent être faits que par le Gouvernement.

Or, en bonne logique, de ce qu'on ne peut bâtir en certains endroits, ou élever des digues, sans se faire donner l'alignement ou le niveau

---

(1) *Infr.*, liv. 4. tit. 1. ch. 1. n° 32.
(2) *Supr.*, § 1.
(3) *Infr.*, n° 27.
(4) Liv. 4. tit. 1. ch. 2. n° 13.

par le préfet ou par le maire, il ne suit
certainement pas qu'on ne puisse, sans l'autorisation du Conseil d'État, bâtir nulle part,
ou recevoir l'eau qu'on peut utiliser sans faire
des digues.

Il semble, au contraire, que, puisque la
décision de l'autorité locale suffit dans les cas
les plus graves, dans ceux où il s'agit d'altérer le
niveau des eaux, l'intervention de l'administration supérieure ne peut jamais être nécessaire.

Le droit de permettre emporte celui de
refuser; tandis que le devoir de surveillance
n'emporte que celui de conserver et protéger.
L'administration, chargée de fixer la hauteur
des eaux, ne peut pas le refuser; elle ne peut
pas reculer les constructions plus que n'exige
la conservation des francs-bords de la rivière
et ouvrages d'art en dépendant.

Mais donnez-lui le droit de permettre, vous
lui livrez celui d'interdire aux particuliers l'u-
sage de leurs propriétés, et, tandis que la
loi les déclare propriétaires du droit de faire
des prises sur les petites rivières, des prises
qu'ils font, des canaux qu'ils ouvrent et surtout de l'eau qui s'y introduit, vous donnez
à l'administration la faculté de leur enlever
cette propriété, et de la leur enlever sans
indemnité, contre la disposition de la Charte.

Ainsi, s'agit-il d'un engin à établir sur les bords d'une petite rivière, où dont le jeu peut embarrasser son cours ou élever les eaux, nul doute que l'établissement ne doive être accompagné de l'alignement donné par le *voyer*, et du niveau du déversoir fixé par l'autorité, à qui ce soin appartient.

Mais supposez un engin qui n'ait besoin ni de digue, ni de bâtardeau, qui, par sa distance de la rivière, ou par sa position, ne puisse en faire refluer les eaux ni gêner les francs-bords, dès qu'aucune loi ne déclare que cet engin, ainsi situé, ne pourra être élevé qu'avec la permission d'une autorité quelconque, il n'est point de pouvoirs qui puissent l'exiger.

On cite de part et d'autre des décisions du Conseil d'État; mais en fait-on connaître toutes les circonstances? Ne sait-on pas qu'en jurisprudence *minima circumstancia facti magnam affert diversitatem juris?* A la loi seule appartient, d'ailleurs, le pouvoir de restreindre le droit de propriété; la jurisprudence la plus uniforme n'y pourrait rien, et quelque respect que nous professions pour le Conseil d'État et pour les lumières de ses membres, nous ne pouvons nous empêcher de dire que, si ce Conseil avait décidé, *in puncto juris,* que

dans tous les cas on ne peut, sans sa permission, construire des moulins sur les cours
d'eau qui ne sont pas une dépendance du domaine public, il aurait plus fait qu'errer, il
aurait été au delà des bornes de son autorité.
Car, établi pour appliquer la loi, et non pas
pour la faire, il ne peut, par des décisions
particulières, intervertir ses dispositions, qui
n'exigent pas la permission du Gouvernement
pour l'établissement des engins qui emploient
les eaux des rivières qui ne sont ni navigables,
ni flottables.

On ne fait, d'ailleurs, pas toujours dire à
ces décision ce qu'elles ont dit : par exemple,
on présente le Décret du 11 août 1808 (1)
comme confirmatif d'un arrêté du préfet de
Vaucluse, qui avait ordonné la démolition
de fond en comble d'un moulin fait sans sa
permission, quand il n'ordonnait que la démolition de fond en comble des *digues, chaussées,
bâtardeaux et écluses* construits dans le lit de
la rivière, et nuisibles au cours d'eaux et aux
riverains.

25. Il est des localités où la liberté d'é-
tablir certains engins est restreinte ; mais elle

----

(1) *Sirey*, tom. 16. part. 2. p. 391.

l'est par la loi dont l'application seulement appartient au Conseil d'État.

Dans la ligne des douanes on ne peut élever des moulins à blé, soit à vent soit à eau, (excepté dans l'intérieur des villes) sans l'autorisation du Gouvernement, et s'il était prouvé, par une condamnation judiciaire, que ceux qui existaient avant la loi favorisent la contrebande, ils seraient supprimés; leur déplacement serait ordonné, pour être effectué dans un délai qui ne pourrait être moindre d'une année (1).

Cette règle n'est point particulière aux moulins à blé; elle s'applique en général à toutes les fabriques et manufactures placées dans la ligne des douanes qui favorisent la contrebande.

26. Nous venons de dire et nous établirons ailleurs, que c'est à l'autorité administrative que doit être adressée la demande en fixation de la hauteur des eaux, et cela tant sur les cours d'eaux que sur les étangs artificiels; mais la fixation qu'elle détermine ne la lie pas irrévocablement. C'est une simple mesure de prévoyance et de police, à laquelle elle reste toujours libre d'apporter les changemens

---

(1) L. du 27 août 1791, tit. 13. art. 37 et 41. — L. du 21 ventose an 11 (12 mars 1803), art. 1er. — L. du 30 avril 1806 , art. 75.

dont l'expérience fait sentir la nécessité, quelque influence qu'ils puissent avoir sur les engins que ces eaux meuvent.

27. Que les moulins nécessaires à l'habitation soient mûs par la force de l'air ou de l'eau, ou par tout autre agent, il ne dépend pas du propriétaire de les faire chômer. L'autorité publique doit veiller à ce qu'ils soient tenus en bon état de mouture. Le sous-préfet est autorisé à y faire faire les réparations indispensables, aux frais du propriétaire, après un refus de sa part (1).

28. On a tenu long-temps que les moulins étaient préférables à l'irrigation des terres, et l'on en concluait qu'il n'était pas permis d'en détourner les eaux pour arroser les champs. La Cour de Lyon a été la première à revenir à des idées plus saines (2). Quand l'eau ne peut suffire en même temps aux besoins des moulins et à l'irrigation des terres, et qu'il faut absolument sacrifier les uns aux autres, c'est moins par l'utilité intrinsèque de chacun qu'on doit en décider, que par les titres ou la possession qui les explique ou les supplée.

---

(1) L. du 8 floréal an 2 (27 avril 1794).
(2) Cet Arrêt est dans *Sirey*, tom. 9. p. 316.

Si les titres sont muets, et la possession incertaine, il faut diviser les eaux par un règlement qui, comme le dit l'art. 645 du Code Civil, concilie l'intérêt de l'agriculture avec le respect dû à la propriété.

29. Il est cependant un cas où la préférence est due au moulin, c'est celui où la continuité de son travail est nécessaire à l'habitation. On sent qu'alors la préférence doit être moins déterminée par les titres et la possession, que par la nécessité publique, à laquelle l'intérêt particulier est obligé de céder.

C'est ainsi que, même avant le Code, il avait été décidé que dans le temps de sécheresse, lorsque les eaux d'un étang sont nécessaires pour les moulins qui approvisionnent une ville, on oblige le propriétaire de l'étang à les laisser couler, mais en les lui payant à un prix convenu à raison de chaque mètre de hauteur de l'eau qui s'écoule, comme il arrive assez souvent pour les moulins de la Vilaine, qui servent à l'approvisionnement de Rennes (1).

3o. C'est par suite de la faveur dont jouis-

---

(1) Gouvernement Spirituel et Temporel des Paroisses, p. 477. — *Toullier*, Dr. Civ. Fr., tom. 3. p. 90. — *Infr.*, tit. 3. ch. 3. n. 63.

saient autrefois les moulins au détriment de l'agriculture, qu'il leur fût permis de conduire leurs eaux au travers de toutes les propriétés, ainsi que nous l'avons dit ch. 4, n° 110; mais on doute qu'à l'exception des moulins à blé, ou de tous autres engins reconnus nécessaires à l'usage d'une commune, ce privilége leur fût conservé aujourd'hui, que, par un principe constitutionnel, il est établi que nul ne peut être obligé de faire le sacrifice de sa propriété que pour cause d'intérêt public légalement constaté, et après l'accomplissement des formalités établies par la loi.

31. Ce qu'on ne peut pas disputer aux engins, c'est que leur possesseur est par sa seule qualité réputé propriétaire du canal qui en conduit les eaux. Il est depuis sa prise jusqu'à son embouchure une partie intégrante de l'engin qu'il fait mouvoir (1).

Aussi est-il compris dans la vente de l'engin, sans stipulation expresse, à moins que lors de l'aliénation l'eau n'eût pas encore été amenée à l'engin, ou qu'elle ne fût pas indispensable à son travail. Si elle ne devait lui procurer

_____

(1) *Henrys*, tom. 2. liv. 4. quest. 149. p. 825. — *Gobius*, de Aquæd., quest. 13, 14 et 15. — *Sirey*, tom. 16. p. 374.

qu'un plus grand avantage, elle ne serait comprise dans la vente que par une mention expresse (1).

32. Par le même motif, le propriétaire de l'engin doit la contribution foncière du canal, qui est alors évalué comme les meilleures terres labourables (2) ; mais si le canal ne lui appartient pas, et qu'il fût prouvé que le propriétaire n'a sur les fonds que le canal traverse, qu'une servitude d'aquéduc, il ne serait pas cotisable à la contribution foncière, qui n'est due que par le propriétaire du fonds. L'espace occupé par le fossé serait cotisé comme le restant de la propriété.

33. Les engins rivalisent presque toujours entre eux. Quand le préjudice que porte un moulin nouveau se borne à la diminution de la chalandise de l'ancien, celui-ci n'a pas à s'en plaindre ; il ne peut, sur ce fondement, en empêcher la construction, ou en faire ordonner la fermeture (3).

Mais si le nouveau moulin prive le premier de l'eau qui lui est nécessaire, ou si, gênant

(1) *Supr.*, ch. 4. n° 2. — *Infr.*, tit. 3. ch. 3. n° 72.
(2) *Julien*, Stat. de Provence, tom. 2. p. 295.
(3) *Mornac*, ad l. 6. § *Si initium*, *ff. de edend.*

son cours, il la fait refluer vers le moulin
supérieur, le propriétaire du moulin ancien
pourra faire démolir le nouveau, ou le réduire à tel point qu'il ne lui cause plus de
préjudice, parce qu'il n'est permis à personne
de porter atteinte à la propriété d'autrui pour
tirer un plus grand bénéfice de la sienne (1).

Les engins ne consomment pas l'eau, mais
quelquefois ils ne peuvent l'utiliser qu'en in-
terceptant son cours pendant plus ou moins
de temps. Par exemple, quand l'eau du canal
n'est pas assez abondante pour faire aller un
moulin à fil, il faut l'intercepter, la laisser
amasser dans une écluse, d'où, quand on lève
la vanne, elle s'échappe en assez grand volume pour faire mouvoir l'engin. Si, sur un
cours d'eau pareil, soit habituellement, soit
accidentellement, pendant l'été, par exemple,
on construisait un moulin supérieurement à
celui déjà établi, le travail de ce moulin nouveau nuirait inévitablement à l'ancien, qui serait
obligé de s'arrêter pendant que l'autre rem-

(1) *Mornac*, loc. cit. — *Pastour*, de Jur. Féod., liv. I. tit. 5.
n° 4. — *Domat*, Dr. Public, p. 62. n° 11. — *Boniface*, tom. 2.
p. 407 et 408. — *Brodeau*, art. 71. de la Cout. de Paris. — *Brodeau*,
sur Louet, Lettr. M. somm. 17. n° 7. — *Legrand*, art. 180 de
la Cout. de Troyes. — *Julien*, Élém. de Jurisprud., p. 153. —
Felruel, du Voisinage, p. 224.

plirait son écluse , et qui , quand il la lâ-
cherait , ne pourrait retenir toute l'eau qui
vient alors avec trop d'abondance et de rapidité.

L'interdiction du moulin nouveau ne serait
point susceptible de doute , si l'ancien avait
un titre de servitude sur l'eau (1).

S'il n'y avait ni titre , ni possession équi-
valente au titre , c'est-à-dire prescription ,
il faudrait, si les deux moulins ne pouvaient
exister simultanément , se décider par l'anté-
riorité : *Potior est conditio malendini prius
constructi*, et quand il ne conste pas de la
priorité, *potior est conditio possidentis modo
non sit abusus* (2).

C'est alors le cas de la préoccupation dont
nous avons parlé dans le chapitre des eaux (3).

34. Quelquefois le travail d'un moulin est
interrompu pour l'intérêt de la navigation ou
du flottage , ou par toute autre cause étrangère au moulin. Il lui est alors dû une indemnité. Mais , pour éviter des liquidations ,

---

(1) *Laroche Flavin* , tit. des Droits Seign. , ch. 17. art. 7. —
Mourgues , sur le Stat. de Prov. , p. 375 et 376. — *Boniface* ,
loc. cit. — *Henrys* , tom. 2. liv. 4. quest. 189. p. 1000.
(2) *Pastour* , de Jur. Féod. , liv. 1. tit. 5. n° 16.
(3) Sect. 3. § 5.

l'art. 45, tit. 27, de l'Ordonnance de 1669, l'a
fixée à deux francs pour 24 heures d'interruption,
et il a été jugé, par Arrêt de la Cour de
Cassation du 27 juillet 1808 (1), que les tribunaux ne peuvent pas accorder davantage,
de quelque cause que le chômage procède. .

35. Un moulin, quand il est l'objet principal d'un bail, n'est pas réputé héritage rural,
c'est une propriété urbaine, et les terres qu'on
y ajoute accessoirement participent à sa nature.

Ainsi, quand le bail en a été prolongé par
tacite reconduction, l'une des parties ne peut
donner congé à l'autre qu'en observant les
délais fixés par l'usage des lieux, conformément à l'art. 1736 du Code Civil (2).

Mais quand il est compris dans le bail général d'un domaine, n'étant qu'une des parties
d'un tout, qui est la terre, il est bien rural,
comme les maisons et les usines qui s'y trouvent.

Nous ne nous étendons pas davantage sur
le régime intérieur des engins, et les obligations de ceux qui les exploitent. Cela tient
plus à l'industrie et à la police qu'à l'agriculture, et sort, par conséquent, du plan
de cet ouvrage.

---

(1) *Sirey*, tom. 9. p. 374.
(2) *Sirey*, tom. 10. part. 2. p. 97.

CHAPITRE VII.

Des Marais Salans, Salines et Salins.

1. Comme les mines , les salins sont une espèce de biens sur lesquels le droit de propriété ne peut pas , en l'état de la législation présente , s'exercer dans toute sa plénitude. Ils ne sont pas gênés dans leur exploitation, que leur propriétaire dirige au gré de ses intérêts , mais ils le sont dans ce qui est l'objet final de leur exploitation, c'est-à-dire , dans la disposition de leur produit.

Il ne faut les confondre ni avec les marais salans , ni avec les salines.

2. Le *marais salant* est ce terrain qui ; couvert ou baigné par les eaux de la mer , ou toute autre eau chargée de sel marin , produit du sel sans le secours de l'homme , sitôt que les eaux se sont retirées ou qu'elles ont été évaporées.

Ce sel est une production spontanée , que l'homme a seulement la peine de ramasser. Son industrie n'y contribue pour rien ; tout est dû à la nature.

3. Le *salin* est l'ouvrage de l'homme : il répand l'eau salée sur un terrain approprié par ses travaux à cette destination, et il attend que des vents secs et la chaleur de l'atmosphère en évaporent l'eau et fassent précipiter le sel. C'est le laboureur, qui, après avoir préparé le terrain, y répand la semence et attend que la chaleur la féconde.

4. Les *Salines* ou fabriques de sel sont de véritables mines. Leur travail n'est pas le même partout : ici on soumet l'eau salée à l'action du feu au sortir de la fontaine ; là on ne la fait bouillir qu'après l'avoir dégagée de plusieurs parties douces, à l'aide des bâtimens de graduation ; ailleurs, on lessive le sable de mer de façon à obtenir le sel par l'action du feu.

Partout, les salines sont des établissemens industriels, qui, sans l'aide de la nature, séparent le sel de l'eau. Sous ce rapport, ces établissemens, n'étant point agricoles, ne devraient point trouver place dans cet ouvrage. Mais ils ont tant d'affinité avec les salins, qui sont de vrais établissemens agricoles et ne sont rien de plus ; leur régime fournit des analogies si pressantes, et qu'il serait si avantageux à l'État et aux particuliers d'appliquer aux salins, qu'obligés de parler de ceux-ci comme compris dans l'économie rurale, nous ne pouvons nous dispenser de parler de celles-là.

5. Dans le *marais salant* tout est dû à la nature ; l'homme n'a qu'à se baisser et recueillir.

Dans le *salin*, l'homme prépare le terrain, sollicite l'évaporation par des travaux répétés ; la nature achève.

Dans la *saline*, l'art et l'industrie font tout ; la nature n'y est pour rien, elle ne fournit que la matière première, comme dans toutes les mines. Ce qui la distingue encore du marais salant et du salin, est que ceux-ci ne produisent rien s'ils ne sont pas secondés par la saison. Le sel ne s'y forme que dans les quelques mois d'été, et, semblable au cultivateur d'un champ de blé, le propriétaire d'un salin ou d'un marais salant perd et ses espérances et ses travaux s'il est contrarié par l'atmosphère. Une pluie, à la veille de la récolte, lui fait tout perdre, comme une grêle, aux approches de la moisson, détruit, dans quelques minutes, toutes les espérances du laboureur.

La saline, par contraire, est indépendante de l'intempérie des saisons ; elle produit en tout temps ; rien n'arrête son action ; rien ne diminue son produit, que le propriétaire répète dans la même année à volonté.

6. Les propriétaires des salines exercent une industrie, un commerce; ils sont passibles de la taxe des patentes.

Mais il n'en est pas de même des propriétaires ou fermiers des salins ou des marais salans. Ces biens « ne sont pas mentionnés « dans le tarif ministériel; ils sont, au con- « traire, considérés comme des immeubles « imposés, en cette qualité, à la contribu- « tion foncière, et déclarés non imposables « à la patente par Décision du Conseil d'État du 24 floréal an 8 (14 mai 1800), approuvé le 25 du même mois par le Gouvernement (1).

L'art. 29 de la Loi du 1er brumaire an 7 (22 octobre 1798) exempte effectivement de la patente les laboureurs et les cultivateurs pour la vente des récoltes et fruits provenant des terrains qui leur appartiennent, ou par eux exploités. Le propriétaire ou fermier d'un marais salant ou d'un salin n'est rien de plus que le laboureur ou cultivateur vendant sa récolte.

Aussi, toutes les autorités judiciaire et ad- ministrative l'ont-elles constamment déclaré exempt de la patente.

---

(1) Décis. du Ministre des Finances du 10 mai 1808, au Préfet des Bouches-du-Rhône.

Un Jugement du, Tribunal Civil d'Aix, inutilement attaqué en Cassation, en exempte le Sr Vidal, propriétaire d'un salin à Martigues.

En 1816, tous les propriétaires de salins du département des Bouches-du-Rhône furent portés au rôle des patentes ; mais , par sa lettre du 28 août même année , le Préfet autorisa le directeur des contributions directes à les en rayer, et à porter, pour cette année , leur cotisation en non-valeur.

7. Les salins et les marais salans sont cotisés à la contribution foncière comme les meilleures terres labourables de la commune sur le territoire de laquelle ils se trouvent (1).

Les bâtimens qui en dépendent sont imposés d'après leur valeur locative (2).

8. Depuis le Décret du 21 mars 1790, qui, sur la demande de toutes les provinces et de tous les ordres de l'État, abolit la gabelle, la fabrication et la vente du sel furent libres en France, comme celles de toutes les productions de l'agriculture et de l'industrie. L'immense bienfait de cette abolition fut démontré

---

(1) Décret du 15 octobre 1810. Un acte du Gouvernement précédent avait porté la même décision.
(2) Même Décret.

par cette quantité de fabriques de sel ou de salins qui s'élevèrent de toute part, et par l'écoulement rapide et soutenu de leur production. La consommation, constamment élevée au niveau du produit, tenait cette denrée à un prix dix fois moindre que celui de l'ancien régime, mais si satisfaisant pour les propriétaires, qu'on mettait, avec raison, les salins et les salines au premier rang des biens les plus précieux.

C'est ainsi que depuis le plus indigent jusqu'au plus riche Français, tous, sans exception, eurent à bénir la suppression de l'impôt le plus inégal, le plus onéreux à l'agriculture, le plus funeste aux bestiaux et, par conséquent, le plus injuste.

On ne devait pas se flatter que l'usurpation et le despotisme fussent arrêtés par les vices qui y sont inhérens, et reculassent devant les maux que le rétablissement de cet impôt devait entraîner.

Le 16 mars 1806 le vit rétablir par un Décret du propre mouvement qui, le 27 du même mois, fut suivi d'un second pour en élever la quotité.

L'article 48 de la Loi sur les Finances, du 24 avril même année, confirma ces Décrets, et il était difficile qu'elle ne les confirmât pas.

On ne pouvait point alors amender les projets de loi : il fallait les rejeter en entier, ou les admettre en totalité, et l'impôt du sel n'était qu'une petite partie de la Loi des Finances.

9. Il était d'abord de deux décimes par kilogramme ; il fut porté à quatre, en 1813, et réduit à trois par l'Ordonnance Royale du 17 décembre 1814, art. 23. C'est à ce taux qu'il est encore aujourd'hui, malgré les réclamations annuelles dont il est l'objet.

La nécessité de sa réduction est assez généralement reconnue ; mais l'état des finances n'a pas permis de faire encore l'essai du résultat qu'elle aurait pour le trésor public. Espérons qu'aujourd'hui (1824) que, grâce à l'habileté du ministre qui les dirige, elles ont reçu une amélioration qui surpasse l'attente générale, si on ne supprime pas entièrement l'impôt du sel, on le réduira, et l'on simplifiera sa perception de manière à ce qu'il ne soit plus le fléau de l'agriculture et de ses bestiaux.

10. Cet impôt n'est point établi sur le sel en lui-même, mais sur le sel *introduit pour la consommation* (1), sur *les sels enlevés* des

_____

(1) Décr. du 16 mars 1806.

marais salans, des salines ou de toute autre
fabrique de sel (1). Tant qu'on n'extrait pas
les sels du salin qui les a produits pour les
livrer à la consommation, on ne doit pas
l'impôt, et l'on n'est point comptable à la
douane de ses opérations.

I I. Ses préposés peuvent se porter en tout
temps dans l'enceinte des marais salans, salins
et salines, pour y exercer leur surveillance (2).

I 2. Mais en quoi consiste-t-elle? Elle est
évidemment bornée à prévenir qu'on ne fraude
l'État, c'est-à-dire, qu'on *n'enlève* et *n'intro-*
duise pour la consommation des sels qui n'auraient pas payé l'impôt ; ce n'est donc pas
les déplacemens, les manipulations des sels
que peut faire le propriétaire sur son gravier
ou dans ses magasins, dont les agens du fisc
ont à se mêler ; leur devoir et leur inspection
ne commencent qu'*à la sortie* du gravier, puisque
ce n'est que là que peuvent commencer l'*enlè-*
vement et l'introduction pour la consommation.

Ils doivent bien surveiller, c'est-à-dire,
avoir l'œil sur les personnes qui entrent dans
le gravier ; ils peuvent même les visiter à

---

(1) L. du 24 avril 1806, art. 48.
(2) Décret du 1L juin 1806, art. 8.

leur sortie, parce qu'ils doivent s'assurer qu'elles n'exportent pas ; mais ils ne peuvent ni les empêcher d'y entrer, ni les molester sur ce qu'elles veulent y faire, ni exiger qu'elles les en préviennent. Elles ne sont comptables de leurs actions dans l'intérieur du salin qu'à son propriétaire.

Celui-ci, gêné seulement sur la *sortie* de ses sels, qu'il ne peut effectuer sans payer les droits, est libre d'en disposer dans l'intérieur de son salin, de la manière qui lui plaît : il peut les changer de place, les serrer ou les étendre, les submerger, fossoyer ses camelles s'il le croit utile, et faire les dispositions préliminaires d'une expédition, sans que la douane ait aucun compte à lui demander. Son droit ne commence qu'à la *sortie* ; elle outre-passerait ses pouvoirs, elle se rendrait coupable de vexation et de surexaction, si elle entreprenait de l'exercer plus tôt. Sentinelle placée à la porte uniquement pour empêcher la sortie en fraude, elle n'a pas à se mêler de ce qui se passe dans l'intérieur, si ce n'est pour empêcher qu'on ne fasse sortir, qu'on *n'enlève*, afin *d'introduire dans la consommation.*

Ce qui vient d'être dit répond à la prétention qu'avaient élevée certains douaniers, d'empêcher le propriétaire du salin de faire passer ses bestiaux sur son gravier, crainte, disaient-ils que le piétinement de ces animaux ne gâtât les camelles. Les employés supérieurs de l'administration s'empressèrent de condamner cette prétention exorbitante ; mais il n'est pas moins intéressant de rappeler qu'ils ne sont point placés sur les salins pour veiller à la conservation des sels, mais seulement et limitativement pour empêcher l'*extraction frauduleuse.*

13. C'est par extension de ce droit, qu'il a été établi, qu'avant d'attaquer une camelle, il faut rapporter un *permis d'enlèvement,* uniquement destiné à faire connaître au préposé placé sur le gravier, qu'il peut laisser enlever. Après ce permis, il faut retourner au bureau prendre la *quittance des droits*, qui est donnée séparément, et dans le congé, quand ils sont payés au moment de la déclaration ; enfin, l'opération se termine par *l'autorisation de circuler* dans la ligne qui n'est point absolue et indéterminée, mais qui doit indiquer la destination, la route, le délai, et ne permet qu'en cas de nécessité démontrée de circuler avant le lever et après le coucher du soleil.

Ces deux dernières formalités sont l'effet

naturel de la prohibition d'extraire sans acquitter les droits. Mais la première est une extension que la douane a faite pour sa plus grande commodité, ou pour relever son importance. Celui qui ne doit qu'à l'extraction, ne lui est, jusqu'alors, comptable de rien. Quand on va lui déclarer qu'on veut extraire, on ne lui en demande pas la permission ; elle n'en a point à donner. On lui dit seulement qu'on vient lui payer les droits de la quantité qu'on se propose d'enlever, et pourvu que ce payement précède la sortie des sels du gravier, tous ses intérêts sont remplis. Le Décret du 11 juin 1806 ne dit point qu'on ne pourra pas travailler dans les salines, remuer les sels, les fossoyer, sans une déclaration préalable ; il dit textativement, nul *enlèvement* ne pourra être fait sans déclaration et rapport d'un congé ou acquit-à-caution.

Il semble que les droits payés, le congé et l'autorisation de circuler rapportés, tout devrait être fini. Mais l'expéditeur est encore arrêté, à demi-myriamètre du salin, par un bureau de vérification qui pèse tout son chargement, et s'il a le malheur d'y arriver peu de temps avant le coucher du soleil, il faut qu'il laisse sa charrette devant le bureau, sans qu'il lui soit permis de la déposer dans une auberge, et qu'il paye 60 centimes et quelquefois un franc par charrette au préposé qui est censé la garder pendant la nuit. On épargnerait ce surcroît de dépenses, si la douane se conformait à la loi qui l'oblige d'avoir des cours ou hangards auprès de ses bureaux, pour fermer les marchandises qu'elle oblige de séjourner, ou si, ne gardant que pour le fisc, elle ne se faisait point payer par le particulier.

14. L'impôt du sel est le seul qui n'ait aucune espèce de relation avec la qualité et la valeur vénale de la chose imposée. Le propriétaire ne vend que vingt-cinq centimes la quantité sur laquelle il est perçu un droit de quinze francs, c'est-à-dire, que l'impôt est soixante fois la valeur de la denrée; aussi ne fait-on dans la perception du droit aucune distinction. Tous les sels employés à un usage quelconque, quelqu'immondes qu'ils soient, sont soumis au même impôt. Il n'y a pas jusqu'aux sels avariés dans le transport, qui ne puissent être employés à quoi que ce soit, ni être mêlés avec d'autres matières pour faire des engrais, sans acquitter l'impôt en intégrité comme les sels les plus purs (1).

_____

(1) Lett. du Direct. gén., des 12 janv. 1807 et 28 mai 1808.

15. Telle est l'attention du fisc, à ne pas permettre qu'on retire la moindre utilité d'un sel qui n'a pas payé la totalité de l'impôt, que, d'un côté, les sels saisis ou abandonnés par les fraudeurs sont mis en vente et submergés, si on n'a pu en retirer entièrement l'impôt (1), et de l'autre, il est interdit d'importer l'eau de mer ou ses sables, les cendres des salines, les calcins, les débris de fournaise et les curins, à peine de 100 fr. d'amende contre ceux qui les enlèvent et ceux qui les cèdent ou vendent (2).

Cependant, le directeur des douanes peut accorder aux propriétaires bien famés, sur un certificat du sous-préfet de l'arrondissement, la permission d'enlever les sablons, cendres et curins nécessaires à l'amélioration de leurs terres (3), sous diverses conditions qui ayant été reconnues trop gênantes pour l'extraction du sablon, ont été réduites, par l'Ordonnance du 19 mars 1817, à la formalité d'un certificat du maire, constatant le montant de la

(1) Circul. du même, des 1ᵉʳ juillet et 11 décembre 1806.
(2) Lett. Minist. du 13 novembre 1806, suivie d'une Décision du 9 mai 1809. — Lett. du Direct. gén. des Douanes, du 5 janvier 1808. — Autre, du 7 juillet 1810. — Ordon. du 19 juin 1816, art. 22 et 23.
(3) Même Ordon., art. 24.

contribution foncière de l'individu, l'étendue de terre qu'il exploite, les moyens de transport, et le lieu d'extraction. Ce certificat doit être représenté aux douaniers à toute réquisition, à peine de 10 fr. d'amende, et de 20 en cas de récidive.

Mais le transport des cendres des salines, etc., est resté soumis aux formalités de l'Ordonnance du 19 juin 1816. Seulement les permis particuliers sont délivrés par les receveurs des douanes, sous l'autorisation préalable du directeur (1).

Ces prohibitions, déjà trop rigoureuses, doivent être entendues avec discernement et modération. Leur objet est d'empêcher qu'on importe l'eau de mer, ses sables ou autres matières, pour en extraire le sel qui y est contenu et le consommer en franchise: lorsque, par leur petite quantité ou autrement, il est évident que cet abus n'est pas possible, il n'y a plus de contravention à craindre, ni, par conséquent, de gênes et de privation à imposer aux particuliers.

On ne pourrait appliquer ces prohibitions au propriétaire du salin ou de la saline, qui, obligé d'enlever ses cendres ou les balayures

(1) Ordon. du 19 mars 1817, art. 4.

de son salin , doit pouvoir les répandre sur ses terres , sauf aux préposés à y assister. Car faut-il bien qu'il les mette quelque part (1).

16. L'énormité de l'impôt et le mode de perception établi ont obligé de multiplier à l'infini les surveillans et les gardes, qui dévorent la majeure partie du produit de l'impôt par leurs traitemens, leurs gratifications et leurs abus.

17. Pour que cette armée fiscale ne fût pas hors de proportion avec les services que l'État en attend, il a fallu prendre sur la liberté individuelle et prohiber l'établissement des fabriques de sel dans tous les lieux où les frais de garde excéderaient la proportion où ils doivent être avec le revenu qu'elles peuvent donner.

De là , cette disposition de l'art. 51 de la Loi du 24 avril 1806 , qui prohibe d'établir aucune fabrique , chaudière de sel , sans déclaration préalable à la douane , à peine de confiscation des ustensiles et de 100 francs d'amende , et cette disposition analogue de l'art. 4 de l'Ordonnance du 19 janvier 1816,

(1) Lett. du Direct. gén. des Douanes , du 28 janvier 1869.

qui « défend de construire une nouvelle saline
« avant d'en avoir obtenu la permission du
« ministre des finances , sur le rapport du
« directeur général des douanes , et même de
« transférer aucune des salines existantes sans
« une autorisation semblable, à peine de saisie
« des sels et des ustensiles et de 100 francs
« d'amende. »

En exécution de ces règles , sur la déclaration de l'intention d'établir une fabrique de
sel , il est notifié , au nom de la douane, de
s'abstenir de toute construction et même de
tout travail préparatoire jusqu'à l'autorisation
formelle du Gouvernement (1) , sans cependant
qu'on puisse appliquer ces défenses à l'établissement d'une ou plusieurs chaudières nouvelles dans une fabrique déjà existante (2).

18. On remarque que l'Ordonnance et la
Loi ne parlent que des *salines* et des *chaudières*, c'est-à-dire , de ces établissemens industriels et manufacturiers où l'on fabrique
le sel par l'action du feu , qui , par conséquent, font une grande consommation de combustibles , et n'ont aucune ressemblance ni

---

(1) Circul. du Direct. gén. , du 17 avril 180 .
(2) Même Circul.

avec les marais salans , ni même avec les salins.

Les marais salans étant l'ouvrage de la nature, ne peuvent évidemment être atteints par la prohibition. Mais en est-il de même des salins ? Pour en construire sur son terrain et y répandre les eaux salées qu'on possède , faut-il une permission préalable du Gouvernement ?

Il n'est pas douteux que le même motif qui a déterminé la prohibition à l'égard des salines, ne s'applique aux salins. Ici , comme là , le fisc est intéressé à ce qu'il ne se forme pas des établissemens dont les frais de garde égaleraient ou surpasseraient le produit.

Mais , d'un autre côté, l'analogie ne suffit pas pour prendre sur la propriété particulière. La conversion d'un terrain en salin est un mode d'exploitation dont aucun propriétaire ne peut être privé que par une loi prise dans un État où la Charte et la Loi ont proclamé que toutes les propriétés sont libres, que chacun peut en varier l'exploitation et les récoltes au gré de son intérêt.

Le législateur n'a pas ignoré qu'outre les salines et les chaudières, il y avait en France beaucoup de salins, pourquoi ne les a-t-il pas compris dans la prohibition ? En la res-

treignant aux salines et aux chaudières, il ne
s'est sûrement pas dissimulé qu'on ne l'éten-
drait pas aux salins, parce qu'on ne pourrait
pas le faire légalement.

19. Le régime des salines est tracé dans
l'Ordonnance du 19 juin 1816, de la manière
la plus claire et la plus propre à concilier la
liberté du propriétaire avec la sûreté de la
perception.

La saline ne peut travailler que pendant
80 jours de l'année, moitié dans chaque se-
mestre. C'est à peu près le temps que tra-
vaillent les salins, auxquels il faut au moins
un mois pour former le sel, seule époque où
la surveillance soit utile.

Nul saunier ne peut bouillir qu'après avoir
déclaré au bureau des douanes le jour et
l'heure où commencera le bouillage et sa durée.
Cette déclaration est inscrite sur un registre
dont il est donné extrait au propriétaire qui
est tenu de le représenter à toute réquisition.

Dans les salins, tant que le sel est sous
l'eau, il ne peut être enlevé. L'extraction et
même la fraude ne peuvent commencer qu'avec
le levage, et le levage exige plusieurs jours
de travaux préparatoires, et n'est lui-même
terminé qu'après plusieurs jours de travaux
immédiats.

Il y aurait donc moins d'inconvéniens à exiger du propriétaire du salin la déclaration du jour où il lèvera , qu'à exiger du maître de la saline l'avis du jour où commencera le bouillage qui se fait dans des lieux clos; tandis que le levage se fait en plein champ , et exige un tel concours de monde , qu'il serait impossible d'en dérober la connaissance à la Douane , lors même qu'on le voudrait.

Les fabricans et les douaniers tiennent chacun un registre où sont portées les qualités de sel fabriquées à mesure de leur fabrication , et celles qui sont successivement vendues.

Si l'on exigeait la même chose dans les salins , l'État pourrait réduire à moins du dixième son armée de surveillans et d'employés, tant dans le service actif que dans l'administration , parce que la garde et la vente des sels ne l'intéresseraient plus. Il trouverait dans le propriétaire une garantie suffisante de la rentrée de l'impôt.

Mais l'application de cette mesure aux salins exige deux observations qui ne doivent pas être omises.

20. La première est que si le taux de l'impôt restait tel qu'il est , il ne serait pas possible qu'aucun propriétaire en garantît la rentrée.

Il tente si fort la cupidité, qu'à peine la quantité de préposés établis sur les salins et dans leurs environs, suffit-elle pour empêcher la contrebande, que nous avons vu entreprendre à force armée. Si l'impôt était réduit à un décime, il ne tenterait plus la cupidité, et l'accroissement de consommation qui résulterait de cette réduction, jointe à l'économie immense que permettrait l'application aux salins du régime des salines, ferait rentrer dans le trésor public des sommes bien plus considérables que celles qu'il reçoit aujourd'hui.

21. La seconde observation est qu'au moment de la fabrication il n'est pas aussi commode de fixer la quantité de sel fabriquée dans les salins que celle qui l'est dans les salines; mais l'opération, pour présenter plus de difficultés, n'est ni impossible, ni moins sûre dans ses résultats.

Des tables salantes le sel est transporté sur le gravier où il est mis en camelle ; il est transporté dans des paniers : faites-les tous remplir également, pesez-en quelques-uns par intervalle, et leur poids moyen, multiplié par la quantité, vous donnera celle du sel que contient la camelle.

Le moyen paraît-il trop pénible ? Craint-on

qu'il ne ralentisse l'opération toujours pressée
du levage ? En voici un plus bref et plus sûr :

La table salante a, sous très-peu d'exceptions,
une forme régulière : c'est un carré ou un paral-
lélogramme dont il est aisé de prendre la surface sur le sel. Sitôt qu'elle est égouttée, et
avant qu'on puisse lever, on peut marcher sur
le sel, qui offre une surface plane et compacte.
Prenez-en l'épaisseur à divers endroits, pour
trouver ensuite l'épaisseur moyenne : c'est une
opération d'un demi - quart d'heure dans les tables les plus grandes. Multipliant cette hauteur
moyenne par la surface, vous aurez le nombre
de mètres cubes de sel que la table contient,
sauf la réduction causée par les bulles d'air et
les gouttes d'eau qui sont toujours entrelardées
dans le sel, et par la déperdition que cause le
levage ; réduction qui peut être aisément déterminée, une fois pour toutes, par quelques
épreuves faites par le douanier, de concert
avec le propriétaire. L'impôt étant sur le poids
et non sur la mesure, pour connaître le poids
du mètre cube réduit, comme nous venons de
le dire, il n'y aura qu'à détacher de la même
table quelques morceaux d'un quart ou d'un
dixième de mètre, et d'après leur poids sup-
putant celui du mètre, on aurait le poids total
de la table, qu'on porterait sur les registres de

la douane et du propriétaire ; ce qui n'empê-
chera pas que, chaque fois qu'on le jugera
convenable, le receveur ne puisse faire sur le
salin, comme dans la saline, le recensement
des sels.

22. Le sel pesé au sortir de la chaudière,
conserve encore une humidité qui le rend beaucoup plus pesant que lorsqu'il a passé quelques
mois dans les magasins. Cet excédant de poids
est pris en considération par l'Ordonnance : elle
accorde un déchet de vingt pour cent, sans y
comprendre celui de cinq pour cent réservé à
l'acheteur.

On pourrait aisément s'assurer du déchet dans
les salins, où il doit naturellement être plus
considérable, parce que l'humidité, lors de la
mise en camelle, est plus forte qu'à la sortie de
la chaudière, et parce que l'allégeance, effet de
la dessiccation, est augmentée par la fonte qu'o-
pèrent les pluies et l'humidité de l'atmosphère
sur des sels déposés en plein air; mais en pesant
de temps en temps la mesure qu'on a pesée lors
du levage, on saura combien la même quantité
de sel a perdu de poids dans un temps donné.

23. La récolte finie, le saunier en remet
à la douane le résultat signé par lui, et cette

déclaration, dont les opérations précédentes garantissent l'exactitude, forme le chargement de son compte, moins le déchet admis par la loi.

Le moment de vendre arrive-t-il? L'acheteur va faire sa déclaration au bureau, qui lui délivre un permis, sur le vu duquel le saunier livre ; il paye les droits, et ce permis est échangé contre l'acquit de paiement.

Si le saunier a l'imprudence de livrer les sels sans la représentation du permis et l'acquittement des droits, il en demeure responsable solidairement ; et s'ils ne sont point acquittés dans les trois mois de la signification du jugement, sa saline est absolument fermée, et le propriétaire est responsable des condamnations prononcées contre son fermier insolvable.

Avec de pareilles mesures, l'État est complétement assuré de la rentrée de l'impôt ; et les saliniers ainsi que les acheteurs, débarrassés des entraves que mettent aux expéditions les visiteurs, les peseurs ou mesureurs et les préposés, trouvent, dans la promptitude de l'expédition, l'économie de plus d'un quart sur le principal de la denrée.

En l'état, il faut aller au bureau avant de pouvoir fossoyer le sel ; on prétend même que la déclaration au bureau ne suffit pas ; qu'il faut que l'expéditeur se porte encore au poste du service

actif pour prévenir le lieutenant du poste qu'il
va faire une expédition. La déclaration faite et
le sel fossoyé, il faut attendre que le visiteur,
le mesureur et un membre du service actif se
soient réunis et se rendent sur le gravier ; et
il est infiniment rare qu'ils s'y rendent tous à
soleil levé.

Sur le fondement de l'art. 17 du Décret du
11 juin 1806, qui, pour faciliter la vérification
des quantités, sans trop choquer l'ancienne et
très-ancienne habitude de vendre le sel à la
mesure et non au poids, permet, quand elles
excèdent un quintal, d'employer le mesurage,
en pesant de temps à autre quelques mesures.
Ils mesurent tout, et cette opération occupe
huit ouvriers (4 hommes et 4 femmes), tandis
que, s'ils ne faisaient que peser, deux suffiraient.

La mesure qu'ils emploient n'a aucune sorte
d'authenticité ; ce n'est ni l'ancien muid, ni le
demi-boisseau ; ni le double décalitre : c'est une
mesure de fantaisie ou de spéculation, une
petite mesure sans étalon, qui ne contient même
pas un demi-quintal de sel ; en sorte qu'indépendamment de la perte de temps qu'elle cause,
elle coûte encore à l'expéditeur, et par conséquent au propriétaire, le plus fort droit du
mesureur, que l'on paie à tant les cent mesures, et souvent à tant la mesure, et les plus

grands frais de transport, qui sont réglés sur le nombre des mesures et des voyages qu'on peut faire dans une journée.

Ajoutez à cela qu'on ne permet pas à une charrette de partir pour le port où se trouve le bureau de vérification, au moment que son chargement est fait ; il faut qu'elle attende que toutes les autres soient chargées. Les trois quarts de la journée se passent ainsi à attendre le chargement et l'ordre du départ en convoi ; tandis que si la charrette chargée pouvait partir immédiatement, le bureau de vérification ne serait point encombré ; elle serait de retour prête à prendre un nouveau chargement avant que les dernières fussent chargées : ce qui donnerait à l'expédition une continuité et une activité qui, en abrégeant le délai d'un tiers, en diminuerait d'autant les frais.

L'application aux salins du régime des salines ferait cesser tous ces inconvéniens, qui retournent au préjudice de l'État, parce que les entraves et les plus grands frais qui en sont le résultat obstruent la circulation et diminuent la consommation. Nous devons espérer qu'en s'occupant de diminuer l'impôt du sel, on s'occupera également d'en diminuer les gênes, qui ne font que le rendre plus lourd, plus odieux, au grand préjudice de l'État et des particuliers.

Mais, en attendant qu'on veuille accorder aux propriétaires des salins la même confiance dont jouissent ceux des salines, il est utile d'examiner si la douane, ou plutôt si ses mesureurs peuvent métamorphoser en droit à eux personnel la faculté que la loi donne généralement de mesurer, et se refuser à faire des pesées d'un quintal métrique, qui exigent moins de temps, moins de bras, et par conséquent moins de frais, en même temps qu'elles garantissent l'État des négligences, des inattentions et des fraudes individuelles.

24. L'impôt n'est point établi sur la mesure, mais uniquement sur le poids. Les transactions du commerce qui ne se faisaient autrefois qu'à la mesure, ne se font plus aujourd'hui qu'au poids; les déclarations à la douane ne sont faites qu'au poids; ses registres de perception, de vérification, de sortie et d'entrée, ne mentionnent que le poids : la mesure n'est énoncée nulle part. A peine est-il tenu par les préposés de la partie active note sommaire et sans authenticité, non de quelques pesées, mais seulement du résultat de ces pesées et du poids moyen qui a été établi par le calcul du visiteur.

Dès lors, pourquoi faire une opération dont il ne reste point de trace, qui ne donne qu'un résultat vraisemblable , préférablement à celle qui ne peut manquer de donner un résultat positif, insusceptible d'erreur et de fraude.

Si, malgré son inutilité et ses inconvéniens , la loi en avait fait une obligation, sans doute il faudrait s'y soumettre ; mais le législateur de 1806 n'a pas été jusque-là ; il n'a donné qu'une permission, il n'a offert qu'une tolérance : c'est un ménagement qu'il a voulu avoir pour une vieille habitude dont le commerce s'est depuis lors désabusé, puisqu'on n'y traite plus qu'au poids.

Pour faciliter la vérification des quantités.... on pourra... employer le mesurage. L'expérience constate qu'au lieu de faciliter l'opération, le mesurage l'obstrue et n'est qu'un moyen de fraude et d'abus.

Il faut deux hommes pour remplir les paniers, quatre filles pour les monter et les vider dans la trémie, deux hommes encore pour tirer la mesure de dessous la trémie, la porter, la vider d'abord dans un couloir et du couloir dans le sac, et replacer la mesure sous la trémie, où, après son remplissage, la même manœuvre recommence.

Quand le visiteur, tranquillement assis sur une chaise d'où il ne bouge guère, prononce le mot *au poids*, les deux hommes déposent là

mesure sous la traverse de la trémie, où le
mesureur accroche la romaine dont il tient la
queue dans la main ; les deux hommes lui sou-
lèvent la mesure, et, après un tâtonnement
plus ou moins long, il annonce son poids au
visiteur, qui en prend note.

On voit que tout repose sur l'exactitude du
mesureur et sur sa bonne foi; il peut accélérer
ou retarder le départ de la romaine par la position, plus ou moins horizontale, de la main
qui en tient la queue, par un jeu imperceptible
de son doigt. Il peut errer volontairement ou
involontairement sur le poids qu'il annonce,
que le visiteur croit sur parole, et dont il est
impossible de vérifier l'exactitude.

Ces longueurs, ces inconvéniens, ces abus
disparaissent entièrement quand on pèse tous
les quintaux à une romaine suspendue à une
potence, dont un des pieds porte une ganse
dans laquelle la queue de la romaine est retenue dans une position parfaitement horizontale. La coupe de la romaine, faite en forme
de grand entonnoir, terminée par une soupape,
rend à l'instant dans le sac tout le sel dont
elle est chargée. Deux hommes remplissent cette
coupe avec des pelles, jusqu'à ce qu'elle tré-
buche ; et, vidée au même instant dans le sac
par la soupape, sans que rien puisse s'y arrêter,

attendu sa forme pyramidale renversée , elle est au même instant de nouveau chargée , sans qu'on ait à replacer le bouillon, et par conséquent sans tâtonnement.

On sait combien cette méthode économise de temps et de bras, et combien elle prévient d'abus : plus de transport et de vidange successive de la mesure dans le couloir et du couloir dans le sac ; plus de tâtonnement dans le poids ; plus d'erreurs ou d'abus à craindre : deux hommes font à eux seuls ce qui, dans l'autre méthode, occupe quatre hommes et quatre filles ; le visiteur , sans quitter sa chaise , ainsi que tous les assistans , s'assurent par eux-mêmes de l'exactitude des opérations du peseur, qui est ainsi dans l'heureuse position de ne pouvoir même pas être soupçonné.

Nous convenons que le Décret ne dit point à qui il donne la faculté d'employer le mesurage , *on pourra* ; mais il y a moins de motifs de l'accorder exclusivement aux mesureurs, intéressés à ne faire que de petites pesées ou mesures , pour en multiplier le nombre, qu'à l'acheteur. La justice et la raison disent assez que cet emploi ne peut être fait que du consentement de l'acheteur : il paie l'opération , il peut la faire reviser à ses frais; il n'a que plus d'intérêt à ce qu'elle soit faite avec exactitude et économie, et de manière que la révision ne lui soit pas impossible. Il peut n'avoir pas toute confiance dans la dextérité ou même l'honnêteté du mesureur ou du visiteur; il n'a que plus de droit d'exiger que l'opération soit faite de façon qu'il puisse la suivre et s'en certifier à lui-même l'exactitude.

On sait, et la douane ne l'ignore pas, puisqu'elle l'a déclaré dans son Code, p. 182, que le plus ou le moins d'adresse du mesureur dans la manière de remplir ou de raser les mesures, influe sur leur contenance. Plus le mesureur appuie la main, moins la mesure pèse, parce qu'elle contient moins; plus sa main est légère, plus la mesure a de poids. Si, par distraction ou inadvertance, il laisse tomber la rade sur le comble de la mesure, elle sera notablement plus pesante que s'il ne fait que la pousser sur son orifice. Plus il laisse couler de sel sur la mesure, quoique remplie, plus elle sera pesante, parce qu'elle sera plus pressée; plus tôt il ferme la soupape, moins le sel sera compact, et par conséquent pesant.

De temps en temps on pèse les mesures, et de leur poids particulier le visiteur, par un calcul plus ou moins rigoureux et exact, fait le poids moyen qu'il applique à toute l'expédition.

Mais il est tellement reconnu que cette méthode ne donne qu'une évaluation *approximative* (1), qu'elle est expressément interdite pour
les expéditions qui se font en sac, soit qu'on
lés plombe, soit qu'on ne les plombe pas; et
que l'art. 7 de l'Ordonnance du 19 juin 1816 (2)
exige que les salines soient pourvues de poids
et de balances, et ne leur demande pas des
mesures.

Que le fisc qui reçoit l'impôt se contente
d'une combinaison *approximative*, et ferme les
yeux sur le tort qu'elle peut lui faire, on le
conçoit : ce tort se perd, à son égard, dans
l'immensité. Mais qu'on oblige l'expéditeur qui
paie l'impôt et le propriétaire qui est réduit
à compter le produit de sa denrée par centimes, à s'en contenter aussi, c'est ce qui ne
peut être sans injustice. Le moins qu'on doive
à celui dont on exige un impôt aussi fort à
proportion du nombre de kilogrammes, est de
lui permettre de s'assurer qu'on ne le charge
pas d'un kilogramme de plus qu'il ne porte.

Or, cette certitude, il ne peut l'acquérir par
la routine, que la douane rend plus suspecte,
à proportion de ce qu'elle y paraît plus atta--

---

(1) *Code des Douanes*, p. 194.
(2) *Bulletin des Lois*, 7ᵉ série. tom. 2. p. 845.

chée. L'expéditeur ne connaît effectivement
même pas les élémens du calcul par lequel on
établit le poids moyen de son expédition (les
connût-il, il peut rarement le suivre et se certifier son exactitude). Il sait que ces élémens sont
très-variables, et que la moindre erreur dans
le calcul peut lui faire beaucoup perdre ou gagner. Il y a plus : par la nature des choses et
pour trouver le poids moyen, il faut que les
pesées soient également espacées ; et puisque
chacune d'elles va devenir le type de la série
qui la précède ou la suit, il faut que ces séries
soient égales en nombre, puisqu'on doit en supposer toutes les mesures égales en poids. Le
mesureur, qui sait qu'on pèse la dixième mesure, par exemple, peut à son gré favoriser
l'expéditeur ou lui nuire, en rendant celle qui
doit être soumise au poids plus pesante ou plus
légère.

Ajoutez à cela que les sacs étant nécessairement tous d'un poids différent, il faut, au bureau de vérification, ou les peser tous, ou ne
faire qu'un simulacre de vérification.

En un mot, l'intérêt et le droit de l'État,
du vendeur, de l'acheteur, de toutes les parties, est de joindre la promptitude à l'exactitude : or, dès qu'une d'elles présente une méthode qui réunit ces deux qualités, aucune ne

peut s'y refuser , pour rester attachée à une routine qui est infectée des vices contraires..

25. L'impôt est exigible au moment de l'enlèvement (1) ; mais quand il excède 600 francs , et qu'il est payé comptant , il est accordé à l'acquéreur un escompte de quatre pour cent (2). Cependant les sauniers et paludiers qui enlèvent des sels des marais salans pour les transporter à dos de chevaux et de mulets dans l'intérieur, ne paient les droits qu'au retour de chaque voyage , s'ils donnent caution (3) ; il ne leur est accordé un second crédit que lorsque le premier est acquitté.

26. Outre l'escompte dont nous venons de parler , il est accordé cinq pour cent à l'acheteur pour le déchet sur les sels venant directement d'un lieu de fabrication (4). Mais cette déduction n'est faite que pour le réglement des droits à payer ; elle n'a pas lieu sur les quantités excédant celles portées aux expéditions (5) ; elle n'est, par conséquent, pas

---

(1) L. du 24 avril 1806 , art. 52.

(2) Décis. ministér. du 18 août 1807.

(3) Décr. du 11 juin 1806, art. 14.

(4) Même Décr., art. 11.

(5) Arr. de Cass. du 15 janv. 1808. — Législation des Douanes , n° 612 , aux notes.

accordée aux fabriques de soude, qui, comme nous allons le dire, n'ont aucun droit à payer (1).

S'il y a déficit au delà de cinq pour cent, le droit de ce déficit excédant est acquitté au bureau de l'arrivée (2).

Quand à la décharge il y a excédant, il est sujet à la saisie et donne lieu à la confiscation des moyens de transport (3).

27. Si le bâtiment éprouve des avaries légalement constatées, le droit n'est dû que sur la quantité reconnue par la vérification, qui doit être demandée et faite au moment de l'arrivée.

28. Les sels transportés par mer peuvent être expédiés sous acquit-à-caution, et alors le droit n'est dû qu'au débarquement (4); il n'est même dû que quand ils sont retirés pour la consommation, lorsqu'ils sont transportés dans un port où l'entrepôt est permis (5).

29. Cet entrepôt est réel et soumis à toutes les conditions et formalités prescrites pour les

---

(1) Circul. du Direct. général du 19 décembre 1809.

(2) Circul. du Direct. général du 7 octobre 1806.

(3) Législat. des Douanes, nᵒˢ 612 et 614.

(4) Décr. du 11 juin 1806, art. 9.

(5) Même Décr., art. 10.

entrepôts des douanes (1) ; la durée en est limitée à dix-huit mois, par Décision du Ministre des finances du 16 août 1808, fondée sur l'article 5 de la Loi du 22 floréal an 10 (12 mai 1802). On peut cependant, dans certaines circonstances, accorder des prolongations (2).

30. Les sels destinés à l'étranger ne doivent point d'impôt, mais seulement le droit de balance du commerce et le timbre du congé (3).

31. Les sels employés aux salaisons des poissons provenant des pêches françaises, sont exempts d'impôts, dans des proportions relatives aux diverses espèces de poissons et déterminées par l'Ordonnance du 30 octobre 1816.

Cette exemption ne s'applique qu'aux sels nationaux extraits des entrepôts autorisés par l'article 27 du Règlement du 11 juin 1806 (4).

32. Les fabriques de soude jouissent de la même exemption, mais sous diverses conditions qui leur sont imposées par le Décret du 13 octobre 1809 et par l'Ordonnance du 8 juin 1822.

---

(1) Art. 22.
(2) Circul. du Direct. général du 16 août 1808.
(3) L. du 24 avril 1806, art. 54.
(4) Même Ordonnance, art 5. — Législation des Douanes, n° 593, aux notes.

Parmi ces conditions on remarque celle que l'art. 3 du Décret leur impose, lorsque la fabrique est hors de la ligne des douanes, de ne pouvoir expédier des sels qu'en sacs d'un *quintal métrique exactement pesé et sous plombs*: c'est, que l'on sache, la seule occasion où les règlemens exigent le plombage des sacs, quoique, depuis quelque temps, on fasse apposer trois plombs sur les écoutilles des bâtimens chargés en garenne, sans acquit-à-caution, pour un port où l'entrepôt est permis.

Les fabriques qui sont dans la ligne des douanes ne sont pas assujetties à la formalité du plombage ; mais on ne peut leur expédier le sel que dans des sacs *d'un quintal métrique exactement pesé.*

On ne voit pas quel intérêt légitime a le fisc à imposer encore le coût de ces plombs aux acheteurs des sels, puisque, ainsi que nous l'avons dit, quand il y a un déficit, le droit en est dû à l'arrivée, et l'augmentation soumet non-seulement au paiement du droit, mais à la confiscation des moyens de transport.

33. La Loi sur les Douanes du 22 août 1791 ne soumet, tit. 3, art. 3, à la formalité du plombage que les marchandises dont la sortie de France est défendue, et celles dont les droits d'entrée, si elles venaient de l'étranger, seraient au moins de dix pour cent de la valeur ; et l'auteur du Code des Douanes (1) n'y soumet taxativement que les sels destinés pour les fabriques de soude situées hors de la ligne.

Cette obligation du plombage n'est point une surcharge légère. Chaque plomb n'était d'abord payé que quinze centimes dans la ligne des douanes, et soixante et quinze dans l'intérieur. L'Ordonnance du 8 janvier 1817 en a fixé le prix à cinquante centimes ; et comme on ne peut mettre qu'un quintal dans chaque sac , ces cinquante centimes doublent exactement le prix actuel des sels. On prétend que les plombs qu'on appose aux sacs expédiés pour les fabriques de soude ont été réduits à vingt-cinq centimes ; mais l'Ordonnance existe et n'a pas été révoquée.

CHAPITRE VIII.

De la culture du Tabac.

I. Voici encore un genre de production dont la culture et la disposition ne sont point

_____

(1) P. 229 , n° 643.

laissées au libéral arbitre des particuliers. La société ne pourrait point exister, si chacun ne contribuait à la soutenir par des sacrifices dont elle les dédommage amplement.

2. Le tabac ne peut être cultivé que dans les départemens où sa culture était autorisée en 1816 ; encore n'y peut-il l'être que lorsque sa culture s'élève à cent mille kilogrammes en tabacs secs.

3. Le Gouvernement se réserve exclusivement l'achat, la fabrication et la vente des tabacs ; ce qui n'empêche pas que dans les départemens où la culture est autorisée, tout propriétaire ou fermier ne puisse s'y adonner pour en exporter le produit, aux conditions dont nous parlerons tantôt.

Ce droit exclusif d'acheter, fabriquer et vendre les tabacs, n'avait d'abord été établi par la Loi du 28 avril 1816 que pour un temps déterminé ; il fut continué par celle du 28 avril 1819 jusqu'au 1er janvier 1826 : la Loi du 17 juin 1824 l'a prorogé jusqu'au 1er janvier 1831.

4. Nul ne peut se livrer à la culture du tabac sans en avoir préalablement fait la déclaration au sous-préfet de l'arrondissement, dans l'in-

tervalle du 1er mars au 31 mai, et en avoir obtenu la permission (1).

La peine de la contravention est la destruction des semis, une amende de 5o francs par 100 pieds de tabac, si la plantation est faite sur un terrain ouvert, et de 15o francs s'il est clos de murs, sans cependant pouvoir excéder 3,ooo francs (2).

Quand on ne cultive que 25 pieds de tabac, il n'est pas besoin de déclaration. Cette exemption, portée par l'art. 1er du Décret du 16 juin 18o8, qui fut réduite à 20 pieds par celui du 28 août suivant, n'a pas été renouvelée par la Loi du 28 avril 1816.

5. Quelle que soit la destination qu'ils projettent de donner à leur récolte, les cultivateurs sont tenus d'en représenter en totalité le produit, sous peine de payer, pour les quantités manquantes, le prix du tabac fabriqué de cantine.

6. Il n'est admis de déclaration que pour une contenance d'une certaine étendue ; le Dé-

---

(1) Décr. du 16 juin 18o8. — Autre du 29 décembre 181o. — L. du 24 décembre 1814, art. 10. — L. du 28 avril 1816 sur les Contributions indirectes, art. 18o,

(2) L. du 28 avril 1816, art. 181.

cret de 1810 la fixait à 40 ares ; la Loi de 1816 l'a réduite à 20 en une seule pièce.

7. Le directeur des contributions indirectes fait annuellement connaître, pendant le mois d'octobre, dans chacun des départemens où la culture est autorisée, le nombre de quintaux métriques de tabac qui devront être fournis sur la récolte de l'année suivante.

Le préfet, en conseil de préfecture, règle, par approximation, le nombre d'hectares de terre qu'il est permis de planter en tabac pour produire les quantités demandées, et les répartit dans les diverses communes du département ; il fixe les prix des différentes qualités de tabac, et il délivre ou fait délivrer par le sous-préfet les permis de cultiver, dans la proportion des déclarations et des terres qu'il est permis de planter.

8. Le particulier ne peut dépasser le permis, ni pour la quantité de terre, ni pour le nombre de pieds de tabac. S'il y avait excédant de plus d'un cinquième, il serait condamné à une amende de 25 francs par 100 pieds de tabac plantés sur les terres excédant la déclaration, sans que l'amende puisse s'élever au-dessus de 1,500 francs, et sans préjudice de

l'augmentation de charge qui en résultera au compte du cultivateur.

Outre cette peine, ce cultivateur, ainsi que celui qui soustrait en tout ou en partie sa récolte à l'exportation, ou qui a planté sans permission, est privé du droit de planter à l'avenir du tabac.

9. Les maires dressent des états nominatifs des planteurs autorisés, qui sont envoyés au directeur des contributions indirectes, afin qu'il fasse faire par ses employés les visites et les vérifications propres à reconnaître et constater la contenance des terres, le nombre de pieds de tabac et des feuilles de chaque pied. C'est le résultat de ce dénombrement qui forme la charge du planteur ; il est obligé d'en payer les manquans, s'il n'a fait constater la cause qui les a causés.

10. Tout cultivateur peut cultiver, dans les départemens autorisés, du tabac pour l'exportation ; mais il faut qu'il soit reconnu solvable par le préfet et le directeur des contributions indirectes, ou qu'il fournisse caution pour l'exportation de son tabac.

Cette destination ne soustrait pas le planteur à la surveillance de l'autorité et aux exercices des préposés. Le préfet détermine le mode de déclaration, vérification, contrôle et charges des cultivateurs pour l'exportation.

I I. Elle doit être effectuée avant le 1ᵉʳ août de l'année qui suit la récolte, à moins que le cultivateur n'ait obtenu du préfet une prolongation de délai, qui ne peut passer le 1ᵉʳ septembre, et qui ne peut lui être accordée qu'autant qu'il justifie que sa récolte est intacte.

Si, au lieu d'exporter, le cultivateur préfère déposer ses tabacs dans les magasins de la régie, ils y sont admis en entrepôt et y restent jusqu'à l'exportation.

On peut voir, dans les art. 208 et suiv. de la Loi du 28 avril 1816, les formalités qu'a à remplir le cultivateur dans l'exportation de ses tabacs, et les peines auxquelles leur inobservation l'expose.

I 2. On ne peut transporter ni avoir chez soi plus de dix kilogrammes de tabac fabriqué, à moins qu'il ne soit revêtu des marques et vignettes de la régie, à peine de confiscation, d'une amende de 10 francs par kilogramme, non inférieure à 100 francs, ni supérieure à 3,000 francs.

13. Tout particulier soupçonné de favoriser ou de faire la fraude, est exposé aux visites chez lui ; il faut seulement qu'elles soient autorisées par le directeur et les agens supérieurs de la régie, et qu'elles soient faites en présence du juge de paix, du maire ou de son adjoint (1).

Nous n'entrons pas dans plus de détails sur les formalités à suivre pour la sortie des tabacs, ou pour leur livraison aux manufactures royales, non plus que pour leur réception et le paiement de leurs prix. Ceux que ces détails intéressent pourront les étudier dans les lois que nous avons citées dans ce chapitre et dans les arrêtés que les préfets des départemens où la culture du tabac est permise, rendent annuellement sur cette matière.

14. Mais nous ne pouvons terminer ce chapitre sans rappeler l'Arrêt que la Cour Royale d'Aix rendit, le 28 juin 1822, entre l'Administration des Contributions indirectes et Marie Chabert, femme Guigues, de Marseille. Attendu la preuve de sa fraude, elle la condamna à la peine de la loi ; mais elle déclara irrégulier et nul le verbal de visite fait par les employés

---

(1) L. du 24 décembre 1814, art. 46.

de l'administration, à six heures du matin, le 15 février, par les motifs que voici :

« Attendu que le tit. 7 de la Loi du 28 avril 1816, intitulé *Dispositions générales*, ne contient que des articles qui présentent chacun des dispositions indépendantes de celles qui le précèdent ou le suivent ; que l'art. 235 pose le principe que les exercices des employés *envers les redevables* ne peuvent avoir lieu que pendant le jour, excepté dans les brasseries et les distilleries qui sont en activité, excepté encore chez les débitans de boissons, où les visites peuvent être faites pendant la nuit chez les premiers, et tout le temps que les lieux de débit sont ouverts au public chez les seconds ;

« Que l'art. 236 pose également le principe général et absolu que les visites que les employés sont autorisés à faire *pendant le jour seulement*, ne peuvent avoir lieu que dans les intervalles de temps déterminés par l'art. 26, c'est-à-dire, depuis sept heures du matin jusqu'à six heures du soir, dans les mois de janvier, février, novembre et décembre ; depuis six heures du matin jusqu'à sept heures du soir, en mars, avril, septembre et octobre ; et depuis cinq heures du matin jusqu'à huit du soir, en mai, juin, juillet et août ;

« Que l'art. 237 n'autorise les visites chez les

particuliers non sujets à l'exercice qu'*en cas de soupçon de fraude* et avec l'assistance du juge de paix , du maire , de son adjoint, ou du commissaire de police ;

« Que cet article porte aussi son exception , comme l'art. 235 avait porté la sienne, et cette exception consiste à dispenser les employés de l'assistance des fonctionnaires publics, dans le cas où des marchandises transportées en fraude seraient introduites dans les maisons au moment d'être saisies ;

« Qu'on ne peut pas supposer que la loi ait voulu donner plus de latitude aux préposés à l'égard des particuliers non sujets à l'exercice, qu'à l'égard des redevables ; que si telle avait été son intention, elle l'aurait exprimé , soit en ajoutant à l'art. 236 une exception , comme elle en a ajouté aux art. 235 et 237 , soit en indiquant , dans celui-ci, que les visites qu'il autorisait pourraient être faites à toute heure de nuit ou de jour, ou ne seraient pas assujetties à l'heure fixée par les art. 26 et 236 ;

« Que cette heure est le droit commun, le principe général des visites des préposés des contributions indirectes, comme l'heure fixée par l'art. 1037 du Code de Procédure est le droit commun des *significations* et *exécutions* ; qu'il y a bien moins encore de raisons d'ap-

pliquer cet art. 1037 à des visites qui ne sont
ni *significations*, ni *exécutions*, quoiqu'elles puissent avoir l'une et l'autre pour résultat , que de
leur appliquer l'art. 236 fait expressément pour
elles , conçu de la manière la plus absolue ,
et placé , comme l'art. 1037 du Code , sous
le titre *Dispositions générales*, pour former le
droit commun des exercices, comme l'art. 1037
forme le droit commun des significations et des
exécutions. »

TITRE II.

DES BIENS ET DROITS ACCESSOIRES AUX FONDS RURAUX.

La propriété d'un terrain quelconque emporte celle du dessus et du dessous, de ses productions naturelles ou industrielles, permanentes ou accidentelles, de ce qui s'y unit, et même généralement de tout ce qui est nécessaire ou destiné à son service.

De cette propriété accessoire, mais inhérente au sol, découlent les droits du propriétaire sur le terrain, sur ses productions, sur ses accroissemens et sur ses dépendances : ils vont faire la matière des six chapitres dont ce titre est composé.

CHAPITRE PREMIER.

Du Terrain.

I. Tout propriétaire a, par sa qualité, le droit de faire sur son terrain tout ce qu'il juge

à propos. Il peut y élever telles constructions,
y faire telles fouilles ou telles plantations que
son intérêt exige ou que ses fantaisies lui sug-
gèrent; il peut le cultiver ou le laisser en friche,
l'inonder ou le dessécher, en varier à son gré
l'exploitation et les cultures.

Tous ces actes ne sont que l'exercice du droit
de propriété et son application au terrain sur
lequel on le possède. Ils ne seraient susceptibles d'aucune observation, s'il était possible
d'isoler entièrement le propriétaire et des particuliers avec qui il est lié par des engagemens
volontaires ou forcés, et des voisins qui l'entourent et de la société qui le protége et qui n'assure
jamais mieux la jouissance de ses droits que
lorsqu'elle en règle et resserre l'exercice.

Nous avons donc à considérer ces actes moins
en eux-mêmes et dans leur rapport avec le
particulier qui les fait, que dans leur relation
avec l'État, dont il est membre, et avec les
tiers qui l'avoisinent ou qui ont contracté avec
lui.

Nous ne parlerons point ici de ces prohibitions, de ces gênes résultant de servitudes
naturelles, légales ou conventionnelles, dont
nous traiterons ailleurs.

Mais, s'agissant du droit de propriété, nous
ne pouvons nous dispenser de distinguer celui

qui réside sur un seul individu, de celui qui est commun à plusieurs, de quelque cause que cette communauté procède.

Sans doute, la communion n'est pas, comme le voisinage, un état permanent et inévitable; elle est accidentelle, mais elle est assez fréquente pour que nous devions en exposer sommairement les règles, les effets et la durée : ce sera la matière de la première section, qui sera terminée par l'analyse des principes sur la mitoyenneté, qui est plus la communion des lignes séparatives des héritages qu'une servitude d'un fonds sur l'autre.

La division des terrains a amené leur bornage ; le besoin de la conservation, de leurs productions ou d'une jouissance exclusive, a rendu leur clôture nécessaire. Il convient d'exposer les règles de l'un et de l'autre droit, avant d'en venir à celles qui régissent les principaux actes que chacun peut faire chez soi.

Nous considérerons ainsi les droits du propriétaire dans leur rapport avec ses communistes, avec les propriétaires des fonds contigus, et généralement avec des tiers, quels qu'ils soient.

SECTION PREMIÈRE.

Des Biens indivis.

2. Pour avoir quelques traits de ressemblance avec les servitudes et les sociétés, l'indivision ne doit être confondue ni avec les unes, ni avec les autres.

Les servitudes ne peuvent être établies que sur des héritages appartenant à autrui et pour l'usage et l'utilité d'un autre héritage dont elles ne sont que l'accessoire.

L'indivision, souvent indépendante de tout autre héritage, forme un droit principal qui est le même pour tous les copropriétaires et qui s'étend sur la totalité de la chose commune. Il est parfait sur chaque tête seulement; son exercice est restreint par le droit des autres copropriétaires, et est ainsi moins étendu ou moins libre que si la totalité de la chose était réunie dans sa main. Ce n'est point une propriété particulière; c'est une propriété qui, pour être commune à plusieurs, n'est pas moins une propriété.

3. La communion diffère de la société autant que de la servitude.

La société suppose toujours une convention précédente qui la forme : elle lie les personnes.

La communion, souvent fortuite et forcée, ne suppose que la possession d'une même chose ; elle est plus en fait qu'en droit ; elle affecte la chose sans obliger la personne.

On trouvera plus d'une preuve de ces propositions dans les paragraphes suivans, où nous traiterons des effets et de la durée de l'indivision.

§ Ier.

Effets de l'Indivision.

4. Tant que l'indivision subsiste, le droit de chaque communier s'étend à toutes les parties, non comme une servitude, puisqu'on ne peut montrer celles qui n'appartiennent pas à celui qui l'exerce, mais comme une propriété. C'est pour cela que les créanciers de l'un d'eux ne peuvent faire vendre sa portion dans la chose commune avant son partage ou sa licitation (1).

Chaque copropriétaire peut l'administrer et s'en servir, pourvu qu'il l'emploie à sa destination, et qu'il ne s'en serve pas de manière à lui nuire ou à empêcher les autres copropriétaires d'en user selon leurs droits.

_____

(1) Cod. Civ., art. 2205.

5. Mais aucun ne peut y faire des changemens sans le consentement de tous les copropriétaires ; un seul peut même empêcher les
innovations, quoique reconnues avantageuses et
agréées par tous les autres : car chacun a la
liberté de conserver son droit tel qu'il est : *In
re communi melior est conditio prohibentis* (1).
Il faut cependant excepter les changemens qui
seraient nécessaires à la conservation de la chose
commune ; il ne serait pas juste qu'on la laissât
périr par la bizarrerie de l'un des propriétaires.
Non-seulement alors aucun ne peut s'opposer
au changement, mais chacun a le droit d'obliger ses copropriétaires à faire avec lui les dépenses nécessaires à sa conservation.

6. Celui des copropriétaires qui innoverait,
sans nécessité, à l'insu des autres ou malgré
eux, serait soumis à remettre les choses dans
leur premier état, si cela était possible, et aux
dommages et intérêts que ces changemens auraient causés (2).

Mais il n'y aurait plus ni rétablissement des
lieux, ni dommages et intérêts à prétendre, si
le changement avait été connu et souffert, quoi-

---

(1) L. 28, ff. *Comm. divid.* — Cod. Civ., art. 1859, § 4.
(2) *Dict.* L. 28.

qu'on n'y eût jamais donné de consentement exprès.

7. Nous avons dit que chaque copropriétaire peut administrer la chose commune ; comme elle ne peut pas rester sans administrateur, l'indivision, quand il n'y a pas de stipulation contraire, confère de droit à chaque intéressé le pouvoir d'administrer ; et ce que chacun fait est valable, même pour la part des autres intéressés, sans qu'il ait pris leur consentement, sauf le droit qu'ont ceux-ci ou chacun d'eux de s'opposer à l'opération avant qu'elle soit conclue (1).

8. Du pouvoir d'administrer naît l'obligation de chacun de rapporter à la chose commune les droits qu'il acquiert sur elle, et d'y faire participer ses copropriétaires. Ainsi, celui qui acquiert en son propre et privé nom l'extinction d'une servitude ou de tout autre droit qu'un tiers avait sur le bien commun, est censé le faire pour tous ses consorts, et il est obligé de le leur communiquer et de leur en faire part, à la charge par eux de contribuer en proportion aux frais de l'acquisition. Il est censé avoir

---

(1) Cod. Civ., art. 1859. § 1.

stipulé pour la communauté plus que pour lui-
même ; comme , lorsque , créancier particulier
d'un débiteur commun , il reçoit des à-comptes ,
il est forcé d'en faire l'imputation, au marc le
franc, sur la créance commune et sur la créance
particulière.

9. En est-il de même des remboursemens
partiels qu'un communier obtient d'un débiteur commun , si ce débiteur devient ensuite
insolvable ; celui des communiers qui aurait retiré sa portion de la créance commune serait-il
tenu de rapporter à la masse ce qu'il aurait
reçu , pour que , chacun y prenant sa part ,
l'insolvabilité fût également supportée par tous?

La L. 63 , § 5 , *ff. Pro socio*, décide l'affirmative , parce que , dit-elle , *iniquum est*, *in
eâdem societate, alium plus, alium minus con-
sequi ;* et Ulpien trouve cette décision équitable,
quæ sententia habet æquitatem.

Mais la L. *Ult. cod. deposit.*, raisonnant dans
le cas d'une communion, décide le contraire
de la manière la plus positive. Elle part du
principe que personne ne doute , *nemini venit
in dubium* , que le cohéritier qui a retiré sa
part de la somme pécuniaire déposée par le
défunt , ne soit point obligé de la départir à
son cohéritier, qui, par sa négligence, a laissé

devenir le débiteur insolvable , ou a laissé périr
autrement dans les mains du dépositaire la portion qui lui revenait ; et elle résout qu'il en
est de même quand le dépôt , au lieu d'être
d'une somme en argent , est d'un lingot ou
autre masse dont un cohéritier a retiré sa portion , parce que , dit-elle , dans l'un et l'autre
cas , la diligence ne doit jamais porter la peine
de l'incurie , *ne industria pœnas desidiæ solvat* ;
si le cohéritier négligent avait imité son cohéritier , *suam uterque partem reciperet , et se-
quentibus altercationibus minimè locus relinque-
retur.*

Cujas rapproche cette dernière loi de la première et remarque que , dans cette matière ,
il faut ne pas assimiler des associés liés par
un engagement volontaire et des cohéritiers que
la nécessité seule a rapprochés.

Les premiers n'ont effectivement rien en particulier, tant que la société existe : elle est un être
moral qui possède tout , à la charge d'en faire
une égale répartition. Le débiteur de la société
n'est pas le débiteur des individus ; on ne peut
pas dire de celui qui a reçu que *suum recepit.*

Par contraire , la succession indivise réside
sur la tête de chaque cohéritier. Il n'y a pas
un propriétaire commun possédant et agissant
pour tous ; chacun est propriétaire et ne reçoit

que ce qui lui appartient, tant qu'il n'excède pas la quotité de sa portion.

L'art. 1849 du Code a adopté la décision de la première loi citée ; mais, comme cette loi, il dispose limitativement pour le cas d'une société, « lorsqu'un des associés a reçu sa part « entière de la créance commune » ; et l'article 1830 apprend que, par *société*, le Code n'entend que le contrat par lequel deux ou plusieurs personnes conviennent de mettre quelque chose en commun, dans la vue de partager le bénéfice qui pourra en résulter. Il est naturel qu'après un pareil engagement, aucun de ceux qui l'ont souscrit ne puisse retirer une portion de cette chose commune pour son compte particulier.

Il est permis de douter que la décision puisse être la même là où il n'existe pas d'engagement semblable.

§ II.

Durée de l'Indivision.

10. On a reconnu, dans tous les temps, que la possession commune de biens indivis était une source féconde ou du moins une occasion fréquente de contestations et de procès.

Pour les prévenir, les législateurs anciens et modernes ont établi que personne ne pouvait être contraint de demeurer dans l'indivision, et que tout pacte prohibitif du partage était nul et n'empêchait aucun des copropriétaires de le provoquer, s'il était possible, ou de faire ordonner la licitation, s'il ne l'était pas.

11. Le pacte suspensif du partage n'a jamais été frappé de la même proscription que le pacte prohibitif : mais quelle durée est-il permis de lui assigner?

On sent qu'une durée indéfinie équivaudrait à une prohibition absolue ; cependant, faute de dispositions législatives précises, beaucoup d'auteurs tenaient qu'on pouvait convenir de rester en communion tant qu'on vivrait, quoique la vie des contractans soit leur éternité civile.

Le Code a tranché toute difficulté en ne permettant, art. 815, de suspendre le partage que pendant un temps limité, qui ne peut excéder cinq ans, sauf à le renouveler à l'expiration de ce terme.

12. C'est ici que se fait toujours plus remarquer la différence de la communion à la société. Le même législateur qui avait, dans l'art. 815, défendu de suspendre le partage pen-

dant un temps illimité, suppose, dans l'article 1868, que la société peut être faite pour toute la vie des contractans, et qu'il peut être stipulé qu'elle continuera avec leurs héritiers.

La mort naturelle ou civile d'un des contractans dissout la société; mais la communion n'est point altérée par cet événement; les successeurs du défunt ou du mort civilement le représentent et exercent ses droits.

La volonté d'un seul associé, quand elle n'est ni de mauvaise foi, ni intempestive, dissout, à l'égard de tous, la société dont la durée est illimitée; cette volonté est sans résultat à l'égard de certaines communions, de toutes celles qui sont exceptées du principe de l'article 815.

13. Il cesse à l'égard de tous les objets que la nature condamne à rester dans l'état d'indivision, et ce sont tous ceux qu'un partage rendrait inhabiles à remplir leur destination : tels sont les murs mitoyens, les allées ou vestibules, les escaliers communs à plusieurs maisons ou à divers étages d'une même maison, si ces maisons ou ces étages n'ont, d'ailleurs, pas d'autres issues, *si aliàs aditum non habent* (1).

_____

(1) L. 19. §. 1. ff. *Comm. Divid.*

14. La règle cesse encore à l'égard des objets qui, sans être indivisibles par leur nature, le deviennent par leur emploi au service de divers héritages, auxquels leur état d'indivision est plus utile que ne le serait leur partage ou leur licitation. Ainsi, un puits, un four, un pressoir, un canal d'irrigation ou de vidange, ne cesseraient pas d'être s'ils étaient ou divisés ou licités; mais les héritages au service desquels ils sont attachés souffriraient trop de leur privation, pour que la division en puisse jamais être ordonnée.

15. Ce n'est pas l'utilité dont l'indivision est à la chose commune qui en interdit le partage ; c'est le besoin qu'ont de cette chose les héritages qui s'en servent. Les puits, les fosses d'aisance communes à plusieurs maisons, les canaux particuliers, ne sont pas impartageables, parce que leur division ou leur licitation les déprécierait ou en rendrait l'entretien plus dispendieux ou la déperdition d'eau plus considérable; mais parce que les héritages qui s'en servent en retirent une utilité qui cesserait par le partage, ou dont la licitation priverait le plus grand nombre.

16. Nous disons *le besoin des héritages*, et

non celui des personnes ; car l'utilité personnelle des copropriétaires ne serait pas un motif
d'indivision. Il n'y a que l'utilité d'un héritage
autre que l'objet indivis. Dans un droit réel,
tel que celui-ci, les avantages personnels ne
sauraient être d'aucune considération.

Un engin construit pour l'utilité des personnes, pour leur commerce, est une propriété
commune essentiellement exposée au partage
ou à la licitation.

Mais s'il est construit pour le service de fonds
déterminés, pour triturer les productions de certains terrains, ou pressurer les raisins de certaines vignes, il est une propriété indivisible,
dont le partage ou la licitation ne peuvent jamais être demandés ; il est alors l'accessoire
de ces fonds : en cas de mutation, il passe
avec eux aux nouveaux propriétaires ou possesseurs de ces fonds, sans qu'aucun des communiers puisse y porter d'autres fruits que ceux
des fonds auxquels le droit de communauté a été
attaché.

Ces principes seront plus amplement développés quand nous traiterons des Servitudes.

§ III.

Mitoyenneté.

17. La mitoyenneté est l'état d'une chose qui est commune à plusieurs et qui ne peut être partagée sans devenir inhabile à remplir sa destination. Les murs, les fossés, les haies, peuvent être mitoyens. Nous traiterons des deux derniers dans la seconde section de ce chapitre, § 2 ; dans celui-ci, nous ne nous occupons que de la mitoyenneté des murs.

18. La Loi répute mitoyen tout mur qui sépare des bâtimens, des cours ou des jardins, et même, dans les champs, tout mur qui sépare des enclos.

Cette présomption de la Loi est basée sur l'utilité dont est le mur aux héritages qu'il sépare ; elle ne s'étend, par conséquent, pas au delà des services qu'il leur rend.

Ainsi le mur divisoire de deux bâtimens n'est réputé mitoyen que jusqu'à l'héberge, c'est-à-dire, jusqu'à la hauteur du bâtiment le plus bas.

Celui qui sépare une maison d'une cour ou d'un enclos n'est réputé mitoyen que jusqu'à la hauteur des murs de clôture, déterminée

par les usages ou lés règlemens de chaque localité. En Provence, cette hauteur est de dix
pans. Là où il n'y a ni usages, ni règlemens
particuliers, la hauteur est de 32 décimètres
(10 pieds), compris le chaperon, dans les villes
de 50,000 âmes et au-dessus, et de 26 décimètres (8 pieds) dans les autres.

19. Par une suite du même principe, quand
les terrains contigus sont d'inégale hauteur ; la
partie basse du mur jusqu'au niveau du terrain
supérieur est la propriété particulière du propriétaire de ce terrain, par la raison que nous
déduirons dans le § 2 de la section suivante.
La mitoyenneté ne commence alors qu'au niveau du sol le plus élevé, et ne finit qu'à la
hauteur des murs de clôture, dont la partie
basse servant de mur de terrasse ne fait point
partie.

20. Cette règle reçoit cependant une exception : quand le propriétaire de l'héritage inférieur
a coupé à pic la rive qui était en pente, il est
obligé de construire et d'entretenir à ses frais
le mur qui soutient le terrain supérieur, qui n'est
plus soutenu par la partie qui était en pente (1).

_____

(1) *Infrà*, n° 54.

Dans l'un et l'autre cas, il semblerait que le mur de terrasse portant la charge du mur de clôture, celui qui en est propriétaire devrait recevoir une indemnité; mais cette charge étant une suite naturelle de la disposition des lieux, ou de l'entreprise de l'inférieur, celui qui en retire les avantages, c'est-à-dire, le supérieur, dans un cas, et l'inférieur, dans l'autre, doit en supporter les inconvéniens et n'a rien à exiger de son voisin.

21. La Loi ne présume la mitoyenneté qu'entre les héritages contigus, *tout mur servant de séparation.* Le moindre intermédiaire, le sentier le plus étroit, le ruisseau le plus exigu, suffit, non-seulement pour rendre la présomption de la Loi inapplicable, mais encore pour priver le voisin du bénéfice de l'art. 661, dont nous parlerons n° 26. Le mur ne sert plus de séparation; il n'est pas joint par la propriété voisine, dès qu'elle aboutit et se termine à un point différent.

22. La présomption de la Loi n'atteint pas tous les héritages; elle ne concerne que ceux de la nature indiquée par l'art. 653, les cours, les jardins et même les enclos. Le mur qui sépare une cour ou jardin d'une prairie, d'une

olivette, d'une vigne, d'une terre labourable,
non close des autres côtés et, par conséquent,
insusceptible de la qualification d'*enclos*, est
présumé appartenir au propriétaire de la cour
ou du jardin.

23. La présomption de la Loi est générale ;
mais elle admet des présomptions contraires.
Quand un titre prouve que le mur est une propriété particulière, il ne peut plus être regardé
comme mitoyen.

Il en est de même quand il y a des marques
de non-mitoyenneté.

Ces signes ne sont pas arbitraires ; ils sont
consacrés dans l'art. 654.

C'est la sommité du mur qui, droite et aplomb
de son parement d'un côté, présente de l'autre
un plan incliné. On ne peut pas présumer que
le propriétaire eût voulu recevoir toute l'eau
qui tombe sur le mur, s'il ne lui appartenait en
entier.

C'est encore, et par le même motif, la position ou la coupe du chaperon du mur qui,
facilitant l'égout des eaux pluviales, montre le
propriétaire particulier du mur dans le propriétaire du terrain sur lequel il dirige les eaux.

C'est, enfin, la saillie des filets ou corbeaux
de pierre posés dans le mur en le bâtissant. Ces

saillies, qui sont une charge pour le mur et une avance sur le sol, indiquent qu'il est la propriété de celui sur le fonds duquel elles prennent.

Il n'en est pas des filets comme des corbeaux : les uns et les autres doivent excéder la surface perpendiculaire du mur et avoir été posés lors de sa construction ; mais les corbeaux doivent être en pierre, tandis que les filets, qui ne sont qu'en moulure saillante au bout du chapeau du mur, peuvent aussi n'être que des morceaux de bois enfoncés dans le mur dont les bouts paraissent en dehors.

24. L'art. 654 énonce ces marques de non-mitoyenneté d'une manière taxative ; mais nous ne pouvons croire que les tribunaux se déterminent à repousser des signes évidens de non-mitoyenneté, uniquement parce qu'ils ne seraient point au nombre de ceux mentionnés dans cet article. Par exemple, il est interdit de faire des ouvertures dans un mur mitoyen, parce qu'elles prendraient nécessairement sur la portion du voisin ; et cette défense n'est pas nouvelle, elle existe de toute antiquité : c'est elle qui a fait appeler le mur mitoyen *paries cæcus*. Pourrait-on réputer tel un mur percé depuis long-temps, ou même depuis sa cons-

truction ? On ne peut présumer que les ouvertures eussent été souffertes, s'il avait été
construit à frais communs, et qu'un des copropriétaires n'eût pas réclamé contre l'empiétement de l'autre. La conséquence naturelle de
l'existence de ces ouvertures est l'exclusion de
la mitoyenneté, dont elles auraient été l'infraction.

Comme toute propriété, la mitoyenneté peut
se perdre par la prescription. Si, pendant trente
ans, on a toléré des entreprises inconciliables
avec elle, ou des signes extérieurs de ces entreprises, on doit présumer l'abandon de l'un
et l'acquisition de l'autre.

25. Tout se lie dans une législation bien
ordonnée. Puisque tout mur séparatif de deux
héritages est réputé mitoyen, il faut que chacun puisse rendre tel le mur qui a été élevé
aux frais d'un seul sur la ligne divisoire, et
que le voisin qui veut se clore puisse forcer
son voisin à concourir aux frais de construction ou de réparation de la clôture qui lui est
contiguë.

26. La première faculté est consacrée par
l'art. 66i, qui porte que tout propriétaire joignant un mur a la faculté de le rendre mitoyen

en tout ou en partie, en remboursant au maître du mur la moitié de sa valeur, ou la moitié
de la valeur de la portion qu'il veut rendre
mitoyenne, et de celle du sol sur lequel le mur
est bâti.

C'est ici, comme l'on voit, une exception
au droit commun, selon lequel nul n'est obligé
de vendre sa propriété. Le motif a été l'embellissement des villes, l'économie du terrain,
l'avantage que les particuliers trouvent à diminuer les frais de construction. Que deviennent
alors les vues et autres ouvrages incrustés dans
le mur que ne comporte plus sa mitoyenneté?
C'est ce qui sera expliqué dans le tit. 3, ch. 3,
n° 38.

Cette première faculté est générale ; elle peut
être exercée quelque part que le mur soit situé.

27. La seconde, accordée par l'art. 663,
est particulière aux villes et faubourgs. Les propriétaires d'héritages contigus tous situés dans
leur enceinte peuvent se contraindre réciproquement à contribuer aux constructions et réparations de la clôture faisant séparation de
leurs maisons, cours ou jardins.

28. Nous l'avons dit n° 4 : la copropriété
d'une chose emporte le droit de l'employer à sa

destination, et ce droit n'est limité que par celui des autres copropriétaires qui, étant égal, s'oppose à ce qu'aucun s'en serve de façon à nuire à l'usage des autres.

Ce principe est la mesure de l'usage des murs mitoyens. Chacun peut y adosser ses constructions, y appuyer des poutres ou solives dans toute l'épaisseur du mur, à cinquante-quatre millimètres (deux pouces) près. Mais si le voisin voulait aussi placer ses poutres dans le même lieu, ou y adosser une cheminée, il pourrait faire réduire à l'ébauchoir la première poutre jusqu'à la moitié du mur; car l'usage d'un voisin ne doit pas être plus étendu que celui de l'autre.

29. Par la même raison, aucun ne peut pratiquer dans le mur des enfoncemens, ni y appliquer ou appuyer aucun ouvrage qui empêcherait son voisin d'en faire autant, ou qui nuirait à la solidité du mur, s'il voulait faire la même chose de son côté.

30. Il ne faut cependant pas outrer le principe, et conclure que tout adossement, tout appuyage, soit interdit sur un mur mitoyen : tout ce qui s'y fait du consentement du voisin est bien fait et doit être maintenu.

Quand le voisin refuse injustement de con-

sentir à des ouvrages licites , des experts déterminent les moyens nécessaires pour que le
nouvel ouvrage ne soit nuisible ni au mur, ni
aux droits des copropriétaires.

3 1. L'exhaussement du mur mitoyen est une
surcharge qu'on ne peut repousser. Il faut seulement que celui qui le fait paye à lui seul la
dépense de l'exhaussement, les réparations d'entretien au-dessus de la hauteur de la clôture
commune , et l'indemnité de la charge que l'exhaussement occasionne.

32. Si le mur mitoyen n'était pas en état
de la supporter, celui qui veut exhausser serait
tenu de le refaire à ses frais et de prendre de
son côté l'excédant d'épaisseur qu'il faudrait lui
donner.

33. L'exhaussement ainsi fait est la propriété
particulière de celui qui en a fait les frais ; mais
le voisin peut toujours en acquérir la mitoyenneté en payant la moitié de la dépense qu'il a
coûté et la valeur de la moitié du sol fourni pour
l'excédant de l'épaisseur , s'il y en a : c'est la
suite des principes exposés ci-dessus n° 26.

34. Le mur mitoyen n'est pas la réunion

de deux propriétés particulières; il est une seule
et même propriété indivisible et commune à
plusieurs. D'après les principes posés n° 5 , il
ne peut y être rien fait, ni d'un côté ni d'autre,
que du consentement de tous les copropriétaires : c'est ce que décide l'art. 662, en interdisant jusqu'à la simple application sans ce
consentement. Mais si le copropriétaire refusait
injustement de le donner , il y serait suppléé
par les tribunaux, après que des experts auraient
déterminé les moyens nécessaires pour que le
nouvel ouvrage ne nuise aux droits de personne.

Il n'est même pas toujours nécessaire de faire
citer en justice le voisin qui refuse son consentement, s'il ne forme pas d'opposition; quand
on n'a ni contribution à lui demander , ni introduction à faire chez lui, on peut se borner à
requérir son consentement par une simple notification d'huissier , et faire régler par des experts les moyens d'exécution ; mais si les experts se trompaient et que l'ouvrage fût nuisible aux droits du voisin, on répondrait de leur
erreur.

35. La réparation et la reconstruction du
mur mitoyen sont à la charge de ceux à qui
il appartient , et proportionnément aux droits
de chacun ; mais comme ils ne sont obligés qu'à

cause de leur propriété, ils peuvent se dégager en y renonçant, pourvu qu'ils ne retirent plus aucun avantage du mur mitoyen, c'est-à-dire, qu'il ne soutienne pas le bâtiment de celui qui fait l'abandon.

Cette faculté de renoncer à la mitoyenneté n'a pas lieu dans les villes et faubourgs, jusqu'à la hauteur des clôtures, telle qu'elle a été indiquée n° 18 : c'est la conséquence de l'art. 663.

36. Le mur dont la propriété a été répudiée devient la propriété particulière du voisin ; mais il reste toujours exposé à l'exercice de la faculté dont nous avons parlé n° 26, c'est-à-dire, que celui qui fait abandon conserve toujours la faculté de recouvrer la mitoyenneté, en se conformant à l'art. 661.

Les usages de la Provence donnaient dix jours de repentir à celui qui avait fait abandon ; il rentrait dans la copropriété, s'il remboursait son contingent dans les dix jours de la réparation, passés lesquels il était non recevable.

Cet usage n'ayant rien de contraire aux lois nouvelles, ne peut pas être réputé abrogé par elles.

Dans les dix jours, le renonçant ne doit rembourser que son contingent de la réparation ;

passé ce délai, il doit acquérir la mitoyenneté, comme s'il ne l'avait jamais possédée.

La répudiation de là mitoyenneté exempte bien celui qui l'a faite de toute contribution àux dépenses futures, mais elle ne le dispense pas de sa contribution aux dépenses qui l'ont précédée (1).

De même celui qui accepte l'abandon s'oblige par cela même à réparer et entretenir à ses frais la chose abandonnée ; il ne pourrait la détruire, démolir le mur ou combler le fossé ; s'il le faisait, celui qui a fait l'abandon serait autorisé à le révoquer et à reprendre la mitoyenneté (2).

37. C'est une suite de l'obligation où sont les copropriétaires de réparer et entretenir le mur mitoyen, qu'aucun d'eux ne puisse y adosser ni fumiers, ni bois, ni terres, en un mot, rien qui puisse nuire par l'humidité, la poussée ou autrement.

Mais peuvent-ils labourer le terrain joignant jusqu'au pied du mur? C'est une question que

_____

(1) M. *Pardessus*, des Servit., n° 184.
(2) *Desgodets*, sur la Cout. de Paris.

nous examinerons dans le § 2 de la section suivante , n⁰ˢ 54 et 55.

SECTION DEUXIÈME.

Des Héritages contigus.

38. Par elle-même , la contiguité ne produit
aucun droit d'un fonds sur l'autre , sauf les servitudes naturelles ou légales dont nous parlerons ailleurs ; mais pour que chacun possède
ce qui lui appartient et en jouisse sans prendre
sur le terrain contigu , il faut que la ligne séparative de deux héritages soit marquée et que
chacun puisse prendre chez soi les précautions
convenables pour empêcher les empiétemens et
jusqu'aux introductions passagères : de là les
droits de bornage et de clôture , qui vont faire
la matière des paragraphes suivans.

§ Iᵉʳ.

Du Bornage.

39. Le bornage est aux terrains limitrophes
ce qu'est le partage aux biens indivis ; c'est l'action de tracer par des signes apparens la ligne
qui divise deux propriétés contiguës.

4O Tout voisin a le droit de le demander, comme tout copropriétaire a celui de demander le partage, et ce droit, descendant de la loi, est imprescriptible. Il peut être exercé en tout temps ; on ne peut même pas y renoncer. Nul ne peut être contraint d'ignorer les limites de sa propriété et le point où doivent s'arrêter les excursions de son voisin. Le bornage est un moyen de sûreté, de paix et de tranquillité, auquel l'ordre public ne permet pas qu'on renonce.

4I. De ce que le bornage est imprescriptible, il ne suit pas que l'étendue des propriétés le soit ; mais, comme l'observe très-judicieusement Dunod (1), quand il s'agit d'un petit espace qui peut être rapporté au terrain de 5 pieds que les Romains laissaient entre les héritages, il faut s'en tenir aux titres et aux bornes, sans avoir égard à la possession, parce que quelques sillons peuvent facilement être usurpés sans que le propriétaire s'en aperçoive, et même sans intention de la part de son voisin (2) ; c'est pour cela que, par Arrêt de la Cour de Paris (3), il a été jugé que l'anticipation gra-

(1) Des Prescript., p. 98.
(2) L. 5. Cod. *Fin. regund.*
(3) *Sirey*, tom. 22. part. 2. p. 116. — M. *Pardessus*, des Servitud., n° 126.

duelle faite sur le champ voisin en labourant n'opère qu'une possession clandestine incapable de servir de base à la prescription.

42. Mais quand il s'agit d'un espace plus considérable, la prescription a lieu, et la délimitation est faite d'après la possession trentenaire, sans s'arrêter aux titres et aux limites qu'ils désignent (1).

Le bornage doit donc, en général, être fait dans l'état de la possession actuelle des parties. Aussi la L. 3. *Cod. Fin. regund.* veut-elle que l'action de bornage ne vienne qu'après celle de la possession. Il n'y a lieu à arpentage pour déterminer où doivent être posées les bornes, qu'en cas de revendication de la part de l'un des propriétaires, c'est-à-dire, que lorsque l'un d'eux allègue des anticipations, et que l'autre n'oppose pas la prescription (2).

43. Tout possesseur légitime à autre titre que celui de fermier peut demander ou contester le bornage ; mais quand l'action est dirigée pour ou contre un possesseur temporaire, tel qu'un usufruitier, il est utile de mettre le

(1) L. 6. *Cod. Fin. regund.*

(2) *Sirey*, tom. 18. part. 2. p. 104.

propriétaire en cause pour prévenir des réclamations de sa part.

44. Il serait avantageux que cette action pût
être portée au tribunal du juge de paix qui
est sur le lieu et qui peut avoir des connaissances locales qui rendent le bornage plus facile et moins dispendieux ; mais là loi ne la
lui a pas attribuée, sans doute, parce qu'elle
présente une valeur indéterminée qui, le plus
souvent, excède la compétence de ce tribunal.

45. Cette action ne compète qu'entre possesseurs d'héritages contigus ; ceux qui sont séparés
par un chemin public ne confinent pas l'un à l'autre ; leurs propriétaires n'ont par conséquent pas
entre eux l'action de bornage (1) : c'est ce que
présupposent les lois nouvelles quand elles ne
donnent cette action qu'aux possesseurs de *propriétés contiguës* (2).

Il en est autrement de ceux dont les propriétés ont entre elles un ruisseau ou un chemin particulier (3) ; ce ne sont là que des ser-

---

(1) L. 4. § ult., et L. 5. ff. *Fin. regund.* — *Lacombe*, V° Con-
fins. — *Ferrières*, V° Bornes. — M. *Pardessus*, des Serv., p. 175.

(2) *Code Rural* de 1791, tit. 1. sect. 1. art. 3. — *Code Civil*,
art. 646.

(3) L. 6. ff. *Fin. regund.* — *Lacombe*, loco cit.

vitudes qui n'altèrent point la propriété et n'in-
terrompent , par conséquent , pas la contiguité.
Il est, d'ailleurs, si facile de les déplacer, qu'on
ne peut pas les regarder comme des confronts
immuables.

46. Le bornage est toujours fait à frais communs, indépendamment du plus ou moins d'é-
tendue de la pièce (1), sauf le cas où un
des voisins le contredit ou élève des contestations , dont il doit supporter les frais , s'il suc-
combe.

47. Le matériel du bornage consiste à marquer la ligne divisoire des propriétés ; il n'a aucun signe exclusivement caractéristique. Cette
ligne peut être marquée par un fossé, par un
mur , par des arbres, par des pierres ou par
des croix , ou autres signes incrustés sur des
rochers ou sur des pierres.

Quand on emploie des pierres enchâssées dans
le terrain, il faut, autant que possible, attester
leur destination par quelque signe indicatif , tel
que croix visuelles , lettres initiales ou armes
gravées sur la borne ou enfouies à ses côtés ;
ce que le Droit Français appelle des *témoins, ga-*

(1) *Cod. Civ.*, art. 646.

rans ou *perdriaux*, et le Droit Provençal, des *agachons*, c'est-à-dire, des morceaux d'une même pierre ou d'une même tuile, brisés de manière que, rapprochés les uns des autres, ils puissent se raccorder facilement. On peut encore, comme chez les Romains et dans quelques provinces de France, mettre au-dessous et autour de la borne du charbon pilé, dont l'incorruptibilité fait reconnaître le caractère de la borne.

Mais le moyen le plus sûr d'en faciliter la reconnaissance et d'en prévenir ou reconnaître le déplacement clandestin, est de dresser procès verbal de leur plantation, et de désigner avec précision la position, la distance et la direction de chacune.

48. Dans tous les temps, les bornes ont été l'objet du respect des peuples ; les Romains avaient été jusqu'à les diviniser. Ils vouaient à l'exécration publique les hommes et les animaux qui les arrachaient ; ils punissaient leur déplacement du bannissement et du fouet. La jurisprudence française a été modelée sur cette législation, jusqu'aux lois nouvelles qui ont puni ce délit des peines que nous rappellerons liv. 4, tit. 3, ch. 4, n° 4.

49. Leur enlèvement peut, comme tout dé-

lit, donner lieu à une simple action civile en remplacement; alors il est de la compétence du juge de paix (1); et s'il est prouvé, ce juge en ordonne le rétablissement, sans même examiner si la borne existait depuis l'an et jour (2).

Il est des coutumes qui, pour prévenir le déplacement frauduleux des bornes, défendent de creuser ou fouir plus près d'elles de deux pieds et demi ou trois pieds. Cette disposition est sage ; il serait heureux qu'une loi la généralisât.

§ II.

De la Clôture.

5o. Le droit de clore et de déclore son héritage est inhérent au droit de propriété ; et, comme le dit le Code Rural de 1791 (3), il en résulte essentiellement et ne peut être contesté à aucun propriétaire.

Le Code a été jusqu'à abroger toutes lois et coutumes qui pouvaient contrarier ce droit.

L'art. 647 du Code Civil n'admet qu'une exception au droit de clôture ; c'est celle qui est

---

(1) *Code de Procéd.*, art. 3.
(2) *Code de Procéd.*, ibid. — M. *Henrion*, p. 488.
(3) Tit. 1. sect. 4. art. 4.

portée par l'art. 682, qui autorise le propriétaire
d'un fonds enclavé à réclamer un passage sur
les fonds de ses voisins. La clôture n'exempte
pas le fonds de cette servitude ; mais la servitude n'altère le droit de clôture qu'en ce qui
est indispensable à son exercice. Il n'y aurait,
ainsi que nous l'avons établi ailleurs (1), pas
de motifs de l'interdire à celui qui, en se fermant, ne priverait son voisin d'aucun usage
légitime.

51. La clôture libère du parcours et de la
vaine pâture : c'est la disposition de l'art. 5
du Code Rural de 1791, à laquelle se réfère
l'art. 648 du Code Civil, qui déclare que le
propriétaire qui se clot perd son droit au parcours et à la vaine pâture, en proportion du
terrain qu'il y soustrait.

52. En est-il de même de la compascuité
établie par convention?

Cette question est controversée.

L'art. 3, sect. 4, du Code Rural de 1791
n'a maintenu la compascuité ou droit de vaine
pâture *que dans les lieux où il est fondé sur un
titre particulier, ou autorisé par la Loi ou par*

_____

(1) Notre Code Rural, V° *Clôture* et *Passage*.

un usage local immémorial, et il ne l'a maintenu que sous les réserves qu'il allait porter.

Il n'a donc conservé que la servitude de compascuité conventionnelle ou légale.

Immédiatement après et dans les art. 4 et 5 il place la clôture au nombre des moyens qui font cesser le droit de vaine pâture, *dans tous les cas*. On ne peut pas supposer que ce soit celui qu'il venait d'abolir; il faut nécessairement que ce soit celui qui est maintenu généralement, c'est-à-dire, le droit conventionnel ou légal dont la clôture exemptera *dans tous les cas*, dans celui où il y a un titre et dans celui où il est établi par une loi ou par l'usage immémorial.

L'art. 7 déclare que la clôture affranchit *de même* de la vaine pâture *entre particuliers*, si elle n'est pas fondée sur un titre.

Voilà donc, ce semble, une distinction bien clairement marquée entre la compascuité générale et la compascuité particulière.

La première cesse par la clôture, *dans tous les cas*, qu'elle soit établie par un titre, qu'elle le soit par une loi, qu'elle le soit par un usage local immémorial.

La seconde cesse de même; mais, par exception à la règle générale, elle est conservée, malgré la clôture, quand elle est fondée sur un titre : seulement alors elle est déclarée, par l'art. 8, rachetable à dire d'experts.

L'art. 11 considère le droit de clôture à l'é-
gard des prairies, et il dispose que ce droit a lieu
même par rapport à celles où, *sans titre de propriété et seulement par l'usage*, elles deviennent
communes à tous les habitans, dans un temps
déterminé.

Il y aurait une contradiction évidente entre
cet article et les précédens, s'ils statuaient sur
des droits de même nature ; car il ne peut
pas être que la *servitude* conventionnelle soit
éteinte par la clôture suivant l'art. 4, et qu'elle
ne le soit pas suivant l'art. 11.

On ne peut trouver de concordance entre
ces articles qu'en reconnaissant que le dernier
dispose sur un ordre de choses différent.

Le premier ne s'occupe que de la *servitude
de dépaissance*.

Le second, que de la *communion* des prairies
à une certaine époque.

Le premier ne dispose que sur le droit simple
de vaine pâture.

Le second ne considère que les prairies qui
deviennent communes à tous les habitans sans titre
de propriété ; d'où, par la règle des exclusions,
on conclut avec raison que, quand il y a *un titre
de propriété*, la clôture ne fait pas cesser la
communion de ces prairies.

C'est ainsi qu'explique la Loi l'auteur des

Questions de Droit, V° *Vaine pâture*, § 1er; et l'on ne peut disconvenir qu'il ne la développe avec une force de raisonnement entraînante.

Le Code Civil ne l'a pas entendue autrement.

D'abord, il n'admet pas l'exception de *servitude conventionnelle*, puisqu'il n'apporte dans l'art. 647 d'autre exception au droit de clôture que celle résultant de l'art. 682, que nous avons expliquée n° 50.

Dans l'art. 648, il rapproche ce droit de celui de vaine pâture, et il suppose que celui-ci est éteint par celui-là, puisque, comme le Code Rural de 1791, il veut que le propriétaire qui se clot perde son droit de vaine pâture, *en proportion du terrain qu'il y soustrait.*

Dès lors, de deux choses l'une : ou l'art. 11 de la Loi de 1791 est étranger à la vaine pâture, et alors les argumens déduits de sa disposition restent sans base, ou il établit, en faveur de la vaine pâture titrée, une exception qui, étant repoussée par le Code, ne peut plus être admise par les tribunaux : *Posteriora derogant prioribus.*

Cependant deux Arrêts de la Cour de Cassation (1) ont décidé que la clôture ne faisait pas cesser la servitude conventionnelle de dé-

---

(1) *Sirey*, tom. 9. p. 78 et 79.

paissance ; mais on doute qu'un nouvel examen, s'il était approfondi, ne déterminât pas cette Cour à revenir de sa jurisprudence dans cette occasion, comme elle l'a fait en plusieurs autres.

· Quoi qu'il en soit de cette question, il est certain que la clôture ne doit pas gêner l'exercice de la compascuité sur les fonds autres que celui qu'elle entoure. Si elle interceptait la communication .avec les autres héritages assujettis au parcours, le propriétaire serait tenu de laisser un passage ouvert pour parvenir à ses héritages (1).

53. Les espèces de clôture varient suivant l'usage des lieux et la volonté du propriétaire.

⸱En général, est clôture tout ce qui intercepte la communication ou la rend difficultueuse, ou même tout ce qui annonce aux yeux la volonté du propriétaire qu'on ne s'introduise pas sur son terrain.

Le Code Rural de 1791 exigeait une clôture effective ; il ne la reconnaissait qu'à certains caractères. Il avait établi, art. 6 de la section précitée, que l'héritage était réputé clos quand il était entouré d'un mur de quatre pieds de

_____

(1) Édit du 21 mars 1769 pour la Champagne, art. 3. — *Fournel,* du Voisinage, tom. 2. p. 80.

hauteur avec barrière ou porte ; quand il était exactement entouré de palissades ou de treillages, ou d'une haie vive ou sèche, cordelée par des branches, ou soutenue par des pieux, ou faite de toute autre manière en usage dans chaque localité ; ou quand il était entouré d'un fossé de 4 pieds de large sur 2 de profondeur.

Le Code de 1810 n'a point conservé cette sorte de spécialité ; il se contente de l'indication de la clôture ; car il répute enclos tout terrain environné de fossés, de pieux, de claies, de planches, de haies vives ou sèches ou de murs, quelles que soient la hauteur, la profondeur, la vétusté, la dégradation de ces diverses clôtures, lors même qu'*il n'y aurait pas de porte fermant à clef ou autrement*, ou quand la porte serait à claire-voie et *ouverte habituellement*.

Les clôtures les plus ordinaires sont les rives, les murs, les haies, les fossés.

54. Les *rives*, *tertres* ou *rideaux*, sont des séparations naturelles qui, par la difficulté de les franchir, protégent également et le champ supérieur et l'inférieur.

De droit commun, à moins de titre contraire, elles sont la propriété de celui dont elles soutiennent le terrain. Le Statut de Provence en contient une disposition expresse (1), lors même que sur la rive se trouve un chemin qui la sépare de ce terrain.

Le propriétaire inférieur ne peut rien faire qui altère l'état de cette rive, en augmente la rapidité et facilite l'éboulement des terres ; il doit même s'abstenir de cultiver trop près de la rive, crainte de l'exposer à des éboulemens (1).

Si le propriétaire inférieur coupait à pic la portion de la rive qui peut lui appartenir, il serait obligé de soutenir le terrain de son voisin par un mur ; et s'il élevait le sien au-dessus de celui de son voisin, il devrait le soutenir par un mur pour en prévenir l'éboulement dans la propriété voisine (1).

55. Les *murs* servant de clôture dont nous parlons ici, ne sont pas ces murs mitoyens qui ont été la matière du troisième paragraphe de la section précédente ; ce sont les murs qui sont la propriété particulière de celui dont ils ferment l'héritage.

---

(1) *Bomy*, Cout., ch. 22. p. 31.

(2) M. *Pardessus*, p. 299.

(3) *Suprà*, n° 20. — *Répert. de Jurispr.*, V° Contre-mur, p. 655. — *Desgodets*, Lois des Bâtimens, p. 13, 122 et 133; et sur la Cout. de Paris, art. 187 et 192. — *Lalaure*, des Servit., p. 19. — *Brodeau*, sur l'art. 186 de la Cout. de Paris, p. 496.

Nous avons dit que quand les deux champs sont enclos, le mur divisoire est réputé mitoyen ; mais quand l'un des deux seulement est clos, le mur est censé la propriété du maître de ce champ.

Il peut être élevé sur la ligne divisoire : il n'est ni loi ni usage qui prescrive aucune distance ; il est bon de laisser le tour de l'échelle pour la commodité de l'entretien, mais on n'y est pas obligé.

Quand il joint immédiatement l'héritage du voisin, on prétend que l'usage interdit à chacun de labourer jusqu'au pied du mur, parce qu'en facilitant ainsi l'infiltration des eaux, il nuirait à sa conservation (1). Mais le propriétaire du mur ne doit-il pas s'imputer de l'avoir construit si près du voisin ? Est-il juste de vouer à la stérilité une portion quelconque du champ de celui-ci, parce que celui-là n'a pas voulu faire à la conservation de son mur le sacrifice d'une pareille portion du sien ?

Il en est autrement quand le mur sépare deux héritages de hauteur inégale, parce qu'on présume qu'en bâtissant, le propriétaire du champ supérieur a coupé la rive qui lui appartient, et en a laissé au delà de son mur

_____

(1) M. *Pardessus*, p. 257. n° 171.

une partie de deux pans, qu'on appelle en Provence *lou récaousset* (la chaussure du mur). Cette partie n'appartenant pas au propriétaire inférieur, il est naturel qu'il lui soit interdit de la cultiver.

Mais s'il apparaissait qu'il n'a point été laissé de *récaousset*, les cultures de l'inférieur pourraient aller jusqu'au mur, parce qu'elles n'excéderaient pas sa propriété.

Par réciprocité, quand la rive appartient à l'inférieur qui y a construit un mur de terrasse ou soutènement, le supérieur ne peut pousser ses cultures jusques au mur que lorsque sa propriété y aboutit.

Mais, à moins de preuve contraire, il est réputé seul propriétaire du mur qui soutient son terrain, parce que ce mur n'est utile qu'à lui et qu'il remplace la rive qui était sa propriété particulière (1).

Chacun peut élever son mur aussi haut qu'il lui plaît ; mais cette liberté est tempérée par l'équité, qui ne permet pas de faire chez soi ce qui nuit à ses voisins, quand on ne doit en retirer aucun profit (2).

---

(1) *Suprà*, n° 54.

(2) *Pothier*, Contr. de Sociétés, n° 212. — *Sirey*, tom. 7. part. 2. p. 188; tom. 11. part. 2. p. 318.

56. Les *haies* sont la clôture la plus ordinaire des petites propriétés rurales ; elles sont
sèches ou vives.

Les haies sèches sont formées de bois sec
qu'on renouvelle tous les ans.

La haie vive est formée de différens arbustes,
parmi lesquels on ne doit point mettre d'arbres
à haute tige, qui doivent être tenus à une
plus grande distance du fonds voisin.

La haie sèche peut être plantée sur la ligne
divisoire des deux héritages, parce que, ne pous-
sant ni branches ni racines, elle ne peut an-
ticiper sur aucun fonds ; c'est à elle qu'il faut
appliquer exclusivement la règle du Droit Romain *Terminum ne excedito* (1).

Il n'en est pas de même de la haie vive :
l'extension dont ses branches et ses racines sont
susceptibles la fait comprendre dans les règlemens relatifs aux plantations.

La Loi Romaine n'en distinguait pas les espèces ; elle embrassait dans une seule dénomination les arbustes, les arbrisseaux et même
les vignes (2).

A son exemple, le Statut de Provence éloi-

---

(1) L. ult. ff. *Fin. regund.*

(2) L. 1. § 3. ff. *de Arbor. cœd.* — L. 3. § 1 et 2. ff. *de Arbor.
fust. cœs.*

gnait de huit pans du champ voisin *tous arbres*
sans distinction.

Le Code Civil a été plus exact : il a borné
à un demi-mètre la distance des haies vives (1) ;
mais ce n'est qu'à défaut de règlemens particuliers antérieurs et d'usages constans et reconnus.

Le voisin peut exiger que les haies plantées
à une moindre distance soient arrachées ; il peut
couper lui-même les racines qui avancent sur son
héritage ; en sorte que toute haie vive étant pré-
sumée faite conformément aux règlemens existans, et depuis le Code, conformément au Code,
emporte de droit la propriété d'un espace égal
à la distance exigée par le règlement en vigueur
à l'époque de sa plantation.

Toute haie qui sépare des héritages est réputée mitoyenne, à moins qu'il n'y ait qu'un
seul des héritages en état de clôture, ou qu'il
n'y ait titre ou possession suffisante au contraire.

Cette présomption ne peut s'appliquer qu'à
la haie divisoire pour laquelle elle a été établie ; qualité que n'a pas la haie plantée au bord
d'un fossé qu'elle sépare de l'héritage, ni celle
élevée à la distance des règlemens, qui, loin
d'être divisoire, suppose la prorogation de la
propriété à un demi-mètre selon le Code, et
à deux suivant d'autres règlemens.

_____

(1) Art. 671.

Il en est de même d'un fossé, d'une borne ou autre signe de la propriété de celui sur le fonds de qui la haie se trouve. Ces circonstances prouvant une possession particulière, exclueraient la présomption de mitoyenneté.

L'arbre qui se trouve dans la haie mitoyenne est mitoyen comme elle, et chacun des propriétaires a le droit d'en requérir l'abatage.

Les haies mitoyennes doivent être entretenues et replantées à frais communs. Chacun peut contraindre son voisin à concourir à cet entretien, si mieux il n'aime abandonner son droit à la mitoyenneté, ainsi qu'il a été dit n° 35.

57. Les *fossés* sont encore des clôtures assez ordinaires ; ils sont aussi des séparations entre deux héritages dont ils marquent les limites.

Les fossés de clôture ne sont plus, comme sous l'empire du Code Rural de 1791, soumis à des dimensions déterminées ; mais la raison dit assez qu'il faut qu'ils soient assez larges et assez profonds pour remplir leur destination, c'est-à-dire, pour fermer un héritage, ou du moins pour en rendre l'entrée difficile. Celui qui ne tracerait qu'un fossé d'un pan autour de son champ ne pourrait pas croire l'avoir fermé.

Le fossé de séparation étant entre deux héritages est toujours présumé mitoyen, s'il n'y a titre ou marque du contraire, parce qu'il est présumé avoir été pris sur chacun des héritages qu'il sépare, dont la limite est le milieu du fossé (1).

Il y a marque de non-mitoyenneté, quand la levée ou rejet de la terre se trouve d'un côté seulement, et alors le fossé est censé appartenir exclusivement à celui du côté duquel le rejet se trouve (2).

Quand il n'existe plus de vestiges du rejet, le fossé doit-il être réputé non-mitoyen?

Cela dépend de sa nature.

Si c'est un fossé d'écoulement ou de vidange, il doit être censé appartenir au fonds que les eaux incommoderaient sans lui.

Si c'est un fossé de clôture, il est censé faire partie du fonds dont la clôture est la plus intéressante : ainsi entre un pré et une vigne, il sera censé faire partie du pré ; entre une vigne et une terre labourable, il sera réputé appartenir au propriétaire de la vigne.

Enfin, si c'est un fossé divisoire, il est censé mitoyen.

_____

(1) *Cod. Civ.*, art. 666.

(2) *Cod. Civ.*, art. 667 et 668.

Tout fossé mitoyen doit être récuré et entretenu à frais communs (1).

Mais un des copropriétaires peut-il se décharger de l'entretien du fossé commun en l'abandonnant?

D'après le principe posé n° 35, il n'est pas douteux que tout copropriétaire d'un simple fossé de séparation ou d'irrigation ne puisse se dispenser de contribuer à son récurage et à son entretien, en renonçant à s'en servir.

Mais la renonciation serait inutile s'il s'agissait d'un fossé d'écoulement des eaux pluviales, dont le renonçant continuerait à profiter par l'écoulement des eaux de ses terres, ou par l'interception des eaux supérieures qui les fatiguaient, parce qu'alors sa renonciation serait illusoire et frauduleuse.

Il en serait à plus forte raison de même, s'il s'agissait d'un fossé destiné à assainir un quartier, ou à prévenir son inondation. Aucun possédant bien dans le quartier ne pourrait se soustraire à son entretien et à son récurage par sa renonciation ou autrement, par la raison que nous avons déduite tit. 1, ch. 4, n° 33.

La mitoyenneté du fossé peut être prescrite activement et passivement, comme toute pro-

_____

(1) Art. 669.

priété particulière ; mais la difficulté est d'en prouver la possession exclusive quand il n'existe point de vestiges du rejet.

Quand on creuse un fossé sur son fonds, il faut que sa distance de la pièce voisine soit égale à sa profondeur (1).

Il en est de même de la distance d'un fossé creusé à côté d'un autre (2).

Quand le fossé est creusé dans le roc, sa distance du fonds voisin peut n'être que de la moitié de sa profondeur ou même moins, car alors il n'y a plus ni éboulement ni filtration à craindre.

Ces distances doivent toujours se mesurer du couronnement des berges. Le talus qu'on laisse en dedans disparaît bientôt par les récurages successifs ; si on partait de la base de ce talus, le fossé ne serait bientôt plus à la distance prescrite.

Quand le fossé longe le mur du voisin ou même un mur mitoyen, outre la distance, il faut faire le long du mur un contre-mur pour en soutenir le pied.

---

(1) L. ult. ff. Fin. regund. — Bomy, Recueil de Cout., ch. 6. p. 6. — Julien, Élém. de Jurispr., p. 153.

(2) De la Législation des Eaux, p. 117. n° 165.

SECTION TROISIÈME.

Actes sur sa Propriété.

58. Nous l'avons dit au commencement de ce chapitre : tout propriétaire peut faire chez lui tout ce qui lui plaît ; il peut construire, planter, défricher, dessécher, et varier ses cultures à son gré.

Cette liberté n'est cependant pas entièrement indépendante ; elle est plus ou moins restreinte dans l'intérêt général et dans celui des tiers que son exercice peut blesser.

C'est ce qu'il convient d'expliquer en suivant le propriétaire dans ses diverses opérations, qui sont celles auxquelles se réduisent les travaux agricoles relatifs au terrain.

Mais il est utile de jeter auparavant un coup d'œil rapide et général sur les dépenses qu'occasionnent ou entraînent la conservation ou l'exploitation des immeubles et l'avantage de les améliorer.

§ Ier.

Des Impenses et des Réparations en général.

59. Il ne faut pas confondre l'impense avec

la réparation : celle-ci rétablit, raccommode
la chose dégradée ou prête à l'être ; celle-là
change son état, elle l'améliore, et quelquefois
elle la détériore ; souvent elle est amenée par
une dégradation survenue ou imminente, d'autres fois elle l'est par le goût ou la fantaisie.

60. Il est trois sortes d'impenses : les nécessaires, les utiles et celles d'agrément : *necessariæ, utiles et voluptuariæ.*

Les nécessaires sont celles sans lesquelles la
chose aurait péri ou aurait été détériorée : par
exemple, la digue qui garantit un héritage de
l'irruption d'un torrent est une dépense nécessaire (1).

Les impenses utiles sont celles qui améliorent la chose sans être nécessaires à sa conservation (2).

Les impenses d'agrément sont celles qui, sans
augmenter son produit, l'ornent ou la rendent
plus agréable (3).

Mais on ne met pas au nombre des dépenses
faites pour le seul plaisir celles qu'on fait pour
l'embellissement d'un immeuble qui est en commerce par ses ornemens (4).

---

(1) L. 79. ff. *de Verb. signif.* — L. 1. ff. *de Impens. in re dot.*
(2) *Dict.* L. 79. § 1.
(3) *Dict.* L. 79. § 2.
(4) *Domat*, part. 2. liv. 1. tit. 4. sect. 2. § 14.

61. Quelle que soit sa nature ou son objet, quand une dépense a été faite sans qu'il paraisse par qui elle l'a été, on présume qu'elle vient de celui qui était obligé de la faire ou qui y avait le plus d'intérêt (1).

62. Les dépenses faites par un communiste en la chose commune lui sont remboursées par tous les intéressés, lors même qu'il aurait été obligé de dépenser autant pour sa seule portion (2) ; mais sur le salaire de son travail on détrait cette partie de soins que tout communiste doit donner à la chose commune : *Salarium in hác communi et hereditariá causá debetur, etiam non promissum ; sed non debet in totum ita taxari sicut inter extraneos, sed debet deduci pars consilii quæ spectat ad officium et obsequium consortibus et coheredibus debitum in re communi, reliquum autem æstimatur et pro parte coheredum rependitur* (3).

63. Quand il s'agit du remboursement des dépenses faites dans un héritage, il faut dis-

(1) *Dumoulin*, Coutume de Paris, tit. 1. § 9. in V° Rendre Compte, n° 3o. — M. *de Bérieux*, p. 351. — *Cod. Civ.*, art. 553.

(2) *Dumoulin*, Leçons de Dôle, tom. 2. col. 786. n° 18. — *Decormis*, tom. 2. col. 1609.

(3) *Dumoulin*, loc. cit., leçon 4. n° 23.

tinguer celles qui sont permanentes, comme
ayant pour objet son utilité présente ou future,
*perpetuam utilitatem agri, vel ad eam quæ non
ad præsentis temporis pertinet*, et celles qui
n'ont pour objet que l'utilité des fruits d'une
année, *utilitatem præsentis anni fructuum.*

Celles-ci se compensent avec les fruits; les
deux autres sont répétibles (1). La Glose, expliquant la Loi Romaine, dit que toute dépense
qui profite pendant plus de dix ans est réputée
foncière et répétible.

Les plantations de vignes sont dans ce cas;
non-seulement leur coût est répétible, mais encore leur culture pendant les trois premières
années (2).

Mais on n'en rembourse pas les frais quand
le possesseur en a joui pendant environ dix ans,
parce qu'on suppose qu'il en est payé par la
perception des fruits (3).

64. Les arbres plantés à la place des morts
sont dépenses foncières et répétibles, de même
que les engrais, quand ils sont considérables (4).

---

(1) L. 3. ff. *de Impens. in res dotal. — Boniface*, tom. 4. p. 13

(2) *Boniface*, ibid., p. 112.

(3) *Basset*, tom. 1. liv. 2. tit. 34. ch. 5.

(4) L. 3 et 14. ff. *de Impens. in res dotal. — Boniface*, loc. cit.

65. Les bâtimens sont aussi des dépenses ré-pétibles quand ils ont pour objet l'utilité du fonds et la commodité de son exploitation (1).

66. Mais ces impenses répétibles le sont-elles dans tous les cas, soit qu'elles aient augmenté la valeur du fonds, soit qu'elles n'aient pas été suivies de succès ou qu'elles ne subsistent plus?

En général, le propriétaire n'est obligé de rembourser que l'impense qui améliore son fonds et qui en augmente la valeur (2) ; et cette impense, il doit la rembourser, lors même que le possesseur est de mauvaise foi, *etiam prædoni*, comme dit la L. 41, § 1, ff. *de Hæred. petit.* (3).

Quand le possesseur est de bonne foi, le remboursement lui est dû, lors même que la chose est périe (4).

---

(1) L. 1. ff. *eod.* — *Boniface*, loc. cit.

(2) *Peresius*, Cod. de Petit. Hæred., n° 15. — *Buisson*, Cod. de Reivind., n° 7. — *Decormis*, tom. 2. col. 1175, 1176 et 1229. — *Boniface*, tom. 4. p. 112. — L. du 27 thermidor an 6 (14 août 1798), art. 6.

(3) L. 38. ff. *de Hæred. petit.* — L. 55. § 1. ff. *Locat. et Conduct.*

(4) *Dict.* L. 38. — *Peresius*, *Buisson* et *Boniface*, loc. cit. — *Cod. Civ.*, art. 862.

Cependant si la dépense était perdue par l'usage de la chose, le possesseur ne pourrait plus la demander (1).

66. L'excès et la modicité de la dépense en empêchent également la répétition.

La dépense modique et de peu de valeur ne se rembourse pas (2).

Quand la dépense excède la valeur de la chose, la répétition n'en est point admise. Il vaut mieux que celui qui l'a faite la perde, que si le propriétaire était privé de sa chose, surtout s'il est dans l'indigence ; car le remboursement n'est jamais ordonné que par un motif d'équité : *Ne quis locupletetur cum damno et jacturâ alienâ* (3).

Mais alors, comme dans tous les cas où le remboursement est refusé, on permet à celui qui a fait la dépense de l'enlever, pourvu qu'il le fasse sans changer l'état où étaient les lieux auparavant (4).

(1) *Despeisses*, tom. 2. sect. 6. part. 1. art. 3. n° 54. p. 168.

(2) L. 12. ff. *de Impens. in res dot.* — *Dupérier*, Max., p. 509. — *Despeisses*, tom. 2. part. 1. sect. 6. art. 3. n° 54.

(3) L. 38 ff. *de Reivind.* — *Decormis*, tom. 2. col. 1176 et 1228. — *Boniface*, tom. 4. p. 281 et 342.

(4) L. 63. ff. *de Reivind.* — *Domat*, part. 1. liv. 1. tit. 9. sect. 3. p. 101 ; liv. 4. tit. 6. sect. 2, § 28. — L. 9. ff. *de Impens.*

67. Le propriétaire obligé de rembourser des impenses a le choix d'en payer la valeur actuelle ou seulement leur coût, ou de rembourser une somme égale à celle dont le fonds a augmenté de valeur (1).

68. Le possesseur à qui le remboursement de ses impenses est dû a - t - il droit d'insistance, c'est-à-dire, peut-il retenir le fonds et en jouir jusqu'à ce que ce remboursement soit effectué ?

L'art. 9, tit. 27, de l'Ordonnance de 1667, accordait le droit d'insistance ; mais il disposait dans l'hypothèse d'un jugement portant de délaisser la possession d'un héritage *en remboursant.* Le remboursement étant alors la condition du délaissement, celui-ci ne peut avoir lieu que lorsque la condition s'accomplit.

Bornier, sur cet article de l'Ordonnance, fait une distinction judicieuse.

S'agit-il d'impenses nécessaires ? le possesseur a droit d'insistance et fait les fruits siens jusqu'au remboursement, parce que, sans ces dé-

---

in res dotal. — *Decormis,* tom. 2. col. 1128. — *Bornier, Ordonnance* de 1667, tit. 27. art. 2.

(1) *Cod. Civ.,* art. 555. — *Dupérier,* tom. 2, p. 5. nos 25 et 26. — *Boniface,* tom. 4. p. 515. — *Despeisses,* tom. 2. part. 1. sect. 6, art. 3. n° 54.

penses la chose eût été en danger de périr ou de se dégrader (1).

S'agit-il de dépenses simplement utiles? le droit d'insistance est refusé (2); mais le propriétaire ne rentre dans la possession de sa chose qu'en donnant caution de rembourser dans un délai déterminé (3).

Le possesseur de mauvaise foi n'a jamais le droit d'insistance; ce n'est que par équité et *officio judicis* qu'il obtient le remboursement de ses dépenses nécessaires ou utiles : en rigueur de principe, elles seraient perdues comme faites dans le bien d'autrui (4).

69. Quand il s'agit d'impenses dont on n'est pas en coutume de rapporter quittance, celui qui les a faites en est cru sur son serment (5).

70. Les impenses de pur agrément ne sont remboursées à personne (6).

---

(1) *Peresius*, Inst. de Act., p. 527. — *Domat*, liv. 1. tit 9. sect. 3. p. 100.

(2) *Peresius*, loc. cit.

(3) Ordonnance de Moulins, art. 52. — *Serres*, Inst. de rer. divis., § 30.

(4) *Decormis*, tom. 2. col. 1177 et 1229.

(5) *Dumoulin*, Cout. de Paris, § 9, gloss. 6, in V° Rendre Compte, n° 27. — *Julien*, Stat., tom. 1. p. 76.

(6) *Bornier*, loc. cit.

Celui qui les a faites a toujours le droit de les emporter, mais c'est seulement quand il peut en retirer quelque profit : si elles lui devenaient inutiles, il ne lui serait pas permis de les ôter, quoiqu'elles ne lui fussent pas remboursées (1).

71. Il est plusieurs espèces de réparations.

Les réparations foncières ou grosses réparations sont celles des gros murs et des voûtes, le rétablissement des poutres et des couvertures entières, celui des digues et des murs de soutènement et de clôture aussi en entier (2).

Les grosses réparations sont à la charge du propriétaire, à moins qu'elles n'aient été occasionnées par le défaut de réparation d'entretien (3).

72. Les réparations d'entretien sont toutes les réparations autres que celles mentionnées au nombre précédent, qui communément ne durent pas au delà du terme ordinaire de la vie des hommes (4).

---

(1) *Serres*, Inst. de Rér. divis. § 30 *in fin.*

(2) *Cod. Civ.*, art. 606. — *Decormis*, tom. 1. col. 361, et tom 2. col. 283.

(3) Art. 605.

(4) Art. 606. — *Astruc*, des Servit., p. 143.

L'entretien des couvertures, portes, planchers, fenêtres et cloisons, est menue réparation, de même que celui des cheminées jointes aux cloisons (1).

73. Parmi les réparations d'entretien, on distingue encore les réparations locatives : ce sont celles dont les locataires sont tenus de plein droit sans stipulation.

Elles sont déterminées par l'usage local et par les art. 1754, 1755 et 1756 du Code Civil.

Telles sont, entre autres, les réparations à faire aux âtres, contre-cœurs, chambranles et tablettes des cheminées ; au recrépiment du bas des murailles des appartemens et autres lieux d'habitation, écuries et autres, jusques à la hauteur d'un mètre ; aux pavés et carreaux des chambres, lorsqu'il y en a seulement quelques-uns de cassés ; aux vitres, autres que celles qui ont été cassées par la grêle ou autres accidens extraordinaires et de force majeure dont le locataire n'est pas tenu ; aux portes, croisées, planches de cloison ou de fermeture de boutiques, gonds, targettes et serrures, pourvu néanmoins que ces réparations ne soient pas occasionnées par la vétusté ou force majeure (2).

_____

(1) *Decormis*, loc. cit. — M. *de Bérieux*, p. 92.
(2) *Cod. Civ.*, art. 1755.

74. Ces réparations locatives sont les seules dont le juge de paix puisse connaître ; les réparations plus considérables sont hors de ses attributions, lors même que les fermiers ou locataires en auraient été chargés par leurs baux (1).

75. Le curément des puits et des fosses d'aisance n'est pas à la charge des locataires, s'il n'y a clause contraire (2).

76. Le locataire peut employer toutes les années une certaine somme en réparation ; mais aucune loi n'a déterminé la portion de la rente qu'il peut y employer. Un Règlement du Parlement de Paris du 23 juin 1678 (3) autorise les fermiers judiciaires à employer chaque année en réparations les deux tiers du prix du bail de 300 fr. et au-dessous, la moitié pour les baux jusqu'à 1,000 fr., le tiers jusqu'à 2,000, et le quart au-dessus.

Les Lois du 3 frimaire an 7 (23 novembre 1798) et 15 septembre 1807 veulent que, dans les évaluations cadastrales, on déduise sur la

---

(1) M. *Henrion*, p. 332.

(2) *Cod. Civ.*, art. 1756.

(3) *Bornier*, art. 1. tit. 29. de l'Ordonn. de 1667.

valeur locative des maisons le quart pour leur entretien, et sur celle des fabriques et usines le tiers. Cette mette pourrait servir de règle entre le locataire et le propriétaire : celui-là doit être autorisé à employer en réparations une somme proportionnée au dépérissement présumé de l'immeuble affermé.

§ II.

Des Constructions et Fouilles.

77. Après ce qui a été dit dans les sections précédentes sur les murs mitoyens et sur ceux qui joignent immédiatement les fonds d'autrui, il reste bien peu à dire sur les constructions et les fouilles qu'un propriétaire est toujours maître de faire sur son terrain. Quelles qu'elles soient, elles ne peuvent lui être interdites que quand elles sont contraires aux lois de police ou aux droits que des tiers peuvent avoir sur son fonds.

Le droit de construire ou de creuser est tellement de l'essence du droit de propriété, que toutes constructions et ouvrages sur un terrain sont présumés faits par le propriétaire à ses frais et lui appartenir, si le contraire n'est prouvé (1).

---

(1) *Suprà*, n° 61.

78. Lors même que des ouvrages ont été faits avec des matériaux qui ne lui appartiennent pas, ils ne sont pas moins sa propriété, par cela seul qu'ils sont établis sur son fonds ; le maître des matériaux n'a que le pouvoir d'en réclamer la valeur avec dommages-intérêts, s'il y a lieu.

79. Par contraire, le tiers qui fait avec ses matériaux des constructions ou autres ouvrages sur le fonds d'autrui, n'acquiert aucune sorte de droits sur ce fonds, dont le propriétaire peut ou retenir l'ouvrage, ou obliger le tiers à l'enlever.

S'il en demande la suppression, elle est faite aux frais du tiers sans indemnité ; il peut même être condamné à des dommages-intérêts, pour le préjudice que peut avoir éprouvé le propriétaire du fonds : dans aucun cas le tiers n'est admis à conserver ses constructions malgré le propriétaire, quelque indemnité qu'il lui offre (1).

S'il préfère les conserver, il a le choix ou de payer la valeur des matériaux et le prix de la main d'œuvre, ou de rembourser une somme égale à celle dont le fonds a augmenté de valeur (2).

_____

(1) Cod. Civ., art. 555.
(2) Même art., et *suprà*.

80. Si l'ouvrage que fait un propriétaire sur son fonds était capable de nuire à ses voisins, il devrait garder les distances prescrites par les règlemens ou les usages locaux, ou faire chez lui des contre-murs pour intercepter les émanations malfaisantes ; et si, malgré ces précautions, le voisin éprouvait du préjudice, il serait tenu de le réparer (1).

Le Code désigne, dans l'art. 674, les ouvrages qui ne peuvent être faits qu'avec certaines précautions : ce sont les cheminées, âtres, forges, fourneaux, fours, puits, fosses d'aisance, étables, magasins de sel, ou amas de matières corrosives. On doit y joindre le coupement d'une rive, l'élévation de son terrain au-dessus de celui du voisin, dont nous avons parlé nᵒ 54, et l'adossement au mur voisin d'une voûte ou d'un arceau dont la buttée pourrait le faire surplomber (2).

Les règlemens et les usages locaux varient non-seulement entre eux, mais sur les distances ou les constructions qu'ils exigent à l'égard de

---

(1) L. 24. § 12. ff. de Dom. infect. — Domat, p. 242. — Bomy, Recueil de Cout., ch. 12. nᵒ 19. — Répert. de Jurispr., Vᵒ Voisinage, p. 633. — M. Pardessus, des Servit., p. 301 et 302. — Suprà, tit. 1. ch. 6. nᵒ 13, in fine.

(2) Desgodets, des Lois des Bâtimens, p. 114. nᵒ 19. et p. 126. — Répert. de Jurispr., Vᵒ Contre-mur, p. 655.

chacun de ces ouvrages : c'est vraisemblablement cette variété, qui est dans la nature des
choses, qui a déterminé le législateur à ne donner aucune mesure générale, même à défaut
de règlement ou d'usage local.

Suivant les usages de Provence, il suffit,
pour les fours, de laisser un espace vide entre
le four et le mur du voisin; c'est ce qu'on
appelle le *tour du chat* : encore ne l'exige-t-on
que pour les fours *à ban*, c'est-à-dire, publics
ou cuisant pour le public, et non pour les fours
particuliers, qui peuvent être faits immédiatement contre le mur commun (1).

La distance des puits est fixée à trois pieds;
à Marseille, on y joint un contre-mur d'un pied.
La Coutume de Paris prescrit la même distance,
et requiert, comme celle de Marseille, la construction d'un contre-mur d'un pied.

Quant aux fosses d'aisance, il n'est point de
distance fixe; la règle est qu'elles ne peuvent
être faites qu'en construisant un contre-mur
d'épaisseur convenable, et en laissant un espace
vide autour, pour que son humidité ne se
communique pas au mur (2).

---

(1) *Bomy*, Recueil de Cout., ch. 13. p. 20.

(2) *Bomy*, ch. 12. p. 19. — *Fournel*, du Voisinage, tom. 2.
p. 78.

Il n'en est pas de même des cloaques ou puisards: d'anciens Arrêts du Parlement de Provence (1) défendaient absolument d'en faire dans les maisons, dans les rues et à moins de cinq cents pas des lices, à peine de confiscation du fumier et de 12 francs d'amende.

Mais des Arrêts plus modernes ont décidé qu'on pouvait faire du fumier chez soi, pourvu que, d'une part, on construisît un contre-mur, afin de garantir celui du voisin, et que, de l'autre, on ne laissât pas pourrir le fumier au point de causer des infections (2); et l'on ne peut disconvenir que cette jurisprudence ne soit plus conforme, que la précédente, à la Loi Romaine, qui ne donne action au voisin, à raison du cloaque fait contre son mur, *secundum parietem*, que lorsque le mur en souffre par l'humidité que le cloaque lui communique : *ex quo paries madescebat* (3).

81. L'objet principal des précautions prescrites est l'utilité des voisins, ainsi que le déclare l'art. 674; mais il n'est pas permis d'in-

---

(1) Ils sont dans *Boniface*, tom. 4. p. 718, et dans le Recueil de M. *de Regusse*, p. 145.

(2) C'est ce qui fut jugé par l'Arrêt du Parlement de Provence du 25 juin 1766.

(3) L. 17. § 2. ff. *de Servit. vind.*

duire de ses expressions que cet intérêt soit
leur unique but ; elles ont aussi pour objet l'intérêt public, qui, dans certains cas, pourrait
être compromis par des ouvrages faits sans les
précautions convenables.

En général, l'exigence, ou la dispense des
distances et des contre-murs, est laissée à la disposition des voisins, et les conventions qu'ils
font entre eux sur cet objet, qu'elles soient ex-
presses ou induites par la prescription, sont
obligatoires et interdisent toute réclamation ultérieure, sauf l'indemnité du préjudice, ou
même la démolition totale, s'il était trop considérable, suivant ce qui a été précédemment
exposé (1).

C'est ainsi que le Parlement de Provence
avait, par la jurisprudence la plus constante,
déclaré prescriptible la distance des arbres, des
fours et la forme des fenêtres. L'ancienne jurisprudence n'admettait, il est vrai, que la possession immémoriale ; mais, depuis 1665, elle
se contentait de la prescription trentenaire,
que le Code a rendu la plus longue prescription qu'on puisse exiger.

Aussi voyons-nous dans cette province, et notamment dans son ancienne capitale, quantité

_____

(1) *Suprà*, tit. 1. ch. 6. n° 13.

de cloaques , de fosses d'aisance , de puits , de fenêtres , d'arbres (1), qui ne sont point à la distance statutaire , dont l'antique existence atteste le consentement des voisins et le peu de préjudice qui résulte de leur rapprochement.

Il est cependant des cas ou l'établissement du contre-mur et l'observation des distances sont d'une obligation absolue, indépendante des conventions des parties , et , par conséquent , insusceptibles de prescription : ce sont tous ceux dans lesquels la sûreté publique est intéressée à l'exécution des règlemens.

Ainsi la permission que donnerait un propriétaire à son voisin de construire contre son mur , sans contre-mur ni distance , une forge , un four à ban , serait nulle et n'empêcherait point la police d'en ordonner la démolition , parce que la sûreté publique pourrait être compromise par une construction imprudente.

Mais , quand le préjudice ne peut retomber que sur le voisin , sa permission ou sa tolérance pendant trente ans lui interdisent toute réclamation : l'intérêt public sollicite alors lui-même cette sévérité.

De même qu'on peut acquérir par prescription le droit d'avoir sur l'héritage voisin des

---

(1) *Infrà* , n° 95.

vues droites, des cloaques, des fosses, des
puits, pour l'utilité de son propre héritage,
de même, et à plus forte raison, peut-on acquérir par cette voie le droit d'avoir ces objets
sur son propre héritage, mais à des distances
plus rapprochées de l'héritage d'autrui. Regar-
dât-on ce rapprochement comme une servitude
sur ce dernier héritage, ce serait au moins une
servitude continue et apparente et par conséquent
susceptible d'être acquise par prescription.

82. Les ouvrages qui transmettent aux voisins des matières ou même des émanations malfaisantes, sont ou interdits, ou soumis à des
gênes ; mais il n'en est pas de même de ceux
qui ne font qu'arrêter et retenir dans le fonds
du voisin les choses qui de ce fonds s'épan-
cheraient dans un autre. Quelque préjudice que
le propriétaire de ce dernier fonds éprouve de
cette privation, il ne peut s'en plaindre ni s'opposer à l'ouvrage. Ainsi celui qui, en creusant
un puits dans son fonds, coupe les veines de
celui du voisin, n'en est pas tenu, parce que
l'eau qui passe dans son fonds est sa propriété (1):
il en serait autrement, si l'eau que le puits

---

(1) L. 21. ff. *de Aq. et Aq. pluv.* — L. 24. § 12, et L. 26.
ff. *de Damn. infect. ubique passim.*

nouveau coupe était une eau publique. On ne pourrait alors creuser le puits, ou l'on serait obligé de le combler (1); car l'intérêt privé le cède à l'intérêt public.

§ III.

Des Défrichemens et Desséchemens.

82 *bis.* L'ordre des idées nous mènerait à parler ici des défrichemens et des desséchemens; mais ces grandes opérations de l'agriculture exigent, par leur importance et par leur influence sur la salubrité et même sur la température, que nous leur consacrions des chapitres spéciaux : ils seront à la suite de celui-ci.

§ IV.

Des Assolemens.

83. Les propriétaires sont libres de varier à leur gré la culture et l'exploitation de leurs terres, et, par conséquent, d'en changer l'assolement. Autrefois ils n'avaient pas cette liberté;

(1) *Brillon*, V° Eaux, n° 3.

il était même des pays, tel que l'Artois, où l'assolement était obligé comme une conséquence du parcours dans les jachères. Cette servitude n'aurait pu y être exercée, s'il avait été permis de dessoler, c'est-à-dire, de semer chaque année sur le même terrain tantôt une espèce de grains et tantôt une autre, et de lui faire ainsi porter des récoltes tous les ans. Nous avons cité (1) les Arrêts du Parlement de Paris qui obligeaient les propriétaires à laisser annuellement le tiers de leurs terres en jachères, pour servir au pâturage commun.

Cet assolement forcé n'a jamais eu lieu en Provence, où, par le Statut, chacun avait le droit de défendre ses possessions par de simples signes apparens (2).

84. L'assolement forcé, aboli généralement par la Loi nouvelle comme servitude légale, l'est aussi comme servitude conventionnelle. « Il « n'est ni au-dessus de la puissance, ni hors de « l'intention de la Loi d'abolir une servitude « réelle, lorsque cette abolition est comman- « dée par l'utilité publique, et notamment par

_____

(1) Tit. 1. ch. 2. nº 32.

(2) *Mourgues*, p. 291. — *Julien*, tom. 1. p. 572. — *Suprà*, tit. 1. ch. 2. nº 53.

« l'avantage de l'agriculture (1) ». Cette abolition résulte implicitement de la liberté rendue à chacun de varier sa culture et l'exploitation de ses terres. La servitude de dépaissance dans les jachères est, d'ailleurs, par essence, subordonnée à leur existence, que l'intérêt public exige de diminuer autant que possible.

85. Il est un rapport sous lequel la liberté des assolemens peut être restreinte : c'est celui qui lie les propriétaires aux fermiers.

Celui qui a affermé les pâturages de ses chaumes, ne peut les cultiver et y faire des semis qui priveraient le fermier de la dépaissance qu'il a payée. Non-seulement il ne peut les semer, il ne peut même les labourer avant une certaine époque, parce qu'il ne peut détruire par des labours l'herbe qu'il a vendue.

86. L'époque où est permis le labour des chaumes varie suivant l'usage de la contrée.

A Arles, les jachères peuvent être labourées dès le 17 janvier, jour et fête de Saint Antoine.

Ailleurs ce ne peut être qu'au 15 mars. Partout l'époque ordinaire de l'ouverture des travaux est celle où expire le bail des jachères.

---

(1) *Questions de Droit*, V° Vaine Pâture, § 1. — *Suprà* tit. 1. ch. 2. n° 34.

87. La question de savoir si le fermier d'une terre peut la dessoler malgré le propriétaire, est plus controversée. Il a été jugé que le dessolement, quoique expressément défendu par le bail, pouvait être justifié par l'usage local (1), cette défense se réduisant toujours à celle d'épuiser les terres par des cultures forcées et contraires à la pratique des autres laboureurs du canton.

On a même été jusqu'à décider que le fermier entrant ne pouvait se prévaloir contre le fermier sortant de la clause de ne pas dessoler, et l'en empêcher la dernière année de son bail (2).

Cependant les pactes d'un contrat sont obligatoires, tant qu'ils ne blessent ni les mœurs, ni les lois.

L'exemple des cultivateurs voisins n'oblige pas le propriétaire qui l'improuve ; il ne doit pas délier le fermier de la promesse exigée et faite de ne point l'imiter.

Le dessolement paraît devoir être interdit, lorsque par son effet la terre est détériorée ou rendue moins propre à recevoir des grains blancs dès la première année de la nouvelle ferme ; lors, surtout, qu'il a été défendu par le contrat de

---

(1) *Sirey*, tom. 7. suppl. p. 276. — *Répertoire de Jurispr.*, V° Assolement.

(2) *Répert. de Jurispr.*, ibid.

ferme. En thèse générale, le fermier sortant
ne peut rien faire qui diminue ou retarde la
jouissance du fermier entrant (1).

On peut concilier toutes les opinions par une
distinction bien raisonnable.

S'agit-il de faire succéder une graminée à
l'autre? non-seulement le dessolement doit être
interdit, quand il a été prohibé par le bail; il
doit l'être encore quand il ne l'a pas été, parce
que la succession des graminées épuise considérablement le sol.

S'agit-il de faire succéder à la graminée des
plantes légumineuses ou fourrageuses? le dessolement doit être permis, à moins qu'il n'ait
été spécialement interdit par le bail, parce que
les plantes légumineuses produisent l'effet d'a-
meublir la terre, de l'engraisser et de la purger des plantes parasites qui l'appauvrissent.
C'est alors une amélioration que fait le fermier, qui ne peut lui être interdite que quand
la volonté contraire du propriétaire et son consentement personnel sont exprès dans le bail.

---

(1) *Infrà*, liv. 2. tit. 2. ch. 2. n° 67.

§ V.

Des Plantations.

88. L'État et les particuliers sont également intéressés à multiplier les plantations : une terre labourable, quelque fertile qu'elle soit, n'est jamais aussi productive qu'une terre complantée. Aussi les législateurs les ont-ils toujours encouragées. Les plantations de vignes, de mûriers ou autres arbres fruitiers, ne sont point cotisables à la contribution foncière pendant les quinze premières années.

Celles en bois, pendant les trente années qui suivent le semis ou la plantation (1).

Les pépinières sont au rang non-seulement des améliorations ou des dépenses utiles, mais des impenses nécessaires : *Si seminaria, pro utilitate agri, fecerit, necessarias impensas fecisse videbitur* (2).

La Loi ne déclare pas dépense nécessaire toutes les pépinières, mais seulement celles qui sont faites pour l'héritage, *pro utilitate agri.* Celui qui fait une pépinière pour en vendre

---

(1) Loi du 28 novembre 1790, tit. 3. art. 9 et 10. — Loi du 3 frimaire an 7 (23 novembre 1798), art. 115 et 116.

(2) L. 3. ff. *de Impens in res dotal.*

les sujets, fait sans doute une dépense utile, une bonne spéculation ; mais il ne fait pas une dépense nécessaire, car elle ne doit même pas profiter au fonds.

89. C'est le terrain qui détermine la propriété de l'arbre, *quæ terræ coalescerunt solo cedunt* (1). Ainsi, celui qui plante dans son fonds un arbre appartenant à autrui ne peut pas être obligé de l'arracher ; tout ce qu'on exige de lui est qu'il en paye le prix, sans préjudice de la voie criminelle, s'il y a mauvaise foi dans son fait (2).

Par la même raison, celui qui a planté un arbre dans le fonds d'autrui ne peut pas l'arracher ; il ne lui compète que l'action en paiement du prix, s'il l'a fait de bonne foi (3).

S'il avait planté de mauvaise foi, il ne pourrait, dans la rigueur des principes, prétendre de remboursement, mais par équité on le lui accorde.

90. Selon Pothier (4), tant que les arbres d'une pépinière tiennent à la terre qui les a

---

(1) *Inst. de Rer. divis.*, § 32.
(2) *Vinnius*, Inst. de Rer. divis., § 31.
(3) *Vinnius*, loc. cit. — *Buisson*, Cod. de Reivind.
(4) De la Communauté, n°ˢ 34 et 46.

produits, ils en font partie et ne forment qu'un seul et même tout avec elle. Ils deviennent meubles, lorsqu'arrachés de la pépinière, ils sont haubinés, c'est-à-dire, transplantés et mis en dépôt dans une autre terre, où ils se fortifient jusqu'à ce qu'on les plante à demeure.

Basnage (1) les répute meubles jusqu'au moment où ils deviennent propres à être transplantés ; et si alors on ne les lève pas, ils cessent d'être meubles et font partie du fonds.

L'opinion de Basnage se rapproche moins des principes du Code que celle de Pothier. La pépinière ne peut pas être moins que les fruits, puisqu'elle est elle-même fruit-mûr quand, elle est parvenue à sa maturité, c'est-à-dire, à l'époque où elle doit être levée (2).

Or, les fruits non encore recueillis sont immeubles, et ne deviennent meubles qu'au moment où ils sont détachés des arbres, quoique non encore enlevés (3).

91. L'usufruitier ne profite des arbres qu'on peut lever d'une pépinière sans la dégrader, qu'à la charge de se conformer aux usages des lieux pour le remplacement (4).

---

(1) Art. 517 de la Coutume de Normandie.
(2) *Bérault*, sur l'art. 516 de la même Coutume.
(3) *Cod. Civ.*, art. 520.
(4) Art. 590.

92. C'est une question si le fermier qui a fait une pépinière peut l'enlever après l'expiration de son bail. L'art. 517 de la Coutume de Normandie l'y autorise, à la charge d'en laisser la moitié au propriétaire. Mais, suivant Bérault sur cet article, la Coutume suppose qu'il continuera, après son bail, à cultiver la pépinière.

Basnage, sur cet article, soutient que le fermier n'a rien à prétendre à la pépinière, si elle n'est prête à être levée lorsque le bail finit.

Pour qu'il y ait lieu à l'application de cet article de la Coutume de Normandie, il faut que la pépinière ait été faite du consentement du propriétaire, ou six ans avant la fin du bail; autrement le fermier ne pourrait que répéter ses frais de culture (1).

93. Le Code Civil, art. 671, se réfère aux règlemens particuliers antérieurs à sa promulgation, et aux usages locaux constans et reconnus sur la distance à laquelle les arbres et les haies doivent être du fonds voisin. Ce n'est donc qu'à défaut de règlemens et d'usages particuliers qu'il faut se régler par les distances qu'il détermine.

Selon le Droit Romain, l'arbre doit être

---

(1) Arrêt du 17 mai 1613, dans *Bérault*, loc. cit.

éloigné du fonds voisin de neuf pieds (1) , c'est-à-dire, de neuf pans ; car le pied des Romains était de neuf pouces, comme notre pan. C'était le droit commun des ressorts du Parlement de Paris, dont le Statut de Provence ne s'était pas beaucoup écarté, puisque, comme le Code , il avait restreint à huit pans (deux mètres) l'espace à laisser entre l'arbre et le fonds du voisin.

94. La vigne, que la Loi Romaine assimilait sur ce point aux arbres, en a toujours été distinguée en Provence; elle doit être plantée à quatre pieds de celle du voisin (2) , ce qui suppose qu'elle peut l'être à deux pans des limites.

95. L'arbre planté à une distance moindre que la distance légale doit être arraché sur la demande du voisin qui ne l'a pas souffert plus de trente ans (3).

Ce qui, sous aucun rapport, ne peut s'appli-

---

(1) L. 13. ff. *Fin. regund.*

(2) *Bomy*, ch. 3. p. 3.

(3) *Cod. Civ.*, art. 672. — *Bomy*, ch. 3. p. 3 — *Julien*, Stat. de Provence, tom. 2. p. 554. — *Decormis*, tom. 2. col. 1529. — *Boniface*, tom. 1. p. 533. — *Nouv. Brillon*, Vo Arbres , p. 138. —*Fournel*, du Voisinage, tom. 1. p. 130.—M. *Dubreuil*, Cout. de Provence , p. 8 , et dans sa Réponse aux objections , p. 4 et suiv. — *Suprà*, no 81.

quer aux arbres ou aux haies qui ne se trouvent trop rapprochés de la propriété voisine
que parce qu'elle appartenait autrefois au propriétaire du fonds sur lequel ils sont plantés,
parce qu'il y a alors destination du père de
famille.

On avait prétendu que cette action était imprescriptible, attendu la difficulté de fixer le
point de départ des trente ans.

Mais cette prétention a été proscrite par Jugement du Tribunal civil de Gex du 9 décembre
1818, contre lequel le pourvoi en cassation a
été rejeté par Arrêt du 27 décembre 1820 (1).
La plantation est un fait dont l'époque, indiquée
par l'aspect de l'arbre, peut être précisée par
les témoins.

Mais lorsque les arbres ont été plantés dans
une haie, la prescription ne doit pas commencer
à courir du jour de leur plantation, parce qu'a-
lors ces arbres n'étant pas d'une nature différente de la haie, leur éloignement ne pouvait
être exigé. La prescription ne doit partir que
de l'époque à laquelle l'état des arbres ayant
changé par leur élévation au-dessus de la haie,
ils se sont montrés arbres à haute tige, d'arbustes qu'ils paraissaient devoir être.

_____

(1) *Sirey*, tom. 22. p. 410.

96. Le voisin sur le terrain de qui les branches avancent peut obliger le propriétaire à les couper (1) ; il ne pourrait pas les couper lui-même, nonobstant tous statuts ou usages contraires ; bien moins encore pourrait-il les laisser ronger ou autrement endommager par ses bestiaux. Mais comme cette avance nuit aux fruits plus encore qu'au fonds, l'action en coupement peut être intentée par le fermier comme par l'usufruitier ; et, quoique d'une valeur indéterminée, elle est de la compétence du juge de paix (2).

97. Il n'en est pas de même des racines ; le voisin peut couper toutes celles qui avancent dans son fonds (3).

98. La distance légale n'est exigée que dans les campagnes ; on ne la garde pas dans les villes : l'interdit ne compète alors que quand il y a dommage *propter radices*, *vel ramas*, *vel frondes* (4).

---

(1) *Bomy*, ch. 4. p. 4. — *Cod. Civ.*, art. 672.

(2) *Sirey*, tom. 11. p. 81 et 245. — Arrêt de Cassat. du 9 décembre 1817. *Ibid.*, tom. 18. p. 193.

(3) *Cod. Civ.*, art. 672.

(4) L. 1. § ult. ff. *de Arbor. cæd.—Cæpola*, de Arbor.—*Buisson*, Cod. de Interdict. *— Nouv. Brillon*, Vᵒ Arbres, p. 137.

Le Code Civil n'exprime pas cette exception ; mais il est difficile de croire que , s'autorisant de la règle *ubi lex non distinguit*, etc., les Tribunaux ordonnassent d'arracher les arbres qui , dans les jardins des villes , ne sont point à la distance légale. Le Code respecte les usages locaux : il ne pourrait plus y avoir de jardins dans les villes ; il en est peu dont les arbres soient à la distance de deux mètres du fonds voisin. La Loi Romaine et le Statut de Provence ne faisaient aussi point d'exception ; ce qui n'a pas empêché l'usage de s'établir et de parvenir jusqu'à nous.

99. Peut-on appliquer des espaliers contre un mur mitoyen ?

Un Arrêt de la Cour de Paris du 30 janvier 1811 (1) décide qu'on ne le peut pas.

En Provence on y en applique , et le Code Civil a maintenu les usages locaux.

Il faut donc en décider par le principe que nous venons d'exposer. Si l'espalier porte préjudice au mur , il doit être arraché ; dans le cas contraire , il doit être conservé.

100. A quelque distance que soit l'arbre du fonds voisin , les fruits des branches qui

_____

(1) *Sirey*, tom. 13. part. 2. p. 322.

penchent sur celui - ci sont communs au propriétaire du fonds et à celui de l'arbre (1) ;
celui-ci peut même entrer dans le fonds du voisin pour y cueillir les fruits de son arbre qui
y sont tombés, pourvu qu'il n'y cause aucun
dommage (2).

IOI. Entre voisins la propriété de l'arbre
est déterminée par la limite : il appartient à
celui dans le fonds duquel le pied sort (3). S'il
est planté sur la ligne divisoire, il est commun, ainsi que les fruits (4), et chacun des deux
propriétaires peut requérir qu'il soit abattu.

IO2. Nous venons de considérer les arbres
dans leur rapport avec les héritages des particuliers ; il est nécessaire de les considérer encore dans leur rapport avec la voie publique
qu'ils avoisinent ou sur laquelle ils sont plantés.
La Loi du 9 ventose an 13 (28 février 1805)
obligeait les riverains des grandes routes d'y

---

(1) *Bomy*, ch. 4. p. 4.

(2) Statut de Provence, dans *Bomy*, Mél., p. 8. — *Serres*
sur les Inst., liv. 2. tit. 1. p. 122. — *Domat*, part. 1. liv. 1. tit. 12.
sect. 3. p. 120.

(3) L. 6. § 2. ff. *de Arbor. fust. cæs.* — *Instit. de rer. div.*,
§ 31. — *Serres*, ibid.

(4) L. 19. *Cod. Comm. divid.* — *Bomy*, Mél., p. 6: ch. 5. —
Cod. Civ., art. 673.

planter des arbres dans l'intérieur et sur le terrain appartenant à l'État : par compensation, elle laissait au planteur la propriété de ces arbres et de leur produit.

Antérieurement, la Loi du 28 août 1792 avait déclaré (art. 14) que les arbres existans sur les chemins publics (autres que les chemins royaux) et sur les rues étaient censés appartenir aux riverains, et que les fruits, l'émondage et le bois mort de ceux qui sont sur les grandes routes leur appartenaient également.

Le Décret du 16 décembre 1811 a apporté des changemens notables à cette législation, quant aux arbres qui bordent les grandes routes. Il a déclaré (art. 86) propriété de l'État tous les arbres plantés en dedans des fossés qui bordent les grandes routes. Il n'a excepté que ceux qui ont été plantés en exécution de la Loi précitée.

Ceux qui sont plantés le long des routes, mais sur des terrains communaux ou particuliers, appartiennent aux propriétaires du terrain.

103. Les riverains des grandes routes sont tenus de les border d'arbres, dont ils demeurent propriétaires ; mais ces plantations doivent être faites au moins à un mètre du bord extérieur des fossés et suivant l'essence des arbres.

104. Quand il en meurt ou manque quelques-uns, ils doivent être remplacés dans les trois derniers mois de l'année, sur la réquisition de l'ingénieur en chef, à peine d'une amende d'un franc par pied d'arbre et du remboursement des frais de plantation avancés par l'administration.

105. Que les arbres des grandes routes appartiennent à l'État ou aux particuliers, ils ne peuvent être coupés ou arrachés qu'avec l'autorisation du directeur général des ponts et chaussées, donnée sur la demande du préfet, après que leur dépérissement a été constaté par l'ingénieur, et à la charge du remplacement, sous peine d'une amende du triple de la valeur de l'arbre détruit et d'une détention de six mois (1).

Ces peines seraient plus fortes, si la coupe ou l'arrachis avaient été faits par autre que par le propriétaire du sol (2).

Elles ne peuvent être infligées au cultivateur qui, faisant aux pieds des arbres les labours d'usage, les endommagerait par inadvertance; on n'a contre lui qu'une action civile en dom-

---

(1) Code Rural de 1791, tit. 2. art. 43. — Décret du 16 décembre 1811, art. 100.

(2) *Infrà*, liv. 4. tit. 3. ch. 6. nos 3 et 4.

mages-intérêts pour la dégradation commise (1).

106. L'élagage de ces arbres ne peut être fait qu'en vertu d'un arrêté du préfet qui en fixe l'époque et la manière, et sous la surveillance des agens des ponts et chaussées, sous peine d'être poursuivi comme coupable de dommages causés aux plantations des routes.

107. Ces condamnations et ces amendes sont prononcées et recouvrées comme en matière de grande voirie (2).

§ VI.

Des Recherches et Fouilles pour le Salpêtre.

108. Le salpêtre sert à fabriquer la poudre à canon : c'est une sorte de sel qu'on extrait ordinairement des plâtres, des écuries, des démolitions de vieux murs, etc.

Cette production appartient plus à l'industrie qu'à l'agriculture ; sa fabrication et son débit font plus naturellement partie d'un recueil administratif que d'un recueil rural.

---

(1) Arrêt de Cassat. du 18 floréal an 10. *Sirey*, tom. 7. supp. p. 980.

(2) Décret du 16 décembre 1811, art. 108.

Mais le droit qu'ont eu jusques à la Loi du 10 mars 1819 ceux qui fabriquent le salpêtre, de fouiller dans les écuries, dans les bergeries et partout où ils peuvent le rencontrer, celui qu'ils ont encore d'extraire le salpêtre des matériaux de démolitions, les mettant souvent en contact avec les propriétaires des biens ruraux, il paraît utile de marquer les limites de ce droit dans un ouvrage destiné à présenter aux cultivateurs des notions sur tout ce qu'il leur importe de connaître.

La Loi du 10 mars 1819 a fait des changemens notables à cette partie de la législation. Il n'est cependant pas moins avantageux de la connaître et de la rapprocher des modifications qu'elle a reçues.

109. Selon les lois anciennes, et notamment suivant celle du 13 fructidor an 5 (30 août 1797), la fabrication et la vente des salpêtres ne sont point libres ; elles ne sont permises qu'à ceux qui y sont autorisés par le Gouvernement ou par l'administration qui en est chargée.

Nul ne peut exploiter des matériaux salpétrés naturellement ou par des nitrières artificielles sans cette autorisation, sous peine de confiscation des matières et ustensiles, et, en cas de récidive, d'une amende de 300 francs.

L'art. 3 de la Loi du 10 mars 1819 rend
cette fabrication et cette vente libres quand le
salpêtre est fabriqué par des procédés qui n'exigent point l'emploi des matériaux de démolition réservés à l'État.

Même avec ces matériaux la fabrication du
salpêtre est permise, en traitant de gré à gré
avec les propriétaires, dans tous les lieux situés
hors de la circonscription des salpétrières royales, déterminée par l'Ordonnance Royale du
11 août 1819. Seulement, les fabricans qui veulent user de cette faculté doivent prendre une
licence, dont le droit est fixé à 20 francs.

Dans les circonscriptions des salpétrières royales, nul ne peut fabriquer du salpêtre avec les
matériaux des démolitions qu'en vertu d'une
commission et sous la condition d'en livrer le
produit intégral au Gouvernement.

110. Dans ces arrondissemens, le propriétaire qui fait démolir ne peut le faire que dix jours
après en avoir prévenu la mairie, afin qu'elle
en avise le salpétrier, sous peine d'une amende
égale à sa contribution mobilière, solidaire entre
lui et ses ouvriers. L'amende est double pour
ceux qui détournent, emploient ou détériorent,
en tout ou en partie, les matériaux provenant

de leur démolition, ou qui s'opposent à leur enlèvement (1).

Le propriétaire peut librement disposer de ses matériaux si, dans les dix jours de la démolition commencée, les salpétriers commissionnés ne se sont pas présentés pour en faire l'enlèvement et user de leurs droits (2).

III. La Loi de fructidor an 5 autorisait les salpétriers commissionnés à faire des fouilles dans les granges, écuries, bergeries, remises et autres lieux couverts; elle exceptait seulement les lieux qui servent à l'habitation, les caves ou celliers contenant du vin ou des marchandises.

Mais ils n'avaient point la liberté de choisir les édifices où ils voulaient exercer leurs droits. L'époque et l'ordre des fouilles étaient déterminés entre les communes par les préposés des poudres, avec l'attache du préfet; à l'égard des particuliers, il était déterminé avec l'attache du maire.

Le salpétrier convaincu d'avoir reçu une rétribution pour affranchir un particulier de la recherche et enlèvement des terres salpétrées,

_____

(1) L. du 13 fructidor an 5, art. 2.
(2) L. du 10 mars 1819, art. 6.

était puni d'une amende de 200 francs. Le particulier qui s'était opposé à la fouille en encourait une égale au double de sa contribution mobilière ou de celle du principal locataire.

La Loi de 1819 a fait cesser cette rigueur : d'après ses dispositions, les salpétriers, même commissionnés, ne peuvent plus faire des fouilles dans les granges, etc., qu'en traitant de gré à gré avec les propriétaires.

112. En faisant leurs fouilles, les salpétriers ne peuvent creuser plus de onze centimètres (quatre pouces) de profondeur contre les seuils, poteaux et autres ouvrages en bois, et à plus de vingt-deux centimètres (huit pouces) contre les murs. S'il se trouve des terres salpétrées plus bas, ils doivent se retirer de soixante-sept centimètres (deux pieds) des seuils et poteaux, ainsi que des fondations des murs.

113. Ils doivent remettre en place les terres qu'ils ont lessivées ; ils répondent des accidens et des dégradations qu'ils occasionnent.

Ils doivent rendre au même lieu une quantité de matériaux d'un même volume ; mais le propriétaire ne peut exiger ni qu'ils les lui portent ailleurs, ni qu'ils lui fournissent des matériaux neufs.

114. Avant que la fouille commence, le propriétaire et le salpétrier peuvent réciproquement faire constater l'état des lieux par des gens de l'art.

115. Les meubles et ustensiles des salpétriers sont le gage des dégradations et autres abus qu'ils peuvent commettre ; ils ne peuvent, par cette raison, les transporter hors de la commune, qu'il ne soit constaté qu'il n'y a contre eux aucune réclamation.

116. Quand il y a plainte, le salpétrier est obligé de fournir caution ; à défaut, ses meubles et ustensiles sont saisis pour répondre de sa solvabilité.

Au besoin, on peut faire opposition au paiement de ce qui lui est dû par l'administration des poudres.

117. Les plaintes contre les salpétriers pour dégradations et autres abus sont de la compétence du juge de paix, sauf le recours aux tribunaux supérieurs.

118. Les tribunaux correctionnels connaissent des délits relatifs à la police des fabrications et ventes des poudres et salpêtres, suivant les

Lois et les Décrets indiqués par Sirey, tom. 17, part. 2, p. 274.

Les contraventions sont constatées par les procès verbaux des employés de l'administration des poudres et salpêtres et de celle des droits-réunis.

119. Les fabricans libres ou par licence et les salpétriers commissionnés sont tenus d'acquitter l'impôt établi sur le sel marin, à concurrence des quantités contenues dans le salpêtre de leur fabrication.

Ces quantités ne peuvent excéder le deux et demi pour cent du salpêtre brut des salpétriers commissionnés, ni le quinze pour cent de celui que fabriquent les autres salpétriers (1).

CHAPITRE II.

Des Défrichemens.

1. Comme toutes choses, les défrichemens ont leurs avantages et leurs inconvéniens. Il faut les protéger, parce qu'une terre inculte

(1) L. du 10 mars 1819, art. 7.

rend vingt fois moins à son propriétaire et
à l'État qu'un terrain cultivé. Il ne faut pas
les permettre indéfiniment, parce qu'il est des
localités et des espèces de terrains où, pour un
produit passager, les défrichemens causent des
maux éternels et irréparables.

Toute la théorie de la législation sur les défrichemens repose donc sur cette base : les
favoriser où ils ne peuvent nuire, les gêner
et les interdire partout où leur résultat serait
pernicieux.

Essentiellement avantageux, accidentellement
nuisibles, ils ont plus besoin de frein que
d'encouragement : aussi la législation est-elle
bien plus rigoureuse dans ses prohibitions que
libérale dans ses faveurs, ainsi qu'on va s'en
convaincre dans les paragraphes suivans.

§ Iᵉʳ.

Encouragemens.

2. Il n'est pas besoin de prime pour engager l'homme à améliorer sa fortune, et par
elle son importance dans la société, surtout aujourd'hui où la fortune est presque la seule voie
qui conduise aux premières places de l'État, car

c'est la quotité des contributions qui rend élec-
teur et éligible. Il n'y est que trop porté peut-
être, et les défrichemens ne seraient pas moins
nombreux qu'ils ne sont lors même que la loi
n'y aurait attaché aucune faveur, puisque nous
voyons beaucoup de propriétaires qui ne prennent même pas la peine de remplir les formalités qui doivent les leur faire appliquer,
sachant bien que cette inobservation de la loi
les privera de son bénéfice.

3. Les faveurs ne sont plus aujourd'hui
aussi étendues qu'autrefois, et dans l'état de
notre législation nouvelle, elles ne pouvaient
pas l'être. Elles se réduisent à une modération
d'impôt pendant un temps plus ou moins long,
et à laisser, pendant ce même temps, les
droits de mutation tels qu'ils auraient été, si
le fonds était resté inculte.

Ainsi, la cotisation des marais défrichés
ou desséchés ne peut être augmentée dans les
25 premières années de leur défrichement (1).

Celle des terres vaines et vagues mises en
culture, pendant les 10 premières années après

_____

(1) L. du 23 novembre, 1er décembre 1790, tit. 3. art. 5.
— L. du 26 décembre 1790, art. 11. — L. du 3 frimaire an 7
(23 novembre 1798), art. 111.

le défrichement (1) ; pendant les 20 premières
années, si elles sont plantées en vignes, mûriers ou autres arbres fruitiers (2), et pendant les 30, si elles sont plantées ou semées
en bois (3).

4. Pour jouir de ces avantages, il faut,
avant de commencer le défrichement, faire à
la mairie la déclaration détaillée du terrain
qui doit en être l'objet (4).

Sur cette déclaration, la mairie fait la visite du terrain, en dresse procès verbal, et
en donne copie au déclarant (5), qui fait noter
en marge de son rôle des contributions l'année
où la propriété défrichée doit cesser de jouir
de ces avantages.

5. Toute mise en culture d'un terrain inculte ne les acquiert pas. La loi ne répute terre
inculte que celle qui depuis quarante ans,
suivant la notoriété publique des lieux, n'a
donné aucune récolte (6). On ne peut donc
appeler défrichement que la mise en valeur

---

(1) L. précitée du 3 frimaire , art. 112.
(2) Mêmes Lois , art. 8 et 114.
(3) Mêmes Lois , art. 7 et 113.
(4) Mêmes Lois , art. 11 et 117.
(5) Mêmes Lois , art. 12 , 118 et 119.
(6) Décl. du 13 août 1706 , art. 1.

d'un terrain qui depuis quarante ans n'a pas été cultivé.

§ II.

Prohibitions.

6. Le défrichement doit être interdit partout où il est nuisible ; mais tout genre de nocuité n'est pas un motif d'interdiction. La loi n'oublie pas qu'elle prend sur le droit de propriété, quand elle en défend, ou même quand elle en gêne l'exercice. Il ne faut rien moins que l'intérêt public pour l'y déterminer.

La position et la nature du terrain à défricher sont, ainsi que nous allons le voir, des motifs suffisans pour ne prohiber le défrichement, ou pour ne le permettre que sous certaines conditions.

7. Mais en est-il de même des usages auxquels il peut être soumis envers des tiers? C'est ce qu'il faut examiner.

Ces usages sont ordinairement des droits de dépaissance ou de bûcherage, dont le terrain qu'on veut défricher est grevé en faveur d'une universalité d'habitans ou de quelques particuliers. La question de savoir si cette servitude empêche le défrichement n'est pas nouvelle.

L'art. 14 de la Déclaration du 12 avril 1767 veut qu'en cas d'opposition de la part des communes ou des particuliers, il soit procédé sommairement à la fixation et séparation d'une portion convenable et suffisante pour les besoins des usagers, par les voies de triage, de cantonnement, de rapport ou réglement de partage, selon l'exigence des cas.

Soit aux communes, soit aux particuliers, la Loi ne donne, pour former opposition et réclamer leurs usages, que trois mois, à compter de l'affiche de la déclaration, sous peine de déchéance.

Ce délai fut porté à six mois par la Déclaration du 7 novembre 1775.

Cette déclaration se faisait au greffe de la juridiction royale des lieux ; elle était ensuite publiée et affichée dans la commune.

Nous avons vu, dans le paragraphe précédent, qu'il n'y a plus d'affiche ni de publication ; mais il y a mieux : la déclaration est faite au maire, sur la tête de qui résident exclusivement toutes les actions de la commune. C'est donc à dater de cette déclaration que doit courir le délai de six mois pour l'opposition à raison des usages des habitans.

Quant à ceux des particuliers, le délai ne peut courir que du jour de la notification de

la déclaration, ou de celui où le défrichement est
effectué.

8. La concession d'une portion relative aux
droits des usagers que leur fait la Déclaration
précitée, est une dérogation aux principes généraux, suivant lesquels, à moins de stipulation contraire, le droit de dépaissance doit s'entendre seulement *rebus sic stantibus*, tant que
le fonds est en état d'inculture ; lors même
qu'il est établi par un titre formel. On ne peut
pas présumer qu'en concédant des droits d'u-
sage sur son fonds, le propriétaire ait entendu
s'en interdire l'amélioration, et que les habitans
aient voulu perpétuer dans leur terroir la stérilité.

Aussi tenait-on anciennement en principe,
que, loin que la servitude de dépaissance fût
un obstacle aux défrichemens, les défrichemens
faisaient cesser la dépaissance (1). Les seigneurs
n'avaient jadis la propriété des terres gastes qu'à
la charge des usages des habitans ; mais cette
charge ne les empêchait pas de défricher (2).

Il n'est qu'un cas où l'établissement de la

---

(1) Stat. de Prov. dans *Masse*, p. 211; dans *Mourgues*, p. 291
et 301. — *Montvallon*, Précis des Ordonn., V° Ban. — Répertoire de *Guyot*, V° Usage. — Le président *Bouhier*, sur la Cout.
de Bourgogne, ch. 62. n° 72.

(2) *Julien*, Stat., tom. 1. p. 577. *ubiqui passim.*

servitude puisse empêcher le défrichement; c'est celui où le titre qui la constitue prohibe expressément de défricher.

Cette clause, qu'on rencontre dans plusieurs actes, est une preuve de plus que la servitude de dépaissance ou de bûcherage n'emporte pas d'elle-même cette prohibition ; car elle n'aurait pas été imaginée, si, de droit commun, l'imposition de la servitude la suppléait.

Quelque expresse que soit cette imposition, elle n'a jamais été absolument exclusive des défrichemens. De droit commun, les usages n'excèdent point les besoins des usagers. Ils n'ont pas à s'enquérir de ce que fait le propriétaire de la portion de son terrain qui ne leur est pas nécessaire. La Loi, qui, dans le contrat qu'elle supposait intervenu entre le seigneur et les habitans, suppléait la clause prohibitive des défrichemens, le lui permettait, pourvu qu'il laissât la quantité de terre gaste nécessaire à leurs besoins. Nous avons vu que la Déclaration de 1766 ne leur accorde pas davantage.

Les servitudes doivent sans doute être respectées, comme tous les droits acquis ; mais il n'a jamais été permis de les étendre d'un cas à l'autre, et de les établir par induction. La servitude de dépaître ou de bûcherer est une servitude affirmative, comme celle de jour ou

de vue ; de même que de cette dernière servitude on n'a jamais induit la défense d'élever
ou de bâtir, de même de celle-là on ne peut
pas induire une autre servitude qui serait négative, la prohibition de défricher.

Les lois nouvelles qui la font cesser par la
simple clôture, ou même par la renonciation à
l'exercer chez les autres, ne permettent pas de
lui donner une pareille extension.

Ainsi, ou le titre constitutif de la servitude
prohibe le défrichement, ou il ne le prohibe pas.

Au premier cas, il renferme la stipulation de
deux servitudes : l'une, affirmative, de dépaître
ou bûcherer ; l'autre, négative, prohibitive du
défrichement.

La première, ne s'entendant que *rebus sic
stantibus*, n'empêche pas de changer l'état du
fonds sujet.

La seconde l'interdit, mais seulement jusqu'à concurrence des besoins des usagers, et
sauf l'application des moyens d'extinction que
les Lois nouvelles ont offerts aux héritages grevés de ces servitudes (1).

9. On ne peut donc, sous aucun rapport,
interdire le défrichement pour conserver les
droits de dépaissance ou de bûcherage ; et si

_____

(1) *Suprà*, tit. I. ch. 2. § 4.

l'administration forestière ou, par elle, le Gouvernement s'opposait jamais à un défrichement
pour l'intérêt des usagers, il commettrait une
injustice et un excès de pouvoir qui ne pourraient même pas être excusés par le motif d'u-
tilité publique : car elle ne se rencontre jamais
dans la violation des droits des citoyens, et
lorsqu'elle en exige le sacrifice, ce n'est qu'à la
charge d'une indemnité préalable.

Ce n'est, au reste, point à l'administration
à juger des questions de servitude ou de propriété ; il n'appartient qu'aux tribunaux d'apprécier les titres des citoyens et d'interpréter
leurs contrats, dans cette matière plus encore
que dans toute autre, puisque, d'après l'article
cité de la Déclaration de 1767, ils sont privés
du droit, s'ils n'ont formé opposition dans les
six mois de la déclaration. Un droit qui doit
être exercé dans un si bref délai, *à peine de
déchéance*, ne peut l'être d'office par l'administration, qui se ravalerait si elle se prétendait
mandataire des individus.

10. L'administration forestière, essentiellement étrangère, comme toute administration
publique, aux intérêts particuliers, n'a à s'occuper des défrichemens que sous deux rapports :
celui de la conservation du terrain, et celui de
la conservation des bois.

11. Il est défendu de défricher les terrains montueux et penchans, quoique dégarnis de bois, parce que la terre végétale, ameublie par la culture, n'étant plus retenue par les racines des plantes qui la couvraient, serait bientôt emportée par les vents ou entraînée par les eaux. C'est par ce motif que le défrichement de ces terrains est interdit, à peine de 3,000 francs d'amende et de privation des faveurs accordées à cette opération.

12. Les défrichemens sur ces terrains ne peuvent être entrepris qu'avec la permission de l'autorité administrative, sur l'avis de l'administration forestière, et sous la charge de faire, pour soutenir le terrain, à chaque toise (deux mètres) de pente, un mur ou une rive plantée de bois ou autres arbustes (1).

La défense de défricher le penchant des collines a été renouvelée par l'art. 5 de la Loi du 9 floréal an 11 (29 avril 1803), et plus récemment dans le département des Bouches-du-Rhône, par l'Arrêté du Préfet du 5 mai 1817.

13. L'arrachis, et, par conséquent, le défrichement des bois, a été défendu dans tous

_____

(1) Déclaration du 12 avril 1767, art. 8.

les temps et à toute personne, tant dans les bois des communes que dans ceux des particuliers.

Cette défense n'est pas bornée aux futaies ; elle embrasse les plus petits arbustes, garrigues, romarins, cades, morvens, chênes à kermès, genêts, lentisques, buis, thym, cistes, et autres plantes ligneuses dont les racines retiennent la terre et en empêchent l'éboulement, ou qui servent au chauffage des cultivateurs et des pauvres, à la consommation des fours et de certaines fabriques, ou au pâturage des bestiaux.

Le Parlement de Provence avait rendu sur cet objet plusieurs Arrêts de réglement, qui prouvent, par la sévérité de leurs peines et leur renouvellement successif, combien il attachait d'importance à la conservation des bois (1).

L'Ordonnance de 1669 ne contient point de disposition spéciale sur les défrichemens des bois ; mais leur interdiction absolue est la conséquence nécessaire et immédiate des dispositions qui interdisent, sous diverses peines, aux engagistes, aux seigneurs, aux syndics et habitans des paroisses et aux particuliers, de faire

---

(1) On les trouve dans *Boniface*, tom. 2. liv. 1. tit. 14. ch. 2; dans le Recueil d'Arrêts, de M. *de Régusse*, p. 224.

dans leurs bois aucuns changemens préjudiciables, ni aucune coupe dans les quarts de réserve, ou de couper les taillis avant leur maturité et sans les réserves ordonnées (1).

Nous n'énumérons pas ces peines, parce qu'elles ont été modifiées par la Loi du 9 floréal
an 11. C'est la conséquence qu'ont déduit de ces
dispositions de l'Ordonnance les divers Arrêts
du Conseil, cités par Jousse (2); et c'est pour
en assurer l'exécution dans les bois des particuliers que l'art. 2 du titre 26 permet aux officiers des eaux et forêts la visite et inspection
des bois des particuliers, pour y faire observer
l'Ordonnance et réprimer les contraventions ;
disposition qui a été renouvelée par l'Ordonnance du 28 août 1816, dont l'art. 8 soumet
la coupe de tous les bois appartenant à des
particuliers aux dispositions des art. 1 et 2 du
tit. 26 de l'Ordonnance de 1669, en ce qui
concerne la conservation des bois.

14. Les Lois nouvelles ont interdit, du moins
jusqu'en 1828, tout arrachis ou défrichement
de bois, tant chez les particuliers que dans les
bois des communes et des établissemens publics.

_____

(1) Tit. 22. art. 4 ; tit. 25. art. 8 ; tit. 26. art. 1.
(2) Sur les art. précités.

Le propriétaire qui contrevient à cette défense est condamné, à la requête du conservateur forestier de l'arrondissement, et à la diligence du procureur du Roi, 1° à remettre une égale quantité de terrain en nature de bois ; 2° à une amende du cinquantième au vingtième de la valeur du bois arraché (1).

15. Cette peine est prescrite, comme tous les délits forestiers, par trois mois.

Mais le repeuplement, étant une mesure d'intérêt et d'ordre public, n'est pas soumis à cette prescription, et les tribunaux correctionnels doivent l'ordonner, quoique la réparation pénale soit prescrite (2). Faute par le propriétaire d'effectuer le plantation ou le semis dans le délai qui lui est fixé, il y est pourvu à ses frais par l'administration forestière.

16. Le défrichement n'est permis que six mois après la déclaration que le propriétaire du bois doit en faire devant le conservateur forestier de l'arrondissement où le bois est situé.

Dans ce délai, l'administration forestière peut faire mettre opposition au défrichement, à la charge d'en référer, avant l'expiration des six

----

(1) Loi du 9 floréal an 11 (29 avril 1803), art. 3.
(2) Arr. de Cass. du 8 janv. 1808; *Sirey*, tom. 8. p. 256.

mois, au Ministre des finances, sur le rapport duquel le Gouvernement statue définitivement dans le même délai.

Cette faculté de s'opposer au défrichement n'est pas arbitraire ; l'administration peut la faire pour conserver le droit du Gouvernement ; mais quand aucune raison d'intérêt public ne s'oppose au défrichement, quand il est seulement à craindre qu'il ne froisse des intérêts privés, avant de le permettre ou de s'y opposer définitivement, les parties doivent être renvoyées devant les tribunaux, pour statuer sur leurs droits respectifs ; ou plutôt l'opposition provisoire de l'administration est soulevée dans ce qui touche l'intérêt public, sauf aux intéressés à discuter leurs droits particuliers devant les tribunaux.

L'administration forestière peut mettre opposition avant l'expiration du délai de six mois ; mais cette opposition ne le proroge pas d'autres six mois. La Loi ne dit pas que le Gouvernement statuera *dans un semblable délai*, ni moins encore qu'il statuera dans six mois, à partir de l'opposition, mais qu'il statuera dans le même délai, c'est-à-dire dans les six mois de la déclaration, pendant lesquels seulement tout défrichement est interdit : d'où, par la règle des exclusions, la conséquence

qu'après ces six mois le défrichement est permis, si, dans l'intervalle, le Gouvernement
ne l'a pas définitivement défendu ; car elle n'accorde qu'un seul *et même* délai pendant lequel
doit intervenir la décision du Gouvernement,
où le défrichement est permis, qu'il y ait eu
ou non opposition de la part de l'administration forestière.

17. Tous les bois ne sont pas exposés à ces
inhibitions ; les bois non clos, d'une étendue
moindre de deux hectares, en sont exempts,
lorsqu'ils ne sont pas situés sur le penchant
d'une montagne.

18. Il en est de même des parcs ou jardins
clos de murs, de haies ou fossés attenans à
l'habitation principale (1).

19. Les semis ou plantations des bois des
particuliers n'y sont soumis qu'après 20 ans (2).

---

(1) L. du 9 floréal an 11, art. 5.
(2) Art. 6.

CHAPITRE III.

Des Travaux publics et des Desséchemens.

I. La Loi du 16 septembre 1807 , qui forme le dernier état de la législation sur les desséchemens, les a assimilés aux travaux d'utilité générale de première classe, et a établi les mêmes formalités pour les uns que pour les autres. Nous devons, à son exemple, les réunir dans un même chapitre, ne fût-ce que pour éviter des répétitions et faire connaître l'ensemble de la législation sur des entreprises qui intéressent les biens ruraux sous tant de rapports.

2. Sur les desséchemens, comme sur tous les autres travaux publics, la Loi n'a posé que des bases générales ; elle a renvoyé au Gouvernement à statuer sur les détails par des réglemens d'administration publique appropriés à chaque cas ou entreprise particulière. Le législateur n'a pas voulu régir par une seule règle des travaux qui peuvent différer beaucoup par leur importance et par les localités. Il serait absurde d'appliquer au desséchement de quel-

ques arpens de terre , qui ne serait utile qu'à
deux ou trois propriétaires, la solennité des formes, le luxe d'exécution, et ce concours de toutes
les autorités publiques , et l'adjonction encore
d'une autorité particulière qu'on exige pour les
plus grandes entreprises. En tout et partout,
les moyens d'exécution doivent être proportionnés à l'objet de l'entreprise et aux résultats
qu'on s'en promet.

§ Ier.

Des Travaux publics.

3. Il est plusieurs classes de travaux publics :
les uns , d'un intérêt général , tels que l'ouverture d'un canal de navigation, le perfectionnement de la navigation d'une rivière , l'ouverture d'une grande route , la construction d'un
pont sur une grande rivière , sont payés moitié
au moins par le Gouvernement, et le restant
par les départemens ou arrondissemens qui sont
jugés devoir recueillir une amélioration à la valeur de leur territoire ; ils acquittent cette contribution par des centimes additionnels, et dans
les proportions déterminées par des lois spéciales.

4. D'autres travaux d'une utilité moins générale sont supportés par les départemens dans une proportion, par les arrondissemens les plus intéressés dans une autre, et par les communes qui en retirent le plus d'avantages, d'une manière encore différente, selon le degré d'utilité respective.

Le Gouvernement ne contribue à ces travaux que lorsqu'il le juge convenable.

Des lois spéciales règlent aussi les proportions de ces diverses contributions.

Dans cette classe sont l'établissement ou le perfectionnement d'une petite navigation, d'un canal de flottage, l'ouverture ou l'entretien de grandes routes d'un intérêt local, la construction ou l'entretien de ponts sur ces routes ou sur des chemins vicinaux.

5. Il est une troisième classe qui comprend l'ouverture de nouvelles rues, la formation de places nouvelles, la construction de quais, et tous autres travaux publics généraux, départementaux ou communaux, ordonnés ou approuvés par le Gouvernement.

Il n'y contribue en rien.

Ces travaux sont à la charge des départemens ou des communes qui en profitent ; mais pour eux, comme pour les travaux des deux premières classes, les propriétés privées qui en reçoivent une notable augmentation de valeur, peuvent être chargées d'une indemnité qui peut s'élever jusqu'à la moitié des avantages qu'elles en acquièrent.

Cette indemnité est réglée et jugée dans les formes et par la commission dont il sera bientôt parlé.

6. Les digues à la mer ou contre les fleuves, rivières et torrens navigables ou non navigables, forment une quatrième classe bien rapprochée de la seconde.

Quand la nécessité en est constatée par le Gouvernement, la dépense en est supportée par les propriétés protégées, dans la proportion de leurs intérêts aux travaux, sauf le cas où le Gouvernement croit utile et juste d'accorder des secours sur les fonds publics.

Les formes d'estimation et l'intervention de la commission sont les mêmes que dans la troisième classe.

Nous avons exposé ailleurs (1) la marche à suivre pour organiser ces entreprises, quand elles ne sont pas d'une importance telle que le suppose la Loi de 1807 que nous analysons.

_____

(1) Tit. 1. ch. 4. sect. 6. § 2.

7. Les travaux de salubrité qui intéressent les communes font une cinquième classe.

Ils sont à la charge particulière des communes ; ils sont ordonnés par le Gouvernement, et les dépenses sont supportées par les communes intéressées, sur des rôles spéciaux où chaque chef de famille est imposé selon ses facultés.

Tout ce qui est relatif à ces travaux est réglé par l'administration publique ; les propriétés qui en retirent des avantages immédiats, y contribuent à la décharge des communes.

Ce qui concerne ces travaux et cette conbution est dans les attributions du préfet et du conseil de préfecture.

8. Enfin, dans une sixième classe, la Loi place l'ouverture ou perfectionnement d'une route, ou des moyens de navigation pour exploiter, avec économie, des forêts ou bois, des mines ou minières, ou pour leur fournir un débouché.

Toutes les propriétés de cette espèce, générales, communales ou privées, qui doivent en profiter, contribuent à la totalité de la dépense, à proportion des avantages que chacun en retire, sauf le secours que le Gouvernement peut accorder.

L'évaluation des avantages et la contribution sont faites et réparties , comme dans les précédentes classes, par l'entremise de la commission.

9. Les indemnités pour paiement de plus value , de même que les contributions à raison des avantages , ne sont dues que sur un réglement d'administration publique , rendu après avoir ouï les parties intéressées dans les formes ci-après.

Elles sont acquittées , au choix des débiteurs, en argent ou en rentes au quatre pour cent, dont le capital est remboursable par dixième , moyennant vingt-cinq capitaux pour un , ou en délaissement d'une partie de la propriété , si elle est divisible sur estimation , d'après la valeur qu'elle avait avant l'estimation des travaux , ou par délaissement total des fonds , terrains ou bâtimens , dont la plus value donne lieu à l'indemnité.

10. Pour fixer ces indemnités ou contributions , il est formé un syndicat de tous les propriétaires des terrains présumés devoir profiter des travaux , d'après les plans tirés par les ingénieurs des ponts et chaussées.

Ces syndics ou commissaires , au nombre de trois à neuf, sont nommés par les préfets parmi

38

les plus forts propriétaires , ou par le Gouvernement.

Ils présentent au préfet un expert , les entrepreneurs ou commissionnaires en présentent un autre , et le préfet nomme le tiers.

Quand l'ouvrage est fait par l'État , le préfet nomme le second expert , et le Ministre de l'intérieur , le tiers.

I I. Ces experts divisent en classes, au nombre de cinq à dix , les terrains qui doivent profiter des travaux ; leur périmètre est tracé sur un plan par l'ingénieur et les experts réunis.

Ce plan reste un mois déposé à la préfecture ; dans cet intervalle , les intéressés présentent leurs observations sur l'exactitude du plan et le classement des terres.

Ces experts apprécient chaque classe , eu égard à la valeur réelle dans l'état antérieur aux travaux ; quand ils sont terminés et recettés , ils les apprécient suivant leur valeur nouvelle.

I2. Dans toutes les entreprises autres que les travaux de salubrité , auxquelles les particuliers doivent contribuer à raison des avantages qu'ils en retirent, on ne débute pas par imposer la propriété protégée (1) ; il faut auparavant

_____

(1) Ordonn. du 9 sept. 1818. *Sirey* , tom. 18. p. 323.

la comprendre dans l'association dans laquelle
on peut l'obliger d'entrer, dès qu'elle y est
intéressée, sinon individuellement, du moins
par représentation. C'est pour cela que, dans
les entreprises qui intéressent un grand nombre
de propriétaires, la Loi exige qu'il soit formé
une commission dont l'organisation particulière
est déterminée par un réglement d'administration publique, approprié à l'ouvrage qu'il s'agit
d'exécuter.

13. Ses attributions sont déterminées par
la Loi : elle reçoit et juge les plaintes des propriétaires sur la classification et l'évaluation des
propriétés intéressées, sur la portion du produit des biens accordée aux entrepreneurs, sur
la vérification et la recette des travaux.

Elle juge et homologue les estimations ; elle
peut décider contre et outre l'avis des experts.

Elle arrête le rôle des indemnités sur la plus
value, et le préfet le rend exécutoire.

Elle donne son avis sur les projets de réglemens relatifs au genre et à l'étendue des contributions nécessaires pour entretenir les travaux faits.

Mais elle ne peut juger les questions de propriété ou de servitude ; elles sont de la compétence exclusive des tribunaux. Suivant l'art. 47,

ces questions ne peuvent ni retarder ni suspendre les opérations relatives aux travaux, ni l'exécution des décisiohs de la commission.

Elle ne peut pas être un tribunal, puisqu'elle est composée des plus forts intéressés à l'entreprise : elle n'est qu'une réunion d'arbitres. Mais alors pourquoi n'en pas laisser le choix aux parties, et la faire toujours nommer par le préfet, ou par le Gouvernement? Il n'y aurait pas d'inconvéniens à ce que la première nomination fût faite par le préfet, si les syndics ainsi nommés nc devaient être que provisoires, et n'avoir de fonctions que pour réunir les intéressés en assemblée, et y faire nommer par elle les syndics définitifs. Mais c'est choquer tous les principes que de faire nommer par les préfets des individus qui doivent avoir toutes les actions de la masse des propriétaires, qui sont les parties adverses des entrepreneurs et du Gouvernement quand il fait l'entreprise, et qui, de plus, jugent définitivement et sans appel des intérêts de cette masse et des individus qui la composent. Heureusement chaque entreprise doit avoir son organisation particulière ; et l'on doit espérer de la justice du Gouvernement sous lequel nous avons le bonheur de vivre aujourd'hui, qu'abandonnant le système du Gouvernement précédent, il laissera

aux particuliers le choix de leurs administrateurs et la protection de leurs juges naturels,
ou, au moins, la nomination de leurs arbitres.

14. Il ne suffit pas de faire des ouvrages
utiles ; il faut, après leur confection, les entretenir et réparer les dégradations que le temps et
le service leur causent. La commission propose
à cet effet au préfet un réglement d'administration publique, qui fixe le genre et l'étendue
des contributions nécessaires pour subvenir aux
dépenses d'entretien. Lorsque ces dépenses sont
en même temps à la charge du Gouvernement et
des propriétaires, ce réglement en contient la
répartition.

15. Il en est de même quand il s'agit de
levées, de barrages de pertuis d'écluses, auxquels des propriétaires de moulins ou d'usines
sont intéressés.

16. Quand, pour l'exécution des travaux publics, il faut supprimer des moulins et autres
usines, les déplacer, modifier ou réduire l'é-
lévation de leurs eaux, la nécessité en est constatée par les ingénieurs des ponts et chaussées;
et l'estimation en est payée avant qu'on fasse
cesser le travail de ces engins.

Mais l'indemnité n'est due, selon l'art. 48,
qu'autant que l'établissement de l'usine est légal, et que le titre de l'établissement ne soumet pas le propriétaire à voir démolir son usine
sans indemnité, si l'utilité publique le requiert.

I 7. Les terrains occupés par les travaux reconnus d'une utilité générale, comme desséchemens, navigation, routes, rues, places publiques, et autres, sont payés, à dire d'experts,
d'après leur valeur, avant l'entreprise des travaux, et sans nulle augmentation du prix d'estimation (1).

Ceux occupés pour prendre les matériaux
sont payés de la même manière; mais les matériaux ne sont payés que quand on s'empare
d'une carrière déjà en exploitation, et alors ils
sont évalués d'après leur prix courant.

I 8. La Loi de 1807 veut que les experts
pour l'évaluation des indemnités relatives à l'occupation des terrains, soient nommés pour les
objets de grande voirie, l'un par le propriétaire, l'autre par le préfet, et que le tiers
expert, s'il en est besoin, soit toujours l'ingénieur en chef du département; et en petite

_____

(1) Art. 49.

voirie urbaine, qu'ils soient nommés, l'un par
le propriétaire, l'autre par le maire de la ville,
et le troisième par le préfet. Mais il a été, quant
à ce, dérogé à cette Loi par celle du 8 mars
1810, sur les expropriations pour cause d'utilité publique, qui défère aux tribunaux la nomination de ces experts, dont ils ne doivent recevoir le rapport que comme renseignement (1).

§ II.

Des Desséchemens.

19. La propriété des marais est soumise à
des règles différentes de celles qui protègent
les autres propriétés. Le Gouvernement en ordonne le desséchement quand il le juge utile
ou nécessaire : il est exécuté par l'État ou par
des concessionnaires.

20. Le propriétaire est toujours préféré, s'il
se soumet à l'exécuter dans le délai fixé et conformément aux plans adoptés par le Gouvernement.

Mais si le propriétaire ne fait pas cette soumission, ou si, après l'avoir faite, il n'en

_____

(1) Ci-après, liv. 4. tit. 1. ch. 1. sect. 2 § 4.

exécute pas les conditions, le Gouvernement concède le marais.

Il en est de même lorsque, s'agissant d'un marais indivis, tous les propriétaires ne s'accordent pas pour le dessécher, ou lorsque parmi eux il y a une ou plusieurs communes. La Loi du 26 décembre 1790 donnait, dans ce cas, à tout copropriétaire le droit de faire le desséchement que les autres ne voudraient pas faire, en les remboursant, comme le feraient l'administration ou ses concessionnaires.

Aujourd'hui, d'après la Loi de 1807, le copropriétaire est bien préféré, mais il lui faut une concession, comme à celui qui possède à lui seul la totalité du marais.

21. La concession est faite par Décret rendu en Conseil d'État, sur les plans levés par les ingénieurs des ponts et chaussées, qui comprennent tous les terrains qui sont présumés devoir profiter du desséchement.

22. Que l'État le fasse ou qu'il en donne la concession, on constate la valeur actuelle du terrain par un rapport antérieur à toute espèce de travaux. Cette valeur est proprement la seule propriété du possesseur; elle lui reste entière et sans altération dans tous les cas.

Après leur achévement et leur recette, on en constate la valeur nouvelle, et la plus value résultant de la comparaison de ces deux estimations, qui est la propriété nouvelle fruit du desséchement, est seule passive de l'indemnité due à l'entrepreneur ou à l'État : elle est divisée entre les propriétaires et les concessionnaires, dans la proportion fixée par l'acte de concession.

Mais quand c'est l'État qui a fait le desséchement, la division en est toujours faite de manière que la totalité des frais lui rentre, sans pouvoir cependant excéder la plus value. Cette règle, il faut en convenir, ne se recommande point par sa justice, mais elle est écrite dans la Loi.

23. De même qu'à l'égard des mines on distingue deux propriétés, celle de la surface, qui est la propriété ancienne, et celle de la mine, qui est considérée comme une propriété nouvelle créée par l'entreprise (1); de même, en fait de desséchement, on distingue l'ancienne propriété, sur laquelle seulement portent les hypothèques antérieures qui sont restreintes sur une portion égale en valeur à la première valeur estimative des terrains desséchés, et la propriété

_____

(1) *Suprà*, tit. 1. ch. 5. n° 14.

nouvelle, consistant dans la plus value résultant du desséchement, sur laquelle les indemnités ont un privilége, pourvu qu'on ait fait transcrire, au bureau des hypothèques, l'acte de concession ou le Décret qui a ordonné le desséchement.

24. On a vu, dans le paragraphe précédent, comment et de quelle autorité sont faits les rapports dont il est parlé dans les articles précédens. C'est dans les desséchemens surtout que l'intervention de la commission dont nous avons parlé est ordonnée.

25. Il est inutile de répéter que le propriétaire du marais a la faculté de s'acquitter envers l'entrepreneur, ou par le paiement d'une rente, ou par l'abandon d'une portion du terrain.

26. Pendant le cours des travaux du desséchement, les canaux, fossés, rigoles, et autres ouvrages, sont entretenus aux frais des entrepreneurs. Quand ces travaux sont terminés, leur entretien est à la charge des propriétaires, tant anciens que nouveaux, ainsi et de la manière qu'il a été dit dans le paragraphe précédent.

27. La conservation des travaux de desséchement est commise à l'administration publi-

que. Toutes réparations et dommages sont poursuivis par voie administrative, comme pour les
objets de grande voirie. Les délits sont de la
compétence judiciaire.

CHAPITRE IV.

Des Productions.

I. Tous les fruits naturels ou industriels d'un
terrain appartiennent à son propriétaire ; mais
ils ne lui appartiennent qu'à la charge de rembourser les frais des labours, travaux et semences qui ont été faits par un tiers (1).

Ces frais, comme ceux de la récolte, sont
privilégiés à toute créance, même à celle du
propriétaire (2).

Par fruits naturels, la Loi entend ceux qui
sont le produit spontané de la terre, *qui naturâ tantum operante producuntur, ut poma,
lignum, herbæ.* Ceux qu'on obtient par la cul-

---

(1) *Cod. Civ.*, art. 547 et 548.

(2) Art. 2102.

ture sont des fruits industriels, *qui facto et industriâ hominis, id est, culturâ et curâ, ut vinum, oleum, segetem, legumina* (1).

2. Tant qu'ils ne sont point recueillis, ils font partie du terrain et sont immeubles comme lui ; mais sitôt qu'ils en sont détachés, ils deviennent meubles, quoiqu'ils ne soient point enlevés (2) : ainsi le blé coupé, la dépouille d'un pré dès qu'il est fauché, sont meubles, quoique gisant encore sur le sol qui les a produits.

Mais il n'y a d'immeuble que la portion qui est coupée ; et le Code n'a adopté ni la règle de Barthole, *fructus maturi et colligendi habentur pro collectis*, ni celle de Dumoulin, qui réputait le champ moissonné ou la vigne vendangée en totalité, sitôt qu'on avait commencé de le moissonner ou de la vendanger.

3. Le maître du champ l'est aussi de toutes ses productions ; mais cette propriété est modifiée par une charge qui, sans être un droit, proprement dit, remonte à la plus haute antiquité, et dont l'objet serait bien respectable et bien sacré, s'il était possible de lui conserver

---

(1) Art. 583.

(2) Art. 520.

sa destination primitive , et d'en purger l'exercice des abus et des voleries dont il est l'occasion et le prétexte.

Nous allons nous en occuper dans le paragraphe suivant.

§ Ier.

Du Glanage , Grappillage et Chaumage.

4. Il est d'usage qu'après la moisson, les pauvres vont glaner, c'est-à-dire , ramasser les épis échappés aux moissonneurs, comme , après la vendange , ils vont grappiller ou cueillir les grappes que les vendangeuses ont dédaignées.

Il est même des provinces où , après la moisson, les pauvres chaument, ce qui est l'action d'extraire le chaume qui reste attaché à la terre après la faucille du moissonneur.

5. Les deux premiers usages sont généraux et très-anciens ; le dernier est particulier à un petit nombre de provinces , mais il est aussi ancien que les deux autres, puisqu'il en est fait mention dans le Lévitique : *Cùm messueris segetes terræ tuæ , non tondebis usque ad solum superficiem terræ tuæ , nec remanentes spicas colliges.*

Une Ordonnance de saint Louis défend d'introduire des bestiaux *en aurui blé* , jusqu'au troisième jour que la moisson **sera** ramassée , *afin que les pauvres, membre de Dieu, y puissent avoir glanaison.*

L'Édit de Henri II du 2 novembre 1554, expliquant cette Ordonnance, interdit le glanage à tous autres qu'aux *gens ceux et débilités de membres, petits enfans et autres gens* qui n'ont pouvoir ni *force de scier*, c'est-à-dire, moissonner, sous peine d'*être punis comme larrons.*

Deux Arrêts du Parlement de Paris, l'un du 3 juillet 1778, l'autre du 2 juillet 1781 (1), renouvellent ces défenses sous peine de 10 fr. d'amende.

6. Même à l'égard des veillards, des infirmes et des petits enfans, le glanage n'est pas un droit que la Loi leur confère ; car les lois politiques de l'Ancien Testament n'ont aucune autorité dans notre législation; ses préceptes ne sont que des conseils, qu'il est bon de suivre sans doute, mais dont on est libre de s'écarter quand on le juge à propos.

Aucune de nos lois civiles anciennes ne l'ordonne impérativement à l'encontre du propriétaire : il n'est énoncé que comme motif de

(1) *Gazette des Tribunaux*, tom. 6. p. 396

suspendre l'exercice d'une faculté de dépaissance à l'égard des tiers, *en autrui blé*; il n'est donc lui-même qu'une simple faculté, une grâce que ces réglemens accordent aux pauvres hors d'état de gagner leur vie par le travail.

Le Statut de Provence avait une disposition analogue à celle de l'Ordonnance de saint Louis; il ne permettait d'introduire des bestiaux dans les chaumes que quatre jours après l'enlèvement des gerbes : mais il avait tellement peu le glanage pour objet, qu'il permettait d'y faire dépaître les bêtes employées au foulâge, immédiatement après l'enlèvement des gerbes (1), et, par conséquent, avant que les pauvres pussent y entrer.

Le Code Rural de 1791 a réduit à deux jours la suspension de l'introduction des troupeaux dans les chaumes, comme les lois précédentes; il n'est relatif qu'aux troupeaux qui n'appartiennent pas au propriétaire des chaumes.

La Loi consent à ce que les pauvres glanent et grappillent; elle permet qu'ils enlèvent des chaumes après la récolte, mais elle n'ordonne point, elle n'enjoint pas au propriétaire de laisser des épis à glaner, des grappes à couper, des chaumes à enlever.

(2) *Bomy*, Mélanges, p. 13.

Elle donne à certains pauvres la liberté qu'ils n'auraient pas sans elle, d'aller prendre dans les terres d'autrui ce qui serait perdu ; mais elle ne détruit ni ne gêne la liberté du cultivateur, et ce droit essentiel à la propriété de disposer de sa chose ainsi et de la manière qui lui convient.

Tout ce qui résulte de sa disposition et de l'antiquité de l'usage, est que les vieillards, les infirmes, les femmes et les petits enfans indigens n'encourent aucune peine de police pour s'introduire dans le champ ou la vigne d'autrui, dans l'objet d'y glaner ou grappiller.

7. Mais ils ne peuvent pas s'y introduire en tout temps. Il a fallu prémunir les propriétaires contre la mauvaise foi et la cupidité des glaneurs : de là les prohibitions et les gênes dont l'exercice de ces facultés a été successivement chargé.

8. D'abord, l'entrée de tout enclos rural est interdite aux glaneurs (1).

9. Dans les lieux qui ne sont pas clos, qui sont les seuls où il puissent jouir des facultés

(1) *Cod. Rural de* 1791, tit. 2. art. 21.

qu'on leur accorde ; ils doivent attendre que la récolte entière soit enlevée du champ pour y entrer, et même alors ils ne peuvent y glaner avant le lever ni après le coucher du soleil, le tout à peine de confiscation du produit du glanage, d'une amende d'un à cinq francs et de trois jours d'emprisonnement, auxquels le délinquant doit toujours être condamné quand il y a récidive (1).

Le propriétaire peut toujours glaner et grappiller sur son héritage tant qu'il n'est pas entièrement dépouillé de sa récolte; mais quand il l'est, il est assimilé aux étrangers pour l'exercice de ces facultés.

Il est des pays où l'époque du glanage est indiquée par le maire, et jusqués alors il est interdit. A Aix, par exemple, on ne peut glaner les olives qu'après la Noël, et les autres fruits avant les criées du maire (2).

10. On a quelquefois tenté de se prévaloir de la permission de la Loi pour gêner le cultivateur, et, la convertissant en droit exigible sur les propriétés d'autrui, on a prétendu qu'il

(1) *Cod. Rur.* de 1791, tit. 2. art. 21. — *Cod. Pén.*, art. 471. § 10. art. 473 et 474.
(2) *Privil. d'Aix*, p. 280.

ne pouvait rien faire qui diminuât ce prétendu droit et en privât les pauvres. Ainsi, dans les pays où on leur laissait les chaumes, on avait obtenu, en divers temps, du Parlement de Paris, des Arrêts qui fixaient la quantité de chaumes à laisser, ou qui défendaient au cultivateur de moissonner avec la faux, et les obligeaient de n'employer jamais que la faucille. Mais cette Cour était promptement revenue des surprises qui lui avaient été faites. Un Arrêt du 3 décembre 1783, rendu contradictoirement avec le procureur général, révoqua un précédent Arrêt du 26 juillet 1782, qui avait interdit l'usage de la faux aux cultivateurs du bailliage de Marle; et un Arrêt du Conseil d'État du 23 septembre 1785 rendit à ceux du bailliage de Saint-Quentin la liberté d'employer à volonté la faucille et la faux que leur avait ravie un Arrêt du Parlement du 13 juillet 1750, en homologuant, sans entendre parties, une sentence provisoire de ce même bailliage (1).

Le Code de 1791 dispense aujourd'hui les cultivateurs des pays où le chaumage est en usage, de recourir à cette jurisprudence; il les autorise, par une disposition expresse, à faire leur récolte avec les instrumens qui leur conviennent (2).

_____

(1) *Caus. intéres.*, tom. 138. p. 45 et suiv.
(2) *Infrà*, § 3.

Il faut, d'ailleurs, toujours partir du principe : les chaumes qui restent sur la terre, les
épis oubliés, les grappes négligées, ne cessent
point d'être la propriété du maître du champ.
L'abandon volontaire qu'il en fait aux pauvres
ne peut, sous aucun rapport, dégénérer en servitude, ni le gêner dans la manière de faire ses
récoltes, puisqu'il n'est même pas obligé de rien
laisser, et qu'il peut employer à ses usages ou
vendre ce qu'il laisse.

I I. Les commissions consultatives sur le
projet d'un Code Rural proposé au Gouvernement en 1807, se sont élevées presque unani-
mement contre les usages de glaner, grappiller
ou chaumer, dont elles ont démontré les inconvéniens qu'il n'est aucun cultivateur qui ne res-
sente. Si jamais le législateur porte sur eux son
attention, il est probable qu'il en prononcera
la suppression. Ces usages, et surtout le chaumage, qu'on ne peut exercer avant le 1er octobre, suivant un Arrêt du Parlement de Paris
du 4 juillet 1781 (1), c'est-à-dire à une époque
où le chaume a été foulé par les bestiaux et pourri
par les pluies, ces usages ne font à peu près aucun bien aux pauvres, et causent beaucoup de

---

(1) *Gazette des Trib.*, tom. 12. p. 127.

mal au propriétaire. Le Code de 1791 ne les
conserve que provisoirement et dans les lieux
où il les a trouvés établis.

C'est aujourd'hui à l'autorité administrative
qu'il appartient de faire des réglemens sur les
objets dont nous venons de nous occuper ; elle
doit en régler l'exercice conformément aux usages de chaque localité et aux principes d'une
bonne police.

§ II.

Du Kermès.

12. La récolte du kermès qu'on abandonne
communément au bas peuple, a, par cette
raison, du rapport avec le glanage ; elle n'en
diffère qu'en ce que le glanage ne s'exerce que
sur ce que le propriétaire laisse dans son champ,
au lieu que la récolte du kermès est tout entière
abandonnée au peuple.

Ce n'est point un droit qu'il exerce, c'est un
acte de bienfaisance dont il est l'objet.

Le droit de cueillir le kermès, qu'on appelait
dans cette province *droit de vermillonner*, était
autrefois un droit féodal qui désignait la permission que les seigneurs donnaient à leurs vassaux de cueillir le kermès ou vermillon, moyen-

nant une redevance relative à l'importance de la cueillette. Nous avons vu des actes qui la fixaient à six deniers (deux centimes et demi) par livre de vermillon.

Ce droit a été aboli par les lois nouvelles, comme tous les droits féodaux : mais puisqu'il est reconnu que cette abolition n'a pas été faite au profit des communes , mais qu'elle l'a été au profit des propriétaires des héritages qui en étaient grevés , il doit l'être que chacun peut aujourd'hui défendre de cueillir du vermillon dans sa propriété , et le faire cueillir pour son compte.

Nous aurons occasion de parler encore de cette production dans le ch. 3 du titre suivant, où nous traiterons des servitudes.

§ III.

Des Récoltes.

13. Les propriétés rurales ne sont utiles que par leurs fruits ; ceux qui, comme les pâturages , ne sont pas consommés sur place , ne profitent au propriétaire que par la cueillette qu'il en fait. La récolte est l'objet de tous ses travaux : il sème, il plante, il laboure, il se

donne des soins de toute espèce, uniquement pour récolter. Le gêner sur l'époque ou sur les moyens de faire sa récolte, c'est prendre sur le droit de propriété dans la partie la plus intéressante, dans la seule qui soit avantageuse ; c'est le blesser au cœur. Les Lois nouvelles, qui ont tant montré de respect pour ce droit, ont aussi proclamé la liberté des cultivateurs ; elles ont interdit à toute autorité de suspendre ou intervertir les travaux de la campagne, dans les opérations de la semence et des récoltes ; elles ont déclaré que chacun est libre de faire sa récolte, de quelque nature qu'elle soit, avec tel instrument et au moment qui lui convient (1).

Il n'était même pas besoin d'une déclaration aussi précise. Il ne faut pas des lois de permission pour l'exercice d'un droit qui compte jusqu'à l'abus dans ses attributions, suivant l'énergique définition de la Loi Romaine : *Proprietas est jus utendi et abutendi.* Toute l'attention du législateur doit être de n'y apporter que les restrictions rigoureusement exigées par l'intérêt général.

14. La liberté du temps et du mode des

(1) *Code Rural* de 1791, tit. 1. sect. 5. art. 2.

récoltes est cependant limitée par l'intérêt des voisins. Si un particulier nuisait à ses voisins en faisant sa récolte à une certaine époque, la conservation du droit de propriété exigerait-elle même que son exercice fût restreint. Il n'existerait nulle part, si les voisins empiétaient réciproquement l'un sur l'autre. C'est par ce motif qu'ainsi que nous l'avons dit (1), les propriétaires de deux étangs contigus sont obligés de s'entendre, pour que la pêche de l'un ne nuise pas à celle de l'autre.

C'est encore par le même motif qu'un réglement de 1381, rendu d'abord pour le territoire d'Aix, mais devenu général pour toute la Provence, depuis l'Arrêt du 7 avril 1601, interdit au propriétaire de ramasser ses gerbes avant le lever et après le coucher du soleil, pour ôter tout soupçon qu'on dérobe celles de de ses voisins (2).

15. C'est, enfin, un des motifs qui a fait conserver le ban des vendanges dans les lieux où il était établi d'ancienneté (c'est ainsi qu'on appelle la publication que fait faire le maire du jour où l'on peut commencer à vendanger).

(1) Tit. 1. ch. 4. nº 21.
(2) *Bomy*, Mél., p. 10.

L'origine de cette publication est très - ancienne. Chez les Romains, les Proconsuls, qui étaient à peu près des despotes dans leurs provinces, réglaient le temps des moissons et.des vendanges, comme on le voit dans la L. 4, ff. *de Ser.*

En France, on fit de cet usage un attribut de la haute justice, quant aux vendanges seulement. On allégua que le particulier qui vendange avant les autres expose les vignes de ses voisins aux larcins des grappilleurs et aux dommages des animaux; qu'il est de l'intérêt public qu'on ne vendange pas avant la maturité des fruits, crainte de décrier les vins du terroir; enfin, que l'intérêt et la commodité du décimateur exigeaient qu'il y eût une époque fixe avant laquelle il ne fût pas permis de vendanger.

16. L'usage du ban de vendange était répandu dans toute la France; mais les Parlemens ne punissaient la contravention que quand le ban avait été précédé de l'avis des habitans(1).

Aujourd'hui, le dernier motif n'existe plus, le second ne paraît pas avoir été pris en considération, puisqu'on excepte de l'observation du ban des vendanges les vignes closes. On sent,

---

(1) *Papon*, liv. 6. tit. 1. ch. dern. — *Maynard*, liv. 8. ch. 24.

d'ailleurs, que l'époque de la maturité doit nécessairement varier beaucoup dans le même terroir, selon la position des vignes et la qualité des raisins dont les unes sont plus précoces que les autres : reste, par conséquent, le premier motif, qui ne paraît pas d'un grand poids, car il n'est pas bien juste d'obliger un propriétaire de laisser ses vignes exposées plus long-temps aux dommages des animaux, pour garantir celles de ses voisins ; d'ailleurs, ce motif, n'étant point applicable aux vignes isolées, permettrait de les assimiler à celles qui sont closes.

17. Quoi qu'il en soit, le ban des vendanges a été conservé par les Lois nouvelles dans les pays où il était en usage (1). Dans ces pays seulement, le conseil général est autorisé à faire chaque année un réglement pour les vignes non closes, sauf les réclamations au préfet.

Les contraventions au ban des vendanges et autres bans autorisés par les réglemens, sont punies d'une amende de 6 à 10 fr. par l'art. 475, § 1, du Code Pénal.

18. Le ban des vendanges était en usage dans le terroir d'Aix, mais il était inconnu dans

_____

(1) *Cod. Rur.* de 1791, tit. 1. sect. 5. art. 2.

le reste de la Provence , ainsi que l'atteste Latouloubre en sa Jurisprudence Féodale, part. 1,
tit. 17, n° 1.

18 *bis.* Ce n'est pas seulement sur l'époque
et le mode des récoltes que la liberté individuelle
est quelquefois gênée, elle l'est aussi quelquefois
dans leur disposition. C'est ainsi que la vente
des grains en vert et pendant par racines est
prohibée , sous peine de confiscation des grains
et fruits vendus (1). Autrefois, la peine était de
500 fr. d'amende et une punition corporelle (2).

Cette confiscation est supportée moitié par
le vendeur , moitié par l'acquéreur ; elle est
applicable un tiers au dénonciateur , un tiers à
la commune , un tiers au trésor public (3).

Les maires , préfets et sous - préfets sont
chargés de veiller à l'exécution de ces dispositions.

Elles ne sont applicables ni aux ventes qui ont
lieu par suite de tutelle , curatelle , changement
de fermiers , saisie de fruits , baux judiciaires,
et autres de cette nature , ni aux ventes qui
comprennent tous autres fruits que les grains (4).

_____

(1) Loi du 6 messidor an 3 (24 juin 1795).
(2) Ordonn. du 25 mars 1567 , tit. 2. art. 10, dans *Guenois,*
tom. 1. p. 776.
(3) Même Loi, art. 2.
(4) Même Loi.

C'est encore ainsi qu'en temps de disette , il est interdit de vendre ni acheter des grains et des farines ailleurs qu'aux marchés publics (1); que les particuliers ne peuvent en acheter au-dessus des besoins de leur famille jusqu'à la récolte suivante , évalués à quatre quintaux de blé-froment, ou cinq quintaux de méteil par personne, et que tout propriétaire ou fermier est tenu de faire sa déclaration du grain qu'il a , et de s'engager à assurer l'approvisionnement du marché, dès qu'il en sera requis (2).

§ IV.

Du Droit de Chasse.

19. Le gibier n'est ni le fruit ni l'accessoire de l'héritage sur lequel il se trouve ; il n'appartient, par conséquent, pas au propriétaire de cet héritage ; il devient la propriété de celui qui s'en saisit, abstraction faite de ses droits sur le fonds où il est pris : *Nec interest feras bestias et volucres utrùm in suo fundo quis capiat an in alieno* (3).

---

(1) Loi du 7 vendémiaire an 4 (29 septembre 1795), art. 1. — Décret du 4 mars 1812, art. 8.

(2) Même Décret, art. 5.

(3) *Instit. de rer. div.*, § 12. — *Vinnius*, ibid. — L. 3. § 1. ff. *de Acq. rer. domin.* — *Pothier*, de la Propriété, n° 24.

20. D'après ce principe, dont il se fait une application journalière, il semble qu'on ne devrait pas mettre la chasse au nombre des fruits d'un héritage ; mais, depuis que les Lois nouvelles l'ont rayée du nombre des fruits de la justice, et qu'il a été établi que chacun pouvait chasser sur son fonds et que nul ne pouvait prendre cet exercice sur le terrain d'autrui, il est de toute évidence que le droit de chasse est devenu un accessoire de la propriété des biens ruraux, et, par conséquent, un des fruits ou des effets de cette propriété.

21. Le Décret du 11 août 1789 a été la première Loi qui, abolissant l'ancien droit exclusif de chasse, a déclaré que tout propriétaire a le droit de détruire ou faire détruire, sur ses possessions seulement, toute espèce de gibier, et a fait ainsi de ce droit un attribut inhérent à la propriété rurale.

22. Son adhérence à la propriété l'empêche d'en dépasser les limites ; et de même qu'autrefois les seigneurs ne pouvaient poursuivre, sur la seigneurie de leur voisin, le gibier qu'ils avaient fait lever dans la leur, de même aujourd'hui le propriétaire qui fait lever ou blesse, sur son héritage, une pièce de gibier, ne peut entrer chez son voisin pour la suivre ou l'atteindre ; car de ce qu'on a blessé un animal , il ne suit pas qu'il devienne votre propriété, *multa accidere solent ut non capias ;* il ne vous devient propre que par l'occupation effective, *non aliter tuum esse quàm si eum ceperis* (1).

23. Ainsi, le chasseur qui passe sur un fonds qui ne lui appartient pas, doit faire coupler ses chiens pour les empêcher d'y chercher et faire lever ou poursuivre le gibier (2).

24. Celui qui chasse, en quelque temps et de quelque manière que ce soit , sur le terrain d'autrui, est puni d'une amende de 20 fr. envers la commune , et d'une indemnité de 10 fr. envers le propriétaire, sans préjudice de plus grands dommages-intérêts , s'il y échoit (3).

Si le terrain était clos, l'amende et l'indemnité seraient augmentées de moitié ; elles seraient doubles, s'il tenait immédiatement à l'habitation (4), sans préjudice des poursuites criminelles à raison de la violation de clôture.

---

(1) § 13. *Inst. eod.*

(2) *Répert. de Jurispr.*, V° Chasse.

(3) L. du 22-30 avril 1790, art. 1.

(4) Art. 2.

Ces peines sont doubles en cas de récidive,
triples s'il survient une troisième contravention,
et quadruples s'il en survient une quatrième,
en suivant toujours la même progression pour
les contraventions ultérieures commises dans
l'année (1).

25. Outre ces peines, les armes sont con-
fisquées, sans cependant que les gardes puissent
désarmer les chasseurs ; ils doivent se borner à
leur demander leurs armes, et s'ils les refusent,
les en constituer dépositaires (2).

26. La confiscation et l'amende ont lieu lors
même que le chasseur a un permis de port d'armes (3).

Pour la prononcer, il n'est pas nécessaire
que l'officier qui a dressé procès verbal ait déclaré saisir l'arme du chasseur : quand les armes
n'ont pas été saisies, le délinquant est condamné
à les rapporter au greffe, ou à en payer la valeur, que le jugement fixe au moins à 5o fr. (4).

---

(1) Art. 3.

(2) Art. 5. *Sirey*, tom. 10. p. 264.

(3) Arrêt de Cass. du 10 février 1809. *Sirey*, tom. 10. p. 264.;
tom. 7. suppl. p. 824.; tom. 17. p. 87.

(4) Décret du 4 mai 1812. *Sirey*, loc. cit.

27. Faute de paicment de l'amende dans la huitaine de la signification du jugement, le condamné est contraint par corps pour vingt-quatre heures la première fois, huit jours la seconde, et pour trois mois pour les autres contraventions (1).

28. On a douté long-temps si la Loi du 30 avril 1790 embrassait, quant à la pénalité, les chasses royales, ou si l'Ordonnance de 1669 devait être encore exécutée à leur égard. Les Tribunaux dans le ressort desquels se trouvent des bois royaux ou de la couronne, ainsi que ceux où sont des bois de l'État, suivaient une jurisprudence différente. Les uns appliquaient la Loi du 30 avril aux forêts de la couronne ; d'autres appliquaient l'Ordonnance aux bois de l'État : ils ont été ramenés à une jurisprudence uniforme par l'Arrêt de la Cour de Cassation du 30 mai 1822 (2). Suivant cet Arrêt, les délits de chasse commis dans les forêts royales ou de la couronne sont punissables des peines portées par l'art. 4, tit. 30, de l'Ordonnance de 1669, c'est-à-dire, de 100 fr. d'amende et de punition corporelle, s'il y échoit. Ces forêts exigent,

---

(1) L. du 30 avril 1790, art. 4.

(2) *Sircy*, tom. 22. p. 280.

en effet, une protection plus spéciale, parce
que les délits qui s'y commettent troublent les
plaisirs du Monarque et font naître des inquié-
tudes sur sa personne; tandis que les délits de
chasse dans les forêts de l'État ne sont punissables que selon la Loi du 30 avril, dont nous venons d'exposer les peines.

29. Non-seulement tout propriétaire peut
chasser chez lui, mais il peut céder, vendre
ou affermer la chasse, comme tout autre droit
réel (1).

Mais le droit de chasser n'est compris dans le
bail d'une terre qu'autant qu'il a été expressément conféré au fermier (2).

Les particuliers peuvent donc aujourd'hui faire
entre eux ce que les seigneurs faisaient autrefois
pour s'épargner réciproquement l'incommodité
de fréquentes interruptions dans le cours de la
chasse; ils peuvent convenir de ne point respecter leurs limites respectives, et de chasser indif-
féremment sur les fonds les uns des autres. Ces
sortes de conventions n'auraient rien d'illicite ;
mais elles ne seraient obligatoires qu'aussi long-

(1) L'art. 1er de la Loi de 1790 le suppose, puisqu'il ne défend
de chasser sur le terrain d'autrui qu'avec la restriction *sans le
consentement* du propriétaire. *Sirey*, tom. 14. part. 2. p. 123.

(2) *Sirey*, tom. 12. part. 2. p. 323.

temps que chacun des propriétaires persisterait dans son consentement, à l'exemple de ce qui se pratiquait entre les anciens seigneurs : chacun d'eux était toujours libre de faire cesser la jouissance commune, du moment qu'elle ne lui convenait plus.

30. On voit par là que la chasse sur le terrain d'autrui ne constitue point, par elle-même, un délit public, quand elle n'est accompagnée d'aucune autre circonstance. Elle ne donne pas jour à l'action du ministère public, si le propriétaire du terrain ne réclame pas ; elle n'est délit qu'à défaut de consentement du propriétaire(1).

C'est pour cela que le délit de chasse sur le fonds d'autrui avec des levriers seulement, et en temps non prohibé, ne comporte pas une poursuite correctionnelle, lorsque le propriétaire ne se rend pas partie civile (2).

31. Si celui qui chasse avec son autorisation commet quelque dommage, le propriétaire qui l'a donnée ne peut s'en plaindre; il n'a que la voie civile en réparation (3).

---

(1) L. du 3o avril 1790, art. 8. — M. *Henrion*, p. 289. — *Sirey*, tom. 8. p. 258; tom. 10. p. 297 ; tom. 15. p. 197.

(2) *Sirey*, tom. 15. p. 197.

(3) *Sirey*, tom. 10. p. 297.

40

32. Le propriétaire ne peut chasser sur son propre terrain qu'en se conformant aux lois de police qui forment ces lois particulières auxquelles le Code Civil (art. 715), d'accord avec le Décret de 1789, subordonne l'exercice du droit de chasse.

Ces lois ont trois objets : la conservation des productions de la terre, celle du gibier, et la sûreté publique.

33. Sous le premier rapport, la chasse est interdite, même au propriétaire, dans ses terres ensemencées non closes, fussent-elles en jachère depuis que le blé est en tuyau, et dans les vignes, depuis le 1er avril jusqu'à leur dépouille, c'est-à-dire jusqu'à la vendange.

L'Ordonnance de 1669, tit. 30, art. 18, punissait ce délit de la privation du droit de chasse et de 500 fr. d'amende ; la Loi de 1790 le punit de 20 francs d'amende ; elle ne fixe pas la durée de la suspension de l'exercice du droit de chasse ; elle autorise les préfets à la fixer : c'est ce qu'ils font par des Arrêtés annuels, qui ordinairement interdisent la chasse depuis le premier jour de carême jusqu'au 1er août.

Qu'on ne s'étonne pas de voir la Loi plus soigneuse des récoltes d'un particulier que le propriétaire lui-même. D'un côté, le propriétaire ne peut pas chasser chez lui sans pousser le gibier et ses chiens sur les terres de ses voisins, ce qui endommage leur récolte ; de l'autre, cette défense a aussi pour objet la conservation du gibier, qui peuple dans cet espace de temps.

34. Elle ne s'applique ni à la chasse des lacs ou des étangs, ni à celle dans les propriétés closes de murs ou de haies vives dont il n'est pas à craindre que les chiens ou le gibier se répandent sur les terres du voisin (1).

35. Elle n'a pas lieu non plus dans les bois où le propriétaire, autre que le simple usager, peut chasser en tout temps, pourvu que ce soit sans chiens courans (2), qui feraient lever le gibier et le pousseraient sur les terres ensemencées ou dans les vignes.

36. Cette exception est personnelle au propriétaire ; il n'y a que lui qui puisse chasser dans ses bois en temps prohibé, ou ceux à qui il le permet : les étrangers qui y chassent sans sa permission sont passibles de l'amende de 20 fr., et peuvent être poursuivis d'office par le ministère public (3).

_____

(1) L. de 1790, art. 13.
(2) Art. 14.
(3) Ainsi jugé par Arrêt de la Cour d'Aix (chambre correctionnelle) le 26 août 1819.

37. La prohibition ne s'applique également
pas au propriétaire ou fermier qui détruit le
gibier dans ses récoltes non closes par des filets
ou autres engins qui ne peuvent nuire aux fruits
de la terre (1).

38. La prohibition de la chasse en certain
temps a aussi pour objet la conservation du
gibier, qu'on dépeuplerait bientôt si on chassait dans le temps de l'accouplement ou de l'é-
ducation des petits. C'est pour cela que la chasse
au cerf est interdite depuis le 1er mai jusqu'au
14 septembre, et celle à la biche, depuis le
1er octobre jusqu'au 1er mars. Un Arrêt de réglement du Parlement de Provence du 16 mars
1751 interdisait la chasse aux perdrix, même à
ceux qui avaient droit de chasse, et leur exposition en vente, depuis le premier jour de carême jusqu'au 31 juillet, à peine de 100 francs
d'amende, de confiscation du gibier et du fusil.

39. La chasse se fait de plusieurs manières,
au tir, au courre, avec ou sans chiens, aux colliers, aux filets, etc.

Toutes ces manières de chasser sont soumises
aux mêmes lois et aux mêmes prohibitions,

---

(1) Art. 15.

sauf la première, qui est soumise à des règles particulières.

Ainsi, par Arrêt du 7 novembre 1818, rendu par la Cour d'Aix, il fut jugé, contre des jeunes gens de Lançon, que la course des perdreaux était interdite à chacun en temps prohibé, à peine d'une amende de 20 francs, augmentée d'une indemnité de 10 francs quand elle était faite sur le terrain d'autrui sans la permission du propriétaire.

La même chose fut jugée l'année suivante, c'est-à-dire, le 26 août 1819, contre des particuliers qui faisaient la course des perdreaux dans le terroir d'Aix, sur des collines appartenant à divers.

Ces Arrêts ne sont que l'application des anciennes Ordonnances (1) et des nouvelles Lois qui interdisent toute espèce de chasse sur les terrains d'autrui.

4O. On doit mettre au premier rang des prohibitions dictées pour la sûreté publique, l'interdiction de l'usage des torches ou perches enflammées que les chasseurs promènent pendant la nuit dans les bois pour tromper le gibier et l'attirer hors de ses retraites. L'incendie que ce

_____

(1) Ordonnance de 1669, tit. 30. art. 12.

procédé peut occasionner l'a fait défendre, à
peine de 100 fr. d'amende (1).

41. C'est aussi par le même motif de sûreté
publique que la chasse au fusil est interdite à
ceux qui n'ont pas un permis de port d'armes.

42. De droit commun, tout Français peut,
en voyage, porter des armes sans permission
particulière (2); il n'y a d'excepté que les gens
dont parle la Loi du 10-20 août 1789, c'est-
à-dire, les gens sans aveu, sans métier ni pro-
fession et sans domicile constant.

Mais autre chose est porter en voyage des
armes pour sa sûreté personnelle, autre chose
les porter pour se donner le plaisir de la chasse.

Dans le premier cas, on use d'une faculté
de droit commun et même de droit naturel,
en ce sens que chacun est libre de veiller à
sa sûreté.

Mais dans le second, c'est un plaisir qu'on se
donne, ou une industrie qu'on exerce; ce qu'on
ne peut faire qu'en acquittant l'impôt établi
par la Loi sur cette jouissance ou cette industrie, dont il est trop facile d'abuser pour que
l'exercice en soit entièrement libre.

---

(1) Ordonnance de 1669, tit. 30. art. 4.
(2) Avis du Conseil d'État du 17 mai 1811.

Un Décret du 4 mai 1812 a puni la chasse sans permis de port d'armes d'une amende de 30 à 60 francs, et la récidive, d'une amende de 60 à 200 francs. Les tribunaux peuvent même, en récidive, prononcer un emprisonnement de six jours à un mois.

Il s'agit ici d'un délit public qui peut et doit être poursuivi correctionnellement par le ministère public (1).

43. Ce Décret ne distingue pas les chasses sur le terrain d'autrui, ou en temps prohibé, de la chasse sur ses propres terres; il dit généralement : *Quiconque sera trouvé chassant sans port d'armes.*

De la généralité de cette disposition est né la question de savoir si, pour chasser chez soi, il fallait avoir un permis de port d'armes, ou si le Décret n'était applicable qu'à celui qui chassait sur le terrain d'autrui.

Il n'est pas douteux que si le Décret était borné à la chasse sur le terrain d'autrui, il y aurait moins de demandes en permis de port d'armes, et que cette branche de revenu serait extrêmement amoindrie.

Mais ce n'est pas sous le rapport de la fis-

---

(1) *Sirey*, tom. 8. p. 259.

calité que cette question doit être examinée ;
c'est uniquement sous celui de l'intérêt public
et de la police.

La Loi permet à chacun de détruire le gibier
sur ses possessions. Cette permission n'emporte
pas nécessairement le droit de chasse au tir,
puisqu'il est tant d'autres moyens de détruire
le gibier. Il n'est qu'un cas où l'emploi des
armes à feu soit libre ; c'est, selon l'art. 15
de la Loi de 1790, celui où il s'agit de repousser les bêtes fauves qui se répandraient
dans les récoltes.

La permission générale de détruire le gibier
sur ses possessions est, d'ailleurs, accompagnée
de la condition de se conformer aux lois de
police relatives à la sûreté publique. On ne
rencontrerait dans les campagnes que des gens
armés, si, sous prétexte de cette permission,
chacun pouvait porter des armes en allant visiter ou cultiver ses propriétés ; et l'on sent
quels dangers courrait la sûreté publique, si
l'autorité ne resserrait le cercle des chasseurs.

La chasse sur son héritage est bien un fait
licite, mais la chasse *au fusil* n'est licite que
pour celui qui a rapporté, non la permission
de chasser, mais la permission de porter des
armes en chassant.

Si la nécessité de cette permission était restreinte à la chasse sur le terrain d'autrui, elle serait illusoire ; car aucune autorité ne peut aujourd'hui permettre à un particulier de faire des excursions de chasse chez ses voisins.

Elle le serait tout autant si on en restreignait l'application à la chasse en temps prohibé, puisque, quelque permission qu'on ait, on ne peut chasser dans le temps où la chasse est interdite.

C'est donc pour le cas le plus fréquent, pour le seul cas où l'on puisse s'en servir, que le permis du port d'armes est exigé.

Le Décret l'a réuni au fait de chasse, *quiconque sera trouvé chassant,* pour qu'on ne pût pas induire de sa disposition qu'elle interdisait aux Français non vagabonds, le droit dont ils ont toujours joui, de voyager armés.

Mais il ne l'a pas limité au fait de chasse sur le terrain d'autrui ou en temps prohibé, parce que l'un et l'autre faits étant légalement impossibles, n'exiger que pour eux le permis du port d'armes eût été ne l'exiger jamais.

44. Le fait de chasse peut donc renfermer trois délits : délit de chasse sur le terrain d'autrui sans la permission du propriétaire, puni d'une amende de 20 francs envers la commune, et d'une indemnité de 10 francs envers le propriétaire ;

Délit de chasse en temps prohibé, puni d'une pareille amende de 20 francs;

Délit de chasse au tir sans permis de port d'armes, puni d'une amende de 30 à 60 francs.

45. Quand ce fait renferme les trois délits, ou un des deux premiers et le troisième, les tribunaux appliquent une des amendes de la Loi de 1790, et celle du Décret de 1812; et si, en cela, ils s'écartent de la disposition de l'art. 365 du Code d'Instruction criminelle, qui veut qu'en cas de conviction de plusieurs crimes ou délits, la peine la plus forte soit seule prononcée, c'est que l'art. 4 du Décret de 1812 veut qu'outre la peine du port d'armes sans permis, le chasseur soit puni des peines portées par la Loi du 30 avril 1790.

Mais, hors de ce cas, le cumul des peines ne doit point avoir lieu. Ainsi, celui qui est trouvé chassant sans permis de port d'armes, dans une forêt royale, est passible de l'amende de 100 francs prononcée par l'Ordonnance de 1669; mais il ne l'est pas de celle de 30 à 60 francs, portée par le Décret de 1812 (1). La dérogation au principe général du Code d'Instruction criminelle doit demeurer restreinte au cas pour lequel elle a été faite.

---

(1) Arrêt de Cassat. du 4 mai 1821. *Sirey*, tom. 21. p. 368.

46. Le permis de port d'armes est nécessaire pour la chasse au tir dans ses possessions non closes ; mais il n'en est pas de même pour la chasse dans les possessions closes, et, à plus forte raison, pour la chasse à la cabane, où le chasseur, renfermé, loin de chercher et lever le gibier, attend paisiblement qu'il vienne se poser sur l'arbre où il a placé son cimeau. Ce n'est point une chasse proprement dite ; il n'y a même pas de port d'armes, car la cabane est l'habitation, quoique momentanée, du chasseur ; et s'il est défendu de vaguer armé dans les champs sans permis, il ne l'est pas d'avoir chez soi des armes pour se défendre ou pour tuer les animaux ou les oiseaux qui viennent sur ses possessions. *Le port et l'usage d'armes dans une habitation ne peut être considéré comme un fait de chasse*, a dit la Cour de Cassation dans son Arrêt du 21 mars 1823 (1). Celui qui n'a des armes que dans son enclos ou dans sa cabane, offre à la société une garantie bien plus rassurante que celui qui a payé un permis de port d'armes. C'est par ces motifs que, par Arrêt du 18 janvier 1822, la Cour Royale d'Aix, chambre des appels de police correctionnelle, confirma un jugement du Tribunal correctionnel de Marseille

_____

(1) *Sirey*, tom. 23. p. 242.

qui avait acquitté le nommé Benoît Guizo , prévenu, à la requête du ministère public , du délit
de chasse sans permis de port d'armes dans une
propriété close attenant à l'habitation dont il
était fermier , avec permission du propriétaire
d'y chasser et tuer le gibier. Le procureur général se pourvut contre cet Arrêt ; mais son
pourvoi fut rejeté par Arrêt de la Cour de Cassation du 22 février suivant.

Cette Cour paraît avoir contredit sa jurisprudence par son Arrêt du 20 juin suivant (1) ;
mais , lors de ce dernier Arrêt , il s'agissait
d'une cabane qui, n'étant couverte que de feuil-
lages , n'était ni habitée ni destinée à l'habitation , circonstance qui paraît avoir fait impression ; en quoi nous osons dire qu'il nous paraît
qu'elle s'est écartée de l'esprit de la législation ,
puisque les art. 390 et 392 du Code Pénal réputent *maison habitée* les cabanes mobiles , et
dépendans de maison habitée , les parcs mobiles,
par cela seul qu'ils sont attenans aux cabanes
mobiles *ou autres abris destinés aux gardiens.*

47. Le délit de chasse se prouve par les rapports écrits ou verbaux des officiers de police
judiciaire et des gardes champêtres ou forestiers,

---

(1) *Sirey* , ibid. , p. 383.

ou , à défaut , par la déposition de deux témoins (1).

48. L'action est prescrite par un mois , à
compter du jour où le délit a été commis (2);
elle peut être intentée à la requête du ministère public , quand il s'agit d'un délit de chasse
en temps prohibé ou sans permis de port d'armes : hors de ce cas , et quand il n'est question
que du fait de chasse sur les possessions d'autrui,
elle ne peut l'être que sur la plainte du propriétaire , ainsi que nous l'avons dit n° 30.

49. Dans ces délits , comme dans tous les
délits ruraux , les pères et mères sont civilement responsables du fait de leurs enfans mi-
neurs de 20 ans, non mariés et domiciliés avec
eux, sans pouvoir cependant être contraints par
corps (3).

§ V.

Du droit de Garenne.

50. Il est deux espèces de garennes : les garennes fermées , et les garennes ouvertes.

_____

(1) Loi du 30 avril 1790, art. 10 et 11.
(2) Art. 12.
(3) Art. 6.

Les premières ne pouvant jamais occasionner aucun dommage aux propriétés voisines, ont toujours été permises dans les campagnes comme dans les villes.

Il n'en est pas de même des garennes ouvertes : le droit d'en avoir était autrefois, comme le droit de chasser, un des attributs particuliers de la justice. Mais, à raison des dégâts que les lapins causent dans les champs, ce droit ne pouvait être exercé, la garenne autorisée ne pouvait être augmentée, qu'avec l'expresse permission du Roi, qui ne l'accordait que sur une information *de commodo et incommodo*, après avoir entendu les voisins et s'être assuré que le seigneur avait autour de sa garenne une quantité suffisante de terres pour nourrir ses lapins. Les habitans pouvaient même former opposition aux lettres patentes qui permettaient l'établissement de la garenne ; et si, malgré ces précautions, les lapins causaient des dommages aux propriétés voisines, le seigneur était tenu de les payer : la permission en portait une clause expresse. S'ils recevaient trop de dégât, on ordonnait la destruction de la garenne, en permettant à chacun d'y chasser, même avec furets et poches, comme le dit l'Ordonnance de 1669 ; ce qui n'était que l'application aux garennes du principe général posé liv. 1, tit. 1, ch. 6, n° 13.

51. Le privilége exclusif des garennes ouvertes a été aboli par l'art. 3 du Décret du
11 août 1789. Chacun est, dès ce moment,
devenu maître d'en former dans ses propriétés ;
mais elles ne sont pas moins assujetties aux mesures de police établies dans l'intérêt des propriétés voisines. Les voisins peuvent aujourd'hui,
comme autrefois, provoquer la destruction d'une
garenne qui menacerait leurs productions d'un
préjudice notable.

52. Ils peuvent s'opposer à son établissement
s'il est vérifié que le propriétaire n'a pas autour de sa garenne une assez grande quantité
de terrain pour fournir à la nourriture de ses
lapins, et d'une étendue propre à faire penser
qu'ils ne se répandront pas sur les héritages
voisins. Les Coutumes d'Anjou, art. 32, et de
Tours, art. 13, fixent à environ 534 mètres
la distance qu'il doit y avoir de la garenne au
champ des voisins.

53. Si, malgré ces précautions, les lapins
causent du dommage sur l'héritage voisin, le
propriétaire de la garenne en doit l'indemnité ;
et si le dommage est considérable et se répète
souvent, la garenne est supprimée (1). Laro-

(1) *Infrà*, liv. 4. tit. 3. ch. 3. n° 25.

cheflavin (1) rapporte un Arrêt qui, en con-
damnant le seigneur à payer le dommage causé
par ses lapins, lui fit injonction « de tenir
« ses garennes tellement chassées et châtrées
« de conils, qu'ils ne puissent porter de dom-
« mage aux voisins, ou de semer aux environs
« suffisante quantité de grains pour leur nour-
« riture. »

54. Les lapins d'une garenne ouverte sont
considérés comme animaux domestiques, à l'instar des pigeons d'un colombier et des poissons
d'un étang. Il est défendu à chacun, même
au fermier de la terre, d'y aller chasser sans
la permission du propriétaire. Mais, hors de
la garenne, ils prennent la nature de gibier,
que chacun peut tuer sur sa propriété, comme
tout animal sauvage. Quand ils s'échappent d'une
garenne pour aller dans une autre, ils appartiennent au propriétaire de cette dernière, pourvu
qu'ils n'aient point été attirés par fraude et artifice (2).

§ VI.

Du droit de Pêche.

55. Le droit de pêche, comme celui de

---

(1) Des Droits Seigneuriaux, ch. 27. art. 5.
(2) Cod. Civ., art. 564.

chasse, après avoir été long-temps un droit seigneurial, est, comme lui, devenu un attribut inhérent à la propriété rurale : ces deux droits dérivent du même principe, et sont soumis à peu près au même régime.

56. La pêche des rivières navigables fait partie des revenus de l'État, elle n'est permise qu'au fermier ou au porteur d'une licence du Gouvernement, nonobstant tous titres et possessions contraires (1).

Celui qui, sans bail ni licence, pêche dans ces rivières, est puni d'une amende de 5o à 200 francs, avec confiscation des filets et engins de pêche, et d'une indemnité envers le fermier égale à l'amende (2).

L'amende est double en cas de récidive.

Mais la pêche à la ligne flottante et à la main est permise à chacun, suivant le même article.

57. Dans les rivières non navigables, la pêche appartient au propriétaire du fonds qu'elles traversent; et quand elles ne font que le longer, elle appartient à chacun des riverains jusqu'au

---

(1) L. du 14 floréal an 10 (4 mai 1802), tit. 5. art. 12. — Avis du Conseil d'État des 3o messidor et 11 thermidor an 12 (19 et 3o juillet 1804). — *Sirey*, tom. 7. part. 2. p. 1097.

(2) Même Loi, art. 14.

fil de l'eau (1). Le droit de pêche a ainsi exae-
tement la même étendue que le droit de propriété, dont il dérive : *Flumina non naviga-*
bilia sunt dominorum per quorum territorium
fluunt, atque ideò jus piscandi ad eos perti-
net (2).

58. Il tient tellement à la propriété du terrain, qu'il ne peut être aliéné séparément (3),
même en faveur du propriétaire de la rive opposée à celle du vendeur ; ce qui n'empêche
pas qu'il ne puisse être affermé indépendamment du terrain, car la ferme n'est qu'un mode
de jouissance.

59. Mais peut-on l'acquérir par prescription ?
Fournel, du Voisinage, tom. 2, p. 330, tient
que le droit de pêche dans la rivière d'autrui
ne s'acquiert point par la prescription, fût-elle
immémoriale, à moins qu'il n'y ait eu contradiction ; auquel cas la prescription s'obtient par
une jouissance paisible de 30 ans *à die contradic-*
tionis.

(1) Décret du 6 juillet 1793. — Avis du Conseil d'État du 30
pluviose an 13. — Décret du 12 avril 1812. — *Sirey*, tom. 5
suppl., p. 435. — M. *Henrion*, p. 285.
(2) *Ferrière, sur Guypape*, quest. 114.
(3) Avis du Conseil d'État du 19 octobre 1811. — *Sirey*, tom. 12.
part. 2. p. 141.

Cette doctrine paraît certaine pour la pêche des étangs et des cours d'eau entièrement propres et patrimoniaux à un particulier.

Mais sur les cours d'eau qui ne sont sa propriété qu'à raison de ce qu'ils avoisinent son héritage, puisqu'il ne pourrait en aliéner la pêche séparément, il ne peut la laisser prescrire, même après la contradiction. Les choses inaliénables sont imprescriptibles ; car la prescription n'est un moyen d'acquérir d'un côté que parce qu'elle est un moyen d'aliéner de l'autre.

60. Quelques communes avaient essayé de faire tourner à leur profit l'abolition du droit de pêche, et se l'étaient approprié, au préjudice des riverains ; mais le Conseil d'État, par son Avis du 27-30 pluviose an 13 (16 février 1805), fit justice de cette prétention, et consacra la propriété des riverains.

61. Il n'est qu'un cas où les communes puissent se prétendre propriétaires de la pêche ; c'est celui où, dans les biens communaux, se trouve une rivière poissonneuse. La pêche, dans ce cas, leur appartient, mais collectivement en corps de commune, sans qu'aucun habitant puisse y pêcher individuellement, même à la ligne, sous peine de 30 francs d'amende et un mois

de prison pour la première fois, et de 100 francs
d'amende et bannissement de la paroisse, en récidive (1).

· La commune est obligée d'affermer sa pêche
aux enchères, et elle ne peut avoir plus de deux
fermiers (2).

62. Quant à la peine de celui qui pêche
dans les étangs et rivières des particuliers, la
Loi n'a établi aucune peine différente de celles
établies pour la pêche dans les rivières navigables, parce que l'art. 5 du tit. 26 de l'Ordonnance de 1669 autorise tous particuliers « à
« faire punir les délinquans en leurs bois, ga-
« rennes, étangs et rivières, même pour la
« chasse et pour la pêche, des mêmes peines
« et réparations ordonnées pour les eaux et
« forêts, chasses et pêcheries de l'État ». En
sorte que tout propriétaire peut faire punir les
délinquans dans ses étangs et rivières, des peines
et réparations ordonnées pour les mêmes délits
dans les rivières navigables (3).

63. « La suppression du droit exclusif de
« pêche n'a pas entraîné l'abrogation des règles

(1) Ordonnance de 1669, tit. 25. art. 18.
(2) Même Loi, art. 17.
(3) Arrêt de Cassat. du 27 décemb. 1810. *Sirey*, tom. 11. p. 138.

« établies pour la conservation du poisson et
« le maintien de l'ordre et des propriétés (1): »
Le pêcheur est, comme le chasseur, soumis à
des lois de police (2) et aux réglemens et usages locaux (3). Il est même pour la pêche une
raison de plus d'en maintenir l'exécution : chaque propriétaire de la portion de rivière qui
avoisine son héritage, n'a qu'une jouissance locale et temporaire du poisson, qui, sortant de
ses eaux, cesse de lui appartenir. Si l'exercice
de son droit de pêche était illimité, il pourrait
abuser de sa situation pour envahir le droit du
propriétaire inférieur. La première règle de
toute possession commune à plusieurs, est que
chacun use de sa portion de manière à ne pas
empiéter sur celle de ses voisins, ou à nuire à
leurs jouissances.

C'est de ce principe que découlent les lois
et les réglemens qui, pour l'intérêt de tous,
ont borné la liberté de chacun, et déterminé
le temps et les engins qu'on pouvait employer à
la pêche.

---

(1) **Arrêté** du Directoire exécutif du 28 messidor an 6. — Avis
du Conseil d'État du 27 pluviose an 13.

(2) *Cod. Civ.*, art. 715.

(3) Arrêt de Cassat. du 20 décembre 1810. *Sirey,* tom. 11. p. 244.

64. Elle est interdite dans le temps du frai, qui est déclaré dans chaque département par l'autorité administrative, sous peine d'une amende. de 20 francs et d'un mois de prison. Cette peine est doublée en cas de récidive (1).

Elle l'est aussi avant le lever et après le coucher du soleil, excepté aux arches des ponts, aux moulins et aux gords où se tendent des dideaux (2).

65. On ne peut la faire, soit dans les rivières navigables, soit dans celles qui ne le sont pas, avec des filets, engins ou instrumens prohibés, et ce sont tous ceux qui, par la petitesse de leurs mailles, ou par leur construction, sont propres à dépeupler la rivière, à peine d'une amende de 100 francs pour la première fois, et d'une punition corporelle pour la seconde (3).

Les engins doivent, en outre, être brûlés; et les juges ne peuvent modérer la peine sans

---

(1) Ordonnance de 1669, tit. 31, art. 6.

(2) Même Ordonnance, art. 6. — Les *dideaux* sont de grands filets en forme de chausse, attachés à des pieux plantés dans la rivière en forme d'entonnoir : ces pieux sont ce que l'Ordonnance appelle *gords*.

(3) Ordonnance de 1669, tit. 31, art. 10. — M. *Henrion*, p. 289. — Arrêts de Cassat. du 20 février 1812 et 21 juin 1821. *Sirey*, tom. 12. p. 334, et tom. 21. p. 313.

encourir la suspension de leur charge pendant une année (1).

66. A plus forte raison ne peut-on pas jeter dans une rivière de la chaux, des noix vomiques, coques du Levant, et autres drogues et appâts propres à faire mourir le poisson, ni même y faire rouir du chanvre ou du lin, ce qui produit le même effet, et expose à une punition corporelle (2).

67. Quand il y a cumulation de délits, c'est-à-dire, pêche sans droits et pêche avec engins prohibés, les tribunaux doivent toujours appliquer la peine de l'Ordonnance de 1669, qui est fixée à 100 francs, tandis que celle de la Loi du 14 floréal peut n'être que de 50 francs (3).

68. La pêche dans un temps prohibé ou non avec des engins défendus, constitue un délit public qui doit être poursuivi à la requête du ministère public, sauf aux riverains à se rendre partie pour leurs dommages-intérêts (4).

---

(1) Ordonnance de 1669, art. 25.
(2) Même Ordonnance, art. 14, et *Joussé*, ibid. — *Acte du Gouvernement* du 28 messidor an 6.
(3) Arrêt de Cassat. du 2 mars 1809. *Sirey*, tom. 9. p. 289.
(4) Arrêt de Cassat. du 21 février 1812. *Sirey*, tom. 12. p. 338. — M. *Henrion*, p. 287.

69. Hors de ces cas, les délits de pêche doivent, comme ceux de chasse, être poursuivis à la requête des particuliers qui en ont souffert (1).

70. La police, la surveillance et la conservation de la pêche sont exercés par l'administration forestière (2).

Les délits sont poursuivis de la même manière que les délits forestiers (3).

Ils sont de la compétence des tribunaux, et se prescrivent par trois mois (4).

CHAPITRE V.

Des Accroissemens.

I. La propriété d'un héritage n'est point bornée à ce qui le compose ; elle s'étend à toutes les augmentations qui s'y rattachent par adjonction, extension ou incorporation.

---

(1) M. *Henrion*, p. 287.
(2) L. du 14 floréal an 10. art. 17. tit. 5.
(3) Art. 15.
(4) L. du 7 septembre 1790, tit. 14. — Arrêt de Cassat. du 8 septembre 1820. *Sirey*, tom. 21. p. 18.

Quand ces augmentations sont lentes et insen-
sibles, on les appelle *alluvion;* quand elles sont
subites et reconnaissables, elles prennent le nom
d'*atterrissement* ou d'*îles*, suivant qu'elles sont
sur les bords ou dans le lit d'une rivière,

§ Ier.

De l'Alluvion.

2. L'alluvion est l'accroissement successif et
imperceptible que les eaux donnent à un fonds,
soit par leur retraite, soit par les terres nouvelles qu'elles y déposent: *Incrementum latens, quod
ita paulatim adjicitur, ut intelligi non possit
quantum quoquo temporis momento adjiciatur* (1).

3. L'alluvion est un moyen d'acquérir admis
par le droit des gens; elle profite au riverain,
quelle que soit la classe de la rivière qui la
forme, qu'elle soit navigable ou qu'elle ne le
soit pas (2); et c'est justice de même que ni
l'État ni le propriétaire de la rivière n'indem-
nisent le riverain des rognures qu'elle fait à son

---

(1) § 20. *Inst. de Rer. divis.* — *Cod. Civ.*, art. 556.
(2) *Inst.* et *Cod. Civ.*, ibid.

terrain, de même ils ne doivent **pas** lui envier les terres qu'elle lui apporte.

4. Seulement, si c'est une rivière navigable ou flottable qui procure l'alluvion, le riverain doit toujours laisser sur son bord le marche-pied ou chemin de halage (1).

5. La contiguïté est le titre du propriétaire riverain ; elle n'est point altérée par l'existence d'un chemin public entre son fonds et la rivière, ni par celle d'un rivage, d'un aquéduc ou d'un fossé : ce ne sont là que des servitudes présumées établies sur son fonds qui n'empêchent pas que la propriété n'en réside toujours sur sa tête, et qui ne le séparent pas de la rivière (2).

6. L'alluvion profite exclusivement à celui qui possède au moment où elle s'opère, quelque récente que soit son acquisition, sans que le précédent propriétaire puisse en tirer avantage, même pour se dispenser de fournir au possesseur la mesure à lui promise dans le contrat de vente.

---

(1) *Cod. Civ.*, art. 556. — *Infrà*, tit. 3. ch. 3. des Servitudes, n° 61.

(2) *Sirey*, tom. 22. part. 2. p. 32.

Elle a lieu aux champs limités comme à ceux qui ne le sont pas ; elle profite à l'usufruitier et au fermier (1).

7. Elle n'a pas lieu à l'égard de la mer, dont les lais et relais sont une dépendance du domaine public (2), que le Gouvernement peut concéder sans avoir besoin de l'intervention du corps législatif, suivant l'art. 41 de la Loi du 16 septembre 1807 (3).

8. En général, l'alluvion n'a point lieu sur les eaux privées, ni, par conséquent, sur les lacs et les étangs qui ont ce caractère. Leur propriétaire conserve toujours le terrain que l'eau couvre quand elle est à la hauteur de la décharge de l'étang, et réciproquement le propriétaire de l'étang n'acquiert aucun droit sur les terres que son eau vient à couvrir dans des crues extraordinaires.

Mais, ainsi que nous l'avons dit (4) d'après Cœpola et M. de Malleville, cela ne doit s'entendre que des lacs et étangs particuliers : dans

---

(1) *Cod. Civ.*, art. 596.
(2) Art. 538.
(3) *Suprà*, tit. 1. ch. 1 n° 8.
(4) Tit. 1. ch. 4. n° 9.

les lacs et les étangs publics, l'alluvion a lieu comme sur les rivières publiques.

9. Les bois produisent souvent des accrois-semens qui ressemblent assez à ceux que les eaux opèrent. Il se forme quelquefois sur leurs rives une extension d'arbres qu'on appelle *accrue*, qui est aux bois ce que l'alluvion est aux fleuves et rivières, c'est-à-dire, que, quoiqu'elle soit pro-duite par le bois, quoiqu'elle ne soit bien évi-demment que le fruit de l'expansion des racines ou des semences emportées par les vents, elle n'appartient point au propriétaire du bois ; elle devient la propriété de celui qui possède le ter-rain sur lequel elle se forme, par l'effet de la règle *Omne quod solo inhœret solo cedit.*

Cependant, après trente ans de silence du propriétaire du terrain, l'accrue devient la pro-priété du maître du bois, à moins qu'il n'y ait eu des marques séparatives entre le bois et l'hé-ritage voisin (1).

L'accrue ainsi réunie au bois par la possession trentenaire, en prend la qualité et en suit la nature et les conditions (2).

_____

(1) Coutume de Bourgogne, ch. 13. art. 3.
(2) Coutume de Clermont, ch. 20. art. 12.

§ II.

De l'Atterrissement.

10. L'atterrissement est l'adjonction subite d'une portion reconnaissable de terrain à un autre : *Si vis fluminis de tuo prædio partem aliquam detraxerit, et vicini prædio attulerit* (1).

Il ne faut le confondre ni avec l'alluvion, qui n'est qu'un accroissement insensible, ainsi qu'il vient d'être dit, ni avec les changemens de lit des rivières ou torrens, dont nous avons parlé tit. r, ch. 4, n° 3.

11. Quand l'accroissement a lieu dans le lit même de la rivière, il forme alors une île : nous nous en occuperons dans le § 3 de ce chapitre.

Quand il se forme sur ses bords, il peut avoir lieu par *adjonction* ou *extension*, ou par *superposition*, c'est-à-dire, que la partie amenée par les eaux peut n'être que jointe à un autre fonds, et qu'elle peut y être superposée ou jetée dessus.

12. Par lui-même l'atterrissement n'altère pas la propriété, mais il peut l'altérer par ses suites.

_____

(1) *Inst. de Rer. divis.*, § 21. — *Cod. Civ.*, art. 559.

Le propriétaire du terrain enlevé peut le réclamer, quand il s'agit d'une *partie considérable et reconnaissable* de son champ (1); mais il perd son droit de propriété, s'il garde le silence pendant long-temps, *longiore tempore.*

La Loi Française lui donne pour réclamer moins de temps que la Loi Romaine ; elle veut qu'il forme sa demande dans l'année (2); ce délai passé, il perd sa propriété, si le possesseur du champ à qui la partie enlevée a été jointe en a pris possession.

13. L'atterrissement par superposition est, sauf quelques modifications, régi par les mêmes principes.

S'agit-il de terres grasses ou autres objets que les pluies entraînent des champs élevés et portent dans les champs plus bas ?

Ou ces objets s'incorporent de suite avec ces champs, et alors c'est alluvion : la propriété de ces objets est tout de suite acquise au propriétaire du champ inférieur, en compensation des dégâts que les eaux des héritages supérieurs causent souvent aux inférieurs (3).

---

(1) *Inst. de Rer. divis.*, § 21. — *Cod. Civ.*, art. 559.

(2) *Inst.* et *Cod. Civ.*, loco cit.

(3) *Suprà*, tit. 1. ch. 4. nº 99.

Ou ces objets ne s'incorporent pas sur-le-champ, et sont reconnaissables.

Tant qu'ils ne sont pas unis au fonds, *si non coaluerint*, leur propriétaire peut les revendiquer et les enlever. Ainsi, l'arbre porté d'un champ sur l'autre peut être repris par son ancien propriétaire, *donec radices egerit*, dans le champ du nouveau (1), mais à la charge de payer le dommage à celui-ci (2).

Le propriétaire de l'objet ainsi transporté peut même être forcé par celui du champ à l'enlever et à payer le dommage (3).

Mais ne peut-il pas se soustraire à cette double obligation en abandonnant l'objet? L'affirmative paraît indubitable, à l'exemple de ce qui se pratique pour les animaux qui ont fait des dégâts, sans qu'aucun reproche puisse être fait à leur conducteur (4).

14. Suivant le Droit Romain, le droit de revendication dure tant que le fonds et la chose

(1) *Inst. de Rer. divis.*, § 21. — L. 26. § 2. ff. *de Acq. Rer. domin.* — L. 9. § 2. ff. *de Damn. infect.* — L. 4. § 2. ff. *de Reb. cedit.*

(2) L. 9. § 3. ff. *de Damn. infect.* — *Locunius*, de Jur. Marit.; cap. 5. n° 6.

(3) L. 5. § 4. ff. *Ad exhibend.* — L. 8. ff. *de Incend. ruin. necup.*

(4) *Infrà*, liv. 4. tit. 3. ch. 3. n° 8.

enlevée ne sont pas unis, *si non hœrerit fundo*, *si radices non egerit*. L'art. 559 du Code Civil donne une règle plus sûre : l'année, ou le défaut de prise de possession.

§ III.

Des Iles.

15. Les îles sont des atterrissemens formés dans le lit des fleuves ou des rivières.

S'ils sont navigables ou flottables, elles appartiennent à l'État, s'il n'y a titre ou prescription contraires (1).

Si la rivière dans laquelle l'île s'est formée n'est ni navigable ni flottable, l'île appartient aux riverains du côté où elle s'est formée ; et si elle n'est pas d'un seul côté, elle se divise entre les riverains des deux côtés, à partir de la ligne qu'on suppose tracée au milieu de la rivière (2).

16. Il ne faut pas confondre ces îles avec celles que forme quelquefois une rivière qui, se divisant et se donnant un bras nouveau, coupe

---

(1) *Cod. Civ.*, art. 560. — *Sirey*, tom. 16. suppl., p. 281.
(2) Art. 561.

et embrasse le champ d'un propriétaire riverain. Ce champ, ainsi devenu une île, ne change
pas de propriétaire ; il continue de lui appartenir, que la rivière soit navigable ou qu'elle ne
le soit pas (1).

17. Bien moins encore faut-il prendre pour
alluvion, atterrissement où île, la formation
accidentelle d'un banc de sable qui, obstruant
une rivière, peut la faire refluer sur les terrains
environnans. Ce banc ne devient point la propriété des riverains : c'est un obstacle au libre
cours des eaux qui tombe en recurage et doit
être enlevé, par mesure de police, par ceux
qui sont chargés du curage de la rivière, ainsi
et de la même manière que tous autres rem-
blais (2).

CHAPITRE VI.

Des Dépendances.

1. Les dépendances d'un héritage sont tout
ce qui est destiné à son service et à son exploi-

_____

(1) Art. 562.
(2) *Sirey*, tom. 16. suppl. p. 283.

tation ; l'objet de ce chapitre est d'exposer les règles qui les régissent.

§ Ier.

De l'Irrigation.

2. L'irrigation des terres est une des plus importantes opérations de l'agriculture ; c'est à elle que , le plus souvent , le cultivateur doit ses récoltes et la faculté de les varier ; mais c'est aussi celle qui l'expose à plus de difficultés.

L'urgence, la simultanéité des besoins, l'opposition des intérêts, l'égalité des droits, font naître des rivalités , des jalousies , et souvent des voies de fait plus fâcheuses encore que les procès.

Nous croyons utile de réunir dans cet article , et dans un cadre extrêmement resserré, le sommaire des principales règles que doit connaître tout cultivateur qui jouit de la faculté précieuse d'arroser son champ. Nous ne les développerons pas ici ; on en trouvera le développement dans les autres chapitres.

3. L'irrigation, toute avantageuse qu'elle est, n'est cependant qu'objet d'amélioration qu'il est libre à chacun de faire ou de ne pas faire.

Ainsi, quoiqu'on puisse être forcé d'entrer dans une association de desséchement ou de vidange, parce qu'il s'agit de conserver une portion de territoire ou d'assainir l'air (1), on ne peut pas l'être d'entrer dans une association d'arrosans, parce que n'arrose que qui veut (2).

Mais quand on arrose, on fait nécessairement partie de l'association. On ne peut pas se soustraire à l'obligation de concourir à l'entretien et à la manutention de la chose commune dont on jouit. Il faut renoncer à arroser, ou entrer dans l'association et en supporter les charges.

4. L'eau qui coule naturellement, et qui n'est pas une dépendance du domaine public, est la propriété des riverains, qui, seuls, peuvent l'employer à l'irrigation de leurs héritages (3), et qui n'ont pas besoin d'autorisation particulière pour faire des prises, pourvu qu'ils n'altèrent pas le niveau de l'eau (4).

5. Il est des eaux qui, ainsi qu'on l'a dit tit. 1, ch. 4, nᵒˢ 70 et 71, par les titres qui les

---

(1) *Suprà*, tit. 1. ch. 4. sect. 6. § 2., et tit. 2. ch. 3.

(2) C'est ce qui fut jugé *in terminis* par l'Arrêt du Parlement d'Aix, du 13 mai 1783, rapporté dans notre Code Rural, vᵒ Association, p. 37.

(3) *Suprà*, tit. 1. ch. 4. sect. 3. § 3.

(4) Ch. 6. nᵒ 23.

régissent, ou par la permission de leurs propriétaires, peuvent être détournées par tous ceux
qui veulent arroser, même sans qu'ils aient besoin d'avertir le propriétaire de l'eau. Il se forme
ainsi chaque année, par le seul fait de l'arrosant,
un contrat ou plutôt un quasi-contrat par lequel
le propriétaire de l'eau, déjà lié par sa permission générale de la prendre, ne peut la refuser
à aucun individu, et l'arrosant qui, la prenant,
s'oblige par cela même de la payer au prix
annoncé, et d'observer toutes les conditions
établies. Ce contrat n'est obligatoire, de part
et d'autre, que pour une année. Celui qui n'arrose pas est dispensé de payer le prix de l'irrigation, et le propriétaire de l'eau peut révoquer la permission générale qu'il a donnée ;
tant qu'elle n'a pas été acceptée collectivement
ou individuellement, elle n'est point devenue
un lien de droit. Il suffit que cette révocation
générale ou particulière soit connue ou dénon-
cée avant l'ouverture de la saison des irrigations, pour que personne ne puisse prétendre
avoir suivi la foi de la permission antérieure (1).

6. Hors de ces cas, la règle du droit commun est que nulle prise d'irrigation ne peut être

_____

(1) *Traité des Alpines*, p. 312.

faite sans la concession expresse ou tacite du propriétaire de l'eau (1).

7. Quelques concessions qu'il ait faites, le propriétaire de l'eau est toujours préféré aux usagers, qui n'ont jamais droit que sur ce qui reste, les besoins de celui-là remplis (2).

8. Une première concession n'en empêche pas d'autres ; elle n'empêche même pas celui qui l'a faite de dériver la seconde par le même canal que la première, pourvu que ce soit sans nuire au droit de celle-ci (3).

9. En cas de disette d'eau, les titres, la possession, l'usage et l'ancienne forme des arrosemens doivent être suivis (4).

10. Les usagers d'une même eau et tous ceux qui l'emploient à l'irrigation de leurs terrains, sont communiers, puisqu'ils usent d'une même chose en commun, quoiqu'à portions inégales.

(1) *Suprà*, tit. 1. ch. 4. n° 57.

(2) *Ibid.*, n° 68.

(3) *Ibid.*, n° 59.

(4) L. 17. ff. *de Servit. præd. rustic.* — L. 7. *Cod. de Servit. et Aq.* — *Julien*, Stat. de Prov., tom. 2. p. 550. — *Cod. Civ.*, art. 645. — L. du 14 floréal an 11 (4 mai 1803).

Tout communier peut demander le partage que la nature de la chose à partager comporte.

En fait d'eau, le partage ne peut être que le réglement qui, d'après la possibilité du cours d'eau, les titres et la possession, détermine les dimensions et la position des prises, le commencement, la durée et l'ordre de la jouissance de chacun. On examinera ailleurs (1) la question de savoir par quelle autorité ce réglement doit être fait quand les intéressés ne s'accordent point.

On avait prétendu que le propriétaire dont l'héritage est *traversé* par un cours d'eau naturel ne peut pas être soumis au réglement, à la différence de celui dont l'héritage est seulement *bordé* par ce cours. Mais cette prétention, à laquelle ne s'arrêta pas la Cour de Cassation, lors de son Arrêt du 7 avril 1807 (2), n'avait aucune base solide. Si le propriétaire n'a point de concurrens vis-à-vis de sa propriété, il en a en amont et en aval qui peuvent gêner sa jouissance ou en souffrir.

I I. Chacun ne peut prendre dans un cours d'eau qui sert à plusieurs, et plus généralement

---

(1) Liv. 4. tit. 1. ch. 1. sect. 2. § 2.

(2) *Sirey*, tom. 7. p. 183.

encore dans un cours d'eau sur lequel'il n'a que des usages, que l'eau qui lui est nécessaire, à moins qu'il ne prouve avoir un droit plus étendu (1). Chacun est donc tenu, autant que la localité le permet, de fermer ses martelières, dès qu'il a fini d'arroser.

12. Quand l'eau est divisée par le temps, les usagers ne peuvent intervertir le tour de rôle et permuter entre eux l'époque de l'irrigation, que lorsque personne ne peut souffrir de cette permutation (2).

13. De droit commun, on ne peut, pour augmenter le volume d'eau de sa prise, faire des digues, bâtardeaux ou écluses, dans un canal dont on n'est pas seul propriétaire (3).

14. L'eau destinée à l'irrigation peut, par un Statut particulier à la Provence, être dérivée par les chemins publics, en prenant les précautions convenables pour que le chemin ni ses voisins n'en souffrent pas (4).

---

(1) *Suprà*, tit. 1. ch. 4. nos 87 et suiv.
(1) *Pecchius*, liv. 2. cap. 9. quest. 22. — Législation sur les Eaux, p. 85. no 125.
(3) *Suprà*, tit. 1. ch. 4. no 89.
(4) *Ibid.*, no 109.

Mais elle ne peut être dérivée sur les propriétés particulières qu'avec l'autorisation du Gouvernement (1).

15. Un particulier peut-il, en payant, jeter ses eaux d'irrigation dans le canal de dérivation d'autrui? Peut-il y être forcé par le propriétaire dont il couperait, sans cela, l'héritage par un nouveau canal? Voyez ci-dessus tit. 1, ch. 4, n° 115.

16. Il est impossible d'arroser son champ sans que le terrain inférieur n'en reçoive plus ou moins d'humidité. Le préjudice qu'il peut en souffrir est compensé par la graisse du champ supérieur dont il profite, et cette compensation interdit toute réclamation au propriétaire inférieur, à moins qu'on ne lui transmît volontairement les eaux d'une manière nuisible ; ce qui serait présumé si l'eau coulait de la superficie d'un terrain sur celle de l'autre. Mais, tant qu'elle n'arrive à l'inférieur que par infiltrations, on dit, avec la Loi : *Non aqua*, *sed natura loci nocet* (2).

---

(1) *Suprà*, tit. 1. ch. 4. n° 111.

(2) *Ibid.*, n° 99.

17. Depuis les Lois nouvelles, les arrérages de toutes prestations annuelles se prescrivent par cinq ans. Mais les arrérages du prix des arrosages ne forment pas une prestation annuelle, ni moins encore une prestation descendant d'un seul et unique contrat. Chaque année, il en intervient un nouveau, quand l'arrosant veut arroser chaque année. Le prix de cette vente, toujours libre et volontaire, au moins de la part d'une des parties, n'a nul rapport avec celui des années précédentes ; il varie avec l'étendue et la qualité du terrain arrosé, quelquefois avec le prix des denrées. Chaque année voit ainsi former un nouveau contrat et avec lui un prix nouveau, qui n'est soumis qu'à la prescription ordinaire de trente ans.

Il doit en être autrement dans les lieux où le prix de l'irrigation est invariablement fixé par le titre, et est acquis au propriétaire de l'eau, soit qu'on arrose, soit qu'on n'arrose pas. Cette fixité du prix et son indépendance de l'usage de l'eau dénaturent alors la prestation, et ne permettent pas alors de la regarder autrement que comme une rente payable par année.

§ II.

Des·Communications Rurales.

18. Les communications rurales sont de deux sortes, outre les chemins vicinaux : les unes servent au passage des cultivateurs, de leurs bêtes de charge et de leurs charrettes : ce sont les *chemins voisinaux* et les chemins de *souffrance;* les autres sont établies pour le passage des troupeaux, qui ont besoin de voies plus larges que les chemins : ce sont *les carraires.*

Nous ne traiterons dans ce paragraphe que des chemins ; nous renvoyons au suivant à parler des carraires.

19. Nous ne nous occupons pas ici des grands chemins, c'est-à-dire, des routes royales et départementales. Nous passerons même assez légèrement sur les chemins vicinaux. Ce n'est pas qu'ils n'intéressent beaucoup l'agriculture, et que nous ne regardions leur législation comme partie essentielle de la législation rurale ; mais leur législation, encore incomplète, est à la veille d'être remaniée.

Nous avons fait sur cet objet un travail que le Conseil général des Bouches - du - Rhône, assemblé en 1822, adressa au Gouvernement ainsi qu'aux Chambres. Si, avant l'impression de l'ouvrage qui nous occupe aujourd'hui, le législateur régularise cette partie de l'administration publique, nous y recueillerons les règles qu'il aura établies (1).

En attendant, nous puisons, dans le rapport que nous fîmes au Conseil général, les réflexions qu'on va lire :

20. Il est essentiel de se former des idées nettes et justes sur la classification et la propriété des chemins et des ouvrages d'art qui en dépendent, sur leur ouverture, leur entretien et leur suppression.

Les chemins vicinaux sont ceux qui, n'étant ni routes royales, ni routes départementales, sont reconnus nécessaires à la communication d'une commune à une autre, ou à une grande route, ou à un canal de navigation, ou à un port d'embarcation.

Les chemins qui n'aboutissent qu'à une section de commune ou quartier, ceux qui vont d'une commune à des propriétés communales, sont des chemins voisinaux.

Les chemins voisinaux sont de deux espèces :

_____

(1) Voyez le Supplément qui est à la fin du troisième volume.

Ceux qui conduisent du chef-lieu à des propriétés communales d'une utilité générale, telles qu'engins publics appartenans à la commune, carrières, cimetières, oratoires, et autres propriétés communales, sont des chemins communaux et publics dont l'entretien est à la charge de la commune.

Ceux qui conduisent à des propriétés particulières mais aglomérées, sont des chemins voisinaux à la charge de ces propriétés pour une moitié, et de la commune pour l'autre.

Ceux qui conduisent à des propriétés non aglomérées, sont des chemins de quartier à la charge exclusive des propriétés qui en usent.

21. La question de la propriété des chemins vicinaux n'a encore été décidée expressément par aucune loi.

Ils appartenaient autrefois aux seigneurs, comme faisant partie des régales mineures, pour ceux à qui elles avaient été concédées par le Roi, et pour tous les autres, comme étant présumés avoir été réservés dans les concessions des terres faites à leurs vassaux.

Outre la propriété des chemins vicinaux, les seigneurs en avaient encore la police. Ils faisaient partie de la petite voirie, qui leur appartenait, dans tous les lieux où le Roi n'avait pas établi un juge particulier sous le nom de *juge voyer*.

Cette propriété et ce droit disparurent en 1789 ; mais l'Assemblée Constituante, en les enlevant aux seigneurs, n'en disposa en faveur de personne.

Onze mois après, et par la Loi du 26 juillet-16 août 1790, elle déclara que « le régime féo-« dal et la justice seigneuriale étant abolis, nul « ne pourra dorénavant, à l'un ou à l'autre de « ces deux titres, prétendre aucun droit de pro-« priété ou de voirie sur les chemins publics, « rues et places des villages, bourgs ou villes. »

Cette conséquence était juste ; mais il restait toujours à désigner le propriétaire des chemins vicinaux, et l'autorité qui devait en avoir l'administration et la police.

La Loi ne s'explique pas sur le premier point ; mais de la combinaison de ses articles 4 et 5, ainsi que de celle des art. 14, 15 et 16 de la Loi du 28 août 1792, ressort assez clairement l'intention du législateur de rendre la propriété des places publiques aux communes, et celle des chemins aux voisins.

On sait, d'ailleurs, que la féodalité n'a pas été abolie en faveur des communes, mais, comme le dit le Conseil d'État dans son Avis du 3e pluviose an 13, au profit des particuliers.

Aussi, depuis lors, la jurisprudence a-t-elle regardé les chemins vicinaux, non comme des

propriétés communales, mais comme des servitudes légalement établies pour cause de nécessité sur des propriétés particulières et privées (1).

La publicité des chemins, l'obligation où sont
les communes de les entretenir, ne sont pas des
argumens concluans contre la propriété des voisins.

Les chemins de halage sont aussi des chemins publics. Il est cependant de maxime consacrée par l'Ordonnance royale du 26 août 1818,
qu'ils ne sont qu'une propriété privée soumise
à une servitude envers le public.

La société ne peut prendre sur les propriétés
particulières qu'à concurrence de ses besoins,
puisque ce sont ses besoins et ses besoins seuls
qui légitiment ses entreprises. Quand des usages,
des jouissances lui suffisent, quand l'établissement d'une servitude atteint le but d'utilité publique, le particulier, qui n'est tenu envers elle
qu'aux sacrifices que son intérêt exige, ne lui en
doit pas d'autres. Elle ne peut rien demander
de plus ; elle est, par conséquent, réputée n'a-
voir pas obtenu davantage.

22. La charge de l'entretien ne dérive pas de

(1) *Sirey*, tom. 8. p. 72.

la propriété du sol, mais de l'utilité dont le chemin est à la commune, des services qu'elle en retire immédiatement. Si elle était propriétaire du sol, obligée d'en laisser l'usage au public, elle ne lui en devrait que l'abandon; car les servitudes ne consistent pas en action, mais en souffrance.

L'obligation des communes porte toute sur le besoin qu'elles ont du chemin. L'utilité qu'en retirent les autres communes rend bien le chemin public de communal qu'il serait, s'il ne servait qu'à ses habitans; mais cette utilité n'est qu'un profit de conséquence qu'elles paient à la première par la réciprocité qu'elles lui offrent chez elles, et que le département doit solder par un secours annuel.

Rien n'est plus juste que de faire entretenir par chaque commune la portion de chemin dont elle se sert dans son territoire; mais rien n'est plus juste aussi que de lui demander seulement de fournir le sol de la portion dont elle n'use pas, et qui souvent est nuisible aux intérêts de l'habitation.

23. Les chemins utiles sont nécessaires : les chemins superflus sont une usurpation sur l'agriculture. Il importe que chaque commune ait une communication facile et sûre avec les com-

munes voisines, mais il ne lui en faut pas plusieurs. La suppression de tout chemin inutile est sollicitée par l'intérêt de l'agriculture, des communes et de l'État (1).

24. Par la même raison, la largeur des chemins ne doit pas excéder ce que la commodité du roulage exige.

Il faut, autant que possible, que deux voitures puissent se rencontrer sur tous les points sans inconvénient, mais il ne faut rien de plus. Une largeur de six mètres remplit les besoins du commerce, et ne prend sur l'agriculture que ce qu'il est indispensable d'y prendre.

C'est aussi à cette largeur que les ont bornés tant les Lois du 9 ventose an 13 (28 février 1805), art. 6, que celle du 28 février 1808, art. 7 (2).

En la fixant par une disposition précise, les Lois ont fait le double bien de donner à l'autorité et aux particuliers une règle fixe, et de tarir la source de ces contestations sur les anticipations, qui forment toujours trois instances : l'une, purement administrative, sur la fixation de la largeur que le chemin avait ; l'autre, con-

_____

(1) Arrêt du 23 messidor an 5 (11 juillet 1797), art. 3 et 4.
(2) *Infrà*, liv. 4. tit. 1. ch. 2. n° 13.

tentieuse administrative, sur le fait de l'anticipation ; et la troisième, judiciaire, sur la propriété du sol et l'indemnité due au voisin.

Six mètres sont le *maximum* de la largeur
des chemins ; mais tous ne peuvent y atteindre : c'est aux préfets à la diminuer, quand
la localité l'exige.

2̃5. Les murs qui soutiennent les chemins et
les fossés qui les bordent en font nécessairement partie ; quoique hors des limites des chemins, ils sont la charge naturelle des communes, tenues de leur entretien.

Mais il n'en est de même ni des murs qui
soutiennent les terrains supérieurs aux chemins,
ni des fossés qui sont utiles aux voisins.

Les premiers retiennent la propriété particulière dont la conservation intéresse plus directement le possesseur. La charge de leur entretien ne peut retomber que sur lui, excepté
lorsque, pour améliorer le chemin, on rabaisse
le terrain sans lui donner un talus suffisant ;
il est alors juste que le mur soit fait et entretenu par la commune : nul ne doit améliorer
sa chose aux dépens de ses voisins.

Les seconds, profitant aux voisins, doivent
être entretenus et récurés par eux : c'est l'application du principe prédominant et d'éternelle

43

justice qui veut que celui qui jouit ou profite
de la chose la paye.

26. Les eaux sont une des causes les plus actives de la dégradation des chemins. Il ne peut
être pris des mesures trop sévères pour prévenir les dommages qu'elles leur causent.

Il est des eaux qui coulent naturellement sur
les chemins ; il en est qui y sont amenées.

Les premières, telles que les eaux pluviales, de
source ou de filtration, frappent le chemin d'une
servitude naturelle dont aucune autorité ne saurait l'affranchir. C'est à celui qui est chargé de
l'entretien du chemin, à prendre des mesures
pour empêcher qu'elles ne lui nuisent. Mais il ne
doit ni les faire refluer sur les fonds supérieurs,
ni les envoyer sur les champs inférieurs, d'une
manière dommageable.

La commune et la société en corps sont ici
soumises au même régime que les particuliers.

Les dernières, c'est-à-dire, celles qui sont
amenées sur les chemins, ou qui y découlent
par suite du fait de l'homme, sont régies par
des principes différens.

Nous avons vu (1) qu'on peut dériver l'eau
d'irrigation par les chemins publics. Ce droit

_____

(1) Tit. 1. ch. 4. n° 109.

doit être conservé ; sans lui une immense quantité de terrain serait frappée de stérilité. Il y
aurait injustice et faute à mettre de trop fortes
entraves à son exercice.

Droit est acquis de dériver les eaux d'irrigation par les chemins publics ; nul n'a besoin de
demander à l'administration l'autorisation qu'il
tient de la loi.

Mais cette autorisation n'est donnée par la loi
qu'à condition qu'il n'y aura pas *grand dom-*
mage des chemins publics, ni *préjudice pour les*
voisins.

Avant qu'on touche au chemin, l'administrateur doit être averti, comme tout particulier doit l'être avant qu'on touche à sa propriété.
Pour celui-ci, le paiement de l'indemnité est
le préalable indispensable ; pour celui-là, les
mesures préventives du dommage du chemin
sont aussi le préalable indispensable, et il ne
permettra la dérivation qu'après s'être assuré
qu'elles ont été prises.

27. Le préfet est le surveillant naturel des
chemins vicinaux. Mais la surveillance n'est pas
la tutelle ; le surveillant protège, dirige, il n'ad-
ministre pas.

Le maire doit gérer, parce que la commune
a un intérêt immédiat ; le préfet dirige, parce

que le département contribue, parce que le public doit user.

28. Il serait impossible de réparer et entretenir les chemins, si on ne pouvait prendre les matériaux partout où on les trouve à portée. Mais en donnant ce droit à l'entrepreneur, il est convenable d'en régler l'exercice de manière à ne pas laisser l'intérêt du propriétaire en souffrance.

Il ne peut extraire des matériaux d'une propriété particulière, sans en avoir préalablement averti le propriétaire.

Si ces matériaux sont des pierres et cailloux épars dans un champ cultivé, ils peuvent être pris, sans qu'il soit dû autre chose au propriétaire qu'une indemnité du dommage que le piétinement des gens et des bêtes a causé, à moins que le terrain ne fût semé ; auquel cas, le dommage fait à la production devrait être payé.

Quand le champ d'où les pierres éparses sont extraites est inculte, il n'est point dû d'indemnité, à moins qu'il n'eût été coupé par de profonds sillons, que l'entrepreneur devrait combler.

Les pierres entassées par les particuliers ne peuvent être prises qu'après que leur valeur a été fixée de gré à gré ou par experts.

Les pierres coupées dans une carrière sont payées au propriétaire sur le même pied que les paient ordinairement les traceurs de pierre dans les carrières en exploitation (1).

En général, les matériaux de toute espèce nécessaires aux réparations des chemins sont toujours évalués à leur prix courant dans la commune, abstraction faite de l'existence et des besoins du chemin auquel ils sont destinés (2).

Le paiement doit être effectué préalablement à l'extraction, excepté en cas d'extrême urgence, déclaré par le maire ; alors l'évaluation est faite par lui, et le paiement effectué dans la huitaine.

Dans aucun cas, l'entrepreneur ne peut démolir les murs ou autres constructions des particuliers, pour en employer les matériaux aux chemins, ni même prendre les matériaux destinés à être employés par le propriétaire. Cette disposition de l'art. 24 de l'Arrêt de règlement du Parlement de Provence du 2 décembre 1758, se recommande par son extrême justice.

Il serait heureux que nous pussions présenter ici les règles d'après lesquelles les communes et les départemens entretiennent et réparent les chemins vicinaux. D'une année à l'autre, on es-

_____

(1) L. du 16 sept. 1807, art. 55. — Décret du 6 sept. 1813.

(2) Même art.

père que le législateur les posera ; il faut attendre ce bienfait de sa sagesse (1).

29. Les chemins qui appartiennent plus immédiatement à l'agriculture, sont les chemins privés ; ils se divisent en deux classes.

La première comprend les chemins dus aux
possédans biens d'un même quartier ; on les appelle chemins *voisinaux* ou de quartier. Ils partent d'un chemin public ; mais, dit Decormis,
tom. 2, col. 1739, quelquefois ils se perdent,
et *intermoriuntur* dans les propriétés sans avoir
d'issue.

La seconde classe est celle des chemins de
souffrance, de service, ou sentiers. On peut
absolument les comprendre sous la dénomination de chemins *voisinaux;* mais leur usage étant
restreint au service de certains fonds, il est plus
convenable de leur conserver la dénomination
qui les distingue de ceux qui sont affectés au
service d'une universalité de fonds plus ou moins
étendue, et qui ont, par conséquent, une sorte
de publicité dans le quartier.

3o. Les chemins privés, qu'ils soient *voisi-*
naux ou de *souffrance*, ne constituent que des

---

(1) Voyez le Supplément à la fin du troisième volume.

propriétés particulières, ou même que des servitudes. Les entreprises qui s'y commettent ne sont que des atteintes au droit de propriété, et non des contraventions aux réglemens de voirie. Ces entreprises et tout ce qui concerne les chemins, même la fixation de la contribution de chacun à leur réparation et entretien, sont, par conséquent, de la compétence de l'autorité judiciaire, c'est-à-dire, du tribunal de police, ou du tribunal correctionnel, ou du tribunal civil, suivant la nature du fait (1).

31. C'est au préfet à déclarer la vicinalité d'un chemin, et à en régler la direction et la largeur ; mais ce n'est point à lui à juger si un chemin existant est vicinal, ou s'il n'est que voisinal ou chemin de souffrance. Cette question étant une question de propriété ou de servitude, ne peut être décidée que par les tribunaux, exclusivement chargés de l'examen des droits et des titres des particuliers (2).

Ces deux principes, aussi certains l'un que

---

(1) M. *Henrion*, p. 198. — *Sirey*, tom. 7. part. 2. p. 825. — Ordonnance du 13 juin, autre du 24 décembre 1818. — *Sirey*, tom. 19 et 20.

(2) M. *Pardessus*, des Servit., p. 330, où il cite une foule de Décrets et d'Arrêts de la Cour de Cassation, que nous nous dispensons, par ce motif, d'indiquer. — *Sirey*, tom. 14. p. 454.

l'autre, paraissent contradictoires : car si, après qu'un préfet a déclaré qu'un tel chemin est vicinal, ou qu'il en a réglé la direction et la largeur, les tribunaux décidaient qu'il est chemin privé, ou si, après leur décision, le préfet le déclarait vicinal ou réglait ses dimensions, les actes d'une autorité détruiraient ceux de l'autre, ou les contrarieraient de manière qu'on ne saurait à laquelle obéir.

Mais on verra, quand nous traiterons de la voirie (1), que cette contrariété n'est qu'apparente, parce que la décision préfectoriale n'est qu'une reconnaissance de la nécessité du chemin et de ses dimensions, et la judiciaire un titre à l'indemnité préalable à toute dépossession.

Bornons-nous à remarquer ici que la question de la vicinalité d'un chemin peut se présenter dans deux hypothèses : ou l'on prétend faire ouvrir une communication d'une commune à l'autre, ce qui caractérise un chemin vicinal, et alors on ne peut s'adresser qu'au préfet, à qui le droit de régler ces chemins appartient exclusivement, sauf à faire fixer par les tribunaux l'indemnité due aux propriétaires des fonds sur lesquels le chemin sera emplacé ;

Ou l'on veut faire décider qu'un chemin exis-

(1) *Infrà*, liv. 4. tit. 1. ch. 2.

tant, qu'un tel chemin est vicinal plutôt que voisinal ou de souffrance, ou, ce qui revient au même, on élève une prétention dont la décision dépend de la qualité du chemin.

Dans l'un et l'autre cas, c'est à l'autorité judiciaire qu'on doit s'adresser, tant parce que les questions de propriété ou de servitude lui sont dévolues, que parce que le préfet ne peut juger ni les titres ni les faits de possession particuliers.

Mais la décision judiciaire n'aura point d'influence directe sur l'existence, la direction ou les dimensions du chemin ; tout l'effet qu'elle produira sera de faire obtenir une indemnité à celui sur le fonds duquel il est pris, à moins que, de son côté, le préfet refuse de le déclarer vicinal, c'est-à-dire, de reconnaître qu'il est nécessaire qu'il y ait dans le local dont il s'agit un chemin vicinal.

32. Les chemins voisinaux, comme les chemins de souffrance, sont la propriété et la charge de ceux qui en usent : c'est la disposition des anciens Réglemens de Provence, dont le dernier, de 1757, avait été autorisé par Arrêt du Conseil du 2 décembre 1758 ; c'est la suite du principe qui ne met à la charge des communes que l'entretien des chemins vici-

naux, et de cet autre principe qui oblige celui
à qui la servitude est due, à la tenir en état
de remplir sa destination. Les chemins dont
nous nous occupons ne seraient entretenus par
personne, s'ils ne l'étaient par ceux pour qui
ils sont établis.

Ils sont obligés de les tenir en bon état ;
car si, pour éviter un chemin privé impraticable, un voyageur endommageait l'héritage voisin, ils en seraient tenus (1).

33. Celui qui a un autre chemin s'affranchit de la contribution en renonçant à se servir
de celui pour lequel on la lui demande.

Mais cette renonciation, qui l'exempte des
dépenses futures, le dispense-t-elle de contribuer à celles qui l'ont précédée? Voyez, sur
cette question, ce qui a été dit ch. 1, n° 36.

34. Quoique les chemins de quartier ne
soient point à la charge des communes, l'autorité locale ne doit pas moins en surveiller
la conservation. Quand elle voit que les intéressés ne les entretiennent pas en état de viabilité,
elle doit s'adresser au préfet, qui, exerçant sur
ces chemins la même surveillance que les lois lui

_____

(1) M. *Toullier*, Jurisprud. du Code, n° 557.

donnent sur les ouvrages qui intéressent une collection d'individus, doit, sur sa demande, après avoir pris l'avis du sous-préfet et entendu les co-usagers du chemin, ordonner qu'il sera établi sur les fonds auxquels il est utile une contribution non excédant cinq centimes du principal de la contribution foncière de ces fonds, pour réparer ce chemin (1).

Cet Arrêté ne peut être pris qu'après que, sur le vu de la délibération du Conseil municipal désignant tous les propriétaires à qui le chemin est utile, il leur a été ordonné par le préfet de se réunir et de s'imposer pour la réparation à faire (2).

35. Non-seulement l'autorité locale, mais tout intéressé peut requérir la réparation d'un chemin voisinal, et même son élargissement, à frais communs. Ce chemin est la chose commune à plusieurs, dont aucun ne peut refuser les dépenses nécessaires pour le tenir en état de remplir sa destination.

Le préfet, à qui la demande doit être adressée, ne peut y statuer qu'après avoir pris l'avis du Conseil municipal.

---

(1) Réglement du 6 septemb. 1729, art 10, 11 et 12. — Analogie des art. 28 et suiv. de la Loi du 16 septembre 1807, et de l'Ordonnance du 9 septembre 1818 dans *Sirey*, tom. 18. p. 323.

(2) Même Ordonnance.

36. Autrefois la répartition de ces dépenses était faite, en Provence, par les estimateurs des communes ; aujourd'hui, et suivant les Lois des 14 floréal an 11 et 16 septembre 1807, cette répartition doit être faite par la commission, s'il en a été formé une, par le syndic si les intéressés s'en sont donné, par leur assemblée, ou, à défaut, par le maire ; et, dans tous les cas, les rôles doivent être rendus exécutoires par le préfet, sauf à porter les oppositions au Conseil de préfecture.

37. Jusqu'à présent, ces répartitions ont été faites au marc le franc de la contribution foncière, et c'est justice : les chemins voisinaux ne sont établis que pour les héritages du quartier ; ils doivent être leurs charges. Mais les poids excessifs qu'on fait aujourd'hui porter aux charrettes, la longueur des échelles et des attelages, écrasent les chemins, dégradent les murs et les haies qui les bordent, et ont changé ces simples communications rurales, qui ne portaient autrefois que des poids très-modérés, et qui ne voyaient que des attelages d'un ou deux colliers, en chemins publics aussi fréquentés que les chemins vicinaux et plus dégradés que les grandes routes, parce qu'elles ont moins de largeur, moins de solidité, et qu'elles n'ont aucune ga-

rantie contre les excès de chargement. Ce qu'on peut faire de plus doux et de plus juste est de ne pas s'en tenir à la contribution foncière à l'égard de tous ces établissemens d'industrie qui font passer ces poids destructifs sur ces chemins, et de les cotiser dans la proportion de leur produit, comme on fait contribuer les mines, à raison du leur, à l'entretien des chemins publics.

37 *bis.* Faute par les contribuables de faire procéder à la réparation du chemin dans le délai fixé par l'arrêté du préfet, le maire de la commune y fait procéder à leurs frais, et commet, pour la direction de l'ouvrage, un ou plusieurs préposés, dont les appointemens, non excédant par jour le prix de trois journées de travail, font partie de la dépense du chemin (1).

38. La largeur des chemins de quartier n'est déterminée par aucun réglement général. Nous avions en Provence un Réglement du 6 septembre 1729 (2), qui, quoique fait pour le terroir

_____

(1) Réglement de Provence du 29 septembre 1771, homologué par Arrêt du Conseil du 28 juin 1772, auquel on peut joindre ce qui a été dit tit. 1. ch. 4. sect. 6. § 2. et tit. 2. ch. 3.

(2) Privilége d'Aix, p. 226.

d'Aix seulement , avait, par sa sagesse, mérité d'être regardé comme un réglement général pour toute la province.

Il fixait à 8 pans (2 mètres) la largeur du chemin voisinal , qui n'était bordé ni par des haies, ni par des murs, ni par des rives *subairanes* (plus élevées que le chemin).

S'il y avait mur, rive ou haie d'un seul côté, la largeur devait être de 10 pans (2 mètres 5o centimètres), et de 12 (3 mètres) s'il y en avait des deux côtés.

Aux contours, la largeur était augmentée de 4 et même de 6 pans.

Cette largeur ne suffirait pas aujourd'hui que les charrois ont si fort augmenté en nombre et en poids, il faut nécessairement donner aux chemins assez de largeur pour que les voitures puissent s'y rencontrer sans inconvénient, ce qui emporte une largeur de 6 mètres, sinon partout, du moins en des endroits assez rapprochés les uns des autres pour que les charrettes puissent se ranger et donner passage à celles qui vont les croiser ; il faut surtout leur donner assez de largeur aux coudes pour que les longues échelles des charrettes ne dégradent pas les murs. Mais on ne peut donner une largeur plus grande que celle qui est portée par les réglemens ou les usages locaux, sans indemniser le voisin sur le terrain de qui elle doit être prise.

3g. Les chemins voisinaux ne sont établis que pour le plus grand avantage des fonds et des fabriques du quartier. Il fut un temps où le transport par charrette était plus rare encore qu'il n'est commun aujourd'hui. Il est peut-être encore des chemins qui sont trop étroits pour qu'il y en ait jamais passé ; mais ce n'est pas une raison pour que les voisins puissent s'opposer à ce qu'elles y passent, sauf indemnité du dommage, si elles en causent quelqu'un à leurs propriétés, ou du terrain qu'il faudra prendre pour élargir le chemin (1).

4o. Il n'en est pas de même des chemins de service. Quand il n'y a pas titre ou possession, on ne peut y faire circuler des voitures, parce que celui qui a acquis la servitude ne peut s'en servir que conformément à l'un ou à l'autre.

Dans le doute, on les répute simples sentiers pour gens et bêtes seulement ; car toute servitude doit être restreinte plutôt qu'étendue.

Mais peut-on en demander l'élargissement ? Nous répondrons à cette question lorsque nous

(1) *Jannety*, Journ. des Arrêts de Prov., année 1782, p. 31.

traiterons de l'établissement de la servitude de
passage (1).

41. La largeur d'un sentier est de 5 pans,
suivant Bomy, ch. 9, p. 10. Elle est de deux
pieds seulement, suivant Fournel, du Voisinage, v° *Chemin.*

Quelle que soit sa largeur, il ne cesse pas
d'appartenir au propriétaire du fonds ; celui
à qui il est dû, n'en a que l'usage pour le
passage.

42. Les chemins voisinaux comme ceux de
service, ne sont que des servitudes établies
sur les fonds. Ce sont des servitudes discontinues, et, par conséquent, insusceptibles d'être
acquises par la seule possession. On demande
comment un quartier ou un particulier pourra
prouver l'acquisition de la servitude, dès que
l'usage du chemin pendant plus de 30 ans
ne suffira pas pour l'établir.

Il n'y aura pas plus de difficulté pour un
chemin que pour l'autre, si le quartier comme
le fonds particulier se trouve enclavé, c'est-
à-dire s'il n'a pas d'autre issue sur un chemin
public. S'agissant alors d'une servitude légale,

_____

(1) *Infrà*, tit. 3. ch. 3. sect. 2. § 3.

l'usage n'en constate que l'emplacement ; le titre est dans la loi, et il n'y a de prescrit que l'indemnité à laquelle le propriétaire du fonds aurait pu prétendre (1).

Si le quartier a un autre chemin pour aboutir à la voie publique, ses actes de possession fussent-ils communs à mille individus, ne sauraient lui profiter, à moins qu'il n'y joignît des actes exclusifs de toute idée de tolérance et de familiarité, comme des actes de surveillance et de voirie sur ce chemin, des réparations ordonnées par le maire ou faites par délibération des possédans biens dans le quartier, ou payées sur répartition, ou des indications du chemin faites dans des actes ou des cadastres où il serait donné comme ligne intermédiaire des propriétés (2).

§ III.

Des Carraires.

43. Les *carraires* sont les chemins des troupeaux. Il en est de deux sortes : les *grandes*

_____

(1) *Ibid.*, n° 59.

(2) M. *Pardessus*, des Servit., n° 216, *in fin.* — *Denisart*, v° Chemin. — Art. du 10 juillet 1782, Gazette des Tribunaux.

ou *générales*, les carraires *petites* ou *particulières*.

Cette division correspond parfaitement à celle des chemins. De même que les chemins de commune à commune sont *vicinaux* et publics, de même les *carraires* par lesquelles passent les troupeaux, qui d'un terroir vont dans un autre, sont des *carraires générales* ou *grandes*; et semblables aux chemins *voisinaux* ou privés qui, comme nous venons de le dire dans le paragraphe précédent, ne sont que des communications d'un quartier à l'autre ou à la commune, les carraires qui favorisent seulement le passage des troupeaux d'un quartier du terroir à l'autre, ou à une grande carraire, ou à un abreuvoir, sont les carraires *petites* ou *particulières*.

Aussi les *grandes* carraires facilitent la transhumance et le commerce des bestiaux.

Les *petites* carraires favorisent seulement leur parcours dans le terroir.

44. La législation des carraires a une marche parallèle à celle des chemins : les principes sont les mêmes, sauf quelques légères dissemblances amenées par la différence de destination.

45. Le sol des carraires, comme celui des chemins publics, est hors du commerce, et, par -

conséquent, imprescriptible. Il n'y avait autrefois que la possession immémoriale, jointe à l'i-
nutilité de la carraire pour le public, qui pût
en autoriser la prescription, ainsi que le jugea
le Parlement d'Aix par Arrêt du 28 juin 1766,
pour les petites carraires de la commune d'Istres.

Cette maxime fut reconnue par les procureurs
du pays de Provence et le corps des possédans
fiefs, lors du Réglement du 21 juillet 1783; elle
servit de base à l'art. 1er de ce Réglement, qui
ordonna le rétablissement des carraires généralement *dans tous les lieux où il doit y en avoir*,
sans égard aux usurpations plus ou moins anciennes qui en avaient été faites, et dont la répression fut l'objet du Réglement, comme elle
a été celui de l'Arrêté que le Préfet des Bouches-du-Rhône prit le 1er avril 1806.

La possession trentenaire a aujourd'hui rem-
placé l'immémoriale, et elle a l'effet d'éteindre
toutes les servitudes. Nul doute qu'elle ne suffise
pour acquérir le sol d'une carraire; mais aujour-
d'hui, comme autrefois, il faut que cette possession soit jointe à l'inutilité de la carraire; sans
cela il en serait d'elle comme de la servitude légale de passage, dont l'interruption pendant plus
de trente ans n'acquiert que droit à indemnité.

Une carraire peut devenir inutile par l'ouverture d'un chemin public du lieu de départ à

celui de l'arrivée ; elle peut le devenir encore
par le changement de l'état du lieu où elle abou-
tissait : par exemple, par le desséchement de
l'abreuvoir, pour l'abord duquel diverses carraires ont été établies, elles deviennent toutes
inutiles, et, par conséquent, susceptibles d'être
emportées par la prescription.

46. De même qu'on peut demander aux voisins un passage pour arriver aux fonds enclavés,
de même on peut faire ouvrir des carraires pour
arriver aux pâturages ou aux abreuvoirs publics
qui sont dans la même position : car les pâturages,
les abreuvoirs, sont des *fonds* comme les autres,
et il leur faut une issue sur la voie publique.
Il est d'autant moins permis d'en douter, qu'ainsi
que nous l'avons dit ailleurs (1), lorsque la clôture peut gêner la compascuité sur les fonds autres que celui qu'elle entoure, le propriétaire
est obligé de laisser un passage ouvert aux bestiaux, c'est-à-dire, une carraire pour qu'ils puissent aller paître sur ces autres fonds.

47. De droit commun, les communes se doivent respectivement passage les unes aux autres,
et chacune est obligée de fournir sur son terri-

_____

(1) *Suprà*, ch. 1. n° 52.

toire aux communes voisines des voies de communication entre elles. En Provence, un Statut de 1235 veut que les troupeaux allant et venant de la montagne (1) aient, dans tous les terroirs qu'ils traversent, des carraires assez spacieuses pour qu'ils puissent passer commodément et y trouver quelque peu de nourriture.

Les Lettres patentes du 16 janvier 1764 avaient conservé ce droit, qui n'est que l'expression du droit commun ; mais comme, à cette époque, les seigneurs étaient encore propriétaires des terres gastes, c'est-à-dire incultes, sur lesquelles ces carraires étaient prises, ces lettres patentes maintinrent les possédans fiefs dans le droit et possession de percevoir six deniers (deux centimes et demi) par trentaine de bêtes passant sur leur territoire.

C'est le droit de *pulvérage*, qu'un Statut (2), dérogatoire à celui de 1235, qui défendait de rien exiger des troupeaux transhumans, avait introduit, et qui a été perçu jusqu'à la révolution.

Ce droit était regardé parmi nous comme l'in-

_____

(1) C'est ainsi qu'on désigne, en Provence, les pâturages des Alpes, du Dauphiné, de la Savoie et du Piémont, où nos bêtes à laine sont obligées d'aller passer l'été, pour ne revenir dans la Basse-Provence qu'à l'entrée de l'hiver.

(2) *Mourgues*, sur les Statuts de Provence, p. 368.

demnité des inconvéniens attachés à la servitude de passage accordée aux troupeaux transhumans (1). Il eût été parfaitement juste, sauf l'intérêt du commerce des bestiaux, si, au lieu de l'accorder exclusivement au seigneur, on l'avait réparti à tous ceux dont les carraires bordent' ou longent les héritages : supportant la servitude et ses charges, ils devaient participer à l'indemnité.

48. Quoi qu'il en soit, ces statuts et ces lettres patentes prouvent toujours davantage que les carraires, soit générales, soit particulières, ne sont que des servitudes établies sur les héritages voisins, et que les communes sur le territoire desquelles elles sont assises ne peuvent pas mieux se prétendre propriétaires du terrain qu'elles occupent, que de celui qu'occupent les chemins vicinaux ou voisinaux, les sentiers et les cours d'eau de leur territoire.

Ce sont des servitudes passives dont leur territoire est frappé ; elles ne peuvent jamais se convertir en servitudes actives au profit de la commune et à l'encontre des voisins, pas plus qu'à celui des propriétaires étrangers qui y conduisent leurs troupeaux.

---

(1) Cahier de l'Assemblée des Communautés de Provence du 5 décembre 1784, p. 49.

Le sol des carraires est réputé la propriété des voisins, par une présomption de droit tellement forte, tellement exclusive de toute preuve contraire, que, même avant l'abolition des droits féodaux et quand subsistait dans toute sa force le droit de pulvérage en faveur des seigneurs, la largeur que le Réglement de 1783 ordonna de retrancher aux carraires, fut restituée, non aux seigneurs ni aux communes, mais aux voisins, comme réputée avoir été prise indûment sur leurs fonds (1).

Les seuls propriétaires du sol des carraires sont donc leurs voisins, ceux dont elles longent ou traversent les héritages. Ce sol est frappé d'une servitude dont ils sont censés avoir été indemnisés par leur commune, et dont ils auraient droit de demander à l'être, s'il s'agissait d'ouvrir une carraire nouvelle dans un endroit où il n'y en a point encore eu.

Mais cette indemnité, que la commune serait alors tenue de payer, ne la rendrait pas propriétaire du sol : n'acquérant et ne pouvant acquérir qu'une servitude, elle ne pourrait aspirer à rien de plus.

De leur côté, les voisins ne peuvent secouer

_____

(1) Réglement du 21 juillet 1783. — Cahier de l'Assemblée des Communautés de Provence du 5 décembre 1784, p. 48.

la servitude légale dont leurs héritages sont affectés, parce qu'elle est de droit public, et
qu'ainsi que nous l'avons dit, elle ne deviendrait prescriptible que par son inutilité.

49. Il est probable que les premières vues du
besoin et de l'industrie se tournèrent vers les
bestiaux, que les carraires furent les premiers
grands chemins, et que ces voies, ouvertes dans
un temps où l'on était plus pasteur qu'agricole,
furent d'abord d'une largeur excessive pour que
les troupeaux y trouvassent non-seulement un
passage aisé, mais une nourriture suffisante, et
que leurs conducteurs eussent moins de peine à
les diriger.

Peu à peu la propriété reconquit ce que l'industrie lui avait usurpé, et cette espèce de réac-
tion, dont il était impossible d'assigner le terme,
amena le réglement qui a fixé la largeur des
grandes et des petites carraires.

Le *maximum* de largeur des grandes carraires fut fixé à dix toises (20 mètres), le *minimum*, à cinq toises (10 mètres).

La largeur des petites carraires fut fixée à
deux toises et demie (5 mètres), *autant qu'il
sera possible* (1).

(1) Réglement du 21 juillet 1783, art. 2 et 3.

Pour concilier l'intérêt de l'agriculture et celui des troupeaux voyageurs, le Réglement porte, art. 2, que les carraires qui excéderont le *maximum* déterminé, c'est-à-dire 20 mètres, seront réduites à cette largeur (1), et l'excédant restitué aux voisins.

La largeur des grandes carraires était encore plus forte que les besoins des troupeaux n'exigent. Un Arrêté du Préfet des Bouches - du - Rhône (2) en réduit le *maximum* à dix mètres, mais avec la clause, sans que celles qui, à cette époque du 1ᵉʳ avril 1806, avaient plus de largeur, puissent être réduites.

La largeur des carraires générales, arbitraire jusqu'en 1783, est donc aujourd'hui invariablement fixée. Les plus grandes ne peuvent pas avoir plus de 20 mètres, les moindres ne doivent pas être au-dessous de 10.

50. Cette largeur n'est requise que pour ce qui est véritablement *carraire*. Lorsque la suite d'une carraire aboutit à un chemin public, ne fût-il que vicinal, les troupeaux doivent user de ce chemin dans sa largeur, sans pouvoir exiger qu'il soit élargi, ni qu'on leur donne une carraire

---

(1) Cahier précité, p. 48.

(2) Du 1ᵉʳ avril 1806, art. 1.

ailleurs (1). On trouve dans cette règle l'application du principe qui prive du droit de demander un chemin celui qui en a déjà un, quoique
plus long, plus étroit et moins commode (2).

51. Au préfet seul appartient le droit de déterminer la direction et la largeur des chemins
vicinaux, et, par conséquent, des grandes carraires qui leur sont assimilées.

Quant aux carraires particulières, c'est bien
à l'autorité administrative à en déterminer la
largeur par mesure générale, ainsi que l'ont
fait et le Réglement de 1783 et l'Arrêté de 1806.
Mais quand leur ouverture n'est demandée que
dans l'intérêt privé d'un particulier, et qu'elles
ne doivent point porter sur des fonds communaux, c'est aux tribunaux que les demandes doivent être adressées, à l'instar de ce qui se pratique pour l'établissement des chemins privés,
quand il y a enclave.

52. Les maires, comme délégués du Gouvernement, doivent exercer sur les carraires générales et même sur les carraires particulières établies pour la communication des divers quartiers
de leur territoire, une surveillance de conserva-

_____

(1) Cahier de l'Assemblée des Communautés de Provence du
7 décembre 1783, p. 32.

(2) *Infrà*, tit. 3. ch. 3. des Servit., nᵒ 52.

tion qui consiste à les visiter chaque année, à prévenir les empiétemens, et à faire marquer les limites de la carraire par des signes bien visibles quand elle n'en a pas ; faute desquels, les voisins ne pourraient prétendre indemnité d'aucun des dommages qui leur seraient faits par les troupeaux transhumans (1).

53. Cette surveillance, les maires ne l'exercent pas par la voie judiciaire : ils sont sans action pour traduire les contrevenans par-devant les tribunaux, parce que la commune sur qui pèse la servitude n'a pas d'intérêt à sa conservation, qu'ils n'agissent d'ailleurs pas comme administrateurs de la commune, mais comme délégués de l'autorité. Ils exercent leur surveillance par voie administrative, comme en matière de petite voirie rurale, par des procès verbaux qu'ils déposent aux archives de la commune, et dont ils envoient un double au sous-préfet, et celui-ci au préfet, qui agit et poursuit les contrevenans sur les carraires comme il poursuit les prévenus des mêmes délits sur les chemins, c'est-à-dire, qu'il les renvoie au Conseil de préfecture, sauf à faire décider la question préjudicielle de pro-

_____

(1) Réglement du 21 juillet 1783, art. 6.

priété par les tribunaux, si les contrevenans
sont en mesure de l'élever (1).

§ IV.

Des Capitaux ruraux.

54. Nous entendons par *capitaux ruraux* ce
qu'on désigne communément par *capitaux vifs
et morts* d'une ferme, c'est-à-dire, les animaux
attachés à la culture et à la garde des héritages,
ceux que le propriétaire y réunit et élève, les
ustensiles aratoires, les semences, les pailles,
les engrais, et généralement tout ce qui est
attaché ou destiné à leur service et à accroître
leur production.

55. Tous ces objets, détaillés dans l'art. 524
du Code Civil, sont immeubles par destination,
et font tellement partie de l'héritage que, sans
désignation particulière, ils sont compris dans
sa vente judiciaire ou tractative (2).

---

(1) Jugement conforme du Tribunal de Première Instance d'Aix
du 4 février 1823, confirmatif d'un Jugement du Juge de Paix
de Salon, qui déclare le maire non recevable et mal fondé dans
l'action possessoire qu'il avait intentée contre un particulier qui
avait réduit à 20 mètres une carraire qui traverse son héritage
sis dans le terroir de cette ville.

(2) *Sirey*, tom. 23. part. 2. p. 20.

56. Ce sont ces accessoires réputés immeubles que l'art. 2118 du Code déclare susceptibles d'hypothèque et compris dans celle qui frapperait sur l'héritage.

. Mais ils ne sont pas tous et toujours également identifiés avec lui.

57. Ceux qui ne sont pas nécessaires à son exploitation ne jouissent pas de ce privilége.

Ainsi en sont exclus les ustensiles plus utiles au commerce ou à l'industrie de l'exploitant qu'à l'exploitation elle-même (1).

Il ne suffit pas que des animaux propres à la culture soient placés sur un fonds, et que le propriétaire déclare qu'ils y sont attachés, ces animaux ne sont point considérés comme faisant partie de l'héritage, s'il est prouvé qu'ils ne sont pas nécessaires à son exploitation (2).

58. Les engrais destinés au service du fonds sont immeubles par destination (3); mais il en est autrement de l'engrais destiné à être vendu : il est, par cela seul, meuble, et cela, qu'il

---

(1) Conf. du Code, tom. 3. p. 134.

(2) *Sirey*, tom. 21. part. 2. p. 16.

(3) L. 17. §. 2. ff. *de Act. empt. et vend.* —Cod. Civ., art. 524. — *Despeisses*, tom. 1. p. 39. n° 13.

soit dans l'écurie, ou qu'il en ait été sorti et mis en tas (1).

59. Les objets que la Loi déclare immeubles par destination sont insaisissables par voie de saisie-exécution pour aucune dette, pas même pour les contributions publiques, si ce n'est pour le paiement de leur prix ou pour l'acquittement de la créance du propriétaire envers son fermier, et seulement en cas d'insuffisance d'autres objets mobiliers. Ils peuvent aussi être saisis pour alimens fournis à la partie saisie, fermages ou moissons des terres à la culture desquelles ils sont employés (2).

60. Les vers-à-soie ne sont pas au nombre des objets déclarés immeubles par destination ; mais les inconvéniens qui résulteraient de leur déplacement, ou même de leur saisie pendant leur travail, les ont fait déclarer insaisissables pendant ce temps, de même que la feuille de mûrier qui leur est nécessaire (3).

61. Non-seulement les capitaux ruraux ne

(1) L. 17. § 2. ff. *de Act. empt. et vend.* — *Despeisses*, loc. cit.
(2) Cod. de Procéd., art. 592 et 593. — Code Rural de 1791, tit. 1. art. 2. — Ordonnance de 1667, tit. 33. art. 16.
(3) Code Rural de 1791, tit. 1. sect. 3. art. 4.

peuvent pas être saisis, mais on ne peut même
pas arrêter, sans précautions, les agens employés
à la garde de certains d'entre eux, c'est-à-dire,
de ceux qui souffriraient ou exposeraient les héritages voisins à des dégâts, s'ils étaient laissés à
l'abandon. C'est ainsi que l'art. 1er, sect. 3, du
Code Rural de 1791 défend d'arrêter aucun agent
de l'agriculture employé avec des bestiaux, qu'il
n'ait été pourvu à leur sûreté. Seulement quand
il y a crime, l'arrestation préalable est permise,
mais à la charge de pourvoir immédiatement à
la sûreté des bestiaux, sous la responsabilité personnelle de ceux qui l'ont exercée.

62. Le Code place dans la même catégorie
les pigeons, les lapins, les poissons, les abeilles.
Il est cependant quelque différence à faire.

Les pigeons, les lapins et les poissons peuvent bien être rangés sur la même ligne.

Les abeilles forment une classe particulière;
les animaux qu'on mène paître en troupeau en
forment une autre qui tient dans l'agriculture un
rang trop distingué pour être confondue avec
celles qui précèdent. Nous allons exposer séparément les règles de chacune de ces classes.

63. Les pigeons, les lapins (1) et les poissons

(1) Voy. ce qui a été dit de ces animaux *suprà*, ch. 4. § 5.

ne sont ni sauvages comme les perdrix et les
lièvres, ni domestiques comme les poules et les
chiens : ce sont des captifs volontaires ou des
hôtes qui demeurent dans le logement offert
tant qu'il leur convient, et qui le désertent sitôt qu'ils n'y trouvent plus la nourriture ou les
commodités qui les y avaient attachés.

Tant qu'ils sont dans le colombier, la garenne
ou l'étang où on les a placés, ils en font partie ;
ils sont immeubles par destination et sont la
propriété du maître de l'immeuble.

Sitôt que, faisant usage de leur liberté ou cédant à leur penchant, *fera natura*, ils ont déserté
leur gîte, ils ont cessé d'appartenir à leur ancien
maître et sont devenus la propriété de celui chez
lequel ils ont été prendre asile, pourvu qu'il ne
les ait pas attirés par fraude et artifice (1).

S'il avait employé une de ces manœuvres, il
serait coupable de vol, et il devrait des dommages-intérêts au propriétaire ainsi frauduleuse-
ment dépouillé.

64. Depuis la Loi du 4-11 août 1789, chacun peut avoir des colombiers et y élever des
pigeons ; mais il doit les tenir renfermés aux
époques fixées par les délibérations du conseil

_____

(1) *Cod. Civ.*, art. 564.

général de sa commune autorisée par le préfet (1).

Ces époques sont celles des semences et de la moisson, où la divagation des pigeons pourrait être nuisible aux récoltes.

Faute de renfermer les pigeons à ces époques, ils sont considérés comme *gibier*, et chacun peut les tuer sur *son terrain* (2).

Tel est le texte de la Loi : il en résulte, 1° que ce n'est point au maire, et par voie d'ordonnance de police, à régler le temps de la fermeture des colombiers ; c'est au Conseil général de la commune seulement à prendre sur cet objet une délibération telle que le peuvent exiger les convenances de localité, dont il est constitué le seul juge ;

2° Que l'inexécution de la délibération ne soumet point le propriétaire du colombier qui n'a pas renfermé ses pigeons à des peines de police, ou au désagrément d'être traduit devant ce tribunal, ni même au paiement des dégâts que ses pigeons peuvent avoir commis ; tout l'effet de sa négligence est de faire considérer ses pigeons comme *gibier*, et de les exposer à être tués comme tels (3).

---

(1) L. du 4-11 août 1789, art. 3.
(2) Même Loi, art. 4.
(3) La Cour de Cassation a consacré ces résultats par plusieurs

45

Mais on ne peut pas les tuer partout, même
dans le temps d'interdiction ; ils ne sont considérés comme *gibier* que par le propriétaire du
terrain sur lequel il les surprend, et tout autant qu'ils y restent ; ils ne peuvent, par conséquent, être tués que par lui et *sur son terrain*,
à l'exemple des volailles qu'il faut tuer et laisser
sur son champ (1), ce qui exclut le tir à la volée.

65. Celui qui tire sur des pigeons qui sont
sur le fonds d'autrui ou sur le sien propre, mais
hors du temps de leur fermeture ou pendant qu'ils
volent, se rend coupable de larcin, et, par
conséquent, d'un délit public, soit qu'il les tue en
temps libre, ou aux époques pendant lesquelles
le Conseil général a délibéré de les tenir renfermés, quand il les tue à la volée ou sur le fonds
d'autrui (2).

S'il les tue sur le fonds du propriétaire du
colombier, il doit être puni de la peine infligée
à ceux qui tuent des animaux domestiques chez
leur propriétaire, c'est-à-dire, d'un emprisonnement de deux à six mois (3).

Arrêts, rendus sur le réquisitoire du procureur général ; ils sont
dans *Sirey*, tom. 14. p. 20 ; tom. 16. p. 24 ; tom. 20. p. 406. —
M. *Henrion*, du Pouvoir Municipal, p. 107.

(1) *Infrà*, liv. 4. tit. 3. ch. 3. n° 7.
(2) Cod. Pén., art. 379 et 401. — *Sirey*, tom. 24. p. 99.
(3) *Ibid.*, n° 16.

S'il les tue partout ailleurs, l'emprisonnement
est de quinze jours à six semaines (1), outre
l'amende, qui ne peut excéder le quart des restitutions, ni être au-dessous de 16 francs.

66. Les poissons sont aussi immeubles par
destination, ce qui doit s'entendre avant que
le temps de mettre l'étang en pêche soit arrivé ;
car, après ce temps, les poissons sont meubles (2), de même que ceux qui sont déposés
dans un réservoir pour être enlevés au premier
moment (3) : c'est alors l'arbre de la pépinière
qui est haubiné.

67. Les abeilles, tant qu'elles ne sont pas
renfermées dans une ruche, sont animaux sauvages, *feræ bestiæ* (4); le miel et la cire qu'elles
font deviennent la propriété du premier occupant ; mais sitôt qu'elles sont dans la ruche,
elles deviennent la propriété du maître de l'héritage et en font partie (5).—

---

(1) Cod. Pén., n° 16.

(2) Pratique des Terriers, tom. 4. p. 559.

(3) M. *de Malleville*, tom. 2. p. 11.

(4) *Inst. de Rer. divis.*, § 14.

(5) L. 10. et L. 12. § 12. ff. *de Instr. et Instrum. legat.* — Cod. Civ., art. 524.

68. Le propriétaire d'un essaim qui sort de sa ruche a le droit de le réclamer, tant qu'il n'a point cessé de le suivre ; s'il ne le suit pas, il devient la propriété du premier occupant, ou de celui sur le terrain duquel il est fixé (1).

On peut suivre son essaim sur le terrain d'autrui, sans que le propriétaire du terrain puisse s'y opposer ; mais si l'on commet involontairement quelque dégât, on doit le payer (2).

Si votre essaim va se placer dans la ruche du voisin, il doit le payer ou abandonner le premier essaim qui sortira de ses ruches, et s'il meurt, les rayons vous appartiennent (3).

69. Le voisinage des ruches est incommode et dangereux ; il n'est pas permis d'en tenir dans l'enceinte des villes, villages ou hameaux (4).

Dans les campagnes, il faut cinq cents pas de distance de l'apier qu'on veut établir dans son fonds à l'apier du voisin ; l'ancienne Cou-

---

(1) L. 5. § 2, 3 et 4. ff. de Acq. Rer. domin. — Code Rural de 1791, tit. I. sect. 3. art 5 et 6. — § 14. Inst. de Rer. divis. — Julien, Élém. de Jurispr., p. 166.

(2) Bomy, Mél, p. 8. — Vouglans, Traité des Crimes, tit. 5. ch. 3. p. 414. — Cod. Civ., art. 1382 et 1383

(3) Bomy, Stat. de Prov., p. 1. — Julien, Élém. de Jurispr., p. 166.

(4) Nouv. Brillon, V° Abeilles, n° 7.

tume de Provence en exigeait sept cents (1).

70. Les ruches peuvent, en certains cas, être saisies, ainsi qu'il a été dit ci-dessus ; mais elles ne peuvent être déplacées que dans les mois de décembre, janvier et février, parce que c'est le seul temps où le transport ne leur soit pas nuisible (2).

71. Sous le nom de *troupeau* sont compris tous les animaux *quœ gregatim pascuntur* (3); la Loi Française les désigne par le nom générique de *bestiaux*, qui comprend les bœufs, taureaux, vaches, veaux, bêtes asines, chèvres et moutons, mais qui exclut les chevaux, mulets et mules, ainsi que le supposent les Lois des 3 pluviose an 3 (22 janvier 1795) et 25 messidor an 6 (13 juillet 1798).

72. Le troupeau est toujours censé le même, tant qu'il est *sub eâdem virgâ*, *licet totus grex fuerit renovatus* (4), son croît appartient à son

---

(1) *Bomy*, sur les Statuts de Prov., p. 1. — *Julien*, Élem. de Jurispr., p. 166.

(2) Code Rural de 1791 , tit. 1. sect. 3. art. 3. — Arrêté du Gouvernement du 16 thermidor an 8.

(3) L. 65. § 4. ff. *de Legat.* 3º. — *Barthole*, *ad* L. 3. ff. *de Abigeis*.

(4) L. 13. ff. *de Pign. et Hypoth.* — *Boniface*, tom. 4. p. 524.

propriétaire, suivant la règle *ex re nostrâ natum nostrum est* (1); il fait partie du troupeau et est comme lui réputé partie de l'immeuble auquel il est attaché.

73. Il n'est pas de principe plus ancien et plus respectable que celui qui déclare *tout propriétaire libre d'avoir chez lui telle quantité et telle espèce de troupeaux qu'il croit utiles à la culture et à l'exploitation de ses terres* (2).

On ne peut pas disputer au possesseur d'un terrain la propriété des pousses de ses bois, des herbes de ses terres : *quod ex solo alicujus superest, suum est; ergo, et herba prati, vel alterius prædii, est illius cujus est solum.* Si les pousses de ces bois, les herbes de son champ, les feuilles de ses arbres lui appartiennent, il peut les faire manger par telle espèce d'animaux qu'il croit utiles à son exploitation ou à son industrie. Se trompât-t-il dans sa spéculation, élevât-il chez lui des bestiaux qui lui causeraient des pertes au lieu de lui donner du profit, nulle autorité, nul individu ne devrait avoir la présomption de mieux entendre ses intérêts que lui-même, et s'arroger le pouvoir d'attenter à

---

(1) *Peresius*, *Inst.*, liv. 1. tit. 3. p. 20.
(2) Code Rural de 1791, tit. 1. sect. 4. art. 1.

son droit de propriété, sous prétexte de le conserver. Le respect de ce droit est le premier
lien de la société, puisque ce droit est la base
de l'état social.

Unusquisque est rei suæ moderator et arbiter.
Il n'y a pas de réponse plausible à faire à celui
qui déclare préférer les dégâts que peut lui causer une espèce quelconque de bestiaux à sa privation.

Ceux que ses voisins peuvent en ressentir ne
sont même pas un motif pour le contrarier dans
ses goûts.

La Loi a pourvu à l'intérêt des voisins par
les indemnités, les amendes et les peines corpo-
relles.

Si la crainte qu'une espèce nuise aux voisins
de celui qui veut l'élever, était un motif de
prendre sur sa liberté, il serait difficile de déterminer quels animaux un propriétaire pourrait
conserver, et combien d'hommes il ne serait pas
forcé d'exclure; car sont rares les êtres qui n'ont
pas la malheureuse faculté de nuire.

Le Parlement de Provence donna, en 1789,
un exemple mémorable de son respect pour le
droit de propriété. Un hiver rigoureux tua à peu
près tous les oliviers, et ne nous laissa que l'espoir de les voir renaître par les rejets, que la
dent des moutons rabougrit et tue irrémissible-

ment. De toutes parts on demandait l'exclusion
des troupeaux de mouton des vergers d'oliviers :
le Parlement, convaincu qu'il ne pouvait empêcher le propriétaire de les introduire dans ses
propres oliviers, rendit, le 22 mai, un Arrêt de
réglement par lequel il augmenta les peines des
gardiens qui laisseraient entrer leurs troupeaux
dans les vergers d'autrui ; mais il s'abstint d'en
prononcer aucune contre le propriétaire qui les
introduirait dans ses propres vergers, tout en
déplorant l'aveuglement qui leur faisait sacrifier
à un avantage modique momentané les derniers
jets peut-être que les oliviers seraient en état
de produire.

En 1810, le Préfet des Bouches-du-Rhône ne
se montra pas aussi respectueux pour le droit de
propriété, ni même pour la Loi de 1791 et les
Décisions du Conseil d'État que nous avons rappelées tit. 1, ch. 3, n°s 28 et 29. Sous le prétexte
du mal que les chèvres peuvent faire aux bois (1),
il prit un Arrêté par lequel il défendit leur introduction, non-seulement dans les bois de
l'État et des communes et établissemens publics
(elle l'est de droit, ainsi que celle des moutons (2)), mais encore dans ceux des particu-

_____

(1) Voy. ce que nous avons dit sur ce point dans notre Code
Rural, V° *Chèvres*.
(2) *Infrà*, tit. 3. ch. 2. § 4.

liers; et l'on ne manqua pas d'appliquer cette défense, qui eût été très-légale et très-juste restreinte aux *usagers*, au propriétaire lui-même dans ses propres bois; et bientôt ce Préfet conclut de son Arrêté qu'un propriétaire n'était plus libre d'élever des chèvres chez lui, qu'il fallait qu'il en rapportât la permission de son autorité.

Mais les tribunaux, protecteurs nés des droits des propriétaires, ont fait justice de cette prétention.

Le sieur François Gilles, propriétaire du mas de Payan, terroir d'Arles, fut traduit au Tribunal correctionnel pour tenir des chèvres chez lui *sans permission.*

Le Tribunal d'Arles fit droit aux fins de l'administration forestière, et condamna Gilles à une amende de 500 francs.

Mais la Cour Royale d'Aix, par son Arrêt du 28 avril 1819, considéra que Gilles, nourrissant des chèvres dans ses bois, ne commettait aucun délit, dès que les bois lui appartiennent;

Que la défense de leur introduction dans les bois n'est faite que pour les bois d'*autrui*, sur lesquels on n'a que des droits d'usage;

Que chacun est maître d'élever chez soi les bestiaux qu'il lui plaît;

Qu'il n'appartient qu'à la Loi de gêner le propriétaire chez lui, ce qu'elle ne peut faire que pour l'intérêt public, et en l'indemnisant ;

Que l'Arrêté du Préfet ne peut s'entendre que de l'introduction dans les bois d'autrui,

1° Parce qu'on ne peut pas supposer qu'un préfet ait eu la prétention de gêner le propriétaire dans le choix et la quantité des bestiaux à élever chez lui, quand les Lois lui laissent cette liberté par une disposition expresse ;

2° Parce que les gênes, les prohibitions des Lois ne peuvent être étendues que par le législateur, et qu'il n'a défendu l'introduction des menus bestiaux qu'aux *usagers;*

3° Parce que l'intitulé de l'Arrêté n'énonçant que la prohibition du *parcours* des chèvres dans les bois, prouve qu'il n'est relatif qu'à leur dépaissance dans les bois d'autrui ;

4° Parce que la défense d'introduction n'a pu être faite que *sous les peines portées par les lois,* et dès qu'elles n'en infligent aucune au propriétaire, il est impossible de lui appliquer la défense dont les tribunaux ne pourraient réprimer l'infraction faute de loi pénale.

C'est par ces motifs que la Cour, réformant, débouta l'administration forestière de ses fins.

Elle se pourvut sans succès en cassation.

Mais l'autorité administrative dénonça l'Arrêt au Gouvernement, qui lui répondit, le 28 juin 1820, « que tout particulier ayant la faculté,

« d'après la Loi du 6 novembre 1791 , de tenir
« telle quantité et telle espèce de troupeaux
« qu'il croit utiles à sa culture et à l'exploita-
« tion de ses terres , et de les y faire pâturer ,
« les anciens Arrêts des Parlemens de Gre-
« noble et de Provence , et tous autres qui dé-
« fendaient d'avoir des chèvres sans une per-
« mission spéciale , sont révoqués de droit ; et
« les habitans peuvent avoir aujourd'hui ces
« sortes d'animaux sans autorisation , pourvu,
« toutefois , qu'ils ne les mènent pas dans les
« forêts royales, communales ou d'établissemens
« publics , conformément à l'Ordonnance de
« 1669. »

M. le Préfet transmit officiellement cette réponse dans le compte de sa gestion qu'il rendit
au Conseil général , session du 5 août 1820.

Il est donc aujourd'hui reconnu par l'autorité
judiciaire et par l'autorité administrative , que
chacun peut avoir dans ses possessions, de quelque nature qu'elles soient , l'espèce de bestiaux
qui lui convient ; que les dégâts que cette espèce
peut leur causer n'est pas un motif de gêner
sa liberté, puisque l'Ordonnance de 1669., tout
en reconnaissant le préjudice que les chèvres
et les moutons causent aux bois, n'avait pas
cru pouvoir prendre sur le droit de propriété
au point de les interdire dans les bois de leurs

propriétaires ; elle n'avait pris que sur les droits d'usage, parce qu'ils sont, de leur nature, sub-ordonnés à la conservation de la chose sur laquelle ils s'exercent.

Quant aux dommages qu'une espèce de bestiaux peut causer aux voisins plus facilement ou plus fortement qu'une autre, ils n'ont jamais été un motif qui ait pesé dans la balance du législateur, pleinement rassuré sur l'intérêt des voisins par les indemnités, les amendes et les peines attachées aux excursions, même fortuites.

74. Les animaux domestiques sont exposés à plus de maladies que ceux qui ont conservé leur liberté naturelle. La législation s'occupe depuis long-temps d'en prévenir la contagion. Une Instruction, transcrite dans l'Acte du Gouvernement du 27 messidor an 5 (15 juillet 1797) a réuni toutes les dispositions des réglemens antérieurs, et est ainsi devenu le Code de la matière.

Tout propriétaire ou gardien qui a une ou plusieurs bêtes malades ou suspectes, est tenu d'en prévenir sur-le-champ le maire de la commune, et de les enfermer provisoirement, à peine, suivant l'art. 459 du Code Pénal, d'un emprisonnement de six jours à deux mois et d'une amende de 16 à 200 francs.

Le maire doit les faire tout de suite visiter par l'expert à lui désigné par l'autorité supérieure.

Si le rapport constate la maladie, le maire veille à ce que les bêtes malades soient séparées des autres et ne communiquent point avec des bêtes qui ne le sont pas.

Dans les pays de parcours, le maire assigne au troupeau malade un quartier dans lequel il est seul à dépaître, sans pouvoir aller ailleurs; dans les autres, il lui défend de sortir de l'héritage de son propriétaire.

Si, malgré les défenses, il le laissait communiquer avec d'autres, il serait puni d'un emprisonnement de deux mois à six (1) et de 100 fr. d'amende.

Si de cette communication il résultait une contagion, l'emprisonnement serait de deux ans à cinq, et l'amende de 100 francs à 1000, sans préjudice de l'application des Lois sur les épizooties (2).

Sitôt qu'il est prouvé au maire que l'épizootie existe, il en instruit tous les propriétaires de bestiaux de la commune par affiches publiques, avec injonction à chacun de venir déclarer les bêtes qu'il possède, avec désignation de leur âge, taille et poil.

Toutes les bêtes de la commune sont mar-

---

(1) Code Pénal, art. 460.

(2) Art. 461.

quées de la lettre M. Le préfet, quand l'épizootie est finie, les fait contre-marquer, pour
qu'elles puissent aller partout.

La bête marquée ne peut plus être conduite
dans un pays sain, à peine de 500 fr. d'amende,
et le maire fait de temps en temps des visites
pour s'assurer qu'aucune bête marquée n'est
distraite.

Tout fonctionnaire public qui trouve sur les
chemins ou dans les marchés des bêtes marquées, doit les faire conduire au juge de paix,
qui les fait tuer sur-le-champ en sa présence.

Le propriétaire de bêtes saines dans un pays
infecté peut en faire tuer pour en vendre aux
bouchers du lieu, à condition, 1° que le boucher n'entre pas dans l'étable ; 2° qu'il les tue
dans les vingt-quatre heures ; 3° qu'un expert
constate leur état de santé ; 4° qu'il y ait permission écrite du maire qui mentionne son état
de santé ; le tout à peine de 200 fr. d'amende,
dont le propriétaire et le boucher sont solidaires.

Les bêtes mortes sont portées et non traînées à
cent mètres des habitations, enfouies dans un
fossé de huit pieds de profondeur avec leur
peau tailladée, et recouvertes de terre. Hors
des cas d'épidémie, il suffit de les enfouir à
quatre pieds. Quand le propriétaire n'a pas la
facilité d'en faire le transport, le maire en

requiert un autre ou des manouvriers, qui ne peuvent refuser le service, sous peine de 5oo fr. d'amende.

Elles ne peuvent être jetées dans les bois, dans les rivières, ou à la voirie, ni enterrées dans les étables, cours et jardins, à peine de 3oo fr. d'amende et de tous dommages-intérêts.

Il est même ordonné, par la Loi du 19 juillet 1791, de tenir, dans les lieux où l'épizootie est déclarée, tous les chiens à l'attache, et de tuer ceux qu'on trouve divaguans.

FIN DU TOME PREMIER.